"粤派教育"丛书　熊焰　高慎英　于慧　主编

◎ 江门市基础教育系统第四批名师培养项目
"广东第二师范学院创建国家教师教育创新实验区"研究成果之一

走进五邑中小学名师群落之二

蒋友梅 主编

·广州·

版权所有　翻印必究

图书在版编目（CIP）数据

走进五邑中小学名师群落之二/蒋友梅主编．—广州：中山大学出版社，2021.10

（"粤派教育"丛书/熊焰，高慎英，于慧主编）

ISBN 978-7-306-07160-6

Ⅰ．①走… Ⅱ．①蒋… Ⅲ．①中小学—师资培养 Ⅳ．①G635.12

中国版本图书馆 CIP 数据核字（2021）第 044955 号

Zoujin Wuyi Zhongxiaoxue Mingshi Qunluo Zhi Er

出 版 人：	王天琪
策划编辑：	张　蕊
责任编辑：	王　璞
封面指导：	李冬梅名教师工作室
封面设计：	林绵华
责任校对：	林　峥
责任技编：	靳晓虹
出版发行：	中山大学出版社
电　　话：	编辑部 020-84110283，84113349，84111997，84110779，84110776
	发行部 020-84111998，84111981，84111160
地　　址：	广州市新港西路 135 号
邮　　编：	510275　　传　真：020-84036565
网　　址：	http://www.zsup.com.cn　E-mail: zdcbs@ mail.sysu.edu.cn
印 刷 者：	广东虎彩云印刷有限公司
规　　格：	787mm×1092mm　1/16　25.75 印张　517 千字
版次印次：	2021 年 10 月第 1 版　2021 年 10 月第 1 次印刷
定　　价：	60.00 元

如发现本书因印装质量影响阅读，请与出版社发行部联系调换

前　言

兴国必先强师，新时代需要高素质专业化创新型教师队伍。强化教师培训工作，提升教师培训成效，能更好地贯彻党和国家关于新时代教师队伍建设的精神，助力粤港澳大湾区建设，提升江门教育品质。我们用"四有好老师""四个领路人""四个相统一"和"四个服务"等标准和要求统领教师培训工作，促进教师专业发展。

由江门市教育局主办、广东第二师范学院承办的江门市第四批名教师培养项目，在2017年启动，培养周期2年，参训学员87人。项目在培训期内开展了理论研修、名师工作室跟岗、省外跟岗研修、示范带学同课异构、岗位研修、成果凝练展示以及结业答辩等研修活动，完成了"粤派教育"丛书《走进五邑中小学名师群落之一》《走进五邑中小学名师群落之二》的编撰工作。项目立足于江门市名教师的教育教学实践，创新了区域名教师的培养机制，提高了江门市中小学教师队伍的整体素质，将教学建模、课题研究、特色课程建设与名师培养紧密结合，打造了一支具有江门区域特色的名教师队伍。

教学风格是名师的标识，是教师长期在文化的熏陶下扎根教育教学实践，在先进教育理念的引领下，创造性地运用各种教学方法和技能，逐步形成的一种个性化的教学风貌和格调。江门名师在培养期间逐步形成并完善了自己的教学风格，并撰写了江门名师成长案例，通过案例来表达老师的成长历程，展现自己的教学风格和教育主张、教学实录和教学反思等。从江门名师的成长案例中，我们能够读到教师不同时期的教育教学理念；从他们的学科教育观的表达中，能发现学科教师成长的秘密武器；从他们的教学实录中，能发现师生互动的机制。总之，江门名师的成长案例凝聚着教师专业成长过程中的酸、甜、苦、辣，反映了名教师成长路径的多样性，值得教师们去揣摩和思考，期盼为后来者指明前行的道路，明晰促进教师队伍建设的关键要素，助力教师专业成长。

本丛书是多方协作的成果。广东第二师范学院熊焰教授、高慎英教授负责案例的架构设计工作，项目负责人广东第二师范学院蒋友梅副教授负责案例的修改和指导工作；校内外众多的学科导师和专家对本节提出了切实中肯的修改指导意见。各位案例作者非常重视这次出版工作，反复打磨、精心修改，为读者展示了独具特色的江门名师风采。广东第二师范学院刘碧群老师、刘六老师在沟通联络和信息整理方面做了大量工作。限于编者水平，本书难免存在不完善之处，敬请各位同行批评指正。

目 录

◆ 耐心细致、民主平等、因材施教（钟晓慧·初中英语） ↗1
　　我的教学风格 ↗2
　　我的成长历程——蝉翼加意梳　蛾眉用心扫 ↗3
　　我的教学实录——"文明是最美的风景" ↗11
　　我的教学主张 ↗16
　　我的育人故事——半亩方塘长流水，呕心沥血育新苗 ↗17
　　他人眼中的我 ↗19

◆ 理论与实践的打磨：虚实兼务，诚心育人（龚剑英·中学班主任） ↗22
　　我的教学风格——有招之为与无招之为 ↗23
　　我的成长历程——在虚与实之间平衡 ↗25
　　我的教学实录 ↗29
　　我的教学主张 ↗34
　　我的育人故事——不好做的班长 ↗34
　　他人眼中的我 ↗35

◆ 灵动、亲和的青春组曲（胡琼·高中音乐） ↗37
　　我的教学风格 ↗38
　　我的成长历程 ↗38
　　我的教学实录 ↗42
　　我的教学主张 ↗45

我的育人故事——校舞蹈队的成长 ↗47
他人眼中的我 ↗48

◆ 激情 和美 智慧（梁健鹏·初中政治）↗50
我的教学风格 ↗51
我的成长历程 ↗52
我的教学实录——关键能力培养的一次尝试 ↗55
我的教学主张 ↗60
我的育人故事 ↗62
他人眼中的我 ↗62

◆ 亲切、热情、育人有道（刘薇·职中班主任）↗64
我的教学风格 ↗65
我的成长历程 ↗67
我的教学实录——"诚信伴我行——开平'创文'在行动"主题班会教学实录 ↗69
我的教学主张 ↗72
我的育人故事——凯洋的心儿，我能猜 ↗73
他人眼中的我 ↗76

◆ "乐""活"语文，"趣""味"相生（毛永秀·中学语文）↗78
我的教学风格 ↗79
我的成长历程——一路风雨一路歌 ↗79
我的教学实录——一课一得，快乐高效 ↗83
我的教学主张 ↗91
我的育人故事——润物细无声 ↗93
他人眼中的我 ↗94

◆ 淳朴、浪漫的乡间"教书匠"（司徒俊杰·中学班主任）↗96
我的教学风格 ↗97
我的成长历程——追随前辈步伐，当好乡间"教书匠" ↗100
我的教学实录——我的班会实录：国家宪法日——感知人民宪法 ↗104
我的教学主张 ↗107

我的育人故事↗110
　　他人眼中的我↗112

◆活泼灵动地寻"美",沉稳严谨地析"理"(谭琼念·高中化学) ↗115
　　我的教学风格↗116
　　我的成长历程——"小老虎"炼成记↗119
　　我的教学实录——高中化学必修2 第三章第二节"来自石油和煤的两种
　　　　　　　　　　基本化工原料"↗125
　　我的教学主张↗130
　　我的育人故事——网络暴力,情何以堪?↗132

◆班主任的事儿,"粤"做越有味儿(谭燕群·职中班主任) ↗137
　　我的教学风格↗137
　　我的成长历程↗139
　　我的教学实录——小宿舍,大世界↗145
　　我的教学主张↗150
　　我的育人故事——无声胜有声,启发胜说教↗151
　　他人眼中的我↗154

◆在行知合一中连通学科知识,促进学生技术素养多维发展
　(谭祝寿·中学通用技术) ↗156
　　我的教学风格↗157
　　我的成长历程↗158
　　我的教学实录↗162
　　我的教学主张↗166
　　我的育人故事——一节没有完成的课↗167
　　他人眼中的我↗169

◆多元、开放、创新(王锦虹·初中地理) ↗172
　　我的教学风格↗173
　　我的成长历程↗176
　　我的教学实录——"俄罗斯"教学设计(第1课时)↗181
　　我的教学主张↗186
　　我的育人故事——和谐发展,德育工作卓有成效↗186
　　他人眼中的我↗188

◆ 勤耕不辍育桃李　上下求索凝风格（温昌丁·中学语文）↗190
　　我的教学风格↗191
　　我的成长历程——诲人不倦廿九载，育得桃李满园芳↗192
　　我的教学实录——《念奴娇·赤壁怀古》教学实录↗195
　　我的教学主张↗203
　　我的育人故事——一个"差生"的华丽转身↗204
　　他人眼中的我↗206

◆ 平实中见丰富　生动中有温度（文伟洪·初中语文）↗208
　　我的教学风格↗208
　　我的成长历程↗209
　　我的教学实录↗211
　　我的教学主张↗213
　　我的育人故事——给批评"变脸"↗215
　　他人眼中的我↗217

◆ 生本语文　自然诙谐（吴英浓·初中语文）↗219
　　我的教学风格↗220
　　我的成长历程↗223
　　我的教学实录——"让学生在忙碌中感受《醉翁亭记》中的人文美"教学设计↗227
　　我的教学主张——让学生在语文课堂中真正"忙"起来↗237
　　我的育人故事——运用"冷热效应"来教育转化后进生↗237

◆ 平等活跃育心智、图文并茂展地理、睿智严谨提能力
　（伍小勤·中学地理）↗240
　　我的教学风格↗241
　　我的成长历程↗244
　　我的教学实录——"工业区位因素"教学实录↗248
　　我的教学主张↗254
　　我的育人故事——心有他人——记我班学生的成长↗256
　　他人眼中的我↗258

◆ 育人以道，化人以心（肖康才·高中班主任）↗260
　　我的教学风格↗261
　　我的成长历程↗262
　　我的教学实录——感受家国情怀　激发爱国热情↗267
　　我的教学主张↗271
　　我的育人故事——在循序渐进中改正不良习惯↗273
　　他人眼中的我↗275

◆ 和爱、务实、灵活（谢梅娟·中学班主任）↗277
　　我的教学风格↗278
　　我的成长历程↗279
　　我的教学实录——体验文明的活动，培养文明的习惯，感悟文明
　　　　　　　　　带来的美↗286
　　我的教学主张↗290
　　我的育人故事——教师语言的魅力↗293
　　他人眼中的我↗294

◆ 包容、自然、真诚，智慧引路（辛鲁·高中班主任）↗297
　　我的教学风格↗297
　　我的成长历程↗299
　　我的教学实录↗302
　　我的教学主张↗307
　　我的育人故事——当学生遭遇谣言↗309
　　他人眼中的我↗311

◆ 以人为本，关注"三生"（许德波·中学班主任）↗313
　　我的教学风格↗313
　　我的成长历程——努力把握每一个成长机遇↗315
　　我的教学实录——"科举制度的创立"一课↗318
　　我的教学主张↗325
　　我的育人故事——"爱"唤醒了她↗329
　　他人眼中的我↗331

- ◆ 质朴而灵动，平和而温雅（严红丽·中学语文）↗333
  - 我的教学风格↗334
  - 我的成长历程——春种一粒粟，秋收万颗子↗335
  - 我的教学实录——"品山水诗文，写山水神韵"教学现场↗338
  - 我的教学主张↗343
  - 我的育人故事——随风潜入夜，润物细无声↗345
  - 他人眼中的我↗346

- ◆ 以幸福的心，做幸福的教育（余秀芝·初中班主任）↗349
  - 我的教学风格↗350
  - 我的成长历程↗351
  - 我的教学实录——"在班集体中幸福成长"教学现场与反思↗356
  - 我的教学主张↗358
  - 我的育人故事——"听到"的幸福↗359
  - 他人眼中的我↗362

- ◆ 诗意语文，春风化雨（张翠云·初中语文）↗364
  - 我的教学风格↗365
  - 我的成长历程——在平凡教学中追寻语文的诗意↗366
  - 我的教学实录——合作互动品诗歌，师生同台扬诗意↗369
  - 我的教学主张↗378
  - 我的育人故事——品味华夏经典，触摸侨乡脉动↗379
  - 他人眼中的我↗380

- ◆ 柔美、灵动、自然（张海敏·高中语文）↗383
  - 我的教学风格↗384
  - 我的成长历程——此心安处是吾乡↗386
  - 我的教学实录↗388
  - 我的教学主张↗394
  - 我的育人故事↗396
  - 他人眼中的我↗399

耐心细致、民主平等、因材施教

● 江门市福泉奥林匹克学校　钟晓慧（初中英语）

● **个人简介**

我叫钟晓慧，是江门市福泉奥林匹克学校的一名中学英语老师。虽然我已工作26年了，但我感觉，每一年开学时，自己都像新教师一样，时刻要求自己尽心尽力做好每一件事。作为英语老师，我谦虚好学，不断提高自己的专业知识，不断丰富自己的教学教法，不断提高自己的教学水平。作为班主任，我踏实肯干，潜心工作，努力做好身边的每一件小事，有较强的责任感和进取心。作为一名老教师，我要求自己要与时俱进，不断更新自己的教育教学理念，不断更新知识，了解学生及学生的发展规律，掌握现代教育信息技术，本着对学生负责、对家长负责、对教育事业负责的态度，与新课程共同成长，不断提高自己的专业水平，努力成为一名真正合格的人民教师。作为一名资深班主任，我带的班级年年被评为学校的文明标兵班级，我也年年被评为优秀班主任。我大学一毕业就来到广东珠三角地区，深受岭南人勤劳踏实、低调务实、开放兼容、锐意进取等品质影响，在广东经历了公办学校、民办学校、公办民

先进集体、个人与校领导合影

办合办学校等各类学校的锻炼，我在教育教学中不断学习，不断摸索，结合自己的性格特点，慢慢形成了我的粤派教学风格——耐心细致、民主平等、因材施教。

近年来，我带的班级每个学期都被评为学校"文明标兵班"、优秀班集体；我的班级每个学期期末考试各科平均分名列市直前列；我自己每个学期都获得"三项特优奖"，连年被评为"优秀班主任""优秀德育工作者"。去年我所带班级福泉奥林匹克学校九（4）班被评为2019年度江门市五四红旗团支部；在2019—2020学年的省级名校考试、江门市八校联考，以及广东省中考中，我班都取得优异成绩，在江门市教育界影响甚大。

我的教学风格

（一）耐心细致

在班级管理上，我牢牢树立"班主任工作无小事，事事都育人"的观念，对学生提出课堂内外一系列要求，对学生不放弃任何一个教育的细节和机会，把要求、监督和启发自觉有机结合起来，从一点一滴抓起，全面培养学生良好的学习、生活习惯。

我很重视对不同层次学生进行思想教育，尤其是中下生，反复抓，抓反复，从不放弃。通过情感教育、激励教育、榜样教育等各种手段，循循善诱，因材施教，经常与学生谈心，了解他们的思想、学习情况，引导他们发展健全的个性，培养他们良好的身体、心理素质，切实关心学生的身心健康成长。"以人为本"的实质就是"以心为本"，真正的教育应该是"以心为本"的教育。只有时时处处考虑学生的内心感受和内心需要，才能与学生心心相通。

（二）民主平等

尊重是教育理念，更是教育行为。教师的接纳、尊重、饶恕、忍耐，会引导学生的转变与成长。我们的教育对象是学生，他们还是未成年人，但他们有自己的思想、观点和爱好。不管成绩好坏，中学阶段的学生都比较敏感、脆弱，而自尊心又特别强。作为成年人的老师，一定要尊重学生，尊重他们独立的人格。不论是在课堂教学中，还是在班级管理中，我总是用平易近人的语气和学生交流，讲课亲切自然，善于听取学生的意见和建议，跟学生相处总是真挚坦率，真诚友好，课堂上营造宽松和谐的氛围，师生关系融洽。在班级管理中，人人参与管理，大家一起制定规则，对处罚不满可以向班长、老师申诉，多渠道地体现学生的主人翁地位。所以，学生也能理解和尊重老师，听从老师的指挥，讨论时激烈，听课时沉静，这样才能有效地调动每位同学的积极性，提高教育教学效果。

（三）因材施教

现在的初中生，个性特别强，如果老师只是盲目地、不顾一切地采用一刀切的方法，不但收效甚微，有时候甚至可能适得其反，达不到预期的教育效果。正常情况下，学生绝无天才和蠢材之分，每个学生都是有潜能的，只不过潜能的类型、表现形式和表现时间不同而已。作为班主任，我会尽量多观察、了解学生，针对他们不同的性格特征和心理特征，寻找契机，抓住契机，甚至创造契机，为其设置挖掘和展示其才能的机会和条件，循循善诱，对症下药，对于不同的学生采取不同的方式方法，引导学生从根本上认识到自己思想、行为上的问题，从而吸取教训、规范行为，慢慢不断地成长起来。

▶▶ 我的成长历程 ▶

蝉鬓加意梳　蛾眉用心扫

不经意间在教学生涯中已经转了 26 个年头了，回想自己从教以来的点点滴滴，我感触很多。但有一点自己始终不变的就是：认真地对待工作、用心地对待学生，工作中勤于学习、善于反思，从而不断进步。

（一）第一阶段（1993—2000 年）：欲度关山　何惧狂澜

1. 改变想法

20 岁那年，我带着对珠三角的无限憧憬，和同学一起来到了中山这个美丽的城市。然而随着一级一级分配下去，我被分配到了小榄镇西区学校。虽然说小榄镇是个富镇，但管理区的中学条件有限，当我看到办公室洗手间下面的"塘鲺鱼"争相"抢食"时，看到由潮湿的教室改成的"两房一厅"的墙上的蜘蛛网时，我的内心是"拒绝的、挣扎的"，而且感觉整天和"小屁孩"一起做个"孩子王"没意思，内心更加坚定了自己要去外企的决心，想象着外面海阔天空，可以大干一番事业。

然而，接下来的生活，慢慢地让我感受到了学校的"温度"。老校长嘘寒问暖，生怕我们新来的老师不习惯，出去吃饭还叫人打包"酿辣椒"给我吃，还告诉我"打边炉"就是"吃火锅"等。本地的同事并不是像传说的那样排外，他们很热心地带我去买东西，向我介绍当地各种风土人情。他们还把家里种的芭蕉带来，让我用塑料袋包着，说过两天就可以吃了。而更让我感动的是孩子们的用心。他们还告诉我这里的人情世故，告诉我他们的饮食习惯，等等。一个人在外的我感觉心渐渐被融化，觉得很温暖。

孩子们对我的信任，激发了我的责任心。当时，班上有一位女同学很让我心疼。她叫小霞，父母都是本地人。她个子瘦小，尖尖的下巴上面小嘴巴总是嘟着，眉头总是紧锁着。她几次提到她恨妈妈，有一次终于和我说了真相：爸爸每天早出晚归去外面打工，回来已经很辛苦了，妈妈却经常去赌博，回来还和爸爸吵架，所以她恨死妈妈了。这个情况让我意外。我耐心地和她谈心，让她学会和妈妈沟通，把自己的一些想法告诉妈妈，希望妈妈能少去赌博，多在家照顾小霞和弟弟。同时，从她叙说的事情中，找出事实来告诉她，其实妈妈是爱他们姐弟的。慢慢地，她愿意把家里发生的事情告诉我。遇到一些具体的不高兴的事情，我就替她出谋划策，让她做爸爸妈妈之间沟通的桥梁。如此大概一年半，她告诉我，她妈妈现在不怎么出去赌博了，慢慢地，她的小脸上露出了灿烂的笑容，从她嘴里也经常能听到她和爸爸妈妈的开心事情。这让我感觉到了做老师的价值所在。

2. 摸索方法

慢慢地，我更用心教育学生了，开始主动地去接触了解学生，想办法去引导、引领、帮助学生更好地成长。班上的班长小麦同学，成绩名列前茅，积极能干，是老师的得力助手。但有段时间她情绪低落，感到很迷茫。她告诉我，她爸爸是本地人，妈妈是广西人，都在工厂打工。由于当地人重男轻女的思想，再加上父亲的身体又不怎么好，让小麦感觉很压抑。她很想帮助父母，让他们不要那么辛苦，让他们以她为荣。但她又觉得很迷茫，不知道该怎么做，想早点出来工作，早点为父母分担养家的重任。我知道她的情况之后，常和她谈心，让她千万不要辍学，不要理会世俗的看法，鼓励她好好学习，争取初三考取中山师范学校，早日自主自立，减轻父母负担。有了奋斗目标，她慢慢地自信开朗起来，初三时果然以高分考取中山师范学校，现在早已经是一名优秀的小学老师了。

随着教学时间越来越长，我慢慢地有了做班主任的感觉，渐渐安定下来。尽管在班级管理工作上存在很多的挑战，但看到孩子们在自己的教育下变得听话，成绩进步，变得更优秀，尤其是在我的帮助下，他们和爸爸妈妈之间的关系越来越融洽，他们也成为爸爸妈妈的骄傲的时候，我体会到了做班主任的愉悦、欣慰，也发现了自己的价值。在这几年间，我的教学成绩不断提高，班级管理水平也渐渐有进步，我也由一名青涩的年轻老师，慢慢成长为一名合格的英语老师、班主任，受到学生、家长、学校领导的一致好评。

（二）第二阶段（2000—2013年）：博观而约取　厚积而薄发

2000年，我调动了工作，来到江门中港英文学校。这里的学生生源比较复杂，一部分是国际生，如来自美国、俄罗斯、韩国、日本，以及南美洲一些国家的学生，也有中东一些国家的学生，还有一部分是籍贯恩平的来自委内瑞拉的学生；另外一部分是本地学生，一些是打算出国读高中或大学的学生，一些是想要参加中考的学生。生活背景不一样，对学习的要求也不一样。但不管是哪里的学生，我相信，教书育人，更重要的是育人。没有爱就没有教育，在工作中，我力求做到"严慈结合"，切切实实用一颗朴实的爱心去关爱每一位学生。在这个阶段，我长期担任班主任工作，积累了较强的教育管理能力和较丰富的教学经验，在班风建设、班级管理、班干部培养方面都取得了较好的成效。

1. **细致用心，班级建设渐有起色**

刚开始接手F2A班时，班级风貌简直就是"脏、乱、差"。教室脏、乱到让人觉得无立足之地。我先分析研究了学生：一是不少同学卫生习惯不好，二是没有很好的管理制度来约束他们。而且，有的孩子其实就是不知道该怎么做，他们的父母长期在国外，一般和爷爷奶奶一起生活，平时就没有做过这些家务。我就从教室卫生着手，还制定了详细的值日安排，要求每个人从我做起，改变班貌。我以身作则，带着他们一起值日，只要看到地面上有垃圾，就把它捡起来。如此坚持不懈，慢慢地，同学们都能自觉地按时值日，我常常监督以前从不值日的郑××、黄××等同学，和他们一起值日，教他们该怎么扫地、怎么摆桌子等。慢慢地，他们都能很好地完成值日任务了，班上变得干净整洁起来，班级出现了新的面貌。同时，我有意识地培养几名得力助手，和他们一起商量班上的事务和处理方法。由于学生和我一起齐抓共管常规管理，F2A班在其他方面，如就餐、仪容仪表、出勤等，都出现了良好的变化。

由于我对学生细致用心的关爱，班上出现了民主平等的氛围，使得我的班级凝聚力很强。班干部很得力，在班级文化建设、班级日常管理事务中都能够独当一面；同时，为学校输送了很多得力的学生会干部，他们都是让所有老师一听到就竖大拇指的优秀学生。班级在文明班评比中一直名列前茅，表现突出，在全校的各种比赛中硕果累累，获奖无数，如多次获全校班级歌唱比赛一等奖、英语课本剧表演一等奖、校运会总分一等奖、科技节一等奖、英语才艺表演二等奖等。班级连年被评为文明班,班上的马同学、冯同学还获得了"江门市优秀学生干部""江门市优秀学生"等荣誉,而我也连年被评为"优秀班主任"。

2. 春风化雨,尊重关爱所有学生

在工作中,我牢牢树立"班主任工作无小事,事事都育人"的观念,本着"一切为了学生"的原则,热爱关心学生,耐心细致地对不同层次、不同生活背景的学生进行思想教育。通过情感教育、赏识教育、激励教育、榜样教育等各种手段,循循善诱,经常与学生谈心,了解他们的思想、学习情况,引导他们发展健全个性,培养他们良好的身体、心理素质,切实关心学生的身心健康成长。

正如李进成老师所说:一个人没有优点,也没有缺点,只有特点。特点用对了就变成优点,用错了就变成缺点。在教育学生的过程中,我始终以学生为本,尊重学生的个性,尽可能全面地了解学生,尊重学生的成长规律,耐心细致,抓住契机,于无声处达到教育的效果。

3. 开放务实,善于反思,从实际出发,因材施教

有一年,我接手一个初三班级,这个班有一部分学生是国际生,一部分学生是国内中考生。刚开始,我没有考虑到国际生的特点,他们英语听说基础好,但语法却有待提高。他们不参加中考,学习知识讲求实用性。他们希望能有更多的机会锻炼、表现自己的各方面能力。所以在学习一些内容时,他们会觉得很枯燥、很没用,也无趣。后来,我注意到这个问题,课后和学生进行沟通,了解到他们的一些想法,开始改变自己的一些教育教学的方式、方法。针对他们的特点,结合教学的需要,采取符合他们特点的教学方式,让他们乐于接受,教学效果良好。

国内外长大的孩子,在很多方面也有不同。有一次,排练一个集体节目,各自做动作,其中一个江门的学生怎么都不肯做,当时时间紧迫,说了几次后,我就和他急起来。他也很生气,和我吵起来。我把他叫到办公室,问他为什么不肯做动作。他说:"我觉得很幼稚。"我说:"大家都做,你为什么就不能做呢?"他说:"他们是经常唱歌跳舞的啊!"一语惊醒梦中人,我心想,是啊,每个人的成长环境不一样,尤其是这个年龄,有些学生放不开也是正常的。想到这里,我开始冷静下来,心平气和地和这位同学谈话,我和他商量,什么样的动作他可以接受,又能符合我们表演的需要。最后达成共识,愉快地表演完比赛项目,获得了一等奖。

在平时的教育教学中,我会结合学生实际情况,充分利用契机,积极创造机会,帮助、鼓励学生积极参与各种中英文活动,如英语演讲比赛、课本剧表演、词汇大赛、班级歌唱比赛等;还有各种节日的活动,如圣诞节、万圣节、复活节、感恩节等,在活动中培养学生对学习的兴趣,调动学生学习的主动性、积极

性。例如，给学生排的歌舞剧、课本剧如《四大才子》《皇帝的新装》《武松打虎》等反响特别好，学生在排练过程中，自己动手做各种精美道具，背台词，对表演的每个细节精益求精，表演效果特别好，我班多年蝉联学校课本剧的第一名。还有英语歌咏比赛、演讲比赛，学生连年获得第一名的好成绩。班级歌唱比赛更是连年拿一等奖。在各种活动中，同学们的沟通能力、团队协作能力、组织能力、动手能力、自主解决问题的能力都得到了锻炼，使他们发挥了各自的特长，增长了知识，培养了对生活的热爱，陶冶了性情，开阔了视野和心胸，体验到了师生一起努力去做一件事情的幸福和快乐，从而融洽了师生之间、同学之间的关系，增强了班级的凝聚力。

在这个阶段中，我不断努力，不断积累，充分发挥自己的教育智慧，感受到了作为班主任的价值，也享受到了作为班主任的快乐和幸福。但是在教育教学工作中，我也有一些感到困惑的具体问题，例如，如何激发学生学习知识的积极性，学生上我的课纪律好，但其他课和晚自习的纪律不是那么理想，等等。

（三）第三阶段（2013年至今）：风生水起　正好扬帆

2013年9月，我来到了江门市福泉奥林匹克学校。"雄关漫道真如铁，而今迈步从头越。"工作了20年的我，迎来了自己教学生涯的"新时代"。

来到这里的第一年，学校推荐我去参加班主任能力大赛，我感到前所未有的焦虑。在参加这个比赛之前，自己已经开始出现职业倦怠，在"舒适区"内不想出来。在参加班主任能力大赛后，尤其是参加了江门市基础教育系统第四批第二期名教师培训项目的学习后，我意识到我所谓的经验在某些时候妨碍了我的学习。仅仅依靠那点旧有的教育教学经验，完全不能适应新时期班主任工作的要求。我开始更理性地反思自己的教学行为。这一年多的学习，有高校的教授和业内的名家、专家做导师，为我们的教育教学做指引；也有奋战在一线的名家、工作室主持人为我们指点迷津。这一年多的学习，对我的思想触动很大，让我对教育教学有了更多的思考和理解，也开阔了我的视野，提升了我作为班主任的教育教学的能力，让我更多地思考自己的优势与不足，对自己的定位有了更清晰的认识。同时，我和来自江门各地的班主任一起，互相交流、互相学习，我收获了知识、经验、友谊，通过反思，不断地总结经验，不断地改进、提高班主任管理水平。

1. 在班级管理上越来越成熟

来到江门市福泉奥林匹克学校，我一直负责班主任工作。作为班主任，在班级文化建设、班风建设、班级管理、班干部培养和家长的沟通等方面，我都一如既往地细致用心、尊重学生、严抓细管，创设民主氛围，帮助、督促、引导学生养成自我管理、自主学习的能力，取得了显著的成效。

（1）通过对教室的布置来体现班级文化，强化师生感情。不管是刚接手一个新的班级，还是旧班级的新学期，我都很注重班级文化建设。教室是学生学习的主阵地，学生大部分的学习时间都是在教室度过的。从小处来说，教室可以给学生提供一个舒适的学习环境；从大处来说，教室对学生文化价值的树立都会有深远的潜移默化的作用，对每个正在成长的学生来说是非常重要的。班级文化作为一种隐性的软教育力量，表现出一个班级独特的精神风貌，是班级的灵魂，具有凝聚、约束、鼓舞、同化的作用，是影响班级生存和发展的动力和成功的关键因素。可以说，班级文化是一门非常重要的隐性课程，具有一种不可替代的无形的教育力量。

在布置教室之前，我会找几个得力的班干部，一起聊聊，看他们有什么想法，再结合学校的一些要求，构思好，选好材料，然后叫同学们一起来动手。我班的同学一般都知道他们擅长的方面，一到帮忙布置时，同学们都各自找自己拿手的活干起来。有的画画，有的剪纸，有的涂色，有的剪透明胶，有的帮看位置，有的搞卫生，有的做点缀用的小装饰。大家有说有笑，一边听着歌，一边干着活，非常开心。布置完教室，大家都自觉地清理干净地面，一派热火朝天的景象。大家在参与的过程中，体验着主人翁的精神，增强了班级的凝聚力；而且大家一起把教室装扮漂亮后，可以欣赏自己的劳动成果，品味成功的喜悦。所以，班级环境的布置，不仅仅是空间的布置，在此过程中还种下了师生间感情的种子，同学间友谊的种子，同学们表达了对美的追求，对劳动、创造的体验。

(2) 班级管理人人参与，学生自我管理能力强。开学初，我会进行一个班干部竞选，学生在竞选中表达自己想要担任的职务以及自己上任后的措施和决心。在班级管理中引入竞争，既培养了学生的竞争意识，又提高了学生的竞争能力，同时锻炼了学生自我约束、自强自立、自信向上的品格。选出班委后，大家对班规进行讨论、修改、制定，用来督促、约束同学们养成良好的习惯。在班级管理中，内务、卫生、纪律、学习等各项事务都有专人负责，还有专人对各负责人进行及时的督促、提醒，真正做到班内人人有事管、事事有人管。对于班干部，我在工作中不断地引导、调教，培养出一批得力干将，也为学生会输送了大量的得力助手。我带的班级在学校各项比赛中基本都是名列第一，班级每个学期都被评为"文明标兵班"。无论是其他科课堂、自习课，还是我外出学习，班级事务、上课纪律全部由学生管理，井然有序，真正达到我想要的"班主任在与不在都是一样秩序井然"。

(3) 班风正，学风浓，班级凝聚力强。孔子曰："其身正，不令而行；其身不正，虽令而不从。"作为班主任，我处处以身作则，严于律己，宽以待人，不断提升自己的道德品格。苏联教育家苏霍姆林斯基曾说："自尊心是青少年最敏感的角落，是学生前进的潜在力量，是向上的能源，它是高尚纯洁的心理品质。"因此，无论什么时候，我都尊重学生，理解学生。遇到同学对某次扣分有异议，可以申述，如果合理，可以撤销扣分。如果对某条班规有异议，大家可以再商讨，之后再定舵。对学习不自觉的同学，大家都可以监管。小组合作学习氛围浓厚，互相学习，互相监督。班上的风气正，学风浓，凝聚力极强。学生自我管理、自主学习能力都很强，自习课时，科代表、班干部完全可以管理好纪律。

（4）发掘学生特长，培养全面发展的人才。当今社会在不断发展变化中，时代需要高素质、高品质人才。要将学生培养成为高素质的人，班主任的工作尤为重要。因此，作为一名班主任，在班级管理工作中，如何培养学生各方面的能力，提高学生的素质，是非常重要的。除了在班级管理中培养学生的自我管理能力、自主学习能力，还要抓住一切机会，尽量提供平台给学生，如开展班干部竞选、演讲比赛、剧本表演、元旦迎新晚会、各种球类比赛、阳光长跑等活动，锻炼他们的组织能力、创造能力；每个周末、节假日都有各种形式的德育作业，如爱心早晚餐、打扫房间、收拾房间、和父母谈心或郊游、帮父母捶背等；创造机会进行亲子沟通，在三八妇女节、母亲节、父亲节时让学生用英文写一篇爱的表白，回去向父母表达。抓住并创造机会，鼓励学生德智体美劳全面发展。

在教学上，结合学校的教改，我慢慢摸索出了自己的教学风格。我们的学生都是要通过中考参加选拔的，但作为新时代的学生，他们更需要的是素质的提高和综合能力的培养，而不是单纯地应对考试。我转变自己的教学观念，调整自己的教学方法，在教学上取得了一定的成绩。我所任教的班每个学期都获得学校的三项特优奖；每次考试，所教英语科平均分都超过市直平均分，在市直学校中名列第一。我班学生的各科成绩都在市、校的班级中名列前茅。而且学生在篮球、足球、羽毛球、跑步等体育比赛中也获得了市、校的各种奖项。

2. 在自身的学习上越来越专业化

（1）理论学习。随着时代不断发展，我在教育教学上也遇到了不少的困惑，感觉到自己需要通过进一步的理论学习来解决自己的实际问题。我在参加了"班主任能力大赛"之后，也积极参加了各种班主任的学习和培训，不断提高理论素养。

特别是"江门市名班主任培养对象"项目的学习，让我开阔了视野，更新了观念。在学习过程中，我也深刻认识到了自己知识的贫乏；同时也认识到，在新时期新形势下，作为老师我们不能故步自封，要树立终身学习的观点。我们工作的对象是人，每一个学生都是不同的个体，而未来的社会是一个学习型的社会，为了适应现代社会的发展和挑战，我们要不断地接受新知识，不断进行自我充电，并将学到的经验、方法运用于工作实践。

（2）向名师学习。感谢领导的信任，让我有机会参加"江门市名班主任培养对象"项目的学习，让我有机会近距离地接触一些教育界的专家、学者，我有幸听到他们对教育方面前沿的思考、精辟的理论、独到的见解。从他们身上，我学到的不只是专业的知识和做学问的方法，更多的是感受他们执着于教育事业，孜孜不倦、尽心尽责的精神。在名师的促动、指导下，我开始制订自己的学习计划，阅读教育专著。在王卫国老师的推荐下，我拜读了魏书生老师的《班主任工作漫谈》《教学工作漫谈》，苏霍姆林斯基的《教育的艺术》《怎样培养真正的人》。我还读了李进成老师的《教师怎样说话才有效》《班主任有效沟通的艺术和技巧》等书，并且结合自己的班级工作实践，做笔记，记感想，不断提升自己的理论修养。希望用理论来指导自己的实践，在实践中不断发展积累自己的理论知识。

（3）向同仁学习。项目组组织我们来到台山，以示范课、专题讲座等形式进行示范带学活动。在这次活动中，我们初中班主任组来到广州大学台山附属中学（水步中学新校区），我接受了任务，结合台山当地创建全国文明城市（以下简称"创文"）活动，上了一堂主题班会课——"文明是最美的风景"，和当地老师做了一次深度的听评课教学教研交流活动。通过听课、评课活动，我也向那些优秀的班主任老师以及和我们一起学习的同仁学到了很多知识和经验，教学思维和视野得到了扩展；同时，也促使自己不断进行反思，反思自己的惯性思维，反思自己的教育教学方式方法，反省自己在教研方面的不足之处。在惠州，我们也听到了匡女一名班主任工作室、温玉名班主任工作室成员的主题班会比武课，在听课评课中收获颇多。而在我们学校，我也进行了主题班会课的观摩课展示和班主任经验分享。在平时的工作中，我也经常和同事们商量、探讨一些班级管理问题，大家在合作中学习，在学习中合作。

（4）向学生、家长学习。在班级管理中，我始终都是和学生建立一种民主平等的朋友般的关系，在很多事情的决定上，我会听听学生的意见，看看从他们的角度是怎么去看待这件事的，和他们商量怎么去处理这些事情。学生很多时候会给老师意外和惊喜，尤其现在的中学生见多识广、多才多艺，有主见、有想法，能力也强，很多时候确实值得去听听他们的心声。

家长是学生的第一任老师，尤其是现代的学校，更应该多和家长沟通。和家长沟通可以帮助老师了解学生的情况，实现家校合育，达到共同教育学生的目的。而且，在和家长的沟通中，也可以掌握关于学生更丰富的信息；和不同的家长打交道，也锻炼了班主任的沟通能力和工作能力。

科学技术日益进步，知识不断更新，现代社会对每一种职业的要求都越来越高。我很庆幸自己有这样一个机遇，让我可以全面提高自己，在教育学生的过程中自己也不断成长，希望自己在专业化的道路上越走越远。

▶ 我的教学实录

"文明是最美的风景"

【活动目的】

（1）通过活动使学生认识到什么是文明，让同学们对文明进行思考和反思，从而重新审视自身及身边同学的行为。

（2）提高学生的文明意识，让学生养成良好的文明习惯，做一个讲文明、有涵养的中学生。

（3）让学生学会用联系和发展的观点看问题：文明小细节，反映个人素质，也事关公共秩序、国家形象；意识到年青的一代是祖国的未来，民族的希望。只要每个人都呵护好自己内心文明的种子，我们就能凝聚起文明的共识，让社会充满浩然之气、文明之风，从而实现国家的"富强 民主 文明 和谐"。

【活动准备】

教师收集关于中学生文明和不文明行为的视频和图片及相关资料，写好班会教案，做好多媒体课件；学生每4个人1个小组，分组观察并收集身边的文明和不文明行为事例。

【活动对象】 八年级学生。

【活动时间】 2018年12月4日，台山广大附中。

【活动过程】

（一）创设情境，引入课题

老师：各位同学，大家好！很高兴今天能有这个机会，来到台山广大附中，向学校领导、老师学习，和我们同学一起交流。我是来自江门的一位老师。先说一下我对台山的印象吧：之前我来过台山，都是慕名而来，像康桥温泉度假村、上下川岛旅游度假区、那琴半岛、梅家大院等，台山给我留下了美好的印象。蓝天、碧海、青山、绿树，到处是美景、美食，人与自然和谐共处。这次，我来到台山，昨天晚上去了步行街，今天来到我们学校，看到到处都是干干净净的，很舒服。去到餐厅吃饭，还有中午在学校食堂吃饭，大家都小声交谈，这么多人，却一点也不嘈杂。昨天从饭店出来时，前面的那位服务员还把门开着等我，今天我们学校的主任去接我们，他先出来，把电梯门挡着，让所有人出来。随处可见笑容可掬的、态度诚恳的、乐于助人的人，我觉得心里暖暖的。如果说以前来台山旅游，感觉到的是它的宽度和深度；那这一次，我感觉到的是它的温度。所以我想说：人们文明的举动是旅途中最美的风景。

引入话题：文明是最美的风景。

老师：那么"什么是文明"呢？简单地说，文明就是律己、敬人的一种行为规范，是表现对他人尊重和理解的过程和手段，不做有损他人利益的事。通过视频让学生感知具体的文明。（听一听）（视频：文明是什么？）

（二）探讨焦点，探究文明是什么

任务一：老师：（说一说）在你的身边，有哪些讲文明的行为呢？

老师：好，大家来说说，你的身边有哪些讲文明的行为呢？

学生：早上回到学校的时候，跟老师、同学打招呼。

学生：过马路的时候，看到老爷爷老奶奶，扶他们过马路。

学生：看到地上有垃圾捡起来丢进垃圾桶。

学生：看到有一些树或者什么东西倒下来，把它们扶起来。

…………

老师：确实，大家表现都很棒！我们说，文明小细节，却反映个人的大素质，也关系着公共秩序、国家形象。近年来，我们欣喜地看到，越来越多的人尤其是我们的中学生，在共建文明校园、在国内外旅行中都展现出良好的风貌和文明的素养，我们整个社会更加文明、和谐，我们也生活得更加自豪、更加快乐。但是，在美好的背后，还有一些文明"杀手"，他们的一些行为，与美好的校园文明格格不入……下面我们来看一下视频。

大家说说都看到了哪些不好的现象？我们周围还有哪些不文明的现象？看到这样的情形你有什么感受？学生自由发言、讨论。

任务二：（说一说）见过哪些不文明行为？有什么感受？

老师：在你的身边，有没有这样的不文明行为？你觉得还有哪些行为是不文明行为？

学生：在过马路的时候追逐打闹。

学生：上课的时候说话，不认真听讲。

学生：上厕所之后不冲厕所。

…………

老师：大家看到、遇到这些不文明行为会有什么感受呢？大家看看这些图片中人们的行为，文不文明呢？

学生：不文明。

老师：可是他们为什么这么做呢？也许他们认为，这些只是他们的个人行为啊，他们有自己的自由，想怎么样就怎么样，别人管得着吗？我们为什么要讲文明呢？

任务三：（想一想）文明的重要性：为什么要讲文明

老师：先看第一个案例。是什么导致范厂长签约失败呢？

学生：因为范厂长随地吐痰，不讲卫生。

老师：对了，这个工厂生产的是治病用的输液管，虽然范厂长的行为只是个人的一个小小的不讲卫生的不文明行为，但却反映出了他的个人习惯和品质。我们说：文明小细节，反映大素质。好习惯益终生，好品德受敬仰。

老师：再看第二个案例。你有过这样的行为吗？你想对这位乘客说什么？这位乘客的行为是不是只是个人的行为，不关别人的事呢？

学生：不是，会给别人带来危险，会污染环境。

老师：是的。我要提一下前段时间的重庆公交车事件。只是一个乘客的失控行为，最后却导致整车人付出了生命的代价。所以，个人的不文明行为，不仅会侵犯别人的权益，严重者还可能扰乱公共秩序。我们每个人都是提升社会文明水位的一滴水，也都是展现社会文明风貌的一面镜子。没有个体文明素养的提升，就没有全社会文明程度的跨越。所以说个人不文明行为，对他人也会造成很大的影响。

老师：再看第三个案例。请问如何看待这两个事例？谈谈你的看法。

学生：影响到国家的声誉、丢中国人的脸。

老师：是的。个人的文明礼仪就是一个国家文化与传统的象征，反映了一个社会的文明程度。中国是礼仪之邦，文明古国。继承和发扬这种优良传统是我们的责任，梁启超说，少年强则国强；我们说，少年文明则国文明。党的十八大把"美丽中国"作为生态文明建设的目标，而我们每个人良好的文明习惯，必定营造出人与自然、人与人之间文明、和谐的氛围，从而促进生态文明建设目标的早日实现。

所以大家看，我们讲不讲文明不仅关系到个人的道德品质、诚信风貌，还影响他人的心情和安全，也可能扰乱公共秩序。青少年学生是祖国的未来、民族的希望，青年学生的素质高低直接关系到祖国和民族的形象以及中国特色社会主义事业的兴衰。所以说，讲文明懂礼仪，传承中华的文明传统，也是我们青少年的责任。

那么，我们在日常生活中，作为中学生，要讲文明，我们该怎么做呢？

（三）指导行为，提高认识

中国自古以来就是礼仪之邦，文明礼貌是中华民族的优良传统，作为新一代的青少年，我们更不能忘记传统，应该力争做一个讲文明、懂礼仪的好学生，让文明之花常开心中，把文明之美到处传播！

任务四：小组讨论：（议一议）为了抵制、消灭不文明行为，我们当代中学生应该怎么做？

老师：要讲文明，我们该怎么做？讨论后请大家发言。

学生：我们要有礼貌，在学校要和老师打招呼，听老师的话。

学生：过马路不要闯红灯，不要在马路上玩。

学生：在公共场所不要大声喧哗，上完厕所要冲厕所……

老师：大家非常棒！说了很多具体的讲文明做法。下面老师来总结一下。

1. 自觉意识的培养

因为缺少自觉意识，一些人淡漠了是与非、善与恶、美与丑的界限，在平时生活中不能始终如一地坚持文明做人、文明做事，没能让文明行为成为一种习惯。

许多人在大是大非面前立场坚定、态度明确，但却忽略了日常生活中看似不起眼的"小事"。他们觉得浪费饭菜、公共场所说脏话、随地吐痰、课桌上乱写乱画、考试作弊等都很平常，与人品无关，没什么大不了，这是错误的。

因为文明在于细节，小事体现精神。细节是人们迫切需要绷紧的一根弦。

作为学生，只有清醒地认识到文明习惯的重要性，从现在做起，从小事做起，处处严格要求自己，始终如一地抵制校园不文明现象，才能树立起自己良好的风范和形象。

2. 遵守公德、遵循礼仪

(1) 个人礼仪：仪容仪表整洁大方、言谈诚恳有礼、举止端庄得体等。

(2) 公共礼仪：尊老爱幼，常用礼貌用语，微笑、鞠躬、右行礼让排队等候、常用体态用语等。

(3) 学校礼仪：升国旗礼仪，课堂礼仪，尊敬师长友爱同学，校园教室、饭堂、宿舍的各种礼仪。

3. 遵守规则

和谐有序的公共生活，一定离不开行之有效的制度规范，文明素质的涵养需要文明规范的制约与引导。如果对规则失去敬畏，严重的容易酿成事故；如果对规则失去维护，就会让违规者肆无忌惮。

要遵守家规家训、中学生守则、各种场合的规定公约、各种有关的法律条例等。

4. 敢于对不文明行为说"不"

向不文明行为说"不"，是一个人在现代社会中不可或缺的文明意识。面对不文明行为，能不能及时阻止，考验全社会的公众参与意识，关系到文明社会构建的成效。

维护文明和谐的公共秩序是每一个人的分内之事，对不文明行为及时劝阻，这是权利也是义务。

一个人向不文明行为说"不"或许声音微弱，但两个人、三个人乃至更多人能够勇于说"不"，就一定能形成维护文明的强大力量。

（四）（唱一唱）文明在哪里

大家跟着一起唱一起做动作，既可以活动放松一下，又可以巩固"什么是文明"。

（五）课堂总结，巩固思想

举手之劳一小步，却关乎文明形象一大步。希望同学们能在日常生活的每一天和每一个角落，从自己做起，从点滴做起，影响身边的人，共同逐步养成文明的习惯，形成文明的大环境。

让我们在世界面前彬彬有礼地展示中华民族的良好风范，展现我们华夏文明的无限魅力。让文明之花处处开放，让文明成为最美的风景！

（六）课后延续，强化意识

以小组为单位，以"告别陋习，握手文明"为主题设计一张海报。同学们在一起再次交流讨论，总结自己对文明的所思所悟，以此来强化本节班会的影响，强化同学们的文明意识。

自己课后学唱：《文明是什么》。

【教学反思】

这节班会课是我去台山示范带学活动时，学校给的题目。活动结束后，我对本次班会进行了认真反思。

（一）活动预设

（1）台山正在进行"创文"活动，有些同学还存在一些不文明行为，而且没有认识到文明行为的重要性。

（2）班会的目的：进行一个班会的示范课展示，通过班会课让学生了解如何区分文明和不文明行为，以及文明的重要性和怎样讲文明。

（二）活动过程

我首先从自己以前多次来过台山和这次来台山的感受引入，显得亲切自然，也给同学们一个基本印象：台山是个文明的地方。接着通过视频和同学们讲身边实例，让同学们自我感悟：什么是文明，什么是不文明。让同学们体会不文明行为带来的感受，分析原因。接下来通过案例的共同探讨和老师讲解，让同学们知道个人讲文明的重要性。又通过让同学们讨论、分析，从而学会自我总结。然后老师总结，让大家了解文明是最美的风景，并且知道该怎么去做。

（三）活动的得与失

在整个过程中，我都面带笑容，和蔼可亲，和同学对话时也很照顾学生的心理、情绪，循循善诱，于无声处达到教育、感化学生的效果。例如，有个男生说，公交车上，那些老爷爷老奶奶"倚老卖老"。我就说，人家本来就老嘛。然后这个男生又说，他们要人家让座。我说："那你愿不愿让座给他们呢？"他说："我愿意。"我说："你真棒，是个讲文明的好孩子！"有个同学起来说身边的文明行为，说了两个就说不下去了。我说："你看，你一直面带微笑地认真回答老师的问题，这本身就是一个很文明的行为！"虽然是第一次去上课，和学生完全不熟，但由于我的这节课设计比较合理，条理清晰，层层递进，加上我的耐心细致、民主平等的教学风格，很好地调动了学生的积极性，学生表现很活跃，积极回答问题，整个课堂呈现民主、轻松的氛围。学生也很好地厘清了什么是文明行为，什么是不文明行为，以及个人讲文明于己、于人、于国家、于社会的重要意义，最后很清晰地明确了在日常生活中该怎么做一个讲文明的人，达到了这节课想要的目的。

不足之处：前面讨论完提问时，为了更好地引导学生回答问题，调动学生的积极性，花了比较多的时间，导致后面的文明礼仪警句没有时间读，很受学生欢迎的学唱歌曲部分时间略显仓促。

（四）通过反思得到的认识

组织好一次班会活动，一是要提前思考，设计出方案；二是要考虑好细节，明确参与者的任务；三是要创造情境，建立民主平等的良好氛围，老师循循善诱，这样能够激发学生的思维、调动学生的积极性，学生能够主动参与沟通、交流，这样就能取得良好的教学效果。

钟志农教授说，一个优秀的人民教师与一个传统的"教书匠"之间的差别或许只有百分之一的不同，这个百分之一可能就是对学生成长规律的透彻理解和对学生内心深处人性需求的深切共情。就是这一点点理念上的差异，却能给我们的事业带来明天的希望，能给我们的学生带来人生的幸福，能给我们自己带来成功的快乐！

我愿做一个能给学生带来人生幸福的人民教师！

▶▶ 我的教学主张 ▶

（一）重视思想教育和养成教育

"小胜靠智，大胜靠德"，有良好的人品比有优秀的成绩更重要。所谓"心存敬畏，行有所止"，一个人只有敬畏规则，才会走得更远更稳。所以，要注重培养学生良好的道德品质。

我会利用各种契机对学生进行生命教育、感恩教育、价值观教育等，让学生树立远大理想和远大目标，开阔自己的胸怀，成为一个有责任担当、立志对社会有贡献的人，从而引导、促使学生坚定信念，勤奋努力去实现自己的目标。比如，我们班的同学，特别是男同学，一见到老师需要帮忙的时候，蜂拥而上争先恐后抢着干活，非常乐于帮助老师！

上了初中后，大部分学生是住宿生，生活上开始独立，会遇到很多以前没有遇到过的问题，学习上也有很大的挑战，科目多了，难度大了，不少同学都会有很大的挫败感。所以，要注重培养学生良好的心理素质，通过主题班会等各种形式，对学生进行挫折教育，让他们知道学习生活中遇到挫折是很正常的事，用正确的态度去积极地面对。

对于刚上初中的同学，很多方面还保留着小学生的思维和习惯，培养学生良好的学习习惯和行为习惯是很重要的事情。所以，要培养学生良好的学习习惯和文明习惯。

正如赵群筠局长说："最好的教育，是把一个孩子的内心引导出来，让她/他成长为自己最好的样子。老师应该要以帮助孩子们在未来更成功地寻找到自己的幸福为己任！"

（二）注重学生的心理健康教育

由于现代社会的发展和竞争的增强，家长和社会对学生的期望水平越来越高。学生除了日渐加重的学业和考试负担之外，来自社会、父母、友人以及生活环境等方面的精神压力也越来越大。加上受网络信息影响越来越大，学生出现焦躁、厌学、早恋、沉迷游戏等现象越来越多。这些困惑和矛盾如果不能得到及时的引导和化解，学生的心理负担就会越来越重，学习就会受到极大的影响。其实并不是学困生才会有压力，尖子生同样时常面对很大的压力。我会根据需要，引导学生坦然面对问题，设法解决问题，调整好自己的目标和状态，学会管理自己的情绪，调控好不良情绪。关注学生心理变化并不是一味呵护，对于有实力没动力的同学，有时候需要推他一把；有的同学有畏难情绪，会认为自己有心理问题，这时就要淡化问题，转移他们的注意力，想办法找到学生压力的来源，尽可能帮助他缓解这方面的压力。

（三）尊重个性，因材施教

信息社会越来越多元化，我们的学生的成长环境、经历各不相同，学生的个体差异是客观存在的。正如有句话所说，"每个孩子都是一朵花，只是花期不同而已"。我们要尊重学生的各种不同，从学生实际出发，最大限度地挖掘学生潜力，培养学生各种能力，尽可能地引导学生做最好的自己。不管是思想教育、心理教育，还是学科知识教育方面，我都会根据学生的具体情况，有针对性地采取不同的措施，让每个孩子都成为最好的自己。

我的育人故事

半亩方塘长流水，呕心沥血育新苗
——一个"问题少女"变"才女"的故事

记得有这么一句话：你教室里的每一个孩子，都是某些人的整个世界。我深以为然。我们班上的孩子，有些也许不是那么起眼，不是那么优秀，但他们是未成年人，我们作为教育者，就是要帮助、督促他们，让他们茁壮地成长起来，他们是家庭的希望，是祖国的未来。所以，对待教育教学工作，我一直感觉自己的责任重大，总是兢兢业业，勤勤恳恳，不敢有丝毫怠慢。

我刚接手七年级时，班上有个许同学，刚开学时就听其他老师说起她的情况：出生2个月就没了爸爸。妈妈常年在外工作，小许小学一年级就开始住宿，周末住在舅舅家。回到舅舅家也是自己一个人住，妈妈很少回来，甚至老师很难联系到她妈妈。只有在QQ上留言，才偶尔会回复一下。小许小学时就试过几次割腕自杀。因为长得漂亮，经常有高年级的男孩子来找她。小许很文静，不怎么说话，平时很正常，看不出有什么问题，但总是不能和其他同学好好相处。

苏霍姆林斯基说过，教育并不是万能的，它不能使一个人不受他所生活的那种环境影响而成为一个幸福的人。如果孩子孤独地忍受自己的不幸，那他的心灵就会长期被一层冷漠的冰壳所覆盖。但教育必须保护孩子们心灵中巨大的、无可比拟的精神财富——欢乐和幸福。我们应当记住，我们面前的人是孩子，首先应让他平静、安宁，帮他解除痛苦和忧虑，然后给孩子带来生活的欢乐，他就会易于接受教育。

开学不久，小许宿舍里的几个女同学就开始孤立她，说她莫名其妙地就发脾气。对于这个情况，一方面，我先和她宿舍的两个女同学聊，了解具体的情况，跟她们说，其实大家住一个宿舍，肯定会有摩擦，这很正常。但大家有缘住一个宿舍，就像姐妹一样，要互相帮助、互相关心，同学们应该多关心她、帮助她。另一方面，我就抓住一切契机，和小许聊，告诉她同学们夸她，愿意和她做朋友，但同学间就像姐妹一样，也会有各种不同的习性，大家要学会相处，要互相包容、互相体谅。这样反反复复，慢慢地，小许学会了和班上其他女同学相处，在宿舍、在班上都和其他同学融洽相处，不会再总是一个人独处了。

但是慢慢地，不时地有高年级的男同学来找她。我先是问她，怎么和这些人认识的，然后旁敲侧击地提醒她交朋友可以，但不要太早恋爱。谁知不久，她就被抓到在楼梯角落和男同学接吻。面对这样一个同学，我冷静分析了所了解到的情况，分析她的个人性格、品质等。那天我找她详聊了很久。之后，中午饭后、下午放学，我都找她聊天。我和她谈作为一个母亲的心情，希望她能懂事，妈妈不容易，让她别让妈妈担心，让妈妈为她骄傲。对于早恋，我告诉她，她自己都不知道自己有多优秀，可是如果现在她和那些来找她的人在一起，暂且不说男孩优不优秀，就算他们好，现在也不可能在一起，否则会误了自己的前程。

接下来的时间，那些男孩子不来教室门口找她了，她还算能静下心来学习，上课、自习都比较安静。我发现她学习成绩中等，但画画特别好，是一个很有灵气的女孩。我表扬她画画很好、有灵气，让她出板报，建议她去学画画。我说女孩子学美术是很让人向往的一件事，而她自己也很喜欢画画，想学服装设计。接下来几年，班上的班服全部由她负责设计、联系商家、谈价钱等。班上的教室布置也是她施展才华的机会。一旦她有了学习目标，就有了学习的动力，整个人的心思就更多地放在了学习上。她也争气，慢慢地和同学相处也好了，学习上也越来越进步了，进入到年级前三四十名了。

然而，又一件事发生了。和她关系好的一个女生来告状，说小许偷了她的手机。我先了解了具体情况后，再找到她，她承认了，说是很生那个女同学的气，就把她手机拿走气她，然后放学时丢垃圾桶了。考虑到她的情况，我没有骂她，把她舅舅找来，一起分析了她的情况，希望能够帮她真正地站起来！我先单独和她舅舅、舅妈聊，让他们多关注小许，她现在正在变得越来越好，希望能够一起努力，真正让她优秀起来。再把小许叫来，她表示很后悔，自己主要是想报复那个同学，说要用自己的零花钱买一个同款的新手机还给她，然后跟她道歉，保证以后再也不会做这种事了。我再次选择相信她！而且，我相信，她只是不会处理和同学之间的矛盾，没有控制好自己的情绪。对于这种情况，我经常找她聊天，慢慢引导她的价值观、人生观。

后来，她真的再也没有发生过让我操心的事情了，而是用心学习，学画画，考上高中的美术特长生，现在去了自己喜欢的美术专业院校！我听到这个消息后，特别感慨！一个多么优秀的女孩！这才是青春该有的模样！

就在暑假前，小许和同学们一起回学校看望老师。她说："我其实一直都想回来，但之前觉得自己学得还不好，不好意思回来！谢谢老师当初让我学美术，找到我自己喜欢的努力的方向！"现在的小许开朗阳光，自信自强！真的好开心见到她的茁壮成长！

▶▶▶ 他人眼中的我 ▶

（一）学生眼中的我

钟老师对我们要求很严格，但我们又很喜欢上她的课，我们也很想钟老师做我们的班主任。钟老师很幽默风趣，上她的课很轻松。钟老师的英语好棒！我们上课是师生，下课是朋友。

（学生1）

钟老师对待工作认真负责，对学生要求严格，高要求高标准！她不大声呵斥我们，却让大家很敬畏！但老师又很平易近人，有什么事也能广泛听取我们的意见和信息反馈！大家都喜欢和钟老师谈人生！老师总是和风细雨，循循善诱，和老师谈完人生后会感觉到老师的善良和关怀，在明白自己的问题后，会感觉自己很有信心去克服困难！

(学生2)

钟老师是我遇到的最好的老师！我们都很骄傲能够在钟老师的班集体学习，在这个班集体中，人人都上进，自觉学习，但又开心快乐，虽然互相竞争，但又互相尊重、理解、关心和帮助！

(学生3)

(二) 同事眼中的我

钟老师很勤恳，任劳任怨，十分负责任。钟老师讲课条理清楚，重点突出，还有，她的口语好棒！而且善于调动学生的积极性，很有亲和力！

(同事1)

钟老师的认真负责、勤勤恳恳大家有目共睹。钟老师认真踏实、任劳任怨、谦逊随和、为人低调，给我留下了深刻的印象！原来做老师还可以这么温柔可亲呢！我们真是很佩服钟老师，管理班级很有一套，对学生收放自如，既能严格管理，又和学生友好亲近！她不用发火，只要往那一站，学生就胆战心惊的！

(同事2)

(三) 领导眼中的我

不怕的，你行的，再调皮的学生你都可以搞定他！你们班很厉害，还是你有办法！你的责任心很强，业务能力也强！

(领导1)

钟晓慧老师是我们学校优秀班主任的杰出代表。她自从来到我们学校，一直担任班主任工作，工作踏实肯干，兢兢业业。她的教学成绩优秀，每个学期她所教的学科成绩都非常优秀，在同级中遥遥领先，在江门市名列前茅。她所带的班级班风优良、学风浓厚、学生成绩优异，每个星期都是文明班，在班级评比中一直都是成绩突出。她是我们年轻班主任学习的好榜样！

(领导2)

(四) 家长眼中的我

非常感谢钟老师！在您的教导下，孩子现在懂事多了，也更用心学习了，谢谢您！

钟老师是非常难得的好老师！钟老师是我见过的最负责任的老师！孩子听您

的，他觉得您很讲道理！

现在孩子在家也更听话了，不像以前动不动就发脾气了，还帮忙做家务，帮忙照看弟弟妹妹。谢谢老师！

（家长1）

钟老师，在我们心里，您是非常优秀的班主任。孩子能跟着您学习，能在您的教导下成长，是我们家长和孩子的荣幸。您对工作认真负责，耐心细致，而且很有方法，我们作为家长也是看在眼里，喜在心里，对您充满了万分的感激。想想我们管一两个孩子都焦头烂额的，您要管全班几十个学生，要做到对每个人的情况都能心中有数，还要照顾到方方面面，那得付出多少精力？然后还要针对每个学生的情况，对症下药，解决学生的各方面问题，真的很不容易。这个学期以来，孩子在您的教育下，我能明显地感觉到他的变化，懂事了很多，学习成绩也在不断地进步，而且更重要的是，感觉他阳光了很多，回来也会跟我们聊了，性格也开朗了，我们衷心感谢您对他的教导和关心！

（家长2）

理论与实践的打磨：虚实兼务，诚心育人

● 江门市培英高级中学　龚剑英（中学班主任）

● 个人简介

我叫龚剑英，是江门市培英高级中学语文高级教师，江门市优秀教师，江门市普通高中毕业班工作先进个人，曾获"高考贡献特等奖""校优秀班主任""优秀德育工作者"等荣誉称号。

我从教至今获得了几十个奖项。在《中学课程辅导·教师通讯》《语数外学习》《广东教育》等全国中文核心期刊和 ISSN 教育期刊上发表了多篇教学论文。指导学生参加市高中生辩论赛，荣获"江门市市直学校第一届高中生辩论赛"第一名。指导学生参与研究性课题"江门店铺名称与文化"，使学生走上街头，走进图书馆，走入百姓家，让学生有更多机会参与社会实践，了解本土文化，了解生活中的语文，对学生影响深远。

虚实兼务，诚心育人，是我从教 20 多年来的工作写照。岭南人务实而心怀远方，我从 2003 年调入广东江门，便深刻感受到了粤文化的务实和包容。读懂了江门人的踏实与诚挚，身为语文老师的人文情怀，令我走进生活而又兼具家国人文的育人模式。依托江门侨乡的务实进取，聚焦育人的核心素养与长远发展，我充分发掘、利用生活中的育人元素，以人的天性为本，促进学生的个性化体验，从而培养学生良好的为人处世素养。我在研究人性中，在低头践行与抬头仰望中，心怀赤诚，在俯仰间成长，在俯仰中成熟，逐渐形成了"虚实兼务，诚心育人"的粤派育人风格。

▶ 我的教学风格 ▶

有招之为与无招之为

雨果说得好："没有风格，你可以获得一时的成果，获得掌声、热闹、锣鼓、花冠、众人陶醉的欢呼，可是你得不到真正的胜利、真正的荣誉、真正的桂冠。"教学风格的形成是一个教师在教学艺术上趋于成熟的标志。在班级管理与教学中有了这有招之为与无招之为，育人之时便有了纲目、有了依凭。

（一）有招之为

招，是实际可操作的手段、计谋。在班级管理中，要让学生有归属感、认同感，就得用些计谋、动用一些手段，让学生有则可守、有章可循，班级规则与章法必不可少。学生有了规则意识，行为才会规范，班级才会相对安定，很多工作才能有条不紊地推进。而学生遵守班规的前提是其内心认同并接受班规。

在班规制定前，我先通过分享故事的手段，让学生明白班规（制度）的价值所在，即明白班规的制定对班级建设和学生成长的意义。故事一："二战"期间美国空军降落伞的检验制度。即军方在厂方交货时从降落伞中随机挑出几个，让厂家负责人亲自跳伞检测，从此降落伞的合格率由99.9%达到了100%。学生明白是检验合格率的制度让事情发生了变化。故事二：新加坡的法规制度。新加坡法律规定，随地吐痰第一次罚600美元，第二次罚1200美元。新加坡的鞭刑，每抽一下都皮开肉绽，形成不能消退的疤痕。大多数挨打的犯人不得不进医院治疗，他们至少在3个月内不能端坐或仰卧。在新加坡，损害公共财物是鞭刑，造假是死罪……新加坡是通过严厉的惩罚，让人们不敢犯罪，从而建成良好的社会秩序。虽然方法有点不人道，但结果却十分美好！在新加坡，不必担心在小摊上吃饭染病，不必害怕挤不上车，不必担心收到假钞，买东西不存在坑蒙拐骗，都是明码实价……这样的社会大家喜欢吗？学生们通过故事了解到：一个好的制度可以使人的坏念头受到抑制，可以引人向上、向善，引人勇于负责、勇于承担。

客观认识了规则的作用，统一了思想，便可以开始讨论和制定班规了。而如果班规是老师制定的，学生内心并不认同，便难以愿意服从班规。班规如何制定？班规制定应该遵循哪些基本原则？包括哪些基本问题？班规应该由什么人制定？班规制定后如何取得全班同学的认同？通过这一系列的问题设置及解决过程，使学生们提升了认识、达成了共识，可以确保班级大部分同学都会认同和支持班规。这不仅可以培养学生参与班级事务的热情，更可以借此对学生进行民主精神启蒙和民主实践练习。

班规中大到原则立场，小到细致的奖惩评分细则，让学生们在日常学习生活中有法可依、有法必依、执法到位。班规制定后，为了让学生少犯错误或不犯错误，我在班级管理中给班规加上配套的班级语录，对学生展开强势的正向影响。比如"不给未来挖坑""让未来感谢现在""以激情驱动梦想，以理性管控人生""总是要有人赢的，为什么不可以是我呢"……这些班级语录把教师需要让学生明白的道理简明扼要地讲出来，以多次的阅读和记忆内化为学生熟悉的价值观，既减轻了教师讲道理的负担，又有助于学生潜移默化地接受这些观点。

这些"招"的使用有形有声有色，可观可感，在班级初建时功不可没。

(二) 无招之为

班规不管如何制定，不管由谁制定，都不可能做到尽善尽美，尤其是当班里发生突发事件时，往往无法可依、无章可循。这时需要读懂自己、读懂学生、读懂人性，遵循社会原则，从有招到无招。

我本性不喜太多条条框框约束，不喜外界过多干预。以己度人，尤其是十七八岁的青少年，也不乐于接纳无趣条规和呆板人设，在应对突发事件时，更希望能有新意，能不落俗套。惯常的招式也难解不常见的事件，此时既要依从人性，又得合乎社会原则。这无招就是灵活变通，是游走夹缝，是不黑不白而又有黑有白的灰。

2018年8月，我新接手了一个高三理科班。我们学校对于手机管理得甚严，严禁带手机回校，一旦查到，那一套程序"服务"下来，一个学期不得安宁。对于外校插班生更是不给一次宽宥的机会，在事先多次强调、签协议的前提下，如若发现，将被清退离校。

在一个周五的下午第二节课后，年级广播里传来通知：请全体同学待在教室不要走动，请所有班主任立即到班维持纪律。当我赶到班里时，大多数同学都很平静（多是本校生，经历过突击检查手机），有几个外校插班生不淡定了。我站在讲台，跟学生们说："如果带了手机在身边的，请现在交到我这儿代为保管，以免不必要的麻烦。"话音一落，陆续有几个学生交上来。过了十几分钟，教室门口有6名同学准备进教室检查书籍箱子之类，教室外站好了4名女生拿着金属探测仪待命。我再次跟学生讲，请误带手机在身的同学把手机交给我代管，现在还来得及！没有人再上交了，全体学生走到走廊排队等候金属探测仪检测，教室内就交给那6位学生检查了。检查结果让人遗憾：在吉他的音箱里发现了3部手机！经确认，1部是原本校生的，另外2部是外校插班生的。本校生按程序走就是了，插班生按规定得清退了！

接下来按年级规定回到办公室给俩家长打电话，通知他们接孩子回家。其中一个学生与他家长很快决定离开学校，这个问题就算解决了。另一个学生面容悲戚，家长接到电话也慌乱无措，班里也有同学陪他来求情：无论什么惩罚都接受，只要能留下来！李浩平时表现也挺好的：做英语科代表认真负责，乐于帮助同学，对老师很有礼貌。手机原本放在走读同学那儿，因为到周末了，就请同中午把手机带回来。若是按制度办事，人性无处安放；若是依从人性，制度形同虚设，两难。

看着李浩和另外几个同学站在级长旁边后悔流泪的样子，我心里还真是不舍得放弃他。晚修时，我私下找到级长，商量处理办法。级长问我有什么想法，我说李浩的手机并不是一直带在身边，周末要用手机扫共享单车回家，情有可原；这孩子肯定能上个不错的本科，对学校有利；在班里深得老师、同学的心，对班级无害；要么我们先让家长接回家几天，以维护手机使用制度。同时，也让他深刻反省，给他个将功补过的机会，几天后让他暂时回校，以观后效。级长思考片刻后同意这一建议。

后来的操作就交给李浩和班里的同学了，李浩写了封长长的道歉信，恳请同学们帮他向年级请愿，全班同学在他写的信后签上自己的名字，副班长将信件交给年级。3天后，李浩重回班级。同学们很开心（因为有自己的一份功劳），李浩心怀感恩（感谢老师、感谢同学相助），老师们也很放心了。这件事情过去后的第一个周一，我特意为此开了一个班会：从一个不利事件的化解中获取滋养。遵从规则，了解社会，了解人性，做好自己：挽救李浩的不是别人而是李浩自己，机会不是别人给的而是自己给的，帮助别人等于帮助自己。"我"（每一位同学）原来如此有力量……

貌似不合规章制度，却合乎教育原则，合乎人性。无招即有招，无为即有为。在有与无、虚与实之间的自由流转，让我更从容。

▶▶ 我的成长历程 ▶

在虚与实之间平衡

唐代大文人韩愈把教师的职责和作用归结为"传道、授业、解惑"，这一说法非常精辟。"传道"者，即让学生学会做人的道理。做人的道理很多，个人修养、人际关系、社会公德、公平正义、生态理念、创新意识、科学精神等，都在其范围。"授业"者，则是知识和技能的传授。至于"解惑"，大概是帮助学生解决在学习、生活和人生等方面所出现的困惑。这几个方面是辩证统一、缺一不可的。细加揣摩，却也有虚有实，总的来说，"授业"为实，"传道"和"解惑"为虚。教育的虚与实同时存在于人类社会中、同一人体中。

我是一名语文教师，多年的文学熏陶，多年与十七八岁风华正茂的高中生相处，让我激情与梦想常在。我也是一名与家长、学生、学校共同面对分数、面对高考的班主任，这份责任让我面对现实，让我低头看路、脚踏实地。这注定了我需要在"需要"和"想要"间拿捏，在虚与实之间平衡。从当初的激情有余、磕磕绊绊到如今的智慧从容，我的二十几载青春年华依旧而云淡风轻。

投射在我身上的，没有云端至清至玄的幻影，亦没有尘埃里的裹足泥泞；有的是步履沾尘而不陷落，有的是心怀云端而不超逸。我愿意循着现实和天性，像素蝶一般，在天与地、虚与实之间起舞。

（一）认真管理，注重实效，用力去爱

托尔斯泰曾说："如果一个教师把热爱事业和热爱学生结合起来，他就是一个完美的教师。" 2003 年，我初来江门，来到培英高级中学——当时叫江海中学。作为一位来自外省的教师，对江门学生的特点了解不深，有些不适应。之前的我在江西任教，学生和家长对待老师都毕恭毕敬，甚至有点诚惶诚恐，有着很传统的师道尊严的氛围。这儿的学生对待老师少了些严肃，多了些随性，少了些内地学生的刻苦内敛，多了些沿海学生的悠然开放。

初来乍到，见了学生和老师之间的"没大没小"甚至有点轻慢，颇感诧异，之前身在高处的教师优越感无以依附，打破人设、敲掉门槛，建立师生间的理解和认同是初来岭南必做的功课。2003—2004 年任教高三，那时的学生和老师在课余多数时候讲广州话，师生之间没有我先前熟悉的师生距离，植根心底的理念因为岭南的随性和务实需要渐渐更新了。我花了一年多时间，从听不懂广州话，到大体能讲广州话，与不懂普通话的家长能进行有效沟通，在务实的路上迈出了坚实的一步。

2005 年我开始带班，并在做班主任的路上一发而不可收。班主任工作的开展，离不开实效。只有把工作做到实处，才能赢得学生的心。我在 2005—2008 年所带的班级为普通班，班里学生成绩中等偏下，尤其有几个"后进生"影响班级管理。当时尹景斌任班长，他日常找我多是来诉苦甚至想甩手不干，我常告诫他吃亏就是占便宜，只要我们确保自己是安全的、是健康的，就不惧付出。况且，人的精力是存不住的，今天过去，精力没用好也白白流失了，过期作废。我们把眼光放长远些，坚持原则，不弄是非，宽容待人，团结协作，长久下去终能有所成。于是我们从实际出发，明确目标。自己从实处入手，根据学生的实际情况，提出个人及班集体的奋斗目标，要求人人做一个合格的中学生，为己争光，做一个让自己满意的学生。在班集体方面，从营造良好的班风和你追我赶的良好竞赛局面，到最终我们把这个班带成了优秀班集体，我也获得了高考贡献特等奖。

这届学生有两个典型：谭××和黄××。谭××，常迟到，上课打瞌睡，纪律涣散，对自己、对未来不自信。但我肯定他的真实、灵性、正确的是非观，一点一点树立他的自信心，培养他的自律能力。2008 年他如愿考上了本科，填报了纪律要求严格的警官学校并被录取。

黄××，喜欢结交社会青年，打群架（高一时被学校记大过处分），谈恋爱、厌校、逆师，有 4 年烟龄。我欣赏他的侠义、善良、真诚，尊重他那份美好的感情，和他做朋友，长时间持续关注他的戒烟进展情况，找他的女友谈心做工

作，精心引导他走上身心健康的道路，并且帮助他戒了烟。2008年，他成功考上广州大学。2009年1月，他带着感恩的心回母校，在我带的艺术班现身演讲，给个性张扬、自尊而又自卑的艺术生讲述自己的成长历程。

2018年，班长组织了毕业后的10年聚会，班长有了自己的小企业，黄××是建行某支行的副行长（聚会时蹲在我座位旁，深表感谢，也颇自豪地告诉我他的成就）。谭××已是人民警官了，其他同学也都行进在奋斗的征途上。

（二）唯实用论，见了实效，留了隐忧

在得了荣誉、尝了务实之果后，学校委以我重任，让我担任艺术班的班主任！我在2008—2011年所带班级为艺术班，艺术生文化基础差，纪律观念淡漠，个性张扬，情绪较偏激。这给班级管理带来了挑战。

为了让这些"刺头"服帖些，凭着一股不服输的劲，我阅读美术学书籍，甚至钻研古代野史和艰深哲学，就为了和学生们找到共同语言。3年下来，斗智斗勇，"术"的使用可谓无所不在，也颇见成效。其中最典型的是梁同学。梁同学有艺术天分，但愤世嫉俗、思想偏执，且卫生习惯不好：不刷洗是常态，课桌及周围一团糟，厌学，与某些科任老师作对，在艺术生中颇具影响力。父母对他的学业几乎不抱希望，只指望他能不走歪路，顺利毕业。因为他喜欢钻研古代野史和艰深哲学，好和人论辩，我投其所好，常做好功课，选择好时间和地点，甚至考虑光线的明暗等诸多因素和他论辩，让其无可辩驳。2011年，他以高分考入广东工业大学，其家长多次感谢，说孩子只服龚老师，是龚老师挽救了他。

另一位是吴同学，高二从普通班转入艺术班。这位同学谈恋爱、作弊，敏感、反侦查能力强，但人较聪明。我做足谈话前的准备工作：多角度观察，在头脑中预演谈话过程，谈话时诚挚、技巧、利害多管齐下，多次谈话后，她的学习态度、为人处世有了长足的进步。2011年，她成功考入广东外语外贸大学，并获得培英会所奖学金5000元（全校共2名，另1名获得者也是本班学生陈炯盛）。

到了2013年，"术"的使用于我而言到了极致。2013届高三（19）班是个理科普通班，该班因班风差、难管理而多次换班主任。2012年9月，我受校长黄飞跃委托，任该班班主任。我从三方面下手：最棘手、影响力与破坏力最大的学生周同学，我联合他的父亲、他的好友，三管齐下做工作，多次见面、电话联系，让家长知道再不能怕耽误学习而对他姑息迁就，让好友知道老师其实还很欣赏周同学的组织能力和仗义，并且让周同学知道班主任是动真格的。最终成功让他回家自学、反省一个月。这一个月，家长烦心，周同学煎熬。他在家反思期间，我也会隔三岔五地和他及家长联系，关心其学习生活，但决不答应未到期便回校的请求。家长深刻感知老师的不易，学生深刻体会到不读书的空虚难熬。在班里，我常有意无意提及周同学，班里其他不认真的同学见老师如此不屈不挠，只得静下心来认真学习。周同学回到班里后发现班风已变,也开始认真学习并决定高考后复读!一学期下来,(19)班竟荣获学校"优秀班集体"称号,年级老师惊讶不已。

这几年不得不说也很有收获,2011届的艺术高考成绩在本校获得空前的成功,一个班里有7名学生考上广州美术学院、四川美术学院、湖北美术学院等八大美术学院,全班本科率接近100%。然而,多年以后回看当时的育人"成果",发现许多孩子过于关注眼前,务实有余而情怀不足,甚至有些孩子在大学毕业后或涣散或情绪负面,没有良性的可持续的未来。

(三)抬头看路,虚实兼务,放眼未来

2013届学生自毕业后,少有人回母校探望老师,这让我感到失落:用了偌大的力气,费尽了心思,也得到了学校的赞誉,可学生的心哪儿去了!这让我迷茫,让我重新审视自己:十年树木,百年树人,我不能只关注学生眼前的成长,我们不是教育的临时工,还得心怀诗和远方。

2013年9月开始,我从高一带班,以人文的教学理念指导我的教育教学,尊重学生,尊重他们的人格和个性的发展。踏踏实实地抓管理,是班主任的应尽职责,既是对学生爱的奉献,更是学生健康成长之必需。同时,在班级管理中也不妨"虚"晃几招,把管理渗透到"不管"之中。譬如,实施宏观控制,进行科学引导,将权力下放,让全员参与,充分发挥学生的自治能力。点名簿交给班长,团队活动让团支书主持,黑板报由宣传委员负责,班费派生活委员管理……让整个班集体"人人有事做,事事有人做",让学生在参与班集体的服务与管理中,实现能力的培养和人格的完善。有时,也不妨来点"大而化之",故作糊涂。有的学生经常会出现一些小问题,待问题比较突出时一并处理可能效果要好得多。如此,管不过"实","虚"而有度,"虚""实"结合,达到"无为而治""不教而正"的管理最高境界。

放眼未来,让我在处理眼前实效与学生未来的权衡中,有了新的考量。2014年底,江门市举办高中生辩论大赛。那是高二学段,作为理科生,学生们普遍认为学习重要,"刷题"重要。而我以为,人生的意义在于活得有趣而又有价值,在于更丰富地体验生活,所以在班里发动同学们积极踊跃报名参与。辩论可以培养人的逻辑思考能力、语言表达能力、组织能力,让人对社会的问题和现象有更深层次的思考。辩论赛还可以培养团队协作的能力与意识,在不断的深入交流中增进了解,交到真朋友。高二阶段是很关键的,考试是很重要的。可是,考试从来不稀缺,而辩论赛不常有。为了这场历时一个多月的几轮辩论,学生们除了上课(非常认真地上课,因为我说课后作业可以不做,我们必须让课堂极高效),其余时间都在和队友们、指导老师们备战辩论赛。当时临近期末考试,各科任老师都很担心这4个入选校辩论队同学的成绩。我问同学们:大家衡量一下,是转移重心应对期末考试,还是专注辩论赛、寒假自行补回落下的文化成绩。同学们倒是挺可爱的,说就怕老师和家长批评成绩掉了!我说,如果我帮大家跟他们解释,然后你们日后追上呢?大家一致信心满满地说日后肯定能赶上的!

这一个多月,我和同学们查找资料,分工合作,磨合协调,最终战胜包括江门一中在内的所有市直高中及中专,荣获"江门市市直学校第一届高中生辩论赛"第一名。值得一提的是,在高二下学期的期中考试中,我们班年级前十名就占了8个,那4位辩手都在列!高考成绩也不俗:最佳辩手朱浩然573分,被河南大学录取,何嘉敏被广州医科大学录取,林俊鸿被暨南大学录取,林国明被佛山科学技术学院录取。这一段精彩的时光丰盈了他们的生命,未来将多少次地感谢那样一段经历呀!这些经历滋养了他们未来的人生,入读大学后,他们比其他大学生更积极,格局更大了。

在后来的教学中,我更坚信,这些看起来"虚"的素养、精神、情怀,反过来能更好地促进当下"实际"的发展,虚与实相得益彰。近4年我都在高三带班,每届虽只带短短一年,可同学们与我的关系都非常融洽,毕业后每到假期,他们总是络绎不绝地来校探望,这在以前是不可能常见的事。在学生心里,老龚(学生惯常呼我老龚)是老师,是朋友,是跨界的、有格局的导师,毕业后依然有问题问老龚、有趣事和老龚分享。登高望远,抬头看路,我在育人的路上更淡定、更从容。

▶ 我的教学实录

学情背景:进入高三以来,许多同学意识到了学习的重要性,在学习上的学习劲头比起高一、高二时有了明显的进步。可几次模拟考成绩与自己的理想反差太大,同学们想不通为什么自己努力了成绩却不理想,有的人情绪低落,有人否定自己,产生放弃继续努力学习的想法。

班会目的:让学生明白学习是一个长期、艰苦的过程,要想取得好成绩必须有持之以恒的毅力。让学生明白坚持成就的也许不是自己最起始的那个梦,但只要坚持,我们就是圆梦者。

"坚持成就梦想"教学现场

距离高考还有60天,同学们疲惫不堪。

(一)回望过往,我们有太多的相同

我们的过去有许许多多的相同:我们都有过天真而多彩的童年,我们玩着同样的游戏。我们看过同样的动画,我们都曾认真完成老师的作业,追过相同的剧,甚至追过同样的人,我们慢慢成长。即使今天,当大多数同学都步入或即将步入18岁的轨道时,我们还都坐在相同的教室里,为着相同的梦想共同努力着。

（二）面对现实，我们开始变得不同

突然有一天，我们发现我们来到了一个岔路口，"相同"已经过去……

不管你是否已经做好了足够的准备，不管你是否接受现实，从此以后，我们将变得越来越不同。

那个时刻，有人喜极而泣，有人伤心落泪；那个时刻，有人顺利就业，有人还在彷徨；再后来，有人事业有成家庭幸福，有人还让父母为自己流汗。

曾经相同的我们，只会越来越不同。人生的道路虽然漫长，但关键的只有几步。

（三）讲故事，切入主题

同学们，我们先来听一个故事：

一队人到沙漠里去探险，有一天晚上遇到了沙尘暴，将他们的食物和大多数的水都刮走了。他们一队人只好开始漫长而又艰难的寻水之路。他们之中有一个智障者，每次看到哪里有水，总是第一个冲上去，但每次都是幻影。渐渐地，其他人开始绝望了，并停下了脚步。当那个智障者又一次看到了绿洲并惊奇得大叫时，没有人愿意再动一下。而这次的确是真正的绿洲。几天后，有人发现了他和其他几具晒干了的尸体，并发现他们之间相隔不到500米，于是他们便问他："为什么其他人死了，你却活着？"他说："我只知道要找水。"

师：以上故事给你什么样的启示呢？

生：坚持让人成功。

师：是的！他们如果能够后悔，就会咬牙坚持。我们常说能成功的人要具备傻子与疯子的特质——傻子肯吃亏，疯子会行动。我想说，梦想就在远方，不在后面，"别想从后视镜中看清未来的路"。今天很艰难，明天更艰难，后天很美好，可是很多人倒在明天的晚上。是什么让众多人在前行中倒下了？

（四）展示漫画，同学们列举漫画中十字架的象征意义，说出每一幅漫画的寓意

生1：每个人在学习和生活中都背负着一个沉重的十字架，缓慢而艰难地朝着目的地前行。

生2：途中有个人停了下来，他心想这得背到何年何月啊？

生3：于是他拿出刀子，做出了惊人的决定：将十字架砍掉一些。

生4：说着就动手砍起来。

生5：砍掉之后果然轻松了许多，步伐也加快了。

生6：于是就这样走啊走啊，走了好久，他心想既然砍掉一些就轻松这么多，为何不多砍点呢？

生7：他又拿出了刀子。

生8：开始砍十字架。

生9：这样一来他又轻松了许多。

生10：这样一来他就毫不费力地走在了队伍的最前列。

生11：走着走着，突然出现了一条又深又宽的沟壑，沟上没有桥，周围也没有路。他，该怎么办呢？

生12：后面的人慢慢地赶上来了，他们用自己背负的十字架搭在沟上作为桥梁，跨越了沟壑。

生13：他也想如法炮制。可惜的是他已经把十字架砍掉一大截，无法当作桥来使用了。

生14：当其他人都在朝着目标继续前进时，他却只能留在原地，垂头丧气，追悔莫及。

生：这十字架也许是我们的学习，也许是我们的工作，也许是我们必须承担的责任和义务。在我们迫切希望获得权利的时候，我们应该明白，相对应地，我们就要承担这些责任和义务，这才能体现我们在这个世界上存在的理由和价值。

师：我们总得做点不喜欢做的事，才有资格做喜欢做的事。同学们觉得我身材如何？

生：超级棒！

师：有没有留意我几乎不吃零食，每天站在讲台前的我体态端正，收腹提臀身体平衡？可知道我坚持健身，比如瑜伽和卷腹？

生：哇！

师：来，给大家做个坐姿示范：双腿平行伸展成直角，臀部坐在椅子的三分之二处，挺胸收腹，下巴往脖子方向收，感受脖颈皮肤处于最伸展状态。好了，同学们坚持5分钟，难吗？

生：不难！

师：一天早中晚做三次可以做到吗？

生：可以！

师：你认为可以做多少天？

生：议论纷纷。

师：我的身材不是一朝一夕形成的，这需要我们坚持。同学们，积跬步以至千里，积懒惰以至深渊。只比你努力一点点的人，其实已经甩你很远了。

多一点，成就的是双倍增长；少一点，失去的是半壁江山。

$(1+0.01)^{64}=1.89$

$(1-0.01)^{64}=0.52$

师：那0.01是什么？

生：那0.01可以是：坚持早到一分钟，坚持多记一个单词，坚持多做一道题，坚持多解决一道错题，坚持多看一点有益的书，坚持多锻炼一会儿身体，坚持做一点清洁，坚持多问一个问题，坚持多一点微笑，遇到困难，坚持多一点思考……

（五）如何培养坚持不懈

毅力是一个心理因素，它不是生来就有的，而是靠我们从小磨砺、锻炼而来的。那我们如何培养毅力呢？

请同学们找出身边你认为有毅力的同学，请他们来分享宝贵的经验。

生：强烈的愿望，产生毅力。

师：愿望是人们行动的出发点，一切活动都发源于愿望。愿望有强有弱，弱小的愿望很容易为生活的风浪所熄灭，行动没有毅力。强烈的愿望则能抵挡生活的风浪，没有什么风浪可以熄灭它们，除非生命结束。"生命不息，冲锋不止"，"我尚能生存，我当然要学习"，"舍得一身剐，敢把皇帝拉下马"。这些都是强烈的愿望。

生：明确的目标，有助于产生顽强的毅力。

师：目标明确，人们的行动才会有方向，目标才会产生强大而又稳定的吸引力。

生：明白自己的首要任务是什么，按事情重要性程度来安排做事的顺序。

生：算一算能支配的有效率的时间总量，做完所有的事情需要多少时间，有没有基本的休息娱乐时间。

生：有组织的计划，可以产生毅力。

师：制订计划，那些不可能完成的，或者不太重要的，或者能够拖延而不带来多大负面影响的事情，不要列入计划。

师：目标不要选得太杂；抓住主要的东西，不做则已，若做就非做好不可。

生：修订计划，主要是看看计划是不是太满，万一中途有别的事情干扰，计划就不可能完成了，按前面的步骤修订，要留有余地。

生：统筹安排时间，提高时间利用效率，平时注意自己潜力的发挥。例如，在头脑最清醒的时候安排学习，精神劳累时参加体育运动；再有就是减少"跑趟子"的事情，不过很重要的事情不可以过于简化程序。

生：不怕失败。虽遭失败，却不气馁，从失败中吸取教训，继续奋战。失败可以把人的毅力锻炼得更加坚韧。

生：排除干扰。我们身边环境总有其他的人，其他的事，有可能会干扰我们的学习。比如，你在看书，别人在看电视、听歌曲，这时如果你能全神贯注在自己的学习上，不受干扰，就说明你的毅力比较强了。

生：运用自我提醒，暗示自己在毅力培养方面要比别人付出更大的努力。

师：千万千万要经常审视自己的良心和责任心。有所放弃才能有所收获，战胜自己才能征服世界。

生：在周围找一个特别有毅力的同学，暗暗地将他（她）作为自己的榜样，向其学习或超越他（她）。

（六）播放视频

播放视频《坚持的小鸭》。

（七）制订计划

请同学们写下自己的坚持计划。

（八）班主任寄语

高三，不要烦，不要急。
对着错题细分析。
不要慌，不要乱。
认真过好每一天。
高三，面对纷飞的试卷，告诉自己：我又认真做完了一张！
面对有难度的习题，告诉自己：我又攻克了一个难关！
时间是个很有张力的东西：用好了，时间会膨胀；蹉跎了，时间会坍缩。

我只愿蓬勃生活在此时此刻，
无所谓去哪儿，无所谓见谁。
那些我将要见到的难题，都会成为我的故人。
那些艰苦峥嵘的岁月，终将成为我亲切的回忆。
这是我的黄金时代！

（九）教学反思

高三百日冲刺的激情过去 40 天了，人的精神不可能永远处于亢奋状态，再加上广东的孩子家境相对优越，要让人艰苦奋斗不是易事。选定这个主题是明知山有虎偏向虎山行，高考在即，不讲不行；学生已疲惫不堪，讲来不易。从小到大，大道理都听得耳朵起茧了，而故事和漫画还是能够当作休闲娱乐来玩的，玩和放松是人的天性，做抵抗力小的事是普通人的首选。所以我决定从讲故事入手，以看视频结束。

课堂对话由浅入深、由易到难、循序渐进。同时现身说法，用真实可见的自身做示范，务实有效，成果引诱。学生在低抗拒的情形下接受思想，既丰富了生活，又顺其自然地接受教化。

整个实际课堂气氛活跃，尤其做容易的题目时轻松愉快，颇有成就感。以及跟我学姿势时，有些同学做得不规范，我去做矫正，现场同学善意大笑。当时的教学效果是令人满意的，难的是后续跟进和持续激励。这持续激励需要变换花样,好玩有趣而又甘心接受。随着高考的临近,同学们的紧张度也逐渐提升,这一坚持的主题才慢慢淡出。

精神是无形虚化的,是人的最高寄托,高是高了,不接地气,需要我们来些可观可感的"实在",本次班会在虚实结合这点上效果还不错。

我的教学主张

积极,正向:生活给我什么,我便用好什么。生活给我一个苛刻的人,我把他当作磨刀石,让我日趋美好,让人无话可说。生活给我一个温暖的人,我好好感受人间美好,做到宠而不坏,让人觉得自己值得被厚待。

四不妨碍原则:不妨碍安全,不妨碍健康,不妨碍前程,不妨碍他人。虽不喜欢条条框框,不喜欢外界过多的束缚,但我们必须做个有底线的人。有学生调侃说:高举老龚"四不妨碍"原则的大旗生活!这一主张已深入学生心里,内化成了他们的世界观。

做灵魂自由的人:灵魂不自由,思维难以开阔,更谈不上创新。一个没有个性的人,怎可拥有个人魅力,怎能拥有有趣的灵魂?在"四不妨碍"的前提下,我们可以"为所欲为"、放飞自我。

我的育人故事

不好做的班长

2017年8月,我接手新高三(9)班,一个女生多而男生极少的文科班。班长李耀雄是一个温和、幽默、包容、能干的"暖男"。一见他我心下欢喜:这下好了,有这么好性格的男班长,接下来这一年带班舒服了!可是,我过于乐观地估计了形势。接下来的2个月里,总是有女生来跟我倾诉,内容多是人际交往的焦虑。每当要调座位时更是意见多多,难以调和。一天清晨,我的台面赫然躺着一封辞职信,李耀雄要辞去班长之职!

课间耀雄来找我了,我说,耀雄真委屈你了!一听这话,这个大男孩眼泪就下来了,看得出来他未必是真想撂挑子不干了。我说你在执行任务时是不是受到一些阻碍?答:是的,有两个女生互不相让,还在班里公然攻击我。我说:"嗯,你很想把事情处理得很周全,我看你上课的神态和课后的作业,你可能是个理想主义者,什么事都想做得完美。"耀雄说:"是的,我总觉得大家在同一个班,都应该互相理解互相包容,再加上都高三了,还在折腾这些事。我很累,我觉得自己无法把一个班协调好,愧对老龚的信赖。"我说:"孩子,我们班多少人?"耀雄说:"56个人呀。"我说:"你还有54个支持者,你知道特朗普的支持率是多少吗?"耀雄说:"不知道。"我说:"我也不知道,但我知道的是一定没有你这么高!这样吧,你也别急着请辞,我们明天做个民意调查,看看你的支持率有多高,看你愿不愿意继续任职,或者我们来一场选举,看同学们推举谁来做班长。"耀雄说:"好的。"看他的样子,心中的委屈减轻了不少。

第二天我找了一节自习课,先跟大家说我自己。我说,我知道有很多同学认可老龚,学校领导和家长也对我赞赏有加,不然我不会是个老高三"留级生"。可是,我更知道,也有一小部分人不喜欢我,那有什么关系呢!如果我们想取悦所有人,一是不可能;二是即便可能,也会把人累坏了,活得没了自我,而一个没有自我、没有个性的人,自己都不会喜欢自己!我们首先得爱自己,当然,前提是不妨碍安全,不妨碍健康,不妨碍前程,不妨碍他人。这也是爱自己的具体表现。爱自己的安全、身心健康和未来;不妨碍他人是爱自己的形象,妨碍了他人,轻者遭人厌弃,重者违法违纪。

当我们在嫌弃别人时,我们又何尝让别人满意呢?换位思考,我们会发现自己有时候真有点过分。同学们听完这两段话若有所思,我顺势,说班长提出辞职,同学推举一个自己认同的同学来担任班长吧。投票结果是54人选李耀雄,2人弃权,同学们对班长报以热烈的掌声。我说,非常感谢班长及各位班干部,不拿工资,耽误学习时间,还得受委屈,我们应该诚挚地感谢这些同学!值得一提的是,后来的班风逐渐友善和谐,有几个女生特意找我聊天,报告自己变得阳光大气了,说同学们都觉得自己变得更容易相处了。科任老师们都挺喜欢去(9)班上课。李耀雄上了四川大学后,一如既往地积极向上,依然做班长。他说记得老龚的话:只要保证安全和健康,保证睡眠充足,就要不吝付出、不怕困难,要让自己活得有趣而有价值。

设定底线,顺乎天性,不讲正确的废话、生硬的道理,少讲让人不痛快的话。即便是"自私"这个天性,用好了也能让人向上向善,原来为他人着想终究是利己的。原来喜欢表达存在感的"虚荣",用好了也能为集体为个人带来利益。忠言原来也可以不逆耳,班主任的脸也可以柔和、微笑、可亲。

他人眼中的我

学生说,情绪低落迷茫时找老龚聊聊就好了,在老龚眼里,凡事都有价值,都能助己成长,面对问题都可以说:"太棒了,这样的事情都被我遇到了,又给了我一次成长的机会!"黄君怡同学说,见了老龚心就豁然了。她曾一度焦虑于想要成长而又自觉能力不够。我说,能力不是最重要的事情,比如我会做饭,可我不愿做,这会做饭的能力则形同虚设。你暂时不会做饭,但你有一颗爱家人的心(人品),有学习厨艺的决心,能找到学习厨艺的途径和方法,做好了屡次失败碰壁的心理准备,能坚持学下去(性格),你觉得最终能学会做饭吗?所以孩子,我们眼下可以做的是,去爱,去相信自己,积极应对,相信未来,你终会不断成长!

幽默，会讲故事（道理多藏在故事里、段子里），自然，有亲和力，同事们如是说。惯常午餐后，同事们会在办公室待会儿再回宿舍休息，在这一小段闲暇时光中，同事们聊得最多的是班里的现象和自家小孩的教育问题。刘莲说老龚总能讲一些蕴含哲理的日常故事，让人很舒服地接受道理。有孩子觉得自己先天条件就不如人，比如家境，比如能力。我讲"我有一块地"：每个人生来就有一块自己的土地，有的人运气很好，土地肥沃，不用怎么管理就能有个不错的收成。有的人运气不佳，土壤贫瘠，里面甚至还有石块沙砾。可是，那肥沃的土地如果不好好经营打理，土壤的肥力终会耗尽，变得贫瘠。而这贫瘠有石块的土地，如果我们能清理搬掉石块，深耕翻土浇水施肥，它也能变成肥沃的土地，也能有丰厚的回馈！不过，这需要我们够勤奋，能搬除我们心中的石块，能不断修炼自己。不管怎样，我们还是有机会的！

有方法，有智慧，领导这么评判我；关爱人，有情怀，家人这么说我。不一一赘述。

灵动、亲和的青春组曲

● 江门市第一中学　胡琼（高中音乐）

● **个人简介**

我叫胡琼，来自江门市第一中学，是一名中学音乐高级教师。知识分子家庭出身的我从小伴着书声长大。父母总说我赶上了好时代！的确，从学生到教师，从受益者到亲历者，我在教育体制改革路上逐渐成长。学生时代恰逢改革初期，较好的个性发展让我成为一名音乐教师。开放浪潮让我走出三湘投入南粤大地。而今的改革转型让我遇上了继续学习、不断充实的好机遇。在湘楚文化与岭南文化的碰撞、融合中，我先后撰写、发表教育教学论文多篇，主持、参与省、市级课题多项。在师长、领导和同事们的帮助下渐渐成长为广东省音乐骨干教师、省高中教学水平评估专家、省中小学教师资格考试面试官、江门市青年艺术教育人才、市基础教育高等职称评委会委员、市非物质文化遗产评审专家。

从乡镇中学到省重点中学，从初中到高中，不同环境、不同学段的教学历程让我获益匪浅。教学中豁达明理是为师原则，"三字一学"是教学主张；以情动人、感知体验是首要目标，自主学习、团队合作是教学方法；热爱本职，不断提升是职业态度。一声"胡姐姐"是我的代名词，亲和谦逊成就了我在学生心目中的个人形象，让我学会和拥有了笑对人生的处事态度。

▶ 我的教学风格

首批特级教师霍懋征老先生曾说过，"爱自己的孩子是本能，爱别人的孩子是神圣"。既然选择了教师这一阳光下最神圣的职业，那我们就应该努力让自己对得起这份神圣与光荣，努力地将爱融入自己的学科教学，让每一位孩子快乐地学习与成长。

第一，以情动人。音乐课是学校美育教育不可或缺的重要环节。学生通过聆听、歌唱、演奏、舞蹈、表演等环节在老师的带领下感受音乐艺术的美，获得美的体验，提高艺术素养。我是一个情感丰富、内心纯真的人。课堂上我会用自己的情感去感染学生，调动课堂。饱含情绪的范唱、极富情感的吟咏、激情的舞蹈表演常出现在我的课堂上……中国民歌是教材中较难引起学生共鸣的内容。教学设计中我以一部纪实电影为主线，赏析中聆听不同人物、不同背景下的民歌演唱。当课堂上反复响起熟悉的旋律时，学生们很自然地跟着音乐哼唱起来。影片中的真实人物、好听的民歌深深地打动了学生。课后，学生们意犹未尽地说"原以为土得掉渣的音乐居然可以这么美！""我们该好好传承！""我们江门应该也有自己的民歌吧！"……

第二，灵动愉悦。舞蹈是我的专业长项。情感丰富、性格直爽、个性外向是我的真实写照。课堂上总能见到我手舞足蹈、激情四射。艺术沙龙、游戏等皆是课堂活动之必备，学生们都戏称："听胡姐姐的课，你想打瞌睡都难！"音乐是流动的艺术，靠的是教师的正确引领而不是一味说教与灌输。

第三，质朴清新。音乐课堂教学应时刻关注音乐知识与技能的了解、学习与体验。我经常运用灵活多变的手法，将枯燥难懂的专业理论学习融入音乐聆听与表演展示中，如一股清流般朴实无华，润物细无声。简洁通俗的言语描述结合肢体动作，让学生在潜移默化中学习音乐理论知识，在反复练习中掌握相应的音乐技能。教师的课堂专业指引来不得半点虚假与浮夸。精简规范的言语表达、正确的知识点传授、严谨有序的教学流程是课堂教学的集中体现。

音乐艺术没有标准答案，它有的只是自然的情感流露与体验感受美的过程。

▶▶ 我的成长历程

（一）引子——自我奋进之歌

1992年7月，我怀揣着梦想告别父母，踏上南粤这片陌生的土地。"请问教育局怎么走？""唔好意思，唔知你讲乜？！""嗯？！"……学校开会除了念我的名字，其他的犹如"天书"。办公室里更是一片"鸡同鸭讲"……语言不通成了我教学的第一大难题。乡镇中学环境简陋，缺少教具，是我从教的第二大难题。陌生的环境，无所适从的孤独感成了我的第三大难题。

教学生涯的第一周恍如昨日。那时学生们看我就像"外来物"，别说交朋友，基本的谈话都成问题！焦急中，当时的罗志芳校长给我出主意了："要想上好课，你得先成为本地人！"于是，粤语字典、录音机成了我的伙伴。听新闻、广播，尝试用粤语读报，充实着我的业余生活。那时的我铆足了劲学习广东话。功夫不负有心人，1个多月后，我终于听懂了当地人的讲话；3个月后，我能和本地人聊天了。

犹记得课堂上学生聊天被我"抓包"的场景。孩子们呆住了，课堂上响起了惊呼："哇，老师你猴腮嘞啊！""那，以后课堂上我们一起讲普通话，课后你们教我讲粤语好吗？""好！"于是，突破了语言关的我从时下流行音乐入手，多鼓励、常肯定、齐讨论，将音乐常识与学生喜好相结合，我的课堂渐入佳境。不久，局领导到学校检查新分配教师的各项工作，我用粤语上了一堂音乐公开课，领导、老师们直点头："唔错，你得嘅！"

语言相通拉近了我和孩子们的距离。"华山论剑"事件则让我成为知心姐姐。1993年3月的一天，我和往常一样抱着书，提着录音机走在去教室的路上。"打架了！"迎面一个女孩叫喊着跑了过来："胡老师，你的小老乡在打架！"我一惊，坏了，是我要上课的班！等我赶过去，教室里乱成一团，两个孩子打得不可开交。我刚想大声制止，手中的录音机让我灵机一动。3·$\underline{56}$ - | 6$\underline{35}$ 6$\underline{53}$ | 2·$\underline{12}$ - ‖……一首孩子们非常熟悉的《华山论剑》的歌曲响彻课堂。围观的学生首先跟着音乐哼唱起来，接着场中的2位"主角"也停了下来。"咦，别停呀！你俩不是在华山论剑吗"？"哈！哈！哈！"孩子们大笑。"看这座椅，看这书本，呵，你们这剑论得有点水平！决出高低啦？"打架的孩子互相看了一眼，低下了头。"请大家将桌椅呈圆形摆放，今天的主题是影视音乐赏析会！""好嘢！"……下课后，班主任找到我，"胡老师，还是你有办法！这打架的，你看要怎样处理？""不用处理呀！孩子嘛！"我一笑了之！第二天，"论剑"的孩子主动找到我讲明了事情经过并认了错。事后我在日记中写道："其实我很生气，也想大声训斥。是手中的录音机提醒了我，让我克制住了自己。音乐具有能唤起人们内心美好的作用！一味地管教往往适得其反。尤其是处于中学阶段的孩子，无论心理还是生理，他们都很敏感！孩子们的心都是善良的。刚柔并用，心理攻关是关键。"

音乐教学中，辅助教具的准备是常规教学的重要一环。没有教具，我就带领学生动手制作："纸片钢琴""废旧笔盒沙锤""玻璃杯琴""啤酒瓶琴""折叠纸手风琴"，以及各种手绘的彩纸、卡片等。没有排练场地，学校的土操场、篮球场就是我们的露天"排练室"。在上级主管部门及学校领导的大力支持下，经过师生共同努力，无论是课堂教学还是艺术活动都取得了一定的成绩：高明市首届艺术会演一等奖、首届中小学生合唱初中组一等奖等。虽说只是县级奖励，但对于一所乡镇学校的孩子们来说却是一种鼓舞。关心学生、专注教学，让我获得了一系列荣誉：优秀教师、优秀辅导员等。

乡镇学校的10年磨砺，让我从青涩的新教师逐渐变得沉稳，为日后的进步奠定基础。

（二）主歌——走在春天里，走进新时代

2002年7月，带着不舍与一丝不安，我来到了现在的学校——一所有着近90年历史的省级老牌重点高中。

1. 改变从留言开始

初、高中虽一字之差，但实际的教育教学工作却相差甚远。全新的环境与理念让我应接不暇。当我信心满满地开始我的高中教学时，现实给了我"当头一棒"。那是一个金秋十月的午后，我像往常一样走进音乐教室，讲台上几张各式各样的彩纸吸引了我——给漂亮的音乐老师。课后回到办公室，我迫不及待地拿出彩纸认真地看了起来。"老师，您是否将我们当成了幼儿园小孩了？""老师，您上课的方式让我有点起鸡皮疙瘩！""老师，我很喜欢音乐，可您的提问让我……我想了解更深层次的音乐。"一句句留言言辞犀利，我呆住了！

反思中我知道"10年教龄要清零了！"。学情调查成为首要工作。我就找学生聊天，了解孩子们的喜好、对音乐的看法；写出"我心目中的音乐课""我喜欢的音乐"等。我及时整理与采纳学生建议，仔细斟酌教案中的每句话、每个设问，抓住学生的特点求同存异。慢慢地，欢声笑语又出现在课堂上。讲台上又有了新的留言："老师，挺好！""老师，我们小组喜欢古典音乐能跟我们讲讲吗？""老师，我想学习音乐，可我没基础，您能指导我吗？""胡老师，这一期的格莱美奖中有几首音乐作品我觉得不错，推荐给您！"……其中，有一份特别的留言引发了师生间遇见、陪伴与鼓励的艺考故事。

"胡老师，您好！我叫马旭。课堂上您始终如一的笑容让我倍感亲切。端庄的服饰，轻松的课堂氛围……让我感觉您会是一位与众不同的音乐老师。我有个大胆想法：老师，我和我的伙伴们想组建一支学生乐队，现缺一位键盘手想邀请您参加，可以吗？期待您的加入！"看完留言，我笑了，我想我收到了高中教学以来最好的礼物。随后我举荐了一位学生作为键盘手。在学校的大力支持下，我校第一支学生电声乐队成立，我很荣幸地成为指导老师。第二年，这支学生乐队以一首原创歌曲《古老火车》（队员自己谱曲作词）参加了我市教育系统大型文艺演出并获得好评。

高一下学期，学校分科备战高考，抉择时马旭找到了我，说出了希望学音乐的愿望。经过与其父母的多次沟通，在权衡利弊之后，我和孩子一起勇敢地踏上了艺考道路。由于专业考试的失利，马旭没能进入音乐专业学府。孩子的沮丧让我内心焦急，数次谈话后，他终于放下包袱踏上了广东外语艺术职业学院的音乐学习之旅。

让我没想到的是每每遇到疑惑，马旭总会通过电话第一时间找我咨询、解惑。我知晓孩子对音乐的执着，电话中更多的是勉励与分享，从专业学习到生活琐事，从人生抱负到理想现实。得益于我们的无话不谈，毕业时他听从我的建议选择了出国留学继续深造。如今，他以音乐教育博士学位学成归来，从事着他喜欢的音乐艺术工作，我倍感欣慰！

一声"胡姐姐"即是学生对我的肯定，也是自我的鞭策。教师不应是高高在上，而应是"良师益友"。"爱人者人恒爱之"，全国道德模范、感动中国2013年度人物龚权珍老前辈能扎根农村教学一辈子，不就是源于一个大写的"爱"吗?！

2. 爱心卡片

2013年10月，一场突如其来的病痛让我始料不及。暂别了熟悉的讲台，离开了可爱的孩子们，我心里空落落的。可让我没想到是，孩子们通过各种渠道带来各种问候。尤其是爱心卡片，一周一张直到我痊愈。"亲爱的胡姐姐，快点好起来吧！我们想你啦！……""今天学校发生了一件新鲜事……"一张张手绘的卡片带给我无穷的力量。舞蹈队的孩子们更是利用周末回家的时间来看我，对我说："放心吧，老大！训练一次都没停过。"孩子们的好，让我无语言表，唯一能做的就是赶快好起来，早点回到他们中间。如今我早已痊愈，美丽的爱心卡片将永远是我心底最温暖的一角，是我砥砺前行的动力！

（三）副歌——自我提升步步高

一线教师的成长除教师自身因素外，还离不开教育机构、教育体制、教育氛围等外在因素的联合驱动。

1. 领导重视，开启科研之路

在实际教学中，教学研究一直是学校艺术教育的薄弱环节。2002年，国家启动高中新课程改革。学校选派我先后参加了国家、省、市级等一系列艺术课程改革的研讨会、培训班。通过继续教育，我了解了高中艺术教育较前沿的理论知识与最新动态，认识到了教学科研的重要性。常言道"好记性不如烂笔头"。从周记到反思到教学小论文，从校级、市级再到省级获奖，我的音乐舞蹈教研之旅逐步开启。2008年，机缘巧合之下我接触到江门市非物质文化遗产保护的相关工作。从研究江门市艺术类非遗文化入手，开始了我的课题研究。2015年的省级骨干教师培训班学习，让我的教学研究与实践都得到了提高。2017年伊始的江门市名师培训项目，更是让我经历了一场世纪头脑风暴。费伦猛教授的"如何开展小课题研究"、陈静安教授的"学科教育课题研究"、高慎英教授的"'粤派教育'教师培训成果与写作指引"、蒋友梅博士的"'粤派教育风格'解析"

等一系列的讲座,让我茅塞顿开。研修中,我逐渐认识到只要善发现、勤用脑、常动笔,一线教师的教学科研也能出彩。

2. 自我奋进,提升中有收获

领导的重视让我有了提升的机会,研修、学习提高了我的认知,让我小有收获。2001年至今,我撰写多篇论文分获广东省论文二等奖,佛山市、江门市年度中小学优秀教学论文一等奖,省级骨干教师培训优秀论文奖等。2009年至今,我参与完成广东省科技厅课题1项,主持、参与并完成市重点社科课题5项(主持2项,参与3项)。我主持的课题获2011年度江门市哲学社会科学规划重点课题结题优秀奖。本人于2018年受聘为江门市非物质文化遗产评审专家。

我的教学实录

(一)教材分析

《京剧表演四大功》节选自人民教育出版社《音乐鉴赏》第二单元。京剧作为中国戏剧音乐的代表,2010年入选人类非物质文化遗产代表作名录。为传承优秀传统文化,新课标明确了京剧学习的重要性。

通过"唱念做打"四大功的介绍:让学生初步掌握欣赏京剧的基本方法,唤起学生对京剧学习的初步兴趣。

因文化、地域、风俗等不同,岭南地区的学生对京剧的了解可谓一片空白。如何吸引学生的注意、提高学习兴趣是教学设计的前提。我将教学目标设定为:①学唱京歌《说唱脸谱》的副歌部分及哼唱《梨花颂》的主题音乐,了解与分辨京剧的唱腔;②聆听相关京剧片段,了解四大功,初步学会怎样观看京剧,乐于参与讨论。③认识京剧的艺术价值,愿意聆听与学习京剧音乐。教学重点是认识京剧唱、念二功的基本特点,而难点则是为体验魅力而设置的课堂模仿与表演。

(二)教学实录

1. 在京歌音乐中开始课前导入

"下面请大家完整的聆听歌曲,说出它的独特之处。观察老师的打拍有何变化?"(意图:用问题吸引学生快速进入学习状态)

学生1:歌曲有流行风还有戏曲风。京剧吧?

学生2:老师你的打拍前后不一样。先是正常手势,后面好像只打了强拍。

师:很好,大家对风格的把握还是不错的。这是一首京歌,分主、副歌2个部分。我们的新课就是(板书课题)。

(意图:对答中吸引注意,提高兴趣)

2. 运用提问、讨论、点评等方法,用学唱开始新课教学

师:我们知道,赏析音乐从"音乐的基本要素"开始,我们一起回顾一

下吧。

生：音高、节奏与旋律、节拍、和声、调式等。

师：嗯，不错，为你们点赞！那，对于戏曲又该如何呢？

生：找音乐强拍、找角色、听曲看表演、剧情……

师：大家说的有一定的道理。下面我们来听听专家的诠释。

是的，和欣赏音乐不同要想听戏先打板。那何为板呢？今天的知识点1"板与眼"，请看PPT（演示文稿）。

生：老师，板眼是音乐中的节拍吗？

师：你问得很好。可以视为相近。京剧音乐的强弱是？

生：板为强，眼为弱。

师：回答正确，加10分！来，请给老师的清唱数板吧。

（意图：在听、哼、学、练中，学会"拖腔"。）

师：请找出较为难唱的旋律。

在老师的带领下进入难点突破环节（略）

师：刚才大家唱的都很好，接下来请欣赏一段梅葆玖先生的视频并寻找唱法的不同。

生：梅先生的更婉转、细腻；我们学唱的好像要活泼、欢快一点。

师：非常好！你们的听辨、观察很仔细！我们把这两段视频对比一下（展示PPT）大家会发现除了唱还有许多的不同。

（意图：在对比中引出京剧四大功）

3. 采用游戏、学唱、模仿秀等分重、难点展开京剧表演四大功的学习与模仿

（1）唱功。

1）师：我们来做个小游戏"找不同"，每小组将答案写在题板上。考考大家的眼力与相关音乐知识点。

好，时间到，请亮题板。揭晓答案，随着红笔的勾勒你们找对了吗？

生：哇，我们找到3个。我们找到2个。耶，我们全对。

师：大家都很棒！唱功是四大功之首。两种截然不同的唱法正是京剧中的两种唱腔——西皮与二黄。

2）跟琴唱曲，体会不同。

师：接下来我们通过唱曲来体验一下两种唱法的不同。

请大家尽量模仿老师的发声、咬字吐字及气息，体验京腔京韵。

师生练习过程略，教师随堂辅导。"嗯，挺好的。大家别急慢慢来。"

师：大家表现都不错，那可否请同学来展示一下呢？

生：嘻嘻，老师，我们可不敢！

师：这样吧，我们来个分小组的唱段接龙，怎样？

生：好啊！好啊！……（教室里歌声、笑声、掌声一片）

（意图：即时练习，化难为易、化繁为简，提高效率。）

3)"为检验学习效果，下面我们做一个视听辨析题。请看大屏幕。"（意图：习题解答将学生思绪快速拉回，让课堂井然有序。过程略）

(2) 模仿秀学习念白。

师：是剧就会有人物、对白、故事等等。请大家仔细聆听并思考剧中几位人物的对白有何不同？

生：侍从的像北京方言。官老爷的也像，不太像，他的有调。

师：嗯，你们听得很仔细。我们通过一段采访实录来了解下吧！（知识点）

师：接下来进入学一学，演一演环节。（学习过程略）

"大家推选代表和老师合作，共同为大家表演。"（师生的合作迎来掌声一片）

（意图：即时表演调节气氛，活跃课堂，师生合作，体会快乐学习）

(3) 以老师的现场表演为引进入做功的学与练。

师：刚才的表演中，大家注意到没有，老师除了念白还有……

生：老师有动作配合。

师：对，这就是"做功"。

"下面请大家看看这段折子戏中的人物都有哪些做功？"（现场一片轻声讨论声）

"请第3组说说你们的结果吧！"

生：老师，我们组可以用表演来回答吗？

师：可以呀，你们的想法很好。来，请上台表演，我们集体解说好吗？

生：哇，有意思！（掌声）

（意图：让课堂变得更加灵动愉悦，达到快乐学习的效果）

(4) 对于"打功"，采用自主学习的方式，不做过多的讲解。

4. 拓展、探究环节，以学生课前资料汇编与教师课堂总结相结合的方式

学生小组课堂汇报，教师提出探讨的话题，师生共同进行课堂初步探究。（过程略）

5. 用做练习题的方式来进行课堂总结，而课外拓展则用课后作业来完成

(1) 表演作业：分男、女生模仿视频5、6中角色的2～3大功。可独立、可小组合作。

(2) 拓展话题——京剧艺术如何传承。

6. 结尾

师生运用京剧表演的四大功共同完成诗歌《京剧》的现场表演，结束本课。

（三）教学反思

1. 立足新课标，"三字一练"让课堂灵动有趣

传承和宣扬国粹是每个中国人的义务和责任！新课标中明确了对京剧等中国戏曲学习的重要性。在粤派教育开拓创新精神指引下，本节课的教学设计在实践与反思中得以完善。

教师的示范与课堂指引是本节课的关键。课前的京剧表演基础学习很有必要。如何巧妙地将京剧艺术与生活有效结合并贯穿整个课堂教学，对提高学生的学习兴趣至关重要——创与动的结合。以聆听流行的京歌为引，以学唱其副歌为导，运用观察、对比分析等方法迅速将学生引入课堂学习。影视是学生们最津津乐道的传媒质介。教学中运用听、哼、学、练、演五部练习法，将古老的京剧艺术学习变得灵动有趣。用大师的表演视频为比较，自然过渡到知识点学习。通过一系列紧凑有序的课堂练习与模仿表演，让学生感受、体验、领略京剧艺术的魅力。灵活运用网络，引用当红娱乐节目视频，引起学生的共鸣，提出探究问题。布置作业环节则是为了让学生利用社会等课外资源继续深入了解京剧，为进一步学习做准备。尾声的师生协助表演，则是唤醒学生的课堂记忆，回顾课堂知识点，愉悦课堂。

2. 即时学习，互助共进

依据新课标，让学生完整聆听，注重体验，通过哼唱、表演等各种活动，感受京剧音乐的特点与风格。本次课，通过2个音频的聆听与学唱、6个视频的鉴赏、3个影视作品的观看与评论，围绕京剧表演四大功，有效愉悦的互动，同学们表现出空前的学习热潮。对于戏曲鉴赏课来讲，课堂上的师生互动、即时学、练与聆听环节三者相辅相成，同等重要。正是课堂上三者的有效实施让生长在南方广东的学生们体会到京剧浓郁的北方风味，领略到来自中国戏曲的魅力，尤其是京剧那独特的京腔京韵。

3. 多请教，常反思，提升自我

教学是一项常教常新的工作。每一次的教学都会有新的灵感与收获。在首次授课时，因内容太多而造成课堂上讲的多，学生体验少，教学不理想。经过省宋曼蕾工作室、江楠工作室两次跟岗学习，在两位老师的精心指导与帮助下，我的教学设计、课堂实施逐一改进。历经了平常课，公开课及示范课等磨课后，2018年10月在杭州跟岗时，我的现场教学获得了听课师生的好评，同年12月再一次调整，突出重难点，增加模仿秀……我的教案被台师高中音乐科组作为优秀教学示范留下。在一次次的教学与反思中，我的教学技能得到了不断提升与进步。

▶▶ **我的教学主张** ▶

"三字"——动、乐、创。"一练"——即时学练。

"动"是互动、自主学习与团结协作的体现。课堂内外生生互动与师生互动相辅相成，大大提高了课堂教学的有效性。生生互动，融贯教学的整个过程。课前通过有效互动在相关资料的搜集与整理中提高学习的兴趣与积极性；课堂上在问题的探讨中吸引注意，调节气氛；课后的作业互动则是知识点巩固与延伸。我是因"湘妹子"骨子里的干练、开朗很自然的融入自身教学当中。课堂上师生的实时互动让课堂变得更加灵动，成为教学重、难点得以突破与解决的有效手段。

"乐"是快乐。音乐教师是传递快乐的使者。好心情能带来愉悦的课堂，增加正能量。孩子们在愉悦的课堂上更容易感受体验到美，在快乐学习中体会到学习的快乐。课堂上创设不同的教学情境运用无意式学习，将枯燥的专业知识化整为零、化难为易融入其中，让高中生愿学、乐学、好学，寓教于乐。

"创"是创作、创新。"创作"是指学生通过课堂学习后开展的艺术再加工。高中生心理与生理渐渐成熟，有自己的见解，教学中应得到尊重。短短一节课不足以完成真正意义的创作，因此，我主张的"创"主要在学生课后的探究及延伸作业中。课堂上的即时创作只为"抛砖引玉"。"创新"是指打破传统，是对教学过程的创新设计。

2015年11月，我校开放日的音乐展示课再次由我承担。课前准备时的师生谈话让我有了新的思路——联合学生共同设计课堂教学。备课中孩子们会为了一段音频的选择与你据理力争；会为了一个活动的设计广泛征集意见一次次修改；试讲课后会主动收集反馈意见，提出修改建议。在师生的共同努力下一节全新的音乐与舞蹈课"走进舞蹈"在开放日呈现。课堂上"展示与模仿"环节成为整节课的亮点。此时的讲台真正属于学生，全体听课老师和我一起参与其中成了学习者。全新构思下师生的默契配合，学生的精彩展示，让听课老师感受到了江一师生的不同。该课在2015—2016年广东省"一师一优课，一课一名师课列"评审中获省级优秀。

"一练"是即时学练，指在教师正确示范与带领下，学生在课堂上开展音乐技能的学习与练习，是快速掌握相关技能、技巧的有效途径之一。通过师生互动，在即时学练中可以最直接地感受与体验美，让课堂"活"起来，让学生"乐"起来、"动"起来。

2018年5月，我受市委指派去四川进行教育援藏。接到任务后，我内心忐忑："上什么内容？如何上？"通过前期学情调查，我了解到四川甘孜州学生的学习生活现状。我决定带学生玩音乐。为了玩出境界，玩出新意，玩得有意义，我设计了一堂音乐游戏课。在游戏中学习并掌握音乐的基本要素。伴随着优美的藏族音乐，我的课开始了。歌曲竞猜、跳房子、踩踏舞学音阶、邀请舞练节奏、身体节拍操等随着游戏的展开与不断深入，一个个知识点悄然出现。此时的课堂也成了欢乐的海洋，所有的孩子们全情参与，来听课的老师们也加入学生的队伍随着我一起陶醉在音乐学习之中。在课堂小结时，孩子们对知识点的掌握让我倍感欣慰。最后在师生欢快的锅庄舞中结束。课后，孩子们的拥抱，让我体会到教学的快乐！"胡老师，您还来吗？"更是让我萌生了支教的念头！

教学不是简单的"我教你学"的过程，而是师生相互交流、共同协作、双边互动的过程。一节课教什么，怎样教，是一线教师永远的思考题。

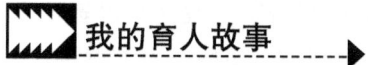

我的育人故事

校舞蹈队的成长

2002年10月，在学校领导、同事的协助下，一个拥有初、高中队员的全新舞蹈队成立。舞蹈队旨在丰富校园文化艺术生活，培养舞蹈专业人才，以代表学校参加校内外的各种演出、比赛为己任。舞队成立之初，除常规音乐课教学外，我大部分的课余时间都是在舞蹈教室度过的。经过努力在师徒的通力协作下，一个精彩的舞蹈节目呈现在校元旦文艺汇演舞台。

2004年9月，随着新生的入学，舞蹈队也迎来了新队员。她叫阿月，一位长相甜美的女生。初到舞蹈队时她积极训练，主动帮助队友，整天乐呵呵的，文化课学习也不赖，我曾一度想培养她成为新一届的队长。一个学期后，孩子脸上的笑容没有了，训练也不主动了，来自各科任老师的投诉一个接着一个。几次家访后我找到了原因：父母离异后各自重组新家庭让孩子心灰意冷、无心向学。在征得级长与班主任的同意适当减少学业任务后，我从她喜欢的舞蹈入手，让她和我一起沉浸在舞蹈世界中。每次排练后和她谈天说地，开阔她的心思，化解她的孤单。让老队员和她一起搭档领舞，渐渐地孩子终于感受到来自舞队的温暖。在一次演出结束后孩子大哭了一场，将心中的不满与苦楚尽情宣泄。等她情绪稳定后，我和她促膝长谈。在其后的学习生活中，阿月记住了我的话"舞蹈队是你永远的家"。几年后阿月如愿考入理想的高校。这么多年过去，我们早已成为无话不谈的老友，她的父亲也总是在见到我时说："胡老师，谢谢你，让我的丫头失而复得！"

2005年，随着学校成功创建示范性高中，舞蹈队的建制也发生了很大改变：队员减少，当初两个学部的庞大队伍缩减为只有高中部的队员。流动性大，除了舞蹈艺考生外，为了考上理想的大学，队员们每两年就要退队。为此，我更加注重队员的文化学习与专业素质提升。从队长到普通队员，一股良好的风气在逐渐形成。晓雨是一位品学兼优的好学生。从小学习舞蹈让她找到了快乐，进入高中后，她毫不犹豫地加入舞蹈队。但是，家长的反对却让她十分苦恼。于是，她找到我："胡姐姐，我该咋办？我真的很喜欢跳舞！""文化不后退，训练不掉队！家长自然不反对！方法只有一个：文化学习、舞蹈训练一手抓。学习时心无旁鸯，训练时只知舞蹈。能做到你就能获得家长的支持。"谈话之后，我悄悄地与她的父母进行了沟通，以2个月为观察期，给孩子一个证明自我的机会。没想到，这一跳就坚持到了高三上学期。其间她和队员们经过刻苦训练，排演的舞蹈节目还获得了广东省一等奖并参加了省电视台的颁奖演出。高考后她如愿考入重点大学，为学妹们做出了榜样。于是，"文化不后退，训练不掉队，家长自然不反对"这句顺口溜成了舞蹈队新老交接时传帮带教的口号！

正是在这种提升专业水准的同时狠抓文化学习的宗旨下，舞蹈队得到了学校、家长的大力支持与帮助。多年来，舞蹈队先后获得省、市级一等奖等奖励，多次参加校内外的各种文艺活动并获得好评。舞蹈队先后输送了一批优秀的舞蹈专业、非专业生进入高等院校深造，继续着舞蹈的练习与排演。在德艺双修，文化、专业花开连理齐争艳中，我校的舞蹈队逐渐成长，成为学校文化艺术长廊中一道亮丽的风景线。

他人眼中的我

（一）学生眼中的我

胡姐姐，一个亲切的称呼，一位在学生心目中有着美好形象、平易近人的老师。常常梳着一条长辫子，偏爱中国风服饰，上着音乐课的舞蹈老师，也是我高中最关键阶段的回忆。因为她年轻，性格开朗，学生们都称呼她为胡姐姐。高中3年可以说是我人生的转折点，正是有了胡姐姐的陪伴与指引让我如愿走在了音乐的路上。我的老师胡琼，一位受人尊敬的邻家大姐姐，一位改变我一生的人生导师。

（岭南教育学院音乐副教授，音乐教育学博士　马旭）

一个优秀的团队，得益于一位同样优秀的指导老师。我很庆幸在校舞蹈队遇到了。说起我们"老大"，她给我的第一印象是直爽，快言快语。但等你了解之后你会发现，她是一个"多面体"：课堂上充满激情，风趣幽默；排练时严肃认真；生活中充满温暖，让人安心。在排练休息之余会给予我们学习、生活上很多意见和个人见解，常常分享一些人生道理，让我们收获良多。毕业多年，我们仍会和"老大"互通有无，互相问候，也许就是胡老师身上的这些气质吸引我们的吧。

（原舞蹈队队长，中国药科大学在读研究生　李雨晨）

（二）家长眼中的我

胡老师给我的印象是：为人坦诚、敬业爱岗、无私奉献。

我记得拜师的那天，一大早胡老师就带着我们驱车前往广州。拜访完古筝老师又接着联系乐理老师。当时我觉得又累又饿，提出一起吃中午饭。胡老师笑着对我说："学敏妈妈不好意思，我得马上赶回学校，下午还要上课。学敏要加油啊！"望着胡老师矫健的背影匆匆消失在人海中，我热泪盈眶，内心充满感激和愧疚……3年后，女儿顺利考上华南师范大学音乐学院。师恩如海，真心地说一声："胡老师谢谢您！"

（一位社区医护人员　学敏妈妈）

（三）同事眼中的我

一起同事这么多年，小胡给人的感觉总是"未见其人先闻其声"。她的处事坦然，笑对人生的生活态度会让你感觉暖暖的，很舒心！工作中的她带给大家的全是满满的正能量。她性格直爽，拿得起放得下！工作认真，做事情绝对让你安心！

（江门一中中学语文高级教师、原政体主任　陆桦）

听胡老师的课能让你不自觉中忘记身份进入她的教学。教学环节紧凑有序，层层推进。充分体现了较强的个人专业综合素质与能力。此外，她的应变能力也很强。课堂上的突发事件她能快速反应，避免师生课堂上的尴尬。整节课的主线一直被她牢牢掌控着。学生们在她的指引下，被她的夸奖所激励，被她的热情所感染，心情愉悦充满活力。

（江门台师音乐高级教师、校原党委书记　麦小华）

激情 和美 智慧

● 台山市都斛中学　梁健鹏（初中政治）

● **个人简介**

我叫梁健鹏，是台山市都斛中学初中政治高级教师，南粤优秀教师，台山市初中政治名教师工作室主持人。传承父亲的良好习惯，我自小酷爱读书，连环画、伦理经典、名人传记、历史典籍，在愉悦的阅读中享受着优秀传统文化的熏陶。岭南文化源远流长、人才辈出，五邑地区也不乏佼佼者，如创建我国近代史学理论的新会人梁启超、教育家陈垣，修建中国第一条民营铁路的台山人陈宜禧等，其中，尤以岭南学派创始人陈白沙为荣。白沙先生一生致力于授徒讲学，其"学贵知疑"的教育理论、敢于创新的治学精神和爱国忧世的高尚情操，与岭南文化多元、务实、开放、包容、创新等特点遥相呼应，深深影响着身为五邑人的我。大学毕业后，为传承"有教无类""因材施教"的教育思想，为践行"学贵知疑""格物致知"的创新精神，为书写"教师是太阳底下最光辉的职业"的教育情怀，我满怀激情踏上教坛。在亲人的支持下，扎根乡村，默默耕耘，专心品德教育，潜心政治教学，践行人本教育，探索智慧课堂，倡导微课式导学案教学，用心追寻我的教育梦。在教书育人的道路行走22年，虽有磕磕碰碰，但仍不忘初心，砥砺前行，循道践行，逐渐形成我的粤派教学风格——激情、和美、智慧。

我的教学风格

(一) 激情

激情，是一种强烈的、爆发性的、为时短促的情绪状态。人在激情的支配下，常能调动身心的巨大潜力，从而爆发出惊人的能量。我是一位政治教师，职业责任赋予我既要教授知识，还要帮助学生树立正确的价值观。为此，每一堂政治课，我都会激情演绎，时而抑扬顿挫，时而激情澎湃，用生动和深情的语言引导学生仿佛身临其境。在讲授完粤教版九年级《中华民族精神》这一框题后，学生这样评价我的课：

在学习《中华民族精神》时，梁老师给我们播放了他制作的情景微课"魂归天府：川军抗日"。在视频中，四川人民以国为重，川军为民族救亡积极参战、慷慨赴死的情景令人泪目。这时，梁老师用他抑扬顿挫的声音动情配音："民族危亡之际，300万川军出川抗日，以伤亡60多万人的惨烈代价，为维护国家统一和民族独立做出了伟大的贡献，此等表现，难道不就是中华民族精神的真实展示吗？"伟大的民族精神深深撼动了我的心灵，仿佛把我带回到那个战火纷飞、悲壮抗日的岁月，使我内心喷发出强烈的爱国主义激情。

浓厚的教育情怀，驱动我充满激情演绎好每堂思政课，给学生享受，令自己幸福。

(二) 和美

和美，一般指和睦美满，也有和谐美好、和谐优美之意。和美课堂，是一个充满和谐氛围、充满人文关怀，师生和睦、生生和乐的课堂。苏霍姆林斯基认为，要像对待荷叶上的露珠一样，小心翼翼地保护学生幼小的心灵。在课堂上，教师应走近学生，细致地去观察学生举止，去解读学生的内心，准确把握学生的心理状态，呵护学生的情感，与学生进行心灵的沟通。从教以来，我积极践行人本教育，实施人文关怀，致力构筑和美课堂。比如，在课堂上，我常常通过面批面改的方式与学生沟通、交流。在面批过程中，我会针对学生的错漏，通过一问一答的方式，引导学生逐渐学会发现问题、分析问题、解决问题，并鼓励学生总结、归纳解题方法。这种面对面、一对一的和美教学风格，使学生们感觉到政治老师不仅仅是"传道授业解惑者"，还是一位了解他们、关怀他们，值得他们信赖且可以倾吐心声的知己，从而在心底里开始接受教师。只有当教师走进学生心田，做学生可亲、可敬、可近、可信的人，这样的课堂才能有效地融洽知识、情感和思想，才能实现学生的有效发展。

(三) 智慧

智慧，有聪明才智之意，是分析、判断、创造、思考的能力。教学是一项创造性极强的工作，教师的创造性在教学上的表现就在于带上鲜明的个性特色。优秀教师们都是创造性地组织教学，运用教学智慧，在教学中逐渐形成自己独特的风格。我推崇改革创新，潜心科研，时常变法子给学生展示新颖的教学模式，让学生感受不一样的智慧风格。例如，针对政治教材内容繁多、理论性强、观点抽象、学生不易理解的问题，我专门创作了为学生开展自主学习提供导学指引的学习视频——导学微课。导学微课的主要功能是导学，学生在自主学习前先通过扫码，打开链接，就可直接观看。学生通过观看微课，了解新课题的"学习目标"，然后根据"预习思路"，阅读教材，逐渐搭建起本课题的"知识结构"。

导学微课的出现，在学生中引起了共鸣：

梁老师的导学微课，直观、形象，第一时间吸引我的眼球；同时，还能方便我随时随地观看。导学指引，帮助我迅速掌握学习目标、理清学习思路、了解知识结构，大大提高我的预习成效。

微课教学，可能是我众多教学方式中的一种，但是，长期的创造性的教学思考和实践，逐渐形成了自己独特的智慧风格。

▶▶ 我的成长历程 ▶

教师的专业成长离不开教师的自我反思、自我修炼。教师要通过修炼形象、精炼生活、锤炼专业，去"成就教育人生"。"教科研修炼，更是优秀教师专业成长之需"。自小，我崇尚"万世师表"的孔子，仰慕"学贵知疑"的陈白沙。从读师范的那天起，母校佛山大学（今佛山科学技术学院）旧礼堂外墙上醒目的一行字——"教师是太阳底下最光辉的职业"，点燃了我强烈的教育激情。怀揣教育梦，我积极修炼，潜心科研，创新教学，一步一个脚印，幸运地从一个普通教师，逐渐成长为小有名气的名教师。悠然回望，慢拭浮尘寻往事。

（一）初尝创新喜悦，燃点教育激情

1997年7月，刚从佛山大学政史专业毕业的我，怀揣教育梦，回到家乡——台山市深井镇小江初级中学任教，成为学校当时唯一的专业政治教师，担任初三、初二两个年级的政治课教学兼初二（1）班班主任。

初出茅庐的我，有点懵懂。记得第一次上课，还差点闹出笑话，主要是当时的学生基本讲方言，初来乍到的我，用半桶水的普通话跟学生交流，学生听得似是而非，第一节课自我感觉效果一般。一下课，一群孩子就围住我，叽叽喳喳地问个不停。原来，他们对我这个新来的大学生老师感兴趣，更是对外面的世界感兴趣。了解学情后，我开始逐步调整教学策略，每堂课给他们分享一些大学轶事或时政新闻。同时，我在逐渐学着跟学生交朋友，尝试构建和谐师生关系，渐渐地，师生关系变得融洽，课堂氛围也浓厚起来了。这个变化，唤起了我对创新课堂教学的兴趣。于是，我开始探索时政教学，每节课利用课前10分钟安排学生朗读新闻，教师结合教材知识做分析，学生听得津津有味，学习成效明显。同时，为提高放学后的学习成效，我以村为单位组织学习小组，实施小组合作和结对帮扶。在中考备考阶段，为学习教学经验、提高备考效率，我坐车70多千米到县城向当时的台山市政治教研员刘本正老师虚心取经。2年探索，初见成效，1999年中考政治科成绩超过市平均分并居全市同类学校第一名，我荣获台山市第十届教学改革百花奖一等奖。初出茅庐的我，初尝创新喜悦，在感恩的同时，坚持循道践行，再燃教育激情。

（二）践行人本教育，构筑和美课堂

秉承白沙先生爱国忧世的高尚情操和授徒讲学的奉献精神，在初尝教育创新的喜悦后，怀揣教育梦的我开始探索人本教育，构筑和美课堂。

1. **人本管理构建和谐班级**

2003年9月，我调入台山市鹏权中学，从事高中政治课教学，担任高一（6）班班主任。我所带的班，生源素质一般，自律性较差，课堂气氛沉闷，自修课老师不在场时就乱哄哄。怎样才能管理好这个班级？通过课堂调研和寻师问道，遵循"有教无类、因材施教"的人本化教育之道，我尝试践行"人文关怀、自治自理、张扬个性"的理念，探索人本化教育。经过班级讨论，我和学生们制定了人本化管理方案，通过设立班级爱心大使、建立学生表现通报制度、每周举办一次班级事务协调会，以及创办班刊《成长》等措施实施人本化管理。经过一个学期的探索，初见成效，良好的班级氛围逐渐形成，以"人文关怀、自治自理、张扬个性"为核心理念的人本化管理促进了和谐班级的构建。我不断总结修正人本化管理模式并转化为理论取得初步成果：主持的课题"德育新模式——高中班教育管理的人本化、科学化、整合化"于2005年获立项为台山市德育研究实验课题；撰写的德育论文《论班级教育管理观念的更新》获2005年台山市教育学会第20届年会论文评比一等奖，《论高中班级管理的人本化》获台山市教育学会第22届年会论文评比二等奖。

2. **人本教学筑起和美课堂**

在一次教学问卷调查活动中，当问及"你喜欢思想品德课吗？为什么呢？"一位学生在问卷上这样回答："喜欢。因为在课堂上我得到尊重，感到幸福。"一刹那，我震撼了，就为"尊重"二字。这归功于我从2009年起开始探索的人本教学。古语云，"亲其师，信其道"。教师只有先让学生亲近自己，进而才能让他们接受自己的教育。基于此，人本教学首先要求教师做到尊重学生、关爱学生、信任学生、关注学生。记得有一次，我在巡查小组合作学习时注意到一名女生状态不佳，还悄悄抹起了眼泪。于是我走到女生身边委婉地询问她身体状况，得知她是由于经期到不舒服，却又害怕同学笑话她，就急得流泪。我立即安排了她的一个好朋友陪着她去洗手间。后来，这名女生特意在周记里向班主任表述：

"我很感谢政治老师的关爱,他保护了我的隐私,让我感受到了亲人一般的温暖。"这是我感到的最大的力量。

近10年来,我坚持人本理念,实施人文关怀,探索人本教学,构筑和美课堂并初见成效。我先后发表论文《人文关怀让思想品德课堂更精彩》(《师道·教研》,2013年第6期),《用尊重筑起幸福课堂——人性化思想品德教学思考》(《广东教学研究》,2014年第3期);主持的江门市基础教育系统教育科研课题"在农村初中思品课教学中落实人文性特征的实践研究"于2017年6月获准结项(结项号:JMEZS17001)。由于我的人本教育深受学生的欢迎,2015年,我获评为"台山市德育工作先进个人"的称号。

(三) 践行创新教学,筑建智慧课堂

创新是一个民族进步的灵魂,创新是引领发展的第一动力。要创新,先质疑。从2010年起,遵循白沙先生的"贵疑论",我主动深入探索教学中遇到的难题,践行"格物致知"的创新精神,创新教学,筑建智慧课堂。

1. 导学开启创新教学

我所在的学校是一所农村初中,政治科教学质量一直徘徊在全市的中下水平。调查发现,大多学生没有预习习惯,不敢有疑,没有"自主"也就谈不上"合作、探究"。为改变这一困局,我依据"发现学习"理论,参考"自学辅导教学"的成功经验,积极践行"学贵知疑""格物致知"的精神,以课题研究为引领,探索创新政治教学新路子。自2011年9月起,我主持开展广东省政治小课题"预习导学在农村初中思想政治课构建高效课堂教学中的作用"(立项号:GDZES91),探索导学案教学。我按优中差分层编写预习导学案,鼓励学生课前预习;同时,我推行按"优中差搭配的六人小组"合作学习模式,引导学生合作学习;通过课堂过关检测检查学生学习效果。在原广东省教育研究院政治教研员沈林等领导的鼎力支持和帮助下,该课题研究进展顺利,经过2年磨炼,初见成效:学生预习习惯基本养成;教学质量进步明显,2013年中考思想品德成绩跃升全市第9名。课题成果丰硕,论文《高效从预习导学开始》获2012年全国中学政治教师优秀论文评选一等奖,获评广东省第一批政治小课题教学成果二等奖;我先后荣获2011年台山市"教育创新奖"、2012年"台山市优秀教师"称号,并获得《台山教育报》(第64期)以"当好教学改革带头人"为题登报表彰。

2. 微课助力智慧课堂

"特制的视频吸引着学生的眼球,教师专注某一点传道授业解惑,学生学得轻松,教师教得有效",微课教学深深撼动了我。从2014年起,我积极探索微课教学,一年后初见成效:2015年5月荣获江门市初中思想品德微课教学比赛二等奖;撰写出第一篇微课论文《微课:思品课有效教学的新助力》并发表在

《广东教育》（综合）（2015年第7期）。为深层次拓展微课教学，达成培养学生"认知能力、合作能力和创新能力等关键能力"之目标，2016年9月，我主持开展广东省教育科学"十三五"规划2016年度一般项目"初中思想品德微课教学实践研究"（批准号：2016YQJK165）。参考"自学辅导教学"和"有指导的自主学习"的成功经验，特别是在深刻理解和消化"教师指导、辅导下学生自学为主""利用现代化手段加强直观性"等原则的基础上，我首次将微课教学与导学案教学深度融合，探索微课式导学案教学。我带领的团队成功开发出导学微课、解疑微课、单元复习微课、专题复习微课、解题微课（选择题、辨析题、综合题）等微课课例，并与导学案（复习学案）融合使用开展微课式导学案教学，学生通过手机随时随地观看微课，并在微课的指导下开展"自主学习"和"合作创新"，最后通过"过关检测"完成训练题，逐步达成关键能力的培养。我带过的学生都知道，政治老师总会变法子给他们新颖的教学模式，给他们不一样的智慧课堂感受。

近10年来，我深入践行"学贵知疑"的教育理论和"格物致知"的创新精神，以课题研究引领初中政治创新教学，从"合作学习"到"导学案教学"，从"微课教学"到"微课式导学案教学"，循道而行，践行而成，致力于筑建智慧课堂，取得明显成效，主持并完成多个省级课题，在省级刊物发表论文多篇。2018年9月，我被评为"南粤优秀教师"，成功地通过教科研实践，把自己修炼成为名教师。

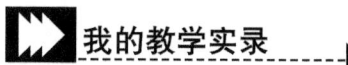
我的教学实录

关键能力培养的一次尝试
——微课式导学案教学实录与反思

【教材解析】

本课题是人教版《道德与法治》七年级下册第一单元第三课的第二节"青春有格"。从教材的内容看，主要包括对"格"的认识，对"行己有耻""止于至善"的理解及运用，是在学生学习青春期知识后对如何更好放飞青春的一个提升。

【学情分析】

学习对象是七年级学生，正处于青春期的迷茫期，教师有责任引导他们更好地认识青春期，化解烦恼，提高明辨是非的能力和树立正确的荣辱观。

【教学目标】

（1）情感、态度与价值观目标：树立正确的荣辱观和"见贤思齐"的人生态度。

（2）知识目标：使学生认识到青春应有格调。把握"行己有耻""止于至善"的要求并学会践行。

(3) 能力目标：做到"行己有耻"，提高明辨是非的能力。懂得"积善成德"的道理，不断完善自己，做到"止于至善"。

【重难点】把握"行己有耻""止于至善"的要求并学会践行。

【教学实录】

(一) 导入新课

1. 教师：在幻灯片上打一个田字格，再展示一个"格"字

【设计意图】以一个"格"字导入新课，一是吸引学生眼球，引起学生兴趣；二是启发学生智慧，引导学生思考。通过理解"格"字的内涵，进而思考为什么我们的青春应有"格"？怎样才有"格"？从而进入新课的学习。

师：古诗文"我劝天公重抖擞，不拘一格降人才"。"言有物而行有格也。"这些语句中的"格"是什么意思？本课题"青春有格"中"格"又是什么意思？

生：(多人回应，七嘴八舌) 格是规则、界限、底线、原则的意思。

师：青春的我们，可以张扬、任性，但不能肆意放纵，一些规则要遵守，一些界限不能逾越，我们的青春应有"格"。这一节课就让我们一起来探讨"青春有格"的话题。

师：板书　3.2 青春有格——格

(二) 自学反馈，认知展示

1. 教师：在幻灯片上展出"认知能力养成"

【设计意图】微课式导学案，配套创设"导学微课"和"解疑微课"。学生在课前观看导学微课，了解"学习目标"，然后根据"预习思路"，阅读教材，完成导学案中的"自主学习"和"认知检测"。这样设计的目的，一是创新预习的模式，激发学生热情；二是节省教师讲授的时间，把教师从基础知识的讲授中解放出来；三是有助于提高预习成效，养成预习习惯和培养认知能力。

师：下面来检查一下同学们的预习成效。哪组同学先来？

(过程略)

生："行己有耻"简单地说是一个人行事，凡自己认为可耻的就不去做。

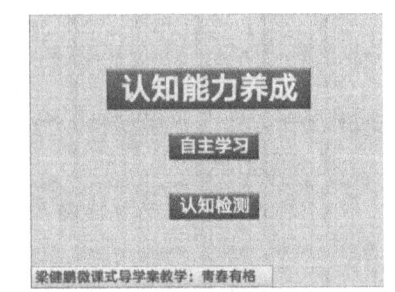

生："止于至善"是人的一种精神境界，是一种"虽不能至，心向往之"的实践过程，要求我们养成自我省察的习惯，端正自己的行为，达成"止于至善"的境界。

师：好，坐下。大家觉得对吗？（生答：对）掌声鼓励（学生纷纷鼓掌）

师："行己有耻""止于至善"这两个含义我们都已经掌握了。下面，来检查一下大家【认知检测】完成的成效怎样？哪位同学先来？（学生纷纷举手）

生：1. B　2. D　3. D　4. B　5. D（教师在黑板上写出来）

师：请坐下。有补充吗？（学生纷纷举手）哇，这么多同学有补充。这位同学请说。（生答：第3小题应该选B，其他的没问题）好，请坐下。同学们说对不对呢？（生齐答：对）同学们都弄明白了吗？（生答：明白啦）（学生纷纷鼓掌）

2. 教师：展示幻灯片"认知能力展示"

师：同学们对认知检测题基本掌握，说明同学们预习成效高，也说明大家认知能力有了明显提高。当然，作为有志的青少年，还应该有合作能力和创新能力。下面，请同学们和老师一同进入合作创新能力养成训练环节。

（三）新知探讨，合作创新

（1）教师：在幻灯片展示"合作创新能力养成"。

师：下面，我们通过两个合作探究活动来培养大家的合作能力和创新能力，请看屏幕。

【设计意图】为了培养学生的合作能力和创新能力，我在导学案中创设两道合作探究题，并配套创设"解疑微课"。学生观看解疑微课，开展小组合作，完成导学案中重难点的部分——"合作创新"（合作探究题）。这样设计的目的，一是创新重难点解疑的模式，激发学生热情，学生通过多次观看解疑微课，有

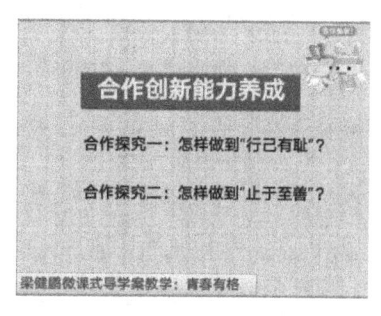

助于理解掌握重难点知识；二是有助于学生养成预习习惯。配套的自主检测题，有助于提高预习成效，达成认知能力的培养。

生：（阅读、思考、合作学习）。

师：（巡堂、观察）。

（2）教师：展示幻灯片。

师：合作创新活动的展示，老师希望同学们主动举手发言。（学生纷纷举手）好，第三组的这位同学，欢迎你上台展示（掌声响起）。

生：（展示微课式导学案）。（内容略）

师：好，谢谢，请回。大家觉得第三组代表的发言对吗？还有补充吗？哦，

没有，那其他组呢？（学生纷纷举手）好，请第四组同学补充。

生1：问题1、2没有联系材料。

生2：我觉得第1题的答案有问题，我认为卢梭是没有道德底线的，不然他也不会偷东西后还污蔑别人。

师：好，请坐下。还有补充吗？第五组的这位同学请说。

生：我也觉得第1题答案有问题，我认为卢梭是没有道德底线的，他做了还有底线吗？他隐隐作痛只是他行动后在反思。

师：好，请坐下。刚才几位同学都说得不错。第五组的同学说得更好，"他做了还有底线吗"？（生纷纷说：当时没有）对。那材料设问"内心隐隐作痛说明卢梭什么？"说明他内疚，为什么？（生齐答：因为他有了知耻之心。）对啦！

师：我们再来看看这位同学的成果，工整、充实，说明他很认真，值得表扬！（掌声响起）

（3）教师总结：怎么才能做到"行己有耻"？我们一起来归纳。（展示幻灯片，生齐读）①要有知耻心，要不断提高辨别"耻"的能力。②要树立底线意识，触碰道德底线的事情不能做，违反法律的事情坚决不做。③要磨砺意志，不断增强自控力。

（4）教师：学习了"行己有耻"，我们再来探究怎么才能做到"止于至善"？（展示幻灯片）

师：请同学们一同来观看视频《好人张纪清》，然后小组讨论，谈谈张纪清好人给我们带来哪些感动？

师：板书

3.2 青春有格——格

一、行己有耻

（教师巡堂，观察学生，检查微课式导学案，5分钟后。）

师：同学们都很积极讨论，哪个小组代表先谈感想启示。

（过程摘略）

生：我们应该有自己的格调，有自己的至善追求。张纪清老人做到了，他是我们的榜样。

师：这位同学说得很好。画龙点睛，说到点子上啦，为他点赞！（掌声响起）大家还记得视频中，张老人说了一句话"你们真的不应该来找我，这是啥事嘛？这是小事情"，但是，这是小事情吗？（生答：不是）不是小事啊！一个人做一件好事容易，难的是他一辈子都在做好事！这是毛主席当年对雷锋的评价。所以，张纪清事迹启发了我们什么？（生齐答：积善成德，见贤思齐）对，要"积善成德，见贤思齐"，张老人就是我们的贤，要向他学习，我们应有自己的格调，有自己的至善追求。这样，我们的社会就会变得更加美好。

师："积善成德，见贤思齐"，就能达到"止于至善"吗？（生答：还不够）。那么，我们还应该怎样做呢？

（5）师：（展示幻灯片）。

师：小组讨论，思考柳公权的故事告诉我们什么？

（教师巡堂，观察学生，检查微课式导学案，3分钟后。）（过程摘略）

生：柳公权的故事告诉我们，①要养成自我省察的习惯，不骄傲；②"有则改之，无则加勉"积善成德；③寻找一个好榜样，向榜样学习。

师：非常好，请坐下。（掌声响起）柳公权字写得好，他很骄傲。但当他遇到了一个没手老人用脚写的字比用他手写的还好时，他就觉得很惭愧。他就开始怎么样？（生答：戒骄）对，说明柳公权怎么啦？（有生答：谦虚）谦虚，对吗？（生1答：不对，应该是自省）对，自省。

教师总结：所以，柳公权的故事告诉我们要学会自省，还要不断修正自身的不足。所以，当我们做错题后，要及时修正，才能进步！我们现在归纳一下，怎样才能达到"止于至善"吗？（生齐读）①我们要心怀一颗善良的心，从点滴小事做起，积少成多，积善成德。②要以贤人为榜样，检视自身不足。③要学会自我反省，改正自身不足，做更好的自己。（展示幻灯片）

师：（板书）。

3.2 青春有格——格

一、行己有耻

二、止于至善

师：很好，为我们鼓掌。（掌声响起）说明大家都很认真，配合得也很好。同学们，学习也应该有一颗善良的心。比如，主动帮助别人学习，这是不是善良之举啊？（生大声齐答：是）所以，我们要敢于竞争，善于合作。所以，希望同学们继续合作，创新发展，这也是"止于至善"的要求。

（6）教师：同学们，青春，需要我们去经历，去体验。飞扬青春，要有格调，要做到"行己有耻"和"止于至善"。只有这样，你们的青春才更灿烂！下课！

【教学反思】

（一）收获

1. 激情课堂

本堂课，师生对话交流比较融洽、得体，通过思想的传神、知识的碰撞，最后找出共通点。比如，在讨论"卢梭有没有道德底线？"时，师生之间一直对话，最后在分析"内心隐隐作痛说明卢梭什么？"，大家得出共识"说明他内疚，为什么内疚呢？因为他有了知耻之心"。这样的教学对话，有助于教学生成。教师在教学也充满了激情。例如，在点评好人张纪清事迹时，引导学生思考张老人说的一句话"你们真的不应该来找我,这是啥事嘛?这是小事情",再用生动和深情的语言引述毛主席对雷锋的评价"一个人做一件好事容易,难的是他一辈子都在做好事!"深情的演绎,焕发了学生对张纪清的崇敬。

2. 和美课堂

导学案的编写,体现了"有教无类、因材施教"的理念,从满足全体学生的基本认知需要出发设计"自主学习"和"认知检测";优中差不同层次的学生都得到相应的训练和收获,让学生领略和美的教学风格。又如,教师在提问时,总是说"哪位同学先来?"在学生回答完后,总会问一句"还有补充吗?"教师的提问体现出时刻在关注每一位学生,并营造出和美的课堂氛围。

3. 智慧课堂

整堂课,充满了智慧和创新。比如,教学设计新颖,用一个田字格,引导学生思考"格"字的含义,从而导入新课"青春有格"。又如,创新教学,微课式导学案教学贯穿整堂课,运用导学微课引导学生"自主学习";用"认知检测"来检查首先学生预习成效,培养认知能力;运用"解疑微课",助力学生快速掌握重难点知识,提升学习成效,让学生感受智慧的课堂;用一道综合题来考查、培养学生的合作创新能力,也有助于达成教学目标。教师还综合开发、运用了诸多资源,比如在讲授重难点"行己有耻""止于至善"时,通过典故和案例分析,这些资源的开发,有助于解难析疑,促进课堂教学的成效呈现。

(二)反思

由于主客观原因,本堂课也存在一些遗憾之处。

(1)在创新能力培养上还做得不到位。主要表现在问题的设计上,有的问题缺乏思维含量,具有一定的指向性,一定程度上束缚了学生的思维。这种问题的设计不符合新课程提倡的问题答案多元化和鼓励学生探究创新的精神,同样,也影响了教师的智慧风格。

(2)教学艺术有待提升。纵观整个课堂,师生对话还是略显生硬,欠缺温和的语言,课题提问技巧还有待提高,语言艺术还有待加强。

▶▶ 我的教学主张 ▶

"有教无类""因材施教""学贵知疑"是我的教学主张。

(一)"有教无类",对学生一视同仁,不放弃任何一个学生

《论语·卫灵公》中有"有教无类"。2000多年前,教育大家孔子就提出"不管什么人都可以受到教育",推广平民教育。身为农家子弟的我,生于斯、长于斯,回到家乡工作之初,就积极践行"有教无类"思想。地处边远乡村的深井镇,经济较为落后。基于生源素质较低、家庭贫困、超生之患等原因,致使

当时乡村初中的辍学率比较高。记得刚参加工作那年，我担任初二（1）班班主任，开学日就有4位学生没有回校注册。当天晚上，在漆黑的夜色中，我骑着自行车，打着手电筒，沿着坑坑洼洼的乡间小道，走访辍学学生。走进吴同学家中，昏暗的灯光下，摆设简陋，吴同学在帮老人补渔网，旁边还有两个小弟妹在地上玩耍。看着远道而来、一身灰尘的老师，家长甚是感动。我抓住时机，苦口婆心、不胜其烦地讲道理、讲形势，两个多小时的交谈，最后，老人表态，支持老师、支持教育，让孩子返回学校读书。同样的事情，我重演了多次，最后，4位学生都顺利回校继续读书。当时的我，心里只有一个想法，就是不能让学生辍学，坚信"读书能改变命运"。多年来，每想到这事，我总是感慨万千：我成功劝说4位学生复学，真正做到了"一个都不能少"。

（二）"因材施教"，尊重学生的发展规律，激发学生潜能，张扬学生个性

《论语·为政》中首次提出"因材施教"的教育原则，强调教育者要针对学习者的志趣、能力等具体情况进行不同的教育，这估计是最早的"分层教学"。学生的学习与发展是一个由低级到高级、由简单到复杂的发展过程。为此，教育工作要循序渐进，既要尊重学生的个性差异，又要尊重学生的发展规律，因材施教，尽量使每个学生都能得到发展。所以，无论是编写导学案还是授课、辅导，我都注重贯彻分层教学、分层练习、分类辅导。例如，在讲授"科教兴国战略"一课时，我有意识地设计上、中、下三个层次的问题，其中面向C层学生设计基础问题；面向B层学生设计中档题；面向A层学生，则设计需用比较、分析等方法才能解决的难度大的问题。这样，不同层次的学生各司其问，各有所得，"对学生来说，比获得100分更重要的是成功体验"。"因材施教"，尊重学生学习与发展规律，赢得学生欢迎，提高教学实效，有助实现教学相长。

（三）"学贵知疑"，引导学生敢于质疑、善于知疑，养成格物致知精神

要创新，先要敢于质疑、善于知疑。早在明代，五邑贤人陈白沙就提出了著名的"贵疑论"，主张"前辈谓'学贵知疑'，小疑则小进，大疑则大进。疑者，觉悟之机也"，强调"提出问题"之于学习与成长的重要意义。我的学生都知道，梁老师善于引导质疑，在编写的微课式导学案时，会设计"导学思路"引导学生独立思考，会设计"合作创新"引导学生质疑知疑。梁老师还善于借助微课的辅助手段开展微课式导学案教学，帮助学生开展"自主学习、合作学习、探究学习"，引领学生践行"格物致知"精神，养成"认知能力、合作能力、创新能力"，筑建智慧课堂。

我的育人故事

2017年2月,我接替休产假的女同事兼七(2)班班主任(当时我是学校主任)。虽然只是短暂的一个学期,但我和学生之间的故事仍然洋溢着浓浓的师生情。

当年6月的一天,在台山一中刚参加完高考的陈淑莹来校拜访我,其间,谈到他弟弟灼豪,说他性子转变了,感谢我教导他。确实,灼豪是我的学生,性格倔强,经常逃学,个子高大,在班上有一定的号召力。我掌握他的状况后,经常主动找他谈心,指出他存在的优点和缺点。我了解到他比较听姐姐的话,当时还主动联系淑莹,让淑莹每周都写一封信关心他;同时,我根据他好面子的特点,平时多发掘他的优点,及时表扬,帮助他渐渐转好。记得有一次,学校举行拔河比赛,灼豪带着几个高大的同学主动请缨,于是我安排他任队长,并指导他们。在赛场上,灼豪负责把尾关,只见他咬住牙,把绳子缠在身上,用力蹬地向后倾。最终我们班取得年级第一名,他却精疲力竭,手脚也擦伤了。在班会上,我大力表扬他,其他同学主动给他鼓掌,使他感到了集体的温暖。后来,他父亲还专门给我打电话表达感谢。还说,那天灼豪回到家很开心,一直在说学校的事,说老师表扬他为班争光。还说,梁老师说过,只要努力奋斗,总有成功的一天的。我要继续努力,争取成功。他父亲的话,使我深深感动,"孩子"懂事啦!

一个学期的班主任生涯很快就结束了,七(2)班的同学收获满满的成绩。作为班主任的我收获了满满的幸福。最难可贵的是,放假时,不知哪位学生在黑板上写上"谢谢老师!"4个字,那时的我,心里感慨万分,我的"孩子"长大啦!

他人眼中的我

(一)学生眼中的我

梁老师您好,节日快乐。我能在一中读书,非常感谢您,是您的耐心开解,使我重拾信心;是您的悉心辅导,帮我克服政治的偏科,考上一中。谢谢您,祝您健康!如意!

(原都斛中学学生,现为五邑大学学生　陈淑莹)

(二)家长眼中的我

梁老师教过我两个小孩,认真负责,在我女儿考试失利、信心动摇的时候,是梁老师不断鼓励她、辅导她,最后,淑莹才考上台山一中,很感谢梁老师。他在2017年又担任了我儿子灼豪的班主任。灼豪从小顽皮,不爱读书,梁老师不嫌弃他，经常找灼豪谈心，多次创造机会帮助灼豪。有一次，灼豪回到家，拿着一个奖状，很开心。原来，他参加学校拔河比赛，取得年级的第一名。"梁老师任命我做队长，还表扬我，说我功劳最大"，看到儿子喜悦的心情，我很开心，也很感谢梁老师。

(都斛中学学生淑莹、灼豪的父亲，幼儿园司机　陈跃华)

(三) 同行眼中的我

虽然和梁老师搭档短短一年，但他给我最大的印象就是，这是一个富有激情、工作认真、善于创新的人。在我校交流期间，他带九年级4个班的政治课教学，任务重、压力大，但他毫无怨言，带头开展微课教学，为学生展示智慧课堂；带领备课组老师精心备考，并取得明显成效，获江门市2017—2018学年度"集体备课成果优秀奖"。

(广东省名教师工作室主持人、江门市第十一中学教导处副主任，特级教师　钟燕青)

(四) 专家眼中的我

作为一个乡村教师，梁老师有深厚的教育情怀，务实创新，善思、有智慧。这些年来，他坚持做课题研究，从"导学案教学"到"微课教学"，再到"微课式导学案教学"，我都在全程关注他的成长。特别是他探索的"微课式导学案教学"，可操作性强、针对性强、学生易学，是一次立足基层的"草根改革"，很值得推广。

(原广东省教育研究院社会科主任、政治教研员，正高级教师　沈林)

亲切、热情、育人有道

● 刘薇（职中班主任）

● **个人简介**

我叫刘薇，是职中英语中级教师。在职业学校从教 14 年，其中从事班主任工作 8 年，其间多次荣获"年度考核优秀"和"师德考核优秀"的荣誉称号。2015 年，荣获"开平市优秀教师"的荣誉称号。2016 年，参加江门市第六届班主任技能大赛荣获二等奖，开平市一等奖。2017 年，光荣地被评为开平市"胡央央名班主任工作室"优秀成员。2013 至 2016 年，参加武汉大学工程（计算机技术·教育技术）硕士学位的学习，并圆满完成学业。8 年的班主任工作让我从无到有，不断成长，所教班级的学生多次参加外贸单证实务、物流单证和叉车比赛并取得可喜成绩，多人荣获江门市二等奖、广东省三等奖。

开平既是碉楼之乡又是侨胞之乡，这无形中促使当地文化呈现出开放、务实、多元化等特点。大学毕业之后我一直在职业技能学校工作。职业学校的学生特点是文化素质不高，组织纪律性不强，自我意识强烈。学生往往以自我为中心，个体差异非常大，为了使学生进步一点点，老师必须付出千倍的努力。粤派教育中求真务实、开拓创新和侨乡的包容精神激励着我，确定了"让每个孩子都有人生出彩的机会"的教育信念，并在工作中不忘初心，不断前进。亲切、友善让我走进了学生的心灵，他们都轻呼我"薇姐"。热情让我与学生零距离。不断地学习让我育人有道，在遇到问题时无所不知，迎刃而解。态度决定成败，在育人的道路上，我上下求索，逐渐形成了我的粤派教育风格：亲切、热情、育人有道。

▶ 我的教学风格 ▶

（一）亲切

可以说，语言的委婉、柔和以及亲切的动作是老师与学生沟通的必备要素。我的做法是面带真诚的微笑，以亲切的态度与学生交流，拉近与学生之间的距离，击垮学生自设的防火墙，从而让自己走进学生的内心世界。亲切让我在学生心中有一席之地，所说之话让学生信服。学生是独立的个体，具有独立的内心世界，因此班主任教师要充分尊重学生，将其看成朋友，做学生的良师益友。班主任教师与学生的交流方式是多类型、多角度的，不局限于课堂和学校。做学生的知心朋友，全方位了解学生，知己知彼，才能有教无类。

记得"排座位"事件，性格暴躁的何文乐同学因为座位在垃圾堆旁而大发雷霆，不停地摔桌子和椅子。当我了解到情况后，立刻倒了一杯水，端着一杯水来到文乐的面前，面带着招牌笑容对他说道："宝贝（我都是呼同学们为宝贝），来来来，薇姐给你倒了杯水，生气累了，喝水坐下来休息一下。辛苦了！"同学们看到这一幕都笑起来了。我突然非常严肃地对其他同学们说："不要笑，文乐同学是累了，生气伤元气。"然后我又立刻微笑着对他说："老师是故意将你的座位安排在这里的，知道为什么吗？"他突然平静下来，坐在位子上一脸疑惑地看着我。我娓娓道来："文乐，你是个干净而帅气的男生，不容许同学们不爱卫生，可是班里就是有些同学不爱卫生，老是乱扔垃圾。桶里没什么垃圾，教室里经常有垃圾，脏、乱、差啊！"他听我这样说跳起来说道："就是嘛！这就是我不愿意坐在这个座位上的原因。"我用手拍了一下他："嗯嗯，就是嘛，老师为什么这么坏，把我们家爱干净的文乐安排在这里坐，太过分了，呵呵！"我笑起来，接着说："文乐，你看到同学们乱扔垃圾生气吗？"他点点头。我接着说："你能不能帮老师一个忙，记录乱扔垃圾同学的名字，老师知道你一定能够胜任此项工作。"文乐低下头思考了一会儿，对我点点头。我很开心地对他点点头，然后转身离开了。

我喜欢坐在学生中间，而不是站着，站着产生高度，坐着保持一种平等。喜欢和学生交朋友，一种和谐平等的关系。我喜欢和学生一起讨论、争论。争论过后往往是更和谐的师生关系。不论是在课堂上，还是在课外，不管是做班主任还是英语科任老师，我都力求与学生建立一种和谐的朋友关系。因为所有教学活动是师生的双边活动，只有双方都积极参与，教学相长，才能提高课堂教学效率。沟通是心灵之间的碰撞，是矛盾的消除。在社会的大环境当中，我们或多或少要依赖彼此，如果不能对他人做到亲切友好，那么这种行为非但辱没了自己，而且辱没了所有人。当你和亲切的人相处的时候，对方就会感到这种关心，你自己就会变得更聪慧、更友善。这就是亲切人士带给你和他们身边人的"礼物"。所以，这也就解释了为什么亲切是一个普天之下都苦苦追求的品格。"亲切是无须伪装，勇敢地袒露自我，表现出真我，并且以真我对待他人。"和亲切的人交往，有如沐春风之感。

（二）热情

做一名热情而温暖的班主任，就要怀着一颗童心，用平视的目光、平等的语言，与学生真诚的交流。热情是我对待他人一贯的态度。无论是做人还是做事我都一如既往地积极，主动，不论成败，只求内心无愧。热情使我在与学生们沟通和交流的过程中真正做到真情实感的流露。对学生充满爱心和关切，最大程度地表达出对学生的热情和温暖，在交往的过程中让对方感受到热情、真诚，让双方都觉得舒服，而我也就自然而然地释放出自己的人格魅力。

我的热情在学生开学报到第一天表现得尤为突出，我会让他们真切感受到我的爱。我会帮他们提行李，带他们找到宿舍，做"导游"，带他们参观学校。学生每次谈论起报到的那一天，都会说"薇姐就像个知心姐姐一般，给予了我们无微不至的照顾，让我们有一种宾至如归的感觉"。一个人在人生的旅途中向前走的时候，理所应当在给周围的人留下耐心、友善以及热情的种子。就如明星卡特亚所说："在生命即将终结之际，当我回首往事的时候，我希望自己一生待人友善，不悔此生。因为修养远比成名重要得多，并不是人人都可以成为明星，但是人人都可以成为好人。"对他人充满热情、传递自己的爱心，共促师生美好关系的未来良好发展。

（三）育人有道

这里所说的育人有道指的是宽严结合、张弛有度。师生关系也如弹簧一般，绷得太紧就会断；绷得太松就达不到教育的效果。我始终把握好尺度，对学生的管理应该该放的放，该收的收，收放自如则是我的育人风格。

春秋时期孔子对为政之道的精辟论述："政宽则民慢，慢则纠之以猛；猛则民残，残则施之以宽。宽以济猛，猛以济宽，政是以和。"就是说，"施政宽和，百姓就会意慢，百姓怠慢就用严厉措施来纠正；施政严厉，百姓就会受到伤害，百姓受到伤害就用宽和的方法。宽和用来调节严厉，严厉用来调和宽和，政事因此而和谐"。

有同学这样评价我：薇姐是只笑面虎。是的，没有规矩不成方圆，在不违反校纪校规的情况下，我会睁一只眼闭一只眼，但是面对违纪，我决不心慈手软。

在育人的过程中，一定要有"道"，什么时候该"宽"，什么时候需"严"，如何做到宽严相济、张弛有度将是我育人的永恒主题。

▶▶ 我的成长历程 ▶

师者，传道授业解惑者。我深知这句话的意思，也迫切希望可以将教师这个工作做到尽善尽美，然而在刚参加工作的前几年，效果不尽如人意。

（一）第一阶段（2005年至2008年）：感受成长的困惑

2005年，怀着对美好生活的憧憬来到开平，准备将满腔热血都洒在这片热土，培养出对社会做贡献的侨乡接班人。当我得知我被分配到一所职业高中之时，心里倍感失落。在我的脑海里，职业高中生是成绩相对较差、素质相对低下的学生。况且在应试教育的大背景下，高中教育往往会优先发展。带着这种心态开始我的教学生涯，困难接踵而至。最大的问题是语言不通。学校大部分学生都来自开平乡镇，不习惯讲普通话，甚至上课时用方言回答我的问题。因为语言不通，我无法解决课堂上学生的提问，导致课堂效率低下。或许学生觉得我是新老师，遇到学习上不懂的内容和知识，不主动向我寻求帮助。所以，学生的问题越来越多，班级成绩直线下降。

2006年，学校安排我担任2006级文秘（2）班的班主任。文秘班女生居多，心思细密，敏感而脆弱。从来没有担任过班主任的我认为要严字当头，对学生进行魔鬼式的管理，狠抓考勤和纪律。对每一位同学有错必罚，批评为主。学生违纪轻则通知家长，严重者告知学校，并交由学校处理。对于屡教不改且严重违规的学生向学校提出退学申请。当时这样做确实让我班月月都获得了"文明班"。虽然取得了一点成绩，但总感觉到哪里不对劲。

当文秘（2）班学生联名上书，要求更换班主任时，我这才如梦初醒，原来我的这些做法伤害了学生，刺激了家长。一天，校长找我谈心，建议我放下面子，走进学生的心灵，做学生的朋友。我根本听不进劝告，觉得委屈。对学生上告学校的行为很不理解，感觉整个世界都与我为敌，我一心一意为学生好却得到这种结果，心里倍感无助。校长解释道：你对同学们管理拉的弦太紧了，时间长了自然会断。我这才醒悟，我的确犯了教育的大忌。为了更好地反省，我辞去了文秘（2）的班主任工作。

在教学中，我对职业教育的理解也出现了偏差，重视文化科的学习，轻视技能的培养。但职业教育就是要培养学生具有从事某种职业或生产劳动所必需的职业知识和技能，而并非主要对学生们进行语数外等高考知识的教学。广东省是我国改革的前沿，是工业大省，广东省的职业教育更是受到重视和发展迅速。沿海城市的工业，手工业居多，发展职业教育自然显得尤为重要。职业学校的学生力求在学校学习一门技术，为以后在工厂谋得一份职业打下基础，因此，职业学校都是轻文化科，注重学生专业科学技术能力的培养。然而对于职业学校的学生而言，在接受职业技术教育的同时，还应当培养学生的职业道德及为人处事的能力。

（二）第二阶段（2009年至2012年）：在探索中感悟

经过一年的思考和反省，痛定思痛过后我决定放平心态、好好学习，做一名合格的职校教师。2009年，我向学校领导申请班主任的工作。2009年9月，我担任2009级会计（2）班的班主任。在工作中，我虚心向学校优秀班主任和优秀教师学习，课余阅读有关职业教育及班主任工作的书籍。第一学年摸着石头过河，从身边的小事做起，从班级管理的点滴做起，想学生之所想，急学生之所急。渐渐地，来找我聊天的学生越来越多了。为了更快地了解学生，我坚持每天写班级管理日记，每周写班级管理周结，详细记录每一位学生的性格特征、优缺点以及班级发生的大小事。另外，我努力给学生们提供生活和学习上的帮助。

为了更好地了解当地的风俗和文化，我虚心向几位学生请教开平话，让他们当我的小老师。冬至时，我会和同学们一起在家里做咸汤圆。按照开平的风俗在汤圆里面放鸡肉、白菜、萝卜。我们一边吃汤圆一边聊家常。本班学生中内宿生居多，平时我会努力帮助他们解决在生活上和学习上遇到的困难。渐渐地，我与同学们建立了感情，他们向我敞开心扉，我们变得无话不说。让我意外的是，班级工作也变得容易开展了。那时，学校的老师和领导在我遇到教育教学工作中的任何困难或是困惑时，热心地给我出主意，并手把手地教我，让我觉得工作是如此愉快。他们还教导我将平时工作中解决问题使用过的方式方法记录在案，形成文字，为以后的工作起到指导作用。随着工作的顺利开展，我的自信心也逐步建立起来了，人也变得开朗了起来。那时我就发现原来教师工作是这么让人心情愉悦，慢慢地我爱上了这个学校并融入这个和睦又和谐的大集体。突然发现学生们是那么可爱，让我更想与他们在一起。学生如果喜欢你，班级所有的问题都不会成为问题；如果学生不喜欢你，班级的一切问题都会成为问题。

（三）第三阶段（2013年至2017年）：在思考中前行

2013年，我参加全国在职研究生考试并成功地考上武汉大学教育技术专业的硕士研究生，2016年6月取得硕士研究生的学位。

2014年我担任2014届物流（2）班的班主任，抱着对工作的热爱和对学生的喜爱之情，我全身投入，其间不断总结之前班主任工作的经验和教训。在校期间同学们轻呼我一声"薇姐"。我就像知心姐姐一样，急学生之所急，想学生之所想。班级月月荣获学校的"星级班"。班级纪律良好的同时，学生学习的专业技术的成绩也是相当突出，多次代表学校参加省里的叉车和物流单证比赛都取得了优异的成绩。

在学生实习期间,我走访每一位学生实习的工作岗位,给学生们在工作和生活上提出指导意见,并与学生实习单位的领导建立了深入的联系,帮助学生们解决工作上的困难。我还鼓励他们在实习中发挥专业特长,不怕苦和累,争取学到真本领。虽然学校工作烦琐而忙碌,却让我乐此不疲。每每看到手机里弹出"薇姐"两个字时都会让我内心无法平静,我爱这帮可爱的学生,他们天真烂漫、热情上进,是他们让我知道教师这个职业是多么的神圣,是我要一直追求的职业。由于工作上的尽心尽力,我也得到了学校领导、老师及家长的一致好评,同时我每学期都得到了"师德优秀"的称号,2015 年被评为"开平市优秀教师"。2016 年,我参加第六届班主任技能大赛,荣获了江门市二等奖、开平市一等奖的好成绩。

我从任教初期的无助困惑到后来的得心应手,离不开对教育事业的初心,离不开学校领导和老师的帮助。我要始终坚守教书育人的信念,用初心、爱心、进取心诠释我的教育情怀。因为"教育,就是一项不忘初心方得始终的事业"。在以后的日子里,我将一如既往,做好自己,做好自己所钟爱的教育事业,迎接美好灿烂的阳光。

我的教学实录

"诚信伴我行——开平'创文'在行动"主题班会教学实录

(一) 设计背景

诚信就个人而言是成功的前提,对集体而言是优秀的保障,对国家而言是立国之本。而现实生活中,包括职中生都存在不讲诚信的现象。有鉴于此,希望通过这堂班会课,使学生在深入了解诚信的基础上,体会没有诚信会带来的后果。通过体验,让学生真正体会到诚信的重要性并把诚信作为为人处世的基本原则。

(二) 活动目的

(1) 通过主题班会,使学生明确诚信的含义,理解诚信对于个人、集体、国家的重要意义。

(2) 通过主题班会,使学生崇尚诚信,远离虚伪、欺诈。把诚信作为同学之间、师生之间、家庭之间相处的基本原则。

(3) 通过主题班会,使学生领悟诚信。诚信应从自我做起、从身边的小事做起。

(4) 通过主题班会体验活动,使同学们了解坚持一件事、一段时间的诚信并不难,但坚持一辈子的诚信却不是件简单的事,需要付出很多很多!

(三) 活动准备

(1) 学生情景剧《共享单车不共享》。

学生准备一部单车，上面贴好二维码。两位同学表演不通过正常途径打开单车的不文明行为！

(2) 学生准备情景剧《真假母亲》。

每到星期五，一些学生就找各种理由请假。有些学生甚至请一些学生假扮家长请假。两位同学一位扮演儿子一位扮演母亲。

(3) 学生准备情景《如此考试为哪般？》

在考试过程中，部分学生弄虚作假，寻找机会舞弊。同学们将这一场景搬到了教室。

(4) 学生准备自己经历的一件诚信、失信的事。

每位学生找一个关于诚信的成语。然后了解这一个成语的意思。

(5) 教师制作多媒体课件。

(四) 活动步骤

1. 议诚信

生：学生表演《共享单车不共享》《真假母亲》《如此考试为哪般？》三个情景剧。

师：同学们观看情景剧有什么想法，请同学们讨论。

生：我们的生活和学习中存在一些不够诚信的行为。我们认为会产生不好的影响。比方说，大家采取破坏二维码的形式骑走共享单车并据为己有，可能共享单车就慢慢地没有了。如果采取欺骗老师的方式请假，就会养成不够诚信的习惯。如果考试不诚信，对学习认真的同学不公平。

师：失去诚信会失信于人，让别人不相信你。对企业而言，如果失去诚信，就会失去客户；对社会而言，如果没有诚信，就会失去很多进步的机会；对一个国家而言，失去诚信，就失去了发展的契机。

2. 识诚信

生：每一位同学将写好的诚信、失信的事分别投入诚信"荣誉箱"和失信"回收箱"。

师：同学们的诚信、失信的事其实都说明了诚信与失信就在我们身边。坦白说，我也曾失去诚信（停顿一下），比如偷了妈妈做的零食，答应了别人却又爽约……现在回想起来，我十分后悔。同学们，你们也曾像老师这样有不讲诚信的经历吗？也许，只是你没有完成作业而又撒了谎；也许只是你做了错事，却不敢承认；也许，只是你捡到钱物，没有上交……接下来，请你们拿出"我的故事"表，写下自己曾经失信或者讲诚信的故事。同学们，敢于面对不光彩的一幕，把自己失信的故事大胆地写出来，这就是一种诚信的表现！

师：下面请写下失信故事的同学撕碎自己不讲诚信的过去，接着把它放入"失信回收站"永远清除！然后从讲台领回一张"诚信书签"，相约诚信，从此刻开始争做"诚信少年"！

师：接下来，请写下讲诚信故事的同学，把自己讲诚信的事迹，并从讲台领回一张"诚信书签"。老师将会把你们的诚信故事传递给更多同学，也希望你们再接再厉，做"诚信少年"的领头雁！

3. 悟诚信

生：同学们都站起来，抬头挺胸紧闭大眼。将右手举起靠住右耳朵，脚尖踮起，脚后跟离地。

师：我要坚持，我做到了吗？放弃吧！这只是一次体验只是一堂班会课。你不需要坚持到底，可是，我不想放弃，我有毅力，我有傲气，我想做一个诚实的人。不尝试一下又怎能知道自己能坚持多久呢？有很多同学还在坚持。有一些同学的双脚都已麻木了。手指也有些抖，还在坚持，他们觉得很值。很多人的手指举得更高啊。这并不代表他们不累，这是因为他们对自己有更高的要求。我除了坚持，我还应该做得更好。我知道诚信的路上并不好走，可是当2014级物流（2）班的同学一路坚持，一起成功，这条路就会越来越好走。当坚持成了习惯，你就成功了！

设计目的：通过微体验《诚信的坚持》，让学生体会诚信需要言行一致和持之以恒。当然最重要的是要有诚信意识。

师：同学们，诚信就是说老实话、做老实人，办老实事。诚信由你我做起，为开平"创文"尽自己一份力。让我们一起加油吧！

师：同学们，这节课你们上交的诚信答卷是完美的！我相信诚信的种子一定会在你们的心中生根、发芽、长叶、结果，我也相信你们一定会因诚信更加阳光。同学们，为了成为"诚信少年"，奔跑吧！让我们手牵手共同打造诚信班级、诚信校园、诚信中国！

（五）教学反思

1. 对班会课设计的反思

班会课主题鲜明，贴近生活，紧紧围绕"诚信"主题展开，精心策划，设计板块清晰，形式多样。情景剧《共享单车不共享》《真假母亲》《如此考试为哪般？》让同学们参加激烈的讨论，从而领悟诚信的重要性。布置学生准备诚信荣誉箱、失信回收站，让同学们体会诚信的重要性，从而引导学生总结诚信的内容。亲身体验《诚信的坚持》，让同学们积极参与、自我反思。

2. 对班会课过程的反思

整个班会课环节相扣、由浅入深，在教学过程中通过演与观、议与思、写与行将本节班会课推向高潮,逻辑清晰、有条理,学生们积极参与、表现精彩。教学环节和学生活动有点多,在一节课内完成有时间比较紧张。

3. **存在问题的反思**

(1) 情景剧表演的时间稍长,导致后面的讨论时间不够。

(2) 班会课的准备还需要更加充分,学生的讨论时间还可以更充分。

(3) 部分学生在体验《诚信的坚持》时,就存在不够诚信的行为,未能达到此次主题班会的目的。

4. **建议**

(1) 班会课设计应更严密、更科学,应该预留足够时间让学生思考。

(2) 设计班会课的过程中更应注重实用性和操作性,学生体验后留点时间让学生感悟。

经过这次班会课,我深刻地体会班会课设计要更严谨、过程要更精练和实用。让学生真正领悟诚信的真谛,干一辈子诚信事,做一辈子的诚信人。

我的教学主张

(一) 班主任要以正能量的形式走进学生的心灵

如果把学生比喻成果树的话,我宁愿自己是一名园丁。园丁的职责是保护好果树,让它们正常生长。当然果树的成长过程中有时会生虫、有时也会生病。作为园丁的我会专心地照顾、耐心地呵护他们。让充满着正能量的语言鼓励着果树,陪伴着它渡过难关。以前,我自认为管住了学生的人,其实没管住他的心。我待学生如初恋,学生对我视而不见。如今,我走进了学生的心灵,以一颗温暖、热情、坦诚相待的真心鼓励、甚至批评他。他反而倾其师、信其道、乐其学,终于学有所成。因此,我要做一个有血有肉、有感情、富有爱心、能真心帮助他们解决困难并渡过难关的心灵导师。

班主任是班级管理的核心人物,班主任气质中的坚持、赏识、睿智等正能量,自然就投射到学生的身上,逐渐浸染着学生的一言一行,甚至可以改变学生的性格和命运。班主任的气质像一缕春风,唤醒了沉睡在学生心田中自信、睿智等优秀潜质。班主任的正能量激发了学生的生命潜能,班主任的正能量引领他们走向成功。

(二) 班主任要容忍学生的错误

社会心理学中把宽容理解为有权责备处罚而不加以责备处罚、能够报复而不加以报复的一种道德心理结构。宽容表现在能容忍学生对自己的不满,表现在能容忍学生的缺点和错误。在理性上,我们容易承认"失败是成功之母",但实践中,我们避讳失败,不容忍错误。人无完人,金无足赤。作为稚气未脱的学生,犯错误是他们的特点；作为班主任，要善于容忍学生犯错误，不要一棍子打死。

学生还只是孩子，孩子的成长是一个过程。在过程中既要成功的喜悦，也有失败的教训。我要用心呵护学生的自尊与自信。有时"轻轻地走开，正如我轻轻地来"会收到意想不到的效果。所以，我要学会躲闪。下面，让我们一起走进冰天雪地的满洲里，听一听发生在满洲里第一中学关于躲闪的真实故事。2月14号这一天，副校长走出办公室，操场上正下着小雪，银白色的一片。在雪地上站了两个孩子，蓝白相间的校服，一高一矮。一个男孩，一个女孩。他们俩靠得很近，好像在拥抱。校长远远地看到了一个让他感到很温暖的画面：这个男孩正在给女孩围围巾，一圈、两圈、三圈……这是一条非常长非常鲜艳的红围巾。校长跟我讲："我今年51岁，假如我是41岁的话，我会冲过去，告诉他们俩：'这是学校，不能谈恋爱。'但是今天看到这个画面时，我心里面非常羡慕。这个女孩真幸福！"我问这个校长："哪您后来怎么办啊！"校长回答："那我就走了。"三十六计，走为上计。当我们看到一些好的风景时，我们要躲开。我们躲开了，就把事故做成了故事。假如我冲上去，就把故事做成了事故。所以，躲也是一门艺术！

（三）班主任要有服务意识

以前我经常发牢骚，感慨学生的素质一届不如一届，成绩不好还不说，态度还特别差，还动不动跟我讲"道理"。现在的学生到底是哪里出了问题？男同学越来越女性化，女同学反而越来越中性化。唉，其实抱怨多了，心态也会慢慢地发生变化，甚至我眼中看到的学生都是问题学生。久而久之，我的心越来越累，情绪也愈发低落，总感觉到心中有股无名的怒火。有时我甚至怀疑当初的选择，从而导致生活质量每况愈下。

是啊，班主任要有服务意识。如果学生、家长对我的工作很满意，那是我应该做的；如果学生、家长对我的工作还不是很满意，说明我的服务水平还有待提高。

在我们悉心的照顾下，学生的错误会越来越小，如此，他也就成长了。

▶▶▶ **我的育人故事** ▶

凯洋的心儿，我能猜

我带的2017届物流（2）班有一位叫凯洋的学生，他课上呼呼大睡，课下上蹿下跳。更为可气的是课堂上他经常鼾声四起，他那雷鸣般的鼾声时常响彻课室。科任老师和周围同学提醒他，他都置若罔闻，继续蒙头大睡，这严重扰乱了课堂秩序，让老师束手无策。

经过一段时间的明察暗访，我了解到凯洋时常上课神游万里、作业赖账、考试门门挂红灯,长此以往,导致他学习积极性不高,无心向学。不仅如此,他还不服从课任老师和班干部的管理,抽烟、迟到、思想自由散漫。同时,性格急躁易怒,甚至在课堂上顶撞老师。凯洋真是我们班名副其实的刺头!但凯洋高大帅气、活泼开朗,是我班女生的心仪对象,在我班有一定的号召力。如此情况让我意识到必须尽快走进凯洋的内心世界,帮助他走到正确的轨道上来。

凯洋怎么就变成了品学双差的"熊孩子"呢?经过大量调查、深入研究,我发现凯洋的问题与以下三个因素密不可分。

（一）家庭因素

凯洋出生于农村贫困家庭,父母为了生计四处奔波,从小无暇管教他。父母很少关注他生活、学习情况,任其自由发展。加之他家共有6个小孩,他排行老六,父母更是视之为掌上明珠,导致了他形成了我行我素的性格。可以说,家庭教育的不足、缺失,是他品行不端的根源。

（二）学校教育因素

由于凯洋人高马大且脾气暴躁,自入学后,经常违反班级纪律,欺负其他同学,遭到老师和同学们的一致排斥和漠视,使他最终形成了"破罐子破摔"的心态。小学、初中、职校,这一路走来,"破罐子破摔"的心态,导致他的行为渐渐偏离了正常轨道。

（三）社会环境因素

父母疏于管教、学校又无人关心,致使凯洋过早投入社会的怀抱;跟社会闲杂人员的过多接触,又导致了他的学习行为、思想品质偏离了正常的学校教育;加之是非观念的不明,更助长了他的顽劣性。针对凯洋的问题,老师该如何应对呢?我决定向名师名家取经,经过反复拜读苏霍姆林斯基《给教师的建议》,该书的第96条建议给了我很大启发,经过一番深思熟虑,我决定采取相应的措施来积极转化凯洋这名"顽石"学生。

1. **挖掘闪光点**

虽然凯洋在品行方面问题多多,但万事万物都具有两面性的。根据他身高1米85、擅长打篮球、活泼好动、号召力强的特点,我就委任他为体育委员。身在其位,他立即有了使命感,起码在体育课上有了长足的进步,自律能力也有了提高,在他的影响和带动下,经常和他嬉戏打闹的几个男生也收敛了许多。我提议举行班级小组篮球友谊赛,当然动员、组织、安全、后勤等这些工作都由凯洋同学负责!我有意在班会中当众表扬他,发现他脸上不禁流露出淡淡的微笑。我想我的第一步成功了。通过留心的观察我从中也明白一个道理:及时、有效的教育工作,离不开班主任老师敏锐细致的观察;班主任想要洞悉学生的一切,成功地做好"育人"工作,就得善于观察,有一双善于发现的慧眼,做个有心人。

凯洋也喜爱计算机应用，在文字输入、电脑维护方面有一定的特长。为此，我经常让他来到教师办公室，让他帮我们科任老师输入考试成绩、重装系统、安装软件等。每次凯洋做了好人好事，我都在班会课上大力表扬他。久而久之，我发现课堂上他慢慢抬起了头，背也挺得越来越直了。

爱学生，既是教师职业道德的核心，也是对班主任的基本要求，更是推行素质教育必不可少的手段。我相信：爱的力量是伟大的，爱是可以创造奇迹的。对于这样一名"问题"学生，作为老师，不应该漠视他，更不能歧视他；相反，作为育人者，更应该在学习和生活中给予更多的关注、更多的支持、更多的关爱。这种爱是一名教师对于学生发自内心的爱、真诚的爱。这需要老师付出百倍的细心和耐心，用爱的方式在学习和生活中给予严格的要求。为此，我多次找凯洋谈心，掌握他对家庭、学校、班级的真实看法；同时，让他从心底意识到，学校、老师是尊重、关爱他的。

2. **集体的力量**

俗话说："人多力量大。"像凯洋这样的"问题"学生，老师更应该发动周围的同学来帮助他、支持他。在成绩优异、学习氛围浓厚的集体中，他会不自觉地感受到集体的压力，从而转化为学习的动力。为此，经过一番深思熟虑，我慎重给他分了学习小组，在日常教学中，我引导他把组内其他品学兼优的同学作为榜样，并时刻提醒他要珍惜自己在优秀集体中的学习机会，为了与大家同步，他不禁有了紧迫感，开始更加努力主动地学习了。

3. **家校合一的力量**

家庭教育和学校教育是相辅相成、互相促进的。为了能够争取家长的支持和配合，我多次到凯洋家进行家访。针对凯洋的不足之处，我和他的家长进行了反复沟通，并针对某些问题，提出了一些具体、明确的要求，而且和家长、学生一起共同制定了一套行之有效的方案。在方案的执行过程中，我和家长始终保持着密切的联系。

功夫不负有心人，经过我的一番努力，虽然凯洋还存在着些许不足，但较之于前，进步可谓显著。比如衣着方面，他不再像以前那样随性、随便了；纪律方面，他不再迟到、早退，上课也不再讲闲话、开小差了；作业也能按时完成、上交；特别是在言行举止方面，较之以前，可以说有了翻天覆地的变化。凯洋渐渐变得阳光开朗了，喜欢主动和老师沟通交流了。凯洋行为更得体了，学习也更积极主动了，不经意间，他的成绩得到了飞速提高，期末考试竟然进步了20多名。

苏霍姆林斯基说："离开对人的整个心理的、精神生活的和谐影响，发展就是不可能的。"转化问题学生，首先要转变他的思想观念，这是一项极为重要也极为艰巨的工作。俗话说："十年树木，百年树人。""冰冻三尺非一日之寒。"这需要教师付出极大的爱心、耐心和信心。我在转化这名问题学生的过程中，感受颇深。"路漫漫其修远兮,吾将上下而求索",在未来的教育生涯中,我将愿意付出更多的爱心、耐心和信心,走进学生的心灵,做学生成长路上的守护者!

他人眼中的我

(一)学生眼中的我

亲爱的老师,您是位可爱的老师,有趣的灵魂与俏皮的长相结合,和颜悦色的教导是您对待我们的常态,认真负责关心每一位同学是您的原则,以心为灯,原做学生心灵世界的窗口,化冰为雪,带给我们母亲一般的关怀,您善良,正直,无私的背影是我们向着理想前行的强大后盾!

[2017届学前(1)班　邱清苓]

(二)家长眼中的我

刘薇老师是一位非常敬业的老师,各个方面力求尽善尽美。比如说班级组织活动或者是各种班级事务中,你的做法都十分好。在孩子的口中你也是个授课有条理,有重点的老师。你对孩子既热情又严格,是位十分称职的老师。

(开平市金鸡镇妇女主任　李三妹)

(三)同行眼中的我

刘老师对待学生亲切热情,与学生之间建立了良好的师生关系。她注重班主任工作的实效,善于组织和设计班级活动,培养学生自主管理的能力。她所担任班主任的班级月月被评为学校的"星级班",学生各方面发展优良。刘老师还将班级打造成学校的"示范班级"和"快乐班级",并受到了学校领导和学生家长们的一致好评。

(开平市吴汉良理工学校艺术部副部长　张妙慈)

(四)领导眼中的我

刘老师是我校班主任的带头人。她主张用心沟通、用爱育人,在班级管理方面经验丰富,能够将平时工作的心得和体会与同事们分享。她时刻发挥示范引领作用,带领了青年班主任走向专业成长之路,其本人也在成长路上越走越稳。

(开平市吴汉良理工学校政教处主任　马均略)

(五)专家眼中的我

我见证了刘老师在班主任生涯中的成长。小小的个子,身体里却蕴含着巨大的能量。你那股不认输、凡事力求完美的倔强劲真是令我印象深刻。每次巡堂，你所带班级都让我倍感舒服，教室总是那么整洁，班里调皮的男生也在认真地听课。你与学生的关系总是那么融洽，毕了业的学生也会成群结队地回校看望你。你是一位相当不错的班主任，以至于我每次都会将艰难的德育任务分配给你，而你却总是能够出色地完成。

（开平市胡央央名班主任工作室主持人　胡央央）

"乐""活"语文,"趣""味"相生

● 江门市第一中学　毛永秀(中学语文)

● **个人简介**

我叫毛永秀,是湖北省浠水县人,中学语文高级教师,广东省首批骨干教师培养对象,江门市第四批名教师培养对象,现任教于广东省江门市第一中学。

从教 22 年来,我一直追求的教学特色是"乐·活"——快乐的情绪,活泼的设计。在五邑侨乡,中西思想合璧,侨乡学子从小就开眼看世界,思维活跃,敢于发表自己的见解,这为我的"乐·活"语文提供了良好的学情基础。于是,在我的课堂上,每天有 5 分钟的课前演讲,每周有一节思维训练课,每学期有一个全员参与的语文展示活动,让学生在快乐中学习语文。我一路追随教育改革的步伐,从素质教育到新课标再到核心素养,变化的是理念,不变的是初心:让学生体会学习的快乐,感受中国文字和文化的无穷魅力。

从教以来,我一直以教学教研为乐事,潜心钻研。已在《语文教学通讯》《语文月刊》《语文教学与研究》等期刊上发表论文 15 篇,已主持完成 2 项省级课题,参与 7 项省级课题,3 次在江门市全市语文教师培训中执教研讨课,多次在学校承担对外交流课及专题讲座任务。

"乐""活"语文,"趣""味"相生。快乐与活泼相伴,有趣与情味共生。我的语文之路在五邑侨乡起步,在传统与变革的冲撞中艰难前行,一路开辟,逐渐形成了属于自己的粤派教学风格。

▶ 我的教学风格 ▶

2017年发布的《普通高中语文课程标准》中明确规定:"语文课程应引导学生在真实的语言运用情境中,通过自主的语言实践活动,积累言语经验",并以学科核心素养为目的。我的"乐·活"语文与这一宗旨不谋而合。乐教,活教;乐学,活学。快乐与活泼相伴,有趣与情味共生。语文学科是一门人文学科,语文课如果离开了乐趣,离开了情意,只剩下单纯的知识灌输和简单的文字堆积,就索然无味了。"语文教学应在师生平等对话的过程中进行",自由自在,无拘无束。

快乐,是一种生活态度,也是影响教学效果的重要因素。教师情绪愉快,会影响整个课堂的学习氛围;学生情绪愉快,会直接影响学习效果。

我每天面带微笑进入课堂,把关切的目光投向每一位同学。向学生提问时,遇到他们胆怯犹豫的神情,我会用微笑来鼓励他们,告诉他们可以试试看,答错了没关系。当他们考试成绩不理想而难过时,我又会微笑地告诉他们:没关系,还有下一次,永远不必为打翻的牛奶而哭泣,把握好下一次机会。无论在课堂还是在课后,我都极力用快乐的情绪去感染学生,让他们正确面对学习的压力与挫折,感受生活的美好与学习的乐趣。

活泼,是一种灵感的跳动,也是推进课堂教学的有力助手。

为打破沉闷的课堂,我做了很多有益的尝试。我开辟了课前5分钟演讲活动,开设了每周一节思维课,组织了每学期一次的班级活动,尝试小组合作互助式作文评改。尽量设计丰富多彩的课堂活动,形成灵动活泼的课堂节奏。

"乐活"也是全球兴起的一种新的健康可持续生活方式,它倡导的是一种贴近生活本源,自然、健康、精致的生活态度。我的"乐活"语文致力于培养学生健康的学习心态,积极向上的竞争意识,快乐的情感态度,可持续发展的学习能力。

▶▶ 我的成长历程 ▶

一路风雨一路歌

(一)从挫败中起步:认识教育

1999年8月,我从工作一年的福建晋江来到江门,从闽南方言区到粤方言区,满怀着初为人师的骄傲,满怀着对省重点高中的景仰。

我以为,带着优秀高校毕业生的荣耀,带着两校争抢的强大气场,我会成为江门一中学生喜欢、学校满意的优秀教师。但现实给了我一个大大的耳光。一个学年结束,学情调查结果我只得了61分,也就是说,在学生的眼里,我只是一个刚刚及格的老师，何谈满意？何谈优秀？我的自尊心受到了强烈的伤害：为什么我那么努力，那么用心，却得不到学生的承认。

要知道，在晋江的一年里，我是深受学生欢迎，是两个学期教学成绩稳居年级第一的优秀教师！

我不是一个容易被现实击败的人！

我认真对比反思自己这两年来在教育教学中的所作所为。

工作第一年在福建晋江一个镇上。作为闽南方言区，学生的语言基础比较薄弱，我在与学生沟通方面也存在障碍，但我很认真地备课，认真地写课后小结，给他们的作文写下长长的评语，课余还给他们写小品，指导他们的元旦会演。学生欣喜于我课堂的新颖设计，感动于我每篇作文后独特的评语，感谢我为他们的表演出谋划策，我所有的用心他们都感受到了，并且以优异的成绩作为回报。

调到江门一中，做了2002届高一（10）班班主任。同样是方言区，江门又是侨乡，学生普遍重视英语学习而疏于语文学习。江门一中是省重点学校，我对他们的期望值比较高，但他们的表现并不让我满意，于是我对他们的斥责多了，他们对我的不满也多了。于是，我自以为的全心全意地付出，费尽心机地教学，他们并没有感受到，教学成绩也无法突出。

通过对比，我发现师生关系不和谐是教学效果不佳的重要原因，而文化差异是影响师生关系的重要因素。我出生于湖北黄冈，尊师重教是家乡的优良传统，从小在我心里老师就是神一般的存在，对老师充满敬畏。在福建晋江，学生也尊称老师为"先生"，而在临近港澳的江门侨乡，学生深受西方文化的影响，喜欢的不是高高在上的老师，而是平等交流、无话不谈的朋友。

重读《论语》，我深深感受到孔子平等和谐、循循善诱的教育观，我决定接受这种文化差异，选择重新开始，继续留在高一，带了2003届高一（1）班。汲取上年的教训，我首先致力于良好师生关系的建立，这一届我一直带到高三，高考成绩优异。我指导学生邓宇翔参加"语文报杯"作文大赛获得全国一等奖，所教理科普通班学生方家升高考获得803分的高分。在教学上的探索开始有所收获：2002年，我的第一篇论文发表在《语文教学通讯》上，本人也被评为江门市"教坛新秀"。

我明白了：教育不是灌输是影响，需要情感的交流，灵魂的触动。

（二）乘改革之东风：励行教改

2008年，适逢新课改。"素质教育、人本理念、创新精神……"承载着众多教育理想的新课改的实施，对我来说，是教育观念上的又一个转变契机。快乐学习很重要，但只有快乐就够了吗？对于高中生来说，如何形成能力恐怕比接受知识更重要。如何创设情境，创造机会，提高学生的阅读理解与写作能力呢？我开始着力思考这一问题。经过一轮培训与深入学习，我把握到了新课改的课堂核心思想——"三个转变"，即变"注入式"教学为"启发式"教学，变学生被动听课为主动参与，变单纯知识传授为知能并重。

于是，我阅读了大量期刊，结合余映潮老师的课堂"30字诀"，开始改进自己的教学，在快乐的基础上，设计各种有效的教学活动，充分调动学生的积极性，尽量让课堂活泼起来。

我开辟了课前5分钟演讲活动，旨在提高学生的口语及书面表达能力，促进他们的课外阅读。演讲内容有"我最欣赏的一句话""我最喜欢的一首诗""我推荐的一本书"，等等。

我开设了每周一节思维课。每节课重点训练一种思维方式，如聚焦思维、演绎思维、联想思维、辩证思维、因果思维、假设思维、分类思维等，通过连词成段、句间排序、段内填空、关联词填空、故事创作等方式强化思维意识，为写作奠基。

我组织了每学期一次的班级活动，或诗歌朗诵，或演讲比赛，或辩论比赛，或诗歌创作比赛，或读后感写作比赛，给每学期的语文学习创造一个精彩的展示机会。

我开始尝试小组合作互助式作文评改。评改作文一直是语文老师的重要任务，而写作的主体是学生，老师的评改对学生所起的作用不大。能否让学生互助修改自己的作文呢？我开始了新的尝试：分小组，培训小组长，制订评改标准，落实评改要求，引导改后评讲，明确改后升格任务。学生从不接受到慢慢熟悉，到最后乐此不疲。他们尝到了互助评改的乐趣，我也尝到了学生合作评改作文提高教学效益的甜头。

从2008年到2012年，我又带了四届高三毕业班。在我的课堂上，学生情绪饱满，课堂节奏活泼，学习内容丰富，学生的学习积极性被充分调动起来，"自主、合作、探究"的学习方式应用到课堂上，焕发了无限生机。

（三）开眼看世界：走近自我

2012年6月，我走上学校教研室副主任的行政岗位，有更多的机会外出学习，接受各种先进理念和经验。我促成了学校启动导学式高效课堂改革，作为方案制订者和执行者，我深刻地感受到了全校课堂模式改变带来的课堂效益的巨大变化。

在遵从学校统一指令情况下，我结合自己班级的教学实际情况，形成了自己的课堂结构：预习自学—思考存疑—合作探究—展示点评—总结引申，并根据不同的课型进行调整，充分突出学生的主体地位，充分相信每位同学都有发展的可能，平等对待每位同学，尤其关注学困生的发展。

2015年，我被选为广东省首批骨干教师培养对象。2016年，我被确定为江门市第四批名老师培养对象，多次赴广州、北京、上海、杭州学习，尤其是在广东省第二师范学院学习期间，聆听刘良华、阎德明、胡继飞等教授的讲座，在深圳茹清平名师工作室跟岗两周，到杭州高级中学跟岗学习，都受益匪浅。这些经历不仅使我在专业学习上大开眼界，而且增加了理论素养，填补了自己理论学习上的不足。

在教学上，我一直承担实验班的重担。2015年9月，我接手了2017届高二(6)班，充分激发同学们学习语文的热情，2017年高考，高三(6)班被称为江门一中史上最牛班，全部同学考上重点大学，其中，梁嘉伟同学以语文130分，总分683分、全省排名第15名的成绩考入清华大学，蔡舒婷同学以优异成绩被剑桥大学录取，陈力鹏同学被北京大学录取。2017年9月，我接手2018届高三文理双尖实验班，这对我又是一个极大的挑战。虽然已带过11届高三，但对这届只有20位同学的独一无二的班级，必须因材施教，一切从头开始。我又开始"一个人的战斗"，进行创新教学。在兼顾备考进度的同时，引导学生对高考题目进行研究，让学生换位思考，自主命制高考题，从命题人的角度来强化答题意识。语文高考平均分为115.5分，黄嘉雯、吴进华两位同学勇夺江门市文理状元。

在此期间，我投入了大量时间进行课题研究，共主持或参与了7项省市级课题。其中，我主持的省教育科学规划小组"十二五"规划课题"以基于高效课堂的课例研究引领教师专业成长"是一个涉及全校高考9大学科的大课题，我把它分成9个子课题在全校范围内实施，参与教师达86人，从而带动了一大批年轻教师走上科研之路，在全校范围内兴起一股教研之风。随着研究的深入，我先后在《语文月刊》《语文教学与研究》等期刊上发表论文10多篇。

2018年9月，我们开始采用新高考模式，这既是挑战，也是机遇。在部编教材的统一部署下，必须重新开始研究新教材、新教法。我知道，我依然是教改路上的新人，新的征程又出发，期待未来更美的遇见。

大量的学习与实践让我明白：教学有法但无定法，每个人应该根据学情与自己的特质开辟自己的教学之路。海纳百川之后应该走向自我，成就自我。

五邑侨乡，正如那中西合璧的雕楼，传统与创新并存，它不是我成长路上的起点，但它特有的中西结合的文化滋养了我。明代大儒陈白沙主张的"学贵自得、学贵知疑"的教育理论，近代思想启蒙家梁启超的"达德"教育思想都给我很深的启迪。我唯有以加倍的努力，为侨乡培养更多优秀人才作为回报。

我的教学实录

一课一得，快乐高效
——《比较中说理》课例分析

（一）课例背景

本节课是课题中期汇报课，面向江门市高中语文老师展示省"十二五"规划课题"基于导学课堂的开放式作文评改"的研究成果。本次作文互评互改的基本流程是小组互评—小组总结，推荐归纳—老师速评—小组制作PPT—小组讲评，老师总评—学生自改升格，本次作文课是展示讲评的环节。在上课之前，学生已按小组进行了作文的互评和总结，归纳出本次作文存在的问题，老师也浏览过学生的习作，对本次作文全班同学存在的共同问题进行了归纳。小组讲评反映的是局部问题，教师的讲评则是对共性问题的分析与解决。

（二）教学设计及过程

【学习目标】

知识与技能：①明确观点选择类作文立意的特点；②掌握比较说理的基本方法。

过程与方法：根据写作要求，学会自评互评。

情感态度与价值观：善于质疑，展示自我，增强信心。

【学习重点】展示小组互评结果，归纳说理方法。

【学习难点】掌握比较说理的方法。

【课堂实录】

师：今天我们这节课是一节作文讲评课，这节课我们分两部分进行。首先有请各个小组反馈作文互评、互改的结果。然后我再针对这次作文出现的比较集中的问题，做一个专题讲评。首先，我们看一下，我们这次作文训练的题目，就是2016年全国Ⅱ卷的作文题。下面我们有三次上台展示的机会，看看哪个小组一马当先，汇报一下你们组的作文评改情况。

屏幕展示：（2016年全国新课标Ⅱ卷作文）语文学习关系到每个人的终身发展，社会的整体语文素养，关系到国家的软实力和文化自信，对于我们中学生来说，语文素养的提升主要有三个途径：课堂有效教学、课外大量阅读、社会生活实践。

请根据上述材料，从自己语文学习的体会出发，比较上述三种途径，阐述你的看法和理由。要求：选好角度，明确立意，自拟题目，不要套作，不得抄袭，不得泄露个人信息。

(明确学习目标)

生1（第六组）：（展示PPT：谁是心机girl or boy）我来说一下这次我们组作文的评改情况，为什么用这个题目呢？虽然"心机girl"不是一个褒义词，但我们在作文上是需要用些小心机，才能拿到更高的分数，先来看一下这次的题目，要我们从自己语文学习的体会出发，比较三条学习途径，我们作文的重点应该放在比较这里。在这方面，我们小组的作文存在一些问题：一是篇幅不当，二是失了分寸，三是没有比较。

（展示习作片段一）大家先阅读一下这位同学的文章。很明显，他说到，学好语文至关重要，然后就直接写阅读对提高语文素养的作用，没有对比三种途径就做出了选择。

（展示习作片段二）下面再来看看这个片段。这个同学的立场是实践，他大概是想从反面去论述实践的重要性，可是他论述课堂的好、阅读的好，已经占了主要部分，所以，到实践部分的时候，就剩下很少的空间去写。

（展示习作片段三）这个同学说到课堂的有效学习和课外的大量阅读都不利于减压，也就是说他们都是没用的，这很明显是不正确的。我们在表达观点的时候，你可以有自己的立场和观点，但不能完全否认另外两个观点。

（展示习作片段四）我们来看看这篇作文。这位同学好在哪里呢？他的立场是阅读。他在说阅读之前先肯定其他两方面，这样让人容易接受。首先他两方面都提到，而且很明显在文字运用上很丰富，两段的句式都是比较整齐的，这就回到了我们题目中的"心机girl"，一篇好的文章真的要用心去营造，你可以在结构方面，在语言方面去用心，这样的作文才是我们应该发挥出的水准，谢谢大家。

师：第6小组找出了三个问题。关于这个比较问题，有一些老师主张说，既然我们做出了选择就已经有比较了，我想更多的老师还是认为在作文中应该有所权衡。有请下一组。

（学生代表总结自己小组的作文情况，培养他们发现问题的能力。）

生2（第7组）：（展示标题：好好反省，你懂的！）我们直接看作文吧。

（展示习作片段一）他这里首先一大段讲语文的概念，然后一下子来个急转弯，有些突兀，课堂教学作用有限，又说实践哪里不好，给人感觉，你只是为了突出写自己选择的方面，就只看到另外两个途径的不足之处，缺少辩证思考，导致作文的说服力不足，我们看看比较好的例子。

（展示习作片段二）他好在哪里呢？这里写的是实践，首先写课堂教学，它是基础，在这个基础上就需要课外阅读和生活实践，开头写课外阅读的好处，更进一步就需要实践，引出自己的观点，给人感觉是看问题比较全面，看到了好处，而且在好中选择更优的，所以辩证思维比较充足，运用了阶梯式的对比。

（展示习作片段三）好的，下面轮到你们发现问题了，我要提问了。

有同学发现了问题吗，谁来提一下？

生3：我觉得他在论述时目标不明确，前面写的是实践好，后来又说阅读怎么好，但说这两者好是为了什么呢？

生2：没错，我们做比较的目的是做选择，哪一种途径对提高语文素养更有好处，他说阅读的好处，我知道阅读可以带我们飞，但是并没有把落脚点放在阅读对提高语文素养有什么好处上面，所以这里比较的目的不明确。

生2：（展示习作片段四）我们再来看看下一段。其实这个问题和第6组的问题是类似的。就是它这里对概念的理解不清晰，他提出的是课堂有效教学。有效已经点出了作用，但他却说课堂教学会让学生迷惑，内心变得空洞。按你这样说的话，要老师教干什么呢？（同学们笑）这是概念不清。我们来看课堂有效教学的真正含义是什么。（展示：课堂有效教学指教师利用课堂资源，在规定的时间内，促使学生持续地获得高水平学习的教学。）所以我想告诉这位同学，课堂有效教学不是课堂教学。我们组的情况就是这样，谢谢大家！

师：谢谢第7组，费了九牛二虎之力也才发现三个问题，说明大家做得不错，下面我们只剩下一个机会了，最后一个机会哪个小组抓住它？

（本组的总结在反映问题的同时，也带动了同学们深入思考。）

生4（第7组）：（展示PPT标题：没有比较就没有伤害）

没有比较就没有伤害，我们组同学写得也有优劣之分，我们看一下。

（展示PPT）我们有不足也有亮点。不足就是：没有关联地对比，半毛钱关系都没有；不在一个点上的对比，不在同一频道上；对比后没有及时作结，有了"因为"没有"所以"，不完整。亮点就是：先反后正；围绕主体，贴合实际；两两对比，一决高下。下面我们看一下具体情况。

（展示习作片段一：分论点是课堂有效教学是学习语文的基础。课外大量阅读可以博采众长，开阔视野。社会生活实践可以激发兴趣，开拓思维。）这是作者的三个分论点，有没有问题？哪位同学想说一下。

生5：这三个分论点是平行的，没有建立起联系。

生4：是的，他在对比中没有明确观点，比较的目的是什么呢？三个点没有关联起来，我们再看看下一个同学的作文。

（展示习作概要二：课本是多种基础之学，乃语文学习征程的冰山一角。课外阅读给学生的心灵触动，是课堂教育无法比拟的。缺少大量的课外阅读奠基的社会实践岂非"五十步笑百步"。没有知识储备实践起来寸步难行，通读经典，处世之道借鉴多。对语文素养的提升的呼唤。）

这里有三个问题。

生6：他的比较是在不同方面的比较，没有可比性。

生4：说得对，它第一个问题是：不在同一个方面比较。第一个是基础，第二个是心灵触动，所以不在同一个方面。第二个问题是后面是同一个地方比较，前面是泛泛地做比较。第三个问题是：比较完了之后没有得出结论，有"因为"，但是没有"所以"。我们看看下一个同学的作文。

（展示习作概要三：相比于课堂上的教学，课外阅读更能培养学生的审美能力和提高语文素养。相比于社会实践，课外阅读对人的影响更加深刻巨大。市井之人，阅读经典仿佛在与大师面对面地交谈，深入灵魂地交谈。阅读能潜移默化地改造人的内心，能春风化雨般地提升个人素质。而我们的内心丰盈程度决定了我们的民族，我们的世界！）

这篇作文有问题也有亮点，有没有同学发现？

生7：这个同学在对比完了之后，还是没有做出结论，又是有"因为"，没有"所以"。最大的亮点是两两对比。

（展示习作概要四：囿于课堂学习的语文知识面，中学生对语文的体会不够深刻。乏于一定阅读量作为知识储备，实践起来困难多多。课外阅读既能动恻心扉，又能丰富知识，是社会实践有效进行的前提。）

生4：这篇作文值得我们借鉴的地方是什么呢？就是先反后正的写法，而且论述的都是同一个方面的。

（展示习作概要五：课堂有效教学虽精准投放，但于中学生而言，专注于应试。社会实践虽切身体会，但于中学生而言可操作性不强。课外大量阅读让人有深刻的体会和思考。课外大量阅读让读者出口成章，下笔有神。）这里有一个亮点，有点特别，作者能紧紧抓住中学生这个主体，围绕中学生的实际展开对比。这就是我们组的情况。谢谢！

（本组的点评比较全面，既有不足，也有优点。）

师：谢谢第4组，第4组找到三个问题，也找到三个亮点，用的是"地心引力"。（师生笑）因为时间关系，我们的小组分享到这里，其他小组明天继续。我呢，不费吹灰之力就把同学们的五个问题找出来了，为什么呢？因为这五个问题不是你们今天这一次作文才犯的，也不是只有你们才犯的，它是一个共性问题。

（展示PPT：小结一：本次作文说理中存在的主要问题）

在比较中，主要存在这五个问题。

第一，概念不清。这一次，很多同学对语文学习和语文素养到底什么关系，很纠结。其实，语文学习它是一个过程，目的是提高语文素养。还有一个概念就是我们刚才第七组提到的课堂有效教学，咱们班没有一个人选择这个点，我想一方面可能因为我们课堂教学很失败，第二方面就是因为大家不懂这个概念，所以有一些同学干脆就无意地、有意地、故意地就把"有效"这两个字去掉了，因为他可能觉得，如果单谈课堂教学可以有很多诟病的地方，所以很多同学就把课堂有效教学等同于填鸭式、等同于应试教育。

第二，目的不明。我们比较是为了什么？顺便说一下，刚才有很多同学用的词"对比"，对比很多时候是正反，而比较它不一定是正反，所以我们比较确切地说，应该是一种"比较"。那么比较的目的是什么，这一点我们要弄清楚，不能为了比较而比较。

第三，没有共同点。比如说"某某同学的皮肤好黑啊，某某同学的字很工整"，这就没有可比性。不在同一点上面做比较，这也是一个问题。

第四，全面否定。为了支持自己的观点，把其他方说得一无是处，这是很不客观的。

第五，重点不突出。有相当一部分同学选择的是先反后正，这个没有问题，但是我们要记得，我们写"反"的目的是突出"正"，所以主体部分应该是"正"。好，这就是这一次作文主要存在的问题，下面，给大家提供几种比较方法。首先，我们读一下这一段优秀作文中的例子。

（老师小结，再次总结本次作文存在的问题。）

（展示PPT）生齐读：诚然，我们可以在课堂教学中，分析问题，领悟规律，跟随老师的步伐，去拜访那位撑着油纸伞、结着丁香、着粉色旗袍从江南雨巷袅娜走过的姑娘；或是通过对古文知识的构建，去感受离骚的荡气回肠，去品味兰亭的潇洒飘逸，去吟咏苏东坡的豪放和柳三变的婉约。我们亦可以在社会实践中，途径不同风景，体验人生百态，将最真实的感悟记录成最动人的篇章……然而，我以为，我们更需要的，是通过课外阅读来灵活选择符合我们品位与时代背景的作品，推敲文字背后的深意，进一步了解这个时代的声音。也正是从大量课外阅读中积累厚重的文化底蕴，才可以让我们拥有更独到的见解，更长远的目光，可以在社会实践中有更加细致周到的分析与感悟。阅读，是文字与心灵的交流，思想与思维的碰撞。语文素养之花，便是在阅读之美中悄悄绽放的。

师：相比于我们自己的作文，大家感受最多的，可能是它的语言之美。那今天我们要谈的是比较说理，它用的是什么样的方法，他是怎么进行比较的。

生8：我觉得他一开始，就把课堂教学与社会实践的好处分析到了，并且是对提高语文素养方面的作用，然后再写课外阅读，比较是全面客观的。

师：谢谢你，我们看这里的比较是很客观的，课堂教学和社会实践也有它的可取之处，但是，我们更需要的是什么。在比较的基础之上，提出着重推荐的途径。大体的思路，是先反后正，他先承认另外两者的优点，只是在某一方面是不足第三方的，这样很客观。

（展示PPT：1. 提高语文素养，培养语感至关重要。课本内容有限，课外阅读更加广博。

2. 学好语文，培养兴趣是一大绝招。生活实践有限制，课外阅读不受限。

3. 学习语文，应植根于个性追求。课堂学习面向全班，不是为了满足个性的要求，课外阅读则是各取所需。

——《课外阅读，带你融入语文的世界》

我们再看看第二个文段。这是某位同学作文的分论点，看看他在比较的时候是怎么做的。（展示片段）

生9：我觉得他从三个方面来比较，课堂教学，课外阅读，社会实践都涉及了。

生10：我觉得他选择了共同点来做比较，比如说这个课堂教学和课外阅读就选定了容量来进行比较，说课外阅读比课堂教学的内容更加广泛，对社会实践和课外阅读呢，他又选择了限制性来比较，最后他又将课堂学习与课外阅读在培养个性的作用方面进行比较，非常好。

师：本文首先提出提高语文素养有三个方面，一是语感、二是兴趣、三是个性。然后从这三个方面来进行比较，得出结论——课外阅读是最恰当的方式，最为有效的方式。他用的是分项比较，在某一点上进行比较，这样做比较的好处是条分缕析。

（展示PPT：常用比较说理方法。）

(1) 先反后正，以正为主。

(2) 分项比较，条分缕析。

(3) 两两比较，辩证分析。

好，今天我给大家指出了三条金光大道，希望大家在以后的写作过程中学以致用。哦，不用以后，现在机会已经来了。

（结合实例，提供实用的方法。）

（展示PPT）2017年，语文新考纲规定现代文阅读取消选考改为必考，对此大家意见不一，有人赞同有人反对，请你运用分项比较的方法写一段200字的文段，表达你的看法。

下面开始写作，给大家5分钟的时间，把你分项的比较点写出来。

（学生写作5分钟）

师：很多同学都写好了。来分享一下吧。

生11：对于这个问题，我写了四个比较点：第一，选考改为必考，可以减少出卷老师不必要的精力消耗；第二，可以多方面考查考生的语文水平；第三，让考生在备考时少一些投机取巧；第四，提高考生对语文素养的重视程度。

师：我不明白你的第一点，为什么可以减少出卷老师的精力消耗呢？

生11：出卷老师会考虑选择做实用和文学类的人数均衡，所以在选题上要花很多功夫。

生12：我找到的比较点，是从对考生的选拔来考虑的，首先题量加大，对考生的阅读理解能力有效进行区分，第二点，两个一起考会避免考生只为应考，学习过程中只关注一种文体。第三点，选考改为必考也对考生语文素养的考察加大了力度。

师：我也是这样考虑的，有没有不同意见的。

生13：我是反对这种做法的，首先我觉得学生有权利选择考哪一种，让自己的长处得以发挥。但是取消这种选择之后，对于学生来说，比较不利，如果突然改的话有些同学就会额外投入时间来学习这个，导致其他科目弱化。第二，对于出题老师来说，那个题目改了，分数也改了，要出难度合适、利于高考选拔人才的考卷比以前要更加困难。

师：好，你们都很不错，不仅为自己着想，还为命题老师着想。因为时间关系，我们今天就分享到这儿，我也写了一段。

（展示PPT：我赞同将选考改为必考，因为必考更能体现高考的选拔功能。首先，必考考察的能力更为全面，选考是在文学类与实用类中选择一种答题，这会让考生产生一种投机心理，在复习时往往只专攻一种，只为应试而学习。而必考则要求两者都要考，考生必须全面掌握两种文体的特点，复习时就不能存在侥幸心理。其次，必考更能甄别学生的实际能力。选考变必考，阅读量增加，一些阅读能力强、语文素养高的同学就能脱颖而出，而一些只依靠刷题来提高成绩的同学在增加的阅读量面前往往会原形毕露，败下阵来。）

我的想法和刚才的同学差不多。我是从高考选拔这个角度来进行比较的，必考比选考更能体现高考的选拔功能。好，今天我们就评讲到这里，下节课我们其他的小组继续展示。

今天的作业是运用所学的比较方法，进行作文修改升格。

下课！

（学以致用，及时反馈。）

（三）教学反思

自认为本节课完成度较高，基本完成了教学目标，现场听课老师也给予了较高评价，很多老师对我们的作文评改产生了浓厚的兴趣，课后进行了热烈的交流。我觉得这节课有几点值得总结。

1. 教学理念方面：一课一得观念突出，教学相长深入我心

一般的作文讲评课，往往会流于形式，罗列种种优点与不足，然后就完了。对老师而言，是完成了任务；对学生而言，问题依然存在，下次继续重复。一课一得，即使只是解决一个很小的问题，也是成功的。如果每次作文讲评都能解决一个小问题，那么累积起来就能解决很多问题。本节课我将教学重点锁定为比较说理，是因为这一问题是此次作文中存在的最大最普遍的问题，而且是比较难解决的问题。当然，仅仅依靠这一节课是不能完全解决这一问题的，但起码我们从这节课里，能明确这一问题，了解解决的办法，在以后的写作训练中再进一步强化。

一课一得，课容易上得单薄。如何丰富课堂内容，这也是我备课时思考的问题。最后，我选择了导学课堂模式，将读写听说有机结合起来，全面调动起学生的感观，在听说中思考，在思考中归纳，在归纳中训练，环环相扣，直达目标。在整个过程中，学生一直处于学习的状态，思维一直在活动，眼耳手心齐调动，处于适度的紧张状态中，达到了较好的学习效果。

2. 教学风格方面：学生主体地位得以彰显，课堂气氛快乐活泼

长期以来，作文批改就像语文老师的胸口大石，压得大家喘不过气来。学生也认为自己负责写、老师负责改这是天经地义。大家都把作文批改当作一项任务来看待，而忘记了写作及批改的初衷是什么。作文互评互改明确了写作训练的目标是为提高写作能力，把能力提高作为最终指向，整个写作批改过程都紧紧围绕这个目标而展开，把写作及批改的主动权交给学生，让学生在整个训练过程中去体验、去提高。这节作文讲评课充分突出了学生的主体地位，课堂气氛活跃，充满生命的律动，学生在分享中也体会到了合作的乐趣、质疑的快感、豁然开朗的喜悦。整个课堂有欢笑，有沉思，有疑惑，有顿悟，节奏活泼灵动。

3. 教学效果方面：导学课堂特色明显，教学过程有效生成

整节课课堂流程为写作反馈—讨论问题—总结方法—检测训练，老师隐于幕后，但却一直把控着课堂走向，关键处给予有力的支撑。在写作反馈这一环节时，老师引导学生从不同角度来进行小结，尽量不重复，多角度反映写作中存在的问题，但又紧紧围绕比较说理这一中心来进行，做到不枝不蔓，重点突出。在讨论环节，要求学生把问题从理论上进行归纳，尽量把琐碎的问题归于逻辑的范畴：概念不清，没有对比点，全面否定，重点不突出等。让学生从较高的角度来审视自己的问题，从而从根源上进行问题解决。在总结中，进一步明确比较说理的方法：先反后正、以正为主，分项比较、条分缕析，两两比较、辩证分析，以解决存在的问题，让学生在今后的写作中能举一反三。在最后的检测训练中，现场测试学生的上课效果，有问题及时解决。老师在整个过程中不是观望、不是欣赏，而是相机参与、及时调控；学生在课堂中时刻保持高度的注意力，积极思考，及时发现问题，呈现问题，解决问题。整节课张弛有度，有条不紊，高效生成。

当然，本节课也有不足之处，比如个别文段的选择不够典型，在方法的归纳上有点牵强。本次上课的班级是理科实验班，学生的自主能力比较强，但写作水平一般。虽然面对的是全市的语文教师，但我充分尊重学生的写作状态，无夸饰，不隐瞒，让学生如实反映写作情况，点评也充分尊重他们的认识，在原生态的教学中,更能发现学生的优点与不足,从而更好地提高自我。

课堂教学本就是遗憾的艺术,我以为,作为一节研讨课,本节仍不失为一个值得讨论的范例。

我的教学主张

(一) 兴趣是开味菜

如果说语文是一道饕餮大宴,那么兴趣就是餐前的开味菜。对没有胃口的人来说,再丰盛的美食也无动于衷。如何激发学生的兴趣,让他们爱上语文课,这是我常常思考的问题。创设有趣情景,利用情绪感染,点燃表现欲望,都是我常用的手段。

在我的作文训练课"思维导图让作文有章可循"中,就充分运用了激趣法,从而收到了很好的教学效果。

作文题目:(2012年天津卷)两条小鱼一起游泳,遇到一条老鱼从另一方向游来,老鱼向他们点点头,说:"早上好,孩子们,水怎么样?"两条小鱼一怔,接着往前游。游了一会儿,其中一条小鱼看了另一条小鱼一眼,忍不住说:"水到底是什么东西?"

看来,有些最常见而又不可或缺的东西,恰恰最容易被我们忽视;有些看似简单的事情,却能够引发我们深入思考……请根据以上材料,自选角度,自拟题目,自选文体(诗歌除外),写一篇不少于800字的文章。不得套作,不得抄袭。

本节课的教学目标是训练学生的发散思维,提高学生的写作兴趣和信心。上课伊始,我引导学生分析题目,找出材料中的关键词:鱼之水,次关键词:常见易忽视,简单却深刻,再进行次次关键词及其分支的联想。

在此基础上,我引入了西方思维导图的概念,并加入中国元素八卦图,引导同学们绘制了一张独特的思维导图。整节课中,同学们兴致盎然,从绘图前的期待,到绘图中的紧张,再到绘图后的惊喜,自始至终保持高度的注意力,全情投入。

(二) 一堂好课就是一首歌

一堂好课就像一首歌,旋律有高低起伏,节奏有轻重缓急,但它总是那么动人。如何控制一堂课的节奏,非常考验教师的把控能力。我在上课之前,常常会给这节课定个调子,是缠绵婉转的小夜曲,还是悲怆粗犷的狂想曲,是高亢刚劲的摇滚风,还是抒情动人的校园民谣。有了预定,就可以有意识地引导学生,着力于教学难点,突出教学重点。最重要的是,老师心中有数,才能让学生在不同的曲风中徜徉跳跃,享受每节课的精彩。

学习明代散文家归有光的名篇《项脊轩志》时，我把这节课定位为一首哀而不伤的小夜曲，于娓娓道来中体会文中的欢愉惨恻之思。我是这样进行教学设计的：首先以一首小学生的诗歌《一碗油盐饭》来创设氛围，把学生的情绪拉入伤感之中；然后齐读课文，让学生用一句话概括初读此文后的感受；再品读文中的细节与画面，体会蕴含其中的深情。如在"书房胜景图"中，表现作者对修葺项脊轩之后的喜爱之情；在"家道中落图"中，将一个封建大家庭分家后所产生的颓败、衰落、混乱不堪的情状表现得淋漓尽致；在"慈母旧影图"中，生动地写出了母亲对孩子的慈爱之情；在"祖母鞭策图"中，真切地写出了祖母对孙儿的勉励、期待之情；在"夫妻情深图"中，写出了夫妻之间琴瑟相和的融洽与爱恋。体会完文中的深情之后，再用细腻的描写表达自己的深情，分享完毕，老师总结一下描写的作用及本课的学习目标，结束本课。整节课节奏舒缓，旋律简单，但始终由情感在控制着课堂的走向，低回缭绕，久久不绝。

（三）学语文不仅仅是为考试

语文学习关乎情感、思想、价值观，关乎人生、社会、世界，学习语文不仅仅是为参加考试，还是提高综合素养、提升自身竞争力的有效途径，老师在教学时需打通学科壁垒，集文史哲为一体，心驭八极，灵活贯通。

在我的教学中，常常会有即席演讲、辩论、时事评论、读书分享会、画思维导图、编班级小报等活动。这些活动的开展，不仅仅是为学习成绩考虑，更是为学生的未来奠基，为终生发展打下良好基础。

以高一课外写作系列活动设计为例。

一是定序列：老师根据本学期写作任务制定序列，要求学生每周读一篇，写一篇，读与写相结合，以读促写。专题如下。

（1）认识自我（我的姓名考，他人眼中的我，我的未来不是梦）。

（2）窥探人生（我最敬仰的人，我最喜欢的一本书，让我深思的一句话）。

（3）了解社会（我身处的世界，让我震惊的一件事，我遥望的天堂）。

二是选好例文。每周分小组评选优秀例文，每组选一至两篇入选班级小报，张贴分享。

三是编印成册。学期末将每周选好的例文收集起来，再由学生投票进行精选。让学生自主设计封面、书名，自行编辑，印刷成册。

这项活动的开展，增加了学生的阅读量，提高了学生的写作能力。更重要的是，提高了学生阅读与写作的兴趣，激发了他们的集体荣誉感，提高了他们的自我认识能力与作为公民的社会责任感、时代使命感。也许，这样做对考试成绩并没有太大影响，但这一系列写作一定会在他们心中留下深刻的印象，带给他们深沉的思考，点燃他们人生的某一根蜡烛，照亮他们前行的路。

我的育人故事

润物细无声

"老师,谢谢您!没有您,就没有今天的我,我会永远记得您。"看着留言册上他那很有力度的一行字,我的心里感慨万千。其实我应该感谢他,是他,让我知道了什么是教育艺术的核心。

他叫阿耀,是我 2005 届的学生,认识他时,他的成绩是全年级最后一名。

我清清楚楚地记得与他第一次谈话的情景。

那是高三开学后不久的一个晚自修,我把他叫到办公室,他第一句话就是:"老师,我做错什么了,你找我?"语气很生硬。"没什么,就想和你聊聊天,"我和颜悦色,"坐吧。""不用。"他依然表现出抗拒。看到他双手磨破了皮,我关切地问:"怎么啦,你的手?""没什么,在家干活弄的。""你的家在农村吧,家里条件还好吗?""还好。"他的话很简洁。"来自农村的孩子都应该好好学习吧,你的成绩怎么……""没什么事我走了,老师。"我话还没说完,他就甩手走了,留下我杵在那里,丈二和尚摸不着头脑。怎么一提成绩他就如此态度,真是个性十足。

经过多方了解,我知道他是一个非常特别的学生:他成绩不好,但除此以外样样出色。他不想学习,是因为对高考有抵触情绪。在家长的协助下,经过多次谈话,我基本做通了他的思想工作,他表示会认真学习,力争考上本科。

我想,对他这种敏感而自尊的学生,批评是行不通的,只能表扬。成绩是他的软肋,有了前车之鉴,我尽量不提,也很少找他到办公室,只是在课间不经意地跟他闲聊几句。他没有食言,学习态度发生 180 度转变,让同学们大为惊讶。我为我的努力取得了良好的效果而高兴,于是更加密切关注他的言行,利用一切机会公开表扬他,比如说他热心帮助同学,把黑板擦得真干净,学习起来真投入,等等。奇怪的是,他总是表现出不高兴。

在他的努力下,高三上学期期中考试他进步了 300 多名。在班会课上,我对他大加赞许。可没想到,他表现出极度的不满:"老师,请您不要再说了!"当着全班同学的面,让我下不来台。我愣在那里,心生懊恼:表扬也有错吗?

下课后,我叫住了他:"你为什么不喜欢老师表扬你,我只是实话实说啊,并没有夸大其词。""老师,谢谢您对我的鼓励,但您的表扬让我觉得我很低能。"他的话很严肃,不由得不让我深思:我是不是真的做错了?

我一直以为,没有人不喜欢表扬。没想到这种肤浅的表扬方式会伤害一个人的自尊。他虽然成绩不好,但其他各方面都很优秀,因而对自己的定位比较高。他既渴望得到老师的重视,但又不喜欢受到特别关注。

我明白了:对他这种个性的学生,教育要不露痕迹,就像春雨,润物无声。

于是我学会了把自己的教育目的隐藏起来,我依然关注他,但从不公开表示对他的关注,只是偶尔同他聊几句,常常叫他帮我做一些班级管理上的小事,我们的关系越来越亲近了,他的成绩也直线上升,高考时如愿考上本科。

教育是影响而不是教导,什么是教育艺术的核心?那就是润物无声,有爱无痕。而教育无痕的背后是对个性的尊重,只有充分了解学生的个性,尊重学生的个性,才能取得良好的教育效果。

他人眼中的我

(一)学生眼中的我:你是一个勇于探索、富有创新意识的老师

这是2003届学生于汇洁对我的评价,是因为我充分点燃了学生的灵感与创造。

我的课堂上常有"随心所欲"的活动设计,学生也回报我以惊喜。那天,我上每周一次的思维训练课,带着一盆绿萝的我就走上了讲台,在黑板上写下三个词语:绿萝、窗口、奥运,要求同学们用这三个词连成一段中心突出的话。随后我进行了示范,再让同学们分组出题目,即席发言。其中,有一组出了这样三个词语:电脑、大象、眼睛,要将这组看上去毫无关联的词语组合在一起。经过一分钟的思考,何显新同学站起来说道:"有一次我在电脑上上网,看到一群大象,我惊奇地发现,它们全都没有牙齿。我想人类如果不注意环保,不保护动物,将来我们的孩子,眼睛里将再也看不到完整的、真实的大象了,他们只能在爷爷的故事中去想象大象的模样,那该是多么悲哀的事情啊!"如此快捷、流畅、富有创意的表达,实在让我惊喜,从此我们都爱上了连词成段的游戏。

(二)同事眼中的我:你是一个对工作充满激情的老师

这是我校语文科组长张海敏老师对我的评价,也是同事对我的普遍评价。这一评价很客观地概括了我的教学特色。我热爱语文教学工作,当走上讲台时,我仿佛就拥有了无穷的力量,看到学生充满期待的眼神,禁不住就激情飞扬,声音也自然提高八度。讲杜甫,我会被他"沉郁顿挫"的诗风所感染,读到动情处,沧然而涕下;讲李白,我会被他奇特的想象与夸张吸引,神游天外,不知所归;讲苏轼,惊诧于他那"大江东去,浪淘尽,千古风流人物"的豪迈,也欣喜于他"归去,也无风雨也无晴"的豁达,以至于手之舞之,足之蹈之;讲鲁迅,我敬佩先生"横眉冷对千夫指,俯首甘为孺子牛"的精神,也悲哀于"忍看朋辈成新鬼,怒向刀丛觅小诗"的时代,禁不住义愤填膺,抑郁难平。

(三)领导眼中的我:你是一个爱岗敬业、责任心强的老师

这是我校党委书记任忠红老师对我的评价,也是我为人的准则。从小我就立志做一名人民教师,高考所有的志愿都填了师范。如愿以偿后,我对这份职业充

满崇敬,对我而言,是不存在职业倦怠的,21年来,我一直以同样饱满的激情投入工作。在江门一中,除了教学工作外,我也承担了很多的写作任务,如校庆的宣传与各类发言稿,新年晚会的致辞与串词,校运会的开幕式串词,高考总结与宣传稿等。我以为,那都是我工作的一部分,因为我热爱江门一中,她以温暖的胸怀接纳了我,让我实现了我的教育梦,我唯有以饱满的热情、优异的工作成绩来回报她。

淳朴、浪漫的乡间"教书匠"

● 开平市第一中学　司徒俊杰（中学班主任）

● 个人简介

我叫司徒俊杰，生于淳朴的"碉楼之乡"，长于浪漫的潭江河畔。也许和司徒美堂等老华侨一样，对故乡的眷恋之情，早已在少年时融入了我的血液。于是在大学毕业时，我毅然选择回到我的家乡，回到我的高中母校——开平一中，当上一名普通的人民教师。在当时很多人看来，这是多么不可思议的一件事情啊！堂堂文科状元，中大高才生，居然甘心屈居乡间，当一名默默无闻的"教书匠"！

是的，我就是要当一名"教书匠"！因为在看似平凡的教书育人工作中，我找到了生活的乐趣和人生的方向——当一名班主任。大家都说，当老师是一门良心活。但对我来讲，努力当好一名班主任，不仅仅是为了对得起自己的良心，更是为了回应心底里那份感念师恩、回报师恩的情怀。在故乡近16年（含幼儿园）的求学生涯中，我遇到的每一位老师，都是我生命中的贵人。他们淳朴、浪漫，他们甘于平凡，甘于化作雨露，滋润我幼小的心灵。特别是我的历任班主任，如果没有他们的身体力行，没有他们的精神感召，懵懂少年就不会萌发当一名"教书匠"、当一名班主任的想法，并最终将其变成一份生命中的"执念"。

在这份"执念"的驱使下，我开始了自己的乡间"教书匠"生涯，一晃就是14年。虽然在过去这14年时间里，我既经历了雨打风霜，也收获了许多鲜花和掌声——"市优秀班主任""市名班主任""市高三毕业班先进个人"

"市优秀共产党员",等等。但我依然初心不忘,追赶前辈们的步伐,甘当一名淳朴、浪漫的乡间"教书匠"!

▶ 我的教学风格 ▶

在担任班主任期间,我一直思索和追问一个问题:班集体到底是什么?是一个充满温情的家庭,还是一家冷酷无情的企业?但十多年的班主任生涯告诉我,班集体既不是家庭,也不是企业,而应该是一次生命的聚会,是一次师生间、同学间充满包容、友爱和团结的难得聚会!

为了找到这个问题的正确答案,过去十多年我经历无数的试错!为了警示后来者,特将过去十多年有关我对班集体观的思考,以及带班风格的转变历程整理如下。

(一)经验主义,把班集体当家庭

在我刚开始担任班主任时,由于犯了经验主义的错误,总是天真地把班集体想象成一个充满温情的大家庭,而我自己就是这个大家庭的核心——家长。但须知道,高中生已经是准成年人,他们的"三观"已经基本成型,普遍都已具有较强的独立自主意识,不希望受到家长和老师的管束。因此,当我开始照搬小学、幼儿园班主任的带班经验,着力把班集体塑造成一个温情的大家庭,着力把自己塑造成一个慈祥的"父亲"时,失败的结局早已注定。

失败首先从我的进退失据开始。高中生虽然已经是准成年人,但部分学生的自我约束能力仍然比较差。因此,发生各类违反校纪校规的行为在所难免。面对学生的种种违纪,我这个慈祥的"父亲"该如何自处呢?果不其然,当时的我选择了按照"慈父"的标准的来处理问题:一方面,对学生进行"苦口婆心"的劝诫,但不施加惩罚;另一方面,还帮助学生掩饰错误,粉饰太平。刚开始,这种收买人心的"伎俩"确实收到了一定的效果,学生甚至开始和我称兄道弟。但好景不长,随着时间的推移,学生的种种违纪行为非但没有收敛,反而有变本加厉之势,班级成绩也因此一落千丈,沦为年级倒数第一名。面对困局,我当然不愿坐以待毙。于是我迅速进行角色转换,立马从一名"慈父"变身为一名"严父",开始对学生进行严厉管教。说是严厉的管教,实际上就是将"不高兴"三个字写在脸上,然后对违纪的学生进行严厉的批评。但非常不幸的是,我的"严父"形象并没有镇住学生,班级管理依然没有起色,学生甚至在背后给我起来了个外号——"纸老虎"。于是,我又尝试从"严父"切换为"慈父",试图挽回败局。但当我发现"慈父"模式依然收效甚微时,我又会切换为"严父"

模式……

就这样，我的班主任工作"初体验"就在这种"慈父"和"严父"的进退失据中落下了帷幕。现在回想起来，当时我这种把班集体当作大家庭的做法确实有待商榷。虽然不能排除有些驾驭能力和个人魅力较强的班主任，能够扮演好"慈父"或"严父"的角色，从而把班集体这个"大家庭"治理好。但作为写给年轻班主任的忠告，我是坚决反对用大家庭的温情来作为班集体治理的主要手段的。因为班集体和家庭有一个本质的差别——没有血缘关系。血缘关系是什么？血缘关系就是"打断骨头连着筋"，在血浓于水的亲情面前，任何弥天大祸都是可以原谅、可以弥补的。但在同学之间、师生之间，这种充满温情和亲情的血缘关系显然是不存在的。因此，班主任任何基于亲情的所谓"爱护"和"宽容"，在其他学生看来就是"偏袒、包庇和纵容"。孔子有云："不患寡而患不均。"在公平正义已成为普遍共识的现代社会，任何带有不公色彩的班级管理方式注定是要失败的。

（二）量化管理，把班集体当企业

在品尝过"初体验"的苦涩后，我开始痛定思痛，蛰伏 3 年。虽然在此期间，我并没有继续担任班主任工作，但是我通过用心观察，悉心体会一些成功班主任的班级管理方法，并结合攻读教育硕士学位期间所学习到的教育学、心理学、管理学、组织行为学等知识，逐步构建起了一套属于我的治班理念——"立体化"的励志教育。

在那个励志教育大行其道的年代，我的这套治班理念不仅得到了学校领导的充分肯定和赏识，而且在实际的班级管理中也是成绩骄人。在我所任教的学校，先进班集体等荣誉称号原本常年被各种重点班、实验班所包揽。但通过实施"立体化"的励志教育，却让我带的一个普通班异军突起，创下了连续 12 个月获得"先进班集体"的骄人纪录。

现在回想起来，当时这种所谓的"立体化"励志教育治班模式，虽然也在班级管理中融入了许多体现"以生为本"思想的措施，如构建完善的师生互动沟通机制，坚持从当下高中生实际的认知水平和心理特征出发，等等。但就本质而言，这种治班模式成功的关键是实施了"量化管理"制度。所谓的"量化管理"，其实就是一个杂糅了企业科学管理思想、企业组织行为学知识、KPI（Key Performance Indicator，关键绩效指标）和 OKR（Objectives and Key Results，目标与关键成果法）的产物。它通过对学生的个人操行、宿舍内务、考勤出操和学习成绩等进行立体化的全方位的无限细化的考核，驱使学生无限接近我所设定的各种考核目标，以最终实现组织的终极目标——评上"先进班集体"。

而从所谓的最终结果看，这套源于企业管理的"量化管理"制度无疑是"成功"的。因为它成功把我所带的班级变成了一家"成功企业"，把我的学生变成了执着于追求绩效的"企业员工",把我"变"成了一家"成功企业"的"CEO"。但非常遗憾的是,班集体终究不是企业。虽然客观地讲,班集体和企业有一个重要共通之处——都需要员工(或学生)拼命提高效率和产出。但两者也有着本质的区别。企业可以为了驱使员工提高效率和产出,对员工实行冷酷无情的优胜劣汰,对无法完成考核目标的员工进行毫不留情的惩罚,甚至开除。但班集体却不能照搬企业的做法对学生实行优胜劣汰,更不可能轻易开除无法完成所谓考核目标的学生。否则,学生在重压之下,非常容易诱发心理问题,甚至发展为心理疾病。因此,为了驱使学生能像企业员工一样拼命提高效率和产出,我只能更多依赖奖赏来"利诱"学生。这种做法,在刚开始实施时非常奏效。特别是物质奖励,效果特别明显。但随着时间推移,经济学上的边际效用递减原理便开始发挥作用。即便物质奖励"日益丰厚",对学生的激励作用也是呈现日渐弱化的趋势。这再次印证了华为创始人任正非的一句话:"钱给够了,企业90%的管理问题就解决了。"但我所谓的"日益丰厚"的物质奖励,无非就是将原来1~2元的奖品换成了3~5元的奖品,怎可能和华为等跨国大企业相提并论。

最终,在既不能开除学生、"钱也无法给够"的双重压力下,我的"量化管理"开始日渐式微。毕竟把班集体当企业来治理,也许从一开始就是一个美丽的"误会"。

(三)返璞归真,把班集体当聚会

伴随着"量化管理"的日渐式微,我再次陷入了迷茫。但我并没有停止求索真理的步伐。最终,在有幸聆听了美国著名教育家雷夫·艾斯奎斯有关道德发展阶段理论的精彩演讲后,我开始逐渐醒悟。按照美国心理学家科尔伯格的道德发展阶段理论,这种主要依靠奖惩机制驱动的"量化管理"制度实际上是一种非常低效率、低层次的班级治理模式。但在过去多年的班主任生涯中,我却一直将其奉为圭臬。现在回想起来,简直是可笑至极!

虽然我花费了近10年时间,才找到了专属我自己的班级治理"禁忌清单"(stop-doing list)——不能把班集体当家庭,也不能把班集体当企业。但正因为有了过去10年的主动试错和沉淀积累,我才得以更加清晰地重新审视自己,我才能以更加从容的姿态选择返璞归真——把班集体当聚会!

班集体就是一次生命的聚会,就是一次师生间、同学间充满包容、友爱和团结的难得聚会!原本在我们每个人的生命旅途中,都会遇到无数形形色色的陌生人。能够在茫茫人海中,相聚于班集体,相识于班集体,这本身就是一种莫大的缘分,是一种冥冥中的注定。因此,如果我们对这种缘分不加以珍惜,不加以细心呵护,任由其经历雨大风霜,那么它就会如同樱花一样,随风飘落。樱花的飘落是凄美而浪漫的,在邻国日本更有"风花传情"一说,但班集体的"友情之花"飘落后，剩下的只会是一地鸡毛！毕竟在我们这个"友谊之船说翻就翻"的年代，参与聚会者，不管是教师、学生，还是家长，大家的地位都是平等的，谁也不欠谁。因此，唯有相互尊重，细心呵护，方能细水长流，从中受益，让教师、学生在这次难得的生命聚会中，因包容而更加友爱，因友爱而更加团结，因团结而更加充满力量。

1. 因包容而更加友爱

正所谓人非圣贤孰能无过，在班集体生活中，学生犯下一些错误在所难免。如果是在企业，犯错招来的结果只有一个，那就是惩罚——轻则警告或扣工资，重则开除或告上法庭。没有任何一个成功的老板会对经常犯错，损害公司利益的员工心慈手软。但教育的根本任务是立德树人，而不是赚钱。用毛主席的话概括就是"惩前毖后，治病救人"。对学生犯下的错误，我们断不能像企业那样一罚了之。更何况，按照现代的生本教育理念，学生犯错本就是一次实现自我教育、自我提高的良好契机。因此，将班集体塑造成为一次充满包容的师生间、同学间的聚会，给予学生适度的犯错空间，不仅有助于犯错学生的自我教育和成长，而且有助于营造更加友爱的班级文化氛围。

2. 因友爱而更加团结

友爱的班级文化氛围，对于支撑一个班集体，显然是必不可少的。因为在班集体前进的道路上，遇到各种困难和波折在所难免。如何有效应对？这考验的不仅仅是班主任和学生的智慧，更是对班集体凝聚力的一次检验。因此，在困难和考验到来之前，如何将班集体拧成一股绳，将师生团结起来变得至关重要。通过激发师生间、同学间的友爱之情，营造友爱的班级文化氛围，将有助于将班集体拧成一股绳，团结一致，共同应对各种困难和考验。

3. 因团结而更加充满力量

团结就是力量。一个班集体越是团结，越是力量强大，越能有效地应对各种困难和考验，越能坚持到底，从而取得最后的胜利。因此，在班集体这次师生间、同学间的生命聚会中，伴随着包容、友爱、团结三项目标的层层推进和实现，最终带来的必将是一个更加充满力量的班集体。

若能如此，我们才不枉生命中这次难得的聚会！

▶▶ 我的成长历程 ▶

追随前辈步伐，当好乡间"教书匠"

我生于淳朴的"碉楼之乡"，长于浪漫的潭江河畔。为了回应心底里那份感念师恩、回报师恩的情怀，特别是回应我内心深处那份当一名班主任的"执念"。于是在大学毕业时，我毅然选择回到我的家乡，回到我的高中母校——开平一中，当了一名普通的人民教师，并立志追赶前辈们的步伐，当好乡间"教书匠",当好一名班主任。

时间一晃就是 14 年。虽然在过去这 14 年时间里,我既经历了各种雨打风霜,也尝到了各种鲜花掌声,人生似乎跌宕起伏。但 14 年光阴的沉淀,足以让一个懵懂少年洗尽铅华,返璞归真。于是,在回首过去这 14 年"教书匠"和班主任生涯时,我的心中不由自主地掠过一丝丝的苦涩和遗憾,但更多的是对生活的感恩和对未来的期盼。

(一)初出茅庐,遭遇挫折

14 年前的我,还是一名刚踏出大学校园的懵懂"学生"。虽然头顶名校光环,工作满怀激情,母校领导更是对我委以重任——让我在参加工作的第一年,就同时担任班主任和年级备课组长两项工作。要知道,这可是学校骨干教师才有的待遇啊!

正当我踌躇满志、准备大干一场的时候,一场"悲剧"不可避免地缓缓拉开了帷幕。在第 1 次月考中,我担任班主任的班级便遭遇了"滑铁卢"——不幸成了年级里的倒数第一。还好在随后的期中考试中,我的班级侥幸躲过一劫,上升到年级倒数第二。但好景不长,在期末考试中,我的班级最终劫数难逃,再次回到了年级倒数第一。面对如此结果,我终于确信一个事实,期中考试的进步,其实只是"回光返照",非"科班"出身的我,也许真的不适合当"教书匠",不适合当班主任。

面对重重压力,我陷入了迷茫,甚至一度想过选择放弃,就此结束我的"教书匠"和班主任生涯。但昔日的恩师,如今的领导,却一直鼓励我"是金子总会发光的",不要被眼前的困难吓倒。是的,正如 20 世纪八九十年代我们广东流行曲《爱的代价》中那段熟悉歌词,"走吧,走吧,人总要学着自己长大。走吧,走吧,人生难免经历苦痛挣扎"。

(二)韬光养晦,厚积薄发

正是有了恩师的鼓励和支持,我选择了像当年外出打拼的老华侨一样,不管遇到多少艰难困苦,都要坚守,静待花开。虽然仍处于"教书匠"和班主任生涯的低谷,但此时的我却能够让自己充分放低身段,看到自己的不足,并做出了一个足以改变我日后命运的重要决定——攻读华南师范大学教育硕士学位,将非"科班"出身这一短板彻底补上。

在攻读教育硕士的 3 年时间里,我有幸向刘良华、扈中平、胡中锋、邝丽湛、周炽成等教育专家当面讨教。这不仅促成了我在教育学、心理学、管理学、组织行为学等班主任专业知识和技能方面取得长足进步,而且也为我日后开展班主任工作方面的课题研究奠定了良好的基础。

虽然在此期间,我并没有继续担任班主任工作,但是通过用心观察,悉心体会一些成功班主任的班级管理方法，并结合攻读教育硕士学位期间所学习到的各种班主任专业知识和技能，我开始着手构建起一套属于我的治班理念——"立体化"的励志教育。

（三）重装上路，一鸣惊人

伴随着"立体化"励志教育的治班理念日渐完备，我自认为已经逐渐领悟到当好一名班主任的诀窍。于是在做好充分的理论和经验储备后，我主动要求再次担任班主任，并按照我的治班理念——"立体化"的励志教育，重新开启了我的班主任生涯。

现在回头看，所谓的"立体化"励志教育，其实并非什么高深的学问。实际上，就是将"以生为本"的教育理念和"量化管理"制度有机结合后，所衍生出来的一种符合当时我校实际情况的班级治理模式。其具体措施主要包括如下三点。

（1）构建完善的师生互动沟通机制，让师生间形成良好的互动互信关系，这是班级建设成功与否的关键和基础。例如，在平日与学生们的相处当中，我会非常注重与每一位学生进行良好的沟通，进而为后续进一步的励志教育奠定坚实基础。

（2）构建完善的班级文化建设机制，从物质文化、制度文化、精神文化等三大方面全方位打造具有我班独特风格的班级文化。例如，发动全班学生以"我的高考梦""我的一中梦"为题，制作个人的"励志"名片，并将其融入我班的教室文化建设当中，实现物质文化和精神文化的有机结合。

（3）坚持从当下高中生实际的认知水平和心理特征出发，与时俱进，不断"动态"调整和完善各项具体机制和措施。例如，根据高中生对"早恋"问题（含早恋的倾向、成因、影响、态度）比较好奇这一心理特征，通过制作针对性的调查问卷，组织学生开展有关"早恋"问题的自我"励志"教育，以帮助他们最终树立起"励志""进取"这一生活理念和人生态度。

立足上述三项措施，我带领的一个普通班级成功脱颖而出：①成为获得月度"先进班集体"称号次数最多的班级；②成为获得统考、模拟考年级第一次数最多的班级；③成为各项集体比赛获奖次数最多的班级；④成为高考本科上线人数最多、本科上线率最高的班级。

因为成绩突出，各种鲜花和掌声纷至沓来："市优秀班主任""市名班主任""市高三毕业班先进个人""市优秀共产党员"，等等。但伴随鲜花掌声而来的，还有一系列的"惊吓"：在当时我所带领的班级中，一般至少有3名学生存在较为严重的心理问题。

虽然没有直接证据表明，我所坚持的"立体化"励志教育，施行的"量化管理"制度诱发了这些学生的心理问题。但当我亲眼看见一位发病的女生拿脑袋去撞书桌、撞墙壁时，我脑子里立马响起一句话："别老把自己当回事。"这是华南师范大学扈中平教授经常对学生说的一句话。在后来的班主任工作中，我也常常用这句话来自勉。

"别老把自己当回事"，我的能力还非常有限，我要不断努力，不断提高，才能取得优秀的业绩。因为这句话，在后来若干年的班主任生涯中，我一直把自己想象为身处美国社会底层的华工，始终将自己摆在"追赶者"的位置，积极搞好师生关系，加强班级文化建设，落实生本教育思想。最终，我所带的班级脱颖而出，考试成绩名列年级前茅。而我本人也因此获得了各种荣誉称号。

在此期间，班上更是有一位女生，经过不懈的努力，考试成绩一路高歌猛进：高一年级前300名，高二年级前200名，高三广州"一模"时更是达到年级前30名。实现了从大专层次向重本层次的神奇跨越。如果故事就此结束，那结局实在太完美、太励志了——老师指导有方，学生凤凰涅槃。

但好景不长，广州"一模"后不久，我就发现她开始情绪波动很大，甚至出现了拿脑袋去撞书桌、撞墙壁等自残行为。于是我及时联系心理老师对其进行疏导，希望能保住这个好苗子。然而事与愿违，她的情况不仅没有好转，而且还越来越严重。最后经心理医生确诊，她患上了较为严重的抑郁症和焦虑症，需长期服药治疗，再也无法适应高强度的学习。

事后回想起这件事情，我依然心有余悸。如果我当时不是坚持要求她回家去治病，而是用所谓的"立体化"励志教育和"量化管理"制度去"挽留"她，那么后果简直不堪设想。

这时我才深刻体会到，扈中平教授那番话的真正含义——和学生的身心健康相比较，我们那点什么"先进班集体"称号、考试成绩、荣誉称号之类的所谓业绩真的不算一回事！

（四）初心不忘，继续前进

经历了这位撞墙女生给我的"惊吓"后，我常常扪心自问，过去这么多年的努力到底是为了什么？是为了荣誉，为了金钱，还是仅仅为了证明自己的能力？为此，我也曾经一度陷入迷茫。

但是，当我走出校门，漫步在赤坎古镇鳞次栉比的骑楼下时，当年在母校求学时的点点滴滴，当年恩师和领导们对我的殷切期待，开始在我眼前逐一浮现，这让我逐渐清醒了过来。是的，当年的我选择教师行业，选择回母校任教，绝不是因为一时的冲动，而是因为心底里那份感念师恩、回报师恩的情怀！因为"为我理想，坚持到底，为我人生，永不放弃"的一中红楼精神早已融入了少年的血液之中！

于是，昨日的少年立志成为一名"教书匠"，今天的我选择成为一名班主任！不管将来在班主任的道路上遇到什么艰难险阻，我都将一往无前，初心不忘，追赶前辈们的步伐，当好乡间"教书匠"，当好一名班主任！

我的教学实录

我的班会实录：国家宪法日——感知人民宪法

【教学指导思想】

1. 一个目标：让学生真切感知人民宪法的力量，培养学生对人民宪法的热爱之情，进而激励其自觉去学法、尊法、守法、用法、护法。

2. 两个方向：备学生＋备教师。

（1）备学生：有趣＋有用＋有感。

（2）备教师：让不同学科的班主任老师都有发挥的空间。例如，数理化老师可以在"降维攻击"上进行适当拓展；历史老师可以在回顾中国近现代的黑暗历史上进行适当拓展；政治老师可以在解读宪法条文上进行适度延伸；语文老师可以参照《小新与宪法的故事》布置学生写一个宪法小故事，等等。

3. 三项要求：有趣＋有用＋有感。

（1）有趣：例如，用小说《三体》中"黑暗森林法则""降维攻击"等有趣概念导出"人民宪法"这一政治概念。

（2）有用：例如，通过《小新与宪法的故事》引导学生掌握宪法中有关公民权利和义务的相关条文及现实应用。

（3）有感：例如，将"感知我们需要什么样的宪法"和"感知人民宪法的力量"作为贯穿整节班会课的主旨。

【学情分析】

1. 学生情况分析：本次授课是异地授课，师生间缺乏了解。因此，需要在教学设计上添加更多有趣的、具有互动性质的元素，以便调动师生双方的积极性和参与热情。

2. 学习内容分析：本次授课涉及大量宪法条文及其意义的探讨，对学生来说内容略显枯燥。因此，需要在备学生时，实现有趣、有用、有感三者的有机结合，以便实现教学目标。

【教学目标】

1. 知识目标：让学生真切感知人民宪法的力量。

2. 能力目标：引导学生架设宪法理论知识和社会实践应用之间的桥梁。

3. 情感态度价值观目标：培养学生对人民宪法的热爱之情，进而激励其自觉去学法、尊法、守法、用法、护法。

【教学重点】

让学生真切感知人民宪法的力量。

【教学难点】

培养学生对人民宪法的热爱之情。

【教学准备】

1. 制作课件,并准备好相关多媒体设备。

2. 利用课前10分钟,加强与学生互动,拉近关系,活跃气氛。

【教学过程】

第1环节　导入新课

1. 司徒老师隆重介绍学生主持人出场。

2. 学生主持人简要介绍这堂课的活动流程,然后正式开始推动课堂发展,并协助司徒老师提问学生。

第2环节　《三体》

1. 司徒老师通过介绍小说《三体》中的"黑暗森林法则",启发学生思考:中国近现代历史上有过黑暗森林吗?

2. 司徒老师通过讲述"中国历史上的黑暗森林"等相关历史、法律知识,引导学生思考如下问题,实现思维上的层层推进,以及情感上的逐渐升华,最终导出要探究的主题"人民宪法"。具体流程如下:

(1) 启发学生思考:我们历史上缺法律吗?

(2) 启发学生思考:有了完备法律,甚至有宪法的清朝为什么无法结束黑暗森林?

(3) 启发学生思考:我们需要什么样的宪法?

第3环节　《小新与宪法的故事》

司徒老师通过《小新和宪法的故事》,让学生感知人民宪法是如何守护人民的,感知人民宪法是如何让我们的生活变得更加精彩的。并启发学生思考每段故事背后所蕴含的宪法道理。具体流程如下:

(1) 让学生读故事《0岁:小新一出生就受到宪法保护》,进而启发学生思考故事背后的宪法道理。

(2) 让学生读故事《18岁:成年了,一切要靠自己啦》,进而启发学生思考故事背后的宪法道理。

(3) 让学生读故事《20岁:睡在我上铺的兄弟参军了》,进而启发学生思考故事背后的宪法道理。

(4) 让学生读故事《22岁:大学毕业,参加工作》,进而启发学生思考故事背后的宪法道理。

(5) 让学生读故事《23岁:第一次休年假,并遇上了她》,进而启发学生思考故事背后的宪法道理。

(6) 让学生读故事《26岁:小新开始了幸福的婚姻生活》,进而启发学生思考故事背后的宪法道理。

（7）让学生读故事《29 岁：小新成了痛并快乐的"房奴"》，进而启发学生思考故事背后的宪法道理。

（8）让学生读故事《30 岁：老爸老妈退休了》，进而启发学生思考故事背后的宪法道理。

（9）小结故事内容，进而让学生得到启示："《宪法》是我们实现中国梦最有力的法律保障。"

第 4 环节　宪法知识竞赛

司徒老师通过有关宪法的知识竞赛题，帮助学生进一步拓展对宪法的认识。具体题目如下：

（1）宪法　（ C ）。

A．是总法典　　B．是基本法　　C．是根本大法　　D．不是法

（2）世界上的第一部宪法是（ A ）。

A．英国的宪法　B．法国的宪法　C．美国的宪法　D．俄国的宪法

（3）我国现行宪法是由全国人民代表大会于（ D ）通过的。

A．1954　　　B．1975　　　C．1978　　　D．1982

（4）我国宪法规定的政党制度是（ D ）。

A．一党制　　　B．多党制　　　C．多党合作制

D．共产党领导的多党合作制

（5）中华人民共和国公民的住宅不受侵犯，禁止（ D ）公民的住宅。

A．拆除公民的住宅　　　　　B．搜查公民的住宅

C．侵入公民的住宅　　　　　D．非法搜查或者非法侵入

（6）全国法制宣传日是每年的（ C ），也就是现行宪法颁布实施纪念日。

A．12 月 1 日　B．12 月 20 日　C．12 月 4 日　D．12 月 8 日

（7）2018 年 12 月 4 日是我国第（ C ）个国家宪法日。

A．3　　　　　B．4　　　　　C．5　　　　　D．6

第 5 环节　课后作业

司徒老师布置课后作业，以便学生学以致用。具体题目如下：

围绕"人民宪法为人民"这一主题，撰写两点班会课发言提纲（总字数不超过 50 字）。

【教学反思】

上"成人之美"的班会课！这是我一直以来的追求。为了能在"国家宪法日"这节班会课中贯彻这一宗旨，我在备课、授课全过程中，都坚持贯彻如下教学指导思想："一个目标＋两个方向＋三项要求"。

首先是"一个目标"。基于"以生为本"的教学理念，本次班会课最重要的

司徒俊杰老师与学生一起上国家宪法日班会课

"一个目标"就是"成学生之美",即让学生能通过本次班会感知人民宪法,进而激励其努力学法、尊法、守法、用法、护法。

其次是"两个方向"。"两个方向"是指在备课时,既要备学生,又要备老师。也就是说,在备课时,一方面要"成学生之美",让课堂变得更加有趣、有用、有感。另一方面要"成教师之美",不仅要让不同学科的班主任老师能通过我的课堂示范有所收获;而且在制定教案和课件时,也通过贯彻"成人之美"的思想,为不同学科的班主任老师预留自由发挥的空间。例如,数理化老师可以在"降维攻击"上进行适当拓展,历史老师可以在回顾中国近现代的黑暗历史上进行适当拓展,政治老师可以在解读宪法条文上进行适度延伸,语文老师可以参照《小新与宪法的故事》布置学生写一个宪法小故事,等等。

最后是"三项要求"。基于"成学生之美"的宗旨,我在课堂上积极贯彻"三项要求"——有趣、有用、有感。第一项要求是"有趣"。例如,用小说《三体》中"黑暗森林法则""降维攻击"等有趣的概念导出"人民宪法"这一政治概念,以增进学生学习的兴趣。第二项要求是"有用"。例如,通过《小新与宪法的故事》引导学生掌握宪法中有关公民权利和义务的相关条文及现实应用,以彰显学习的实用性。第三项要求是"有感"。例如,将"感知我们需要什么样的宪法"和"感知人民宪法的力量"作为贯穿整节班会课的主旨,以促成学生情感的成长和发展。

▶▶ 我的教学主张 ▶

在具体的育人实践中,该如何让班集体真正成为一次师生间、同学间充满包容、友爱和团结的难得聚会呢?答案早在2000多年前就已经有了,那就是"万世师表"孔子的"克己复礼"。按照孔子的观点,所谓"克己复礼",就是要求我们自觉地约束自己,在既定的位置上以"礼"的标准正确地处理上下左右的关系,并赋予自己一定的道德责任。具体到班集体中,就是要求教师、学生和家长都以"礼"的标准来规范自己的言行举止,正确处理彼此间的关系,各尽其责。故身为班主任者,更要率先垂范,自正衣冠,在扮演好班主任这一本职角色的同时,绝不越俎代庖去抢家长的戏份,而是通过自身的言传身教,去引领其他参与聚会者——科任教师、学生、家长,共同遵守我们彼此的约定——"克己复礼"。

近年来,为了更好地在班级治理中贯彻"克己复礼"这一主张,我开始将工作重心放在了解决班主任、科任教师、学生和家长等各方之间的有效沟通问题上来。毕竟在有人的地方,就会存在沟通问题。通过有效的沟通,将有助于构建和谐互信的师生关系、同事关系和家校关系,增进各方对基于"聚会文化"的班集体观的理解和认同,从而促使各方更加自觉地将"克己复礼"的各项要求落到实处。反之,无效的沟通,不仅无助于构建和谐互信的师生关系、同事关系和家校关系,甚至还会恶化师生关系、同事关系和家校关系,最终使"克己复礼"的各项要求难以落到实处。因此,我在充分尊重人性的基础上,积极结合NLP(neuro-linguistic programming,神经语言程序学)基本理论和相关心理学知识,制定了三项用于实现有效沟通、助推"克己复礼"的具体措施。

(一)协调各方利益,着力打造命运共同体

多年来,有不少班主任想当然地认为,学校、学生和家长三方的利益本就是一体的。因此,班主任和科任教师狠抓纪律和学习,狠批学生和家长,就是为学生好,就是为家长好。如果学生和家长不理解不支持,就是他们不懂事,就是他们的错。但在当今这个思想多元、利益多元的时代,这种无视家校沟通重要性的想法不仅大错特错,而且非常危险!因为,在一些"不懂事"的学生和家长眼中,班主任和科任教师狠抓纪律和学习,狠批学生和家长,哪里是为了他们好,完全是为了自己能多拿奖金和评职称啊!伴随这些"危险"想法的滋长,原本正常的师生关系和家校关系将会遭到侵蚀和扭曲。班主任、科任教师、学生和家长都有可能因此产生抵触情绪,进而放弃各自的责任和担当,最终导致整个班级集体"礼崩乐坏"。

因此,为了避免在班级治理中陷入如此困局,就必须在"危险"到来前,主动与对方沟通,化解班主任、科任教师、学生和家长间的"误会"。作为班主任的我在坚持"相互尊重、平等互利、合作共赢"原则的基础上,通过加强"共情",积极改善与科任教师、学生、家长等各方的沟通,逐步协调和整合各方的利益,寻找本班集体的"最大公约数",最终达成共识——打造专属本班集体的命运共同体,让利益各方都成为班集体的成员,进而为"克己复礼"的落实奠定坚实基础。

（二）增进成员的亲和感，构建和谐互信的关系

从理性层面看，随着命运共同体的逐步构建，本班集体成员间共同利益将逐渐增多，理应主动开展更进一步的沟通，以促进共同目标的实现。但NLP基本理论指出，人类行为90%以上都是感性行为（潜意识层面），真正的理性行为（意识层面）连10%都不到。如果要让长期处于相互"提防"和"猜忌"的利益各方，迅速放下各自的成见，主动沟通合作，进而促成共同目标的实现，那么光靠理性的利益捆绑，显然难以奏效。

因此，要实现有效沟通，落实"克己复礼"，进而促成班集体共同目标的实现，还必须在感性行为（潜意识层面）上多作努力。在具体操作上，作为班主任的我常常通过组织开展集体聚餐、集体运动等充满感性的活动，积极增进成员间的亲和感，进而在成员间构建起和谐互信的关系。而随着成员间亲和感的日益增进，成员间的自觉有效沟通也得以日益增多——成员间的沟通变得日益默契，彼此间不仅能够更加自觉以"礼"的标准来规范自己的言行举止，而且能够更加欣然地听取和接受其他成员的建议，进而主动谋求推进共同目标的实现。

（三）主动关注成员需求，疏导异议，凝聚共识

在具体落实"克己复礼"，推进班集体共同目标实现的过程中，各成员必然会遇到各种实际问题和困难，继而提出各种具体诉求，甚至会因此对班集体所提出的具体要求提出异议。凡此种种问题和困难，若得不到及时的解决和处理，必将影响班集体内部的和谐氛围，滋长负面情绪（负能量），进而影响"克己复礼"的落实和班集体共同目标的实现。

因此，在日常教学和班级治理中，要将沟通问题的解决放在首要位置。为了实现各成员间的有效沟通，最终促成各成员更加自觉地将"克己复礼"的各项要求落到实处。作为班主任的我在日常教学和班级治理中，一直坚持主动询问和了解各成员所面临的问题和困难、主动回应各成员的需求和诉求、主动疏导和处理各成员的异议，并通过在各项班集体活动中给予各成员充分的信任、支持和配合，凝聚团队共识，助推班集体共同目标的实现。

我的育人故事

班级管理案例"夏日冲突"中的"克己复礼"

班级管理案例:"夏日冲突"	案例分析
201×年夏天的某个晚上,高二(×)班的学生正在教室里埋头苦干,紧张地做着当天要交的作业。而我则在教室外的走廊上悠闲地备着课。 突然,教室里传来了激烈的争吵声。于是我马上进教室,只见坐在教室最角落的方某某同学和坐他前面的吴某某同学两人,都瞪着眼睛,扭着脖子怒视着对方。虽然两人并没有动手打人,但是却在哪里喋喋不休地相互指责。而此时,方某某同学书桌上的书早已撒了一地。见此情形,我立马意识到,这两位同学之间的矛盾想必由来已久,要让他们马上走到一起,心平气和地解决问题和矛盾,显然是不切实际的。于是,我首先安抚好班上的其他同学,然后,马上找来平时办事比较得力的温某某同学,并让他先将吴某某同学带到教学楼的西侧走廊去冷静一下。与此同时,我则把方某某同学带到教学楼的东侧走廊去了解情况。 在教学楼的东侧走廊,我并没有指责方某某同学,而是首先给机会他解释一下事情的来龙去脉。方某某同学解释说,由于自己的座位空间狭小,所以他想把桌子往前挪一挪,但却遭到吴某某同学的极力反对,吴某某同学还因此专门在地上画了一条界线。结果正好今天他的桌子不小心越过界线一点点,吴某某同学就把他桌子上的书推撒了一地,进而引发了今天这场冲突。在聆听方某某同学叙述事情始末的过程中,我发现方某某同学脸上的暴戾之气,明显比在教室的时候消减了许多,情绪也逐渐趋于平和。于是我赶紧趁热打铁,提出了这样一个问题,你认为你自己在这件事情上,有没有什么地方是做得不对的吗?这是一个让人很难启齿的问题,所以我给了一段比较充裕的时	1. 两位同学出现严重冲突的心理学原因是什么? 答:从心理学的角度来看,之所以会发生这起冲突,主要是由青春期学生的心理特点所决定的。青春期学生仍然有着非常强烈的叛逆冲动,情绪波动大,特别是在闷热的夏天(因为教室没装空调,人数也比较多),这种极端的情绪更加容易被点燃。 2. 面对这种突如其来的学生冲突,教师是否可以用"克己复礼"来妥善应对? 答:所谓"克己复礼",就是要求我们自觉地约束自己,在既定的位置上以"礼"的标准正确地处理上下左右的关系,并赋予自己一定的道德责任。具体到应对学生冲突时,教师可以以"礼"的标准来规范自己的言行举止,率先垂范,自正衣冠。在扮演好班主任这一本职角色的同时,还要通过自身的言传身教,积极引领学生学会自正衣冠,规范自己的言行举止,进而恰当处理与同学之间的冲突。 3. 教师应如何具体落实"克己复礼",以妥善应对类似冲突? 答:结合本案例的实践情况和效果来看,本人认为,教师在应对类似冲突时,可通过如下一些措施落实"克己复礼": (1)增进亲和感,构建良好的师生关系。良好的师生关系是推动问题解决的前提。NLP基本理论指出,人类行为90%以上都是感性行为。因此,要让学生重归理性,实现有效沟通,进而自觉

续上表

班级管理案例："夏日冲突"	案例分析
间让他去考虑。 　　趁着方某某同学考虑如何回答问题的间隙，我赶紧来到教学楼的东侧走廊，找吴某某同学进一步了解情况。吴某某同学解释说，他之所以推倒方某某同学的书，主要是因为方某某同学辱骂了自己的母亲，因此一时气愤，就做出这样的事情。考虑到吴某某同学在单亲家庭（母亲独自抚养）长大，对这些辱骂母亲的话会特别敏感，因此对于他的这种过激行为我首先表示理解，但同时也提出了我对他的期望。那就是，作为一名男子汉，应该有容人之量，并能够主动向对方道歉。但是令人遗憾的是，这个要求遭到了性格倔强的吴某某同学的断然拒绝。于是我退而求其次，要求他做出一个承诺：学会逐渐控制自己的情绪，约束自己的行为。而吴某某同学也爽快地答应了我这个简单的要求。 　　然后，我继续找来方某某同学，并向他求证吴某某同学的解释是否确切。经我耐心劝导，方某某同学终于勇敢地承认了自己的错误，承认自己曾经骂过人。这时我赶紧抓住突破口，进一步指出了他平时在为人处事、待人接物方面的严重不足——"口无遮拦"，并且让他明白"口无遮拦"后果很严重，会让自己成为"孤家寡人"，既无法融入班集体的生活，也无法得到同学们的认可。听到这里，方某某同学显然已经意识到自己的错误之处，并且希望自己有所改变。但是当我表示希望他能够主动向对方道歉时，性格同样非常倔强的方某某同学也是断然拒绝。这显然是冰冻三尺，非一日之寒啊。于是我同样是退而求其次，要求他承诺在其他方面做出改变和尝试，以图改善他在同学们心中的形象。例如，要求他平时讲话应该学会克制，避免伤害到他人；还要乐于助人，积极融入班集体；最后还要积极处理好同学关系，特	落实"克己复礼"，化解冲突。就必须在冲突到来前，作出积极努力和准备。通过组织开展集体聚餐、集体运动等充满感性的活动，积极增进班集体成员间的亲和感，进而在成员间构建起和谐互信的关系。在本次冲突中，本人之所以能成功化解危机，也得益于前期努力所打下的良好基础——构建和谐互信的师生关系。 （2）学会倾听，找到师生共同努力的目标和方向。虽然，师生间本是天然的利益共同体。但如前所述，青春期学生特别容易为情绪所左右，进而作出非理性的选择。因此，要让学生重归理性，进而自觉落实"克己复礼"。教师就必须学会倾听学生。通过积极主动的倾听，关注学生的所思所想，找到师生间的"共情"点，进而在此基础上提出师生共同努力的目标和方向。例如，在本次冲突处理中，本人通过有效的倾听，不仅及时缓解了两位冲突学生的负面情绪，而且加强了师生间的"共情"，进而确立了师生共同努力的目标。 （3）学会包容欣赏，培养对学生的积极感觉。以本次冲突为例，它的爆发实际上是这两位学生矛盾长期积累的必然结果，故其化解也必须需要一个比较漫长的过程。而在这个过程中，教师对学生的态度是否能够做到一如既往的积极正面将是教育成败的关键。那么教师如何才能做到率先垂范，将"礼"的标准和要求一如既往的落到实处呢？答案就是学会包容和欣赏学生。一方面，要学会

续上表

班级管理案例："夏日冲突"	案例分析
别是与女同学（因为这个班大部分是女生）的关系一定要处理好，学会与人和睦相处。 但是，对这起学生冲突的处理并没有就此结束，因为这是一次教育学生的难得契机。因此，在冲突结束后的很长一段时间里，我抓住每一次机会，去鼓励两位同学去兑现他们对我的承诺。而到了学期末的时候，我还特意把方某某同学找来，向他了解这段时间发生在自己身上的转变。结果令人振奋，方某某同学不但积极帮助他人，逐渐学会与班上的同学打成一片。而且当我问道，如果现在你再次遇到当时那种情况时，还会选择破口大骂的方式来解决问题吗？结果他给出了否定的答案，并表示会寻求其他的途径化解矛盾和冲突。这说明，方某某同学经过这件事情之后，确实成长了许多。	包容学生身上存在的不足和缺点。例如在本次冲突中，两位学生性格都比较犟，如果不包容他们性格上的这一"特点"，强求他们做出改变，反而会适得其反。另一方面，要学会欣赏学生，大力发掘学生身上的优点，肯定学生取得的进步，积极建立相互欣赏的新型师生关系，进而让学生能够在感到舒服、安全的环境中茁壮成长。例如在本次冲突中，对方某某的肯定和欣赏，确实取得了不错的效果。 总体而言，要在应对类似冲突时落实"克己复礼"，最关键就是牢记一句话"以礼为本，顺其自然"。

他人眼中的我

（一）学生眼中的我

司徒俊杰老师是我们的班主任，他不仅是我们的良师益友，更是我们的心灵导师，热心于我们的学习生活，善于引导我们的心理健康成长。他让我们亲切的称呼他为"包总"，并通过和我们一起玩师生间的互动游戏，使我们感受到在家一般的温暖。

老师总是能未雨绸缪，在刚开学初的第一个晚上，老师和我谈话，他问我如果我第一次月考考砸了怎么办，并和我分析了可能导致月考失利的原因及应对措施。这使我能更从容地面对考试。

老师还很擅长于运用多种方法激励我们学习，例如每周日励志视频的播放，每天一则的励志小故事，班里每个人都制作的励志个人名片，我们班的励志班歌和励志口号，等等。他将励志教育落实的每一个细处，使我们每天都充满正能量。

（开平一中2017届学生　胡博轩）

我觉得我们班主任包包是一个很有智慧的人，大概是因为他有丰富的经验吧,所以觉得他做事特靠谱。但他并不是把什么都告诉我们,即使有时候我们是第一次做某些事情,完全摸不着北,他也不会直接告诉我们应该干些什么。他会让我们自己思考怎样把事情做好,把任务完成,而他就只是从旁给予我们一些指导。

例如,我刚开始担任值日组长时,他只告诉我值日范围,然后就把十几个我完全不认识的组员交给我,让我自己搞定,而且还要求做到精益求精。这对于当时的我是一个多么大的挑战。一开始我觉得很烦恼,不知道要从何做起,曾指望包包像以前的老师那样帮我把事情安排得滴水不漏,我就是检查卫生就可以了。但他什么也没做,我只好在无奈之下自己想办法处理好值日安排。后来,在不断的探索中,我慢慢学会了自主决策,学会了怎样因地制宜,看情况安排事情,感觉自我能力提高了不少。在此过程中,包包给予我最大的帮助,就是引导我怎样利用班里的工具,物尽其用。比如,窗台的缝隙可以用刷子扫、花坛可以用拖把擦等。我一次又一次被他的智慧打动。生活本该如此,处处充满着技巧和知识。

包包之所以叫包包,源于我们对他的爱戴。他说我们可以叫他包哥,或者水包,但我们统统不要,我们都不由自主地喜欢叫他包包,这是亲切的称呼。包包平时和我们相处,像朋友多于像老师,但又能管住调皮的我们。课后,我们可以随意跟他开玩笑,丝毫不拘束。总之就是很平等很自由。他也很呆萌,跟他聊天,不仅能锻炼口才,还能获得很大的乐趣。

近年毕业生寄送给司徒俊杰老师的明信片

总之,包包是我很喜欢的班主任,也是我很好的朋友,当他的学生,我觉得很幸运,真的。

(开平一中 2017 届学生　梁绮桦)

(二) 同行眼中的我

司徒俊杰老师是一名思想积极上进、工作认真负责的老师,特别是在班主任工作方面,非常有创新精神,让大家印象深刻,深受学生欢迎。

司徒老师非常重视师生间的沟通,重视与家长的沟通,善于凝聚师生共识,凝聚家校力量助力学生成长。此外,在构建班级文化方面,他也拥有自己的独特风格,他所带的班,班容班貌总是让人印象深刻,无论是班级照片墙,还是班级学生个人名片,都有鲜明的特色。

(开平一中副校长　王继波)

活泼灵动地寻"美",沉稳严谨地析"理"

● 江门市新会第一中学　谭琼念（高中化学）

● **个人简介**

我叫谭琼念，是广东省特级教师，高中化学高级教师，教育部"国培"对象，广东省骨干教师，江门市第四批名师培养对象，江门市领雁教师培养对象，新会区第四批名教师，新会区高中化学工作室主持人，现任新会一中副校长。曾获"全国高中化学改革优秀教师""全国零犯罪学校先进个人""江门市三八红旗手""新会区优秀教师特等奖""新会区首届最美职工"等荣誉称号。

我从事高中教学24年，在上级领导眼里，我就像一只"小老虎"，代表一中老师的能打敢拼的应有形象；在学校领导眼里，我是一个"免检产品"，心态阳光积极，工作爽快利落，办事让人放心；在同事同伴眼里，我是一个"拼命三娘"，不论晨昏，不论上课辅导还是组织学生活动，身上似乎总有使不完的劲，且业绩卓著；在学生眼中，我又是一位让他们既爱且怕、又畏又亲的老师，一会是"女神"，一会是"魔鬼"……其实，那都是我，但那似乎又都不是我，我只是希望，作为老师，我能不辱师名。

24年的化学教学工作，我"活泼灵动地寻'美'，激情严谨地析'理'"，任教班的成绩喜人，培养出考入清华大学、北京大学的学子有9人。

17年的班主任、年级组长、政教处德育干部等育人工作，我始终心底向阳，眼中有光，手持戒尺，导人向上向善向美，所带的学生品德好、纪律好、学风优。

生于斯，长于斯。绵延流淌的珠江水孕育了我吃苦耐劳、勇于开拓的精神，近1800年历史的冈州文化涵养了我乐观坚韧、激浊扬清的独立人格。聊借学生予我的一联寄意吧:"究天机,乐于有机无机做伴;培学子,巧与原子分子周旋。"我愿勇当明远行健、兼济天下的新时代"师者"!

▶ 我的教学风格 ▶

正是基于"引领学生发现化学之美"的教学主张,在20多年的教学实践中,我默默耕耘,也许,个人的成长经历、自己对化学学科的理解,自己对教学的态度,会慢慢让我沉淀,在他人眼中的,形成了一定的风格。

在学生与同行眼里,我是活泼灵动、自信睿智的。

在学校里,我是学校对外公开课的任课常客。学校里的老同事胡健堂老师说我是"生动形象,自信睿智"型老师;工作室的学员李浓娇、詹素妹老师说我的课是"极强的个人魅力,优雅而激情,亲切细腻,自信睿智";一起参加跟岗学习的江门市江海区名师工作室主持人成卫东老师说我的课"课堂生动、贴近生活,极具亲和,娓娓道来,透彻精妙";去杭州嘉庆桐乡高级中学跟岗上课,该校全科组老师听完课,除了肯定我的教学思想、教学方法外,还有一个对我共同的评价"讲解透彻,听着舒服,如沐春风"……

而20多年与学生一起学习求知、探索,一起去发现"美"的过程里,我为化学学习添了色彩,化学为我个人增了魅力。于是,学生对我的称呼与评价也在逐渐变美:从一开始的小谭老师,到后来的念姐,到2017届我任教12班(普通班)起,学生喜欢叫我女神。

我所任教的多届试验班学生,谈起我的化学课堂,都形容为"生动形象、有趣精妙"。2011届考入清华大学的张炫彬毕业后回赠形容我的两句话是:"究天机,乐于有机无机做伴;培学子,巧与原子分子周旋。"

学生、家长、同行的鼓励是我前进的动力,反思自己20多年发现寻找美的过程,如果我的教学风格确实为学生的化学学习添了色彩的话,那就是我在一贯地"活泼灵动地寻'美',沉稳严谨地析'理'"。

1. 活泼灵动地寻"美"

活泼灵动,是指活泼、生动且充满灵气。

化学之美,无处不在。化学之美,可以"拿"起来。从摸着学生身上的衣服讲石油,到拿起学生桌上的水杯来讲塑料,再到借班上女生飘逸的长发在酒精灯上灼烧来谈蛋白质,化学就在身边,美也在身边。

化学之美,可以"看"起来。学习铁及合金时,多张图片展示到学生眼前:从福建围屋在土中掺石灰,用糯米饭、鸡蛋清做黏稠剂到大兴国际机场的钢结构，再到武汉杨泗港长江大桥，那座世界上跨度最大的双层悬索桥双塔钢桁梁悬索桥，无不让学子看得目不暇接。

化学之美，可以"乐"起来。庆祝中华人民共和国成立70周年阅兵庆典中，炫目的彩烟、无重金属物质、低硫的焰火药剂，环保可降解气球等高科技环保焰火产品，当然还有国之重器——东风-41洲际导弹，无不让人津津乐道，心驰神往。

化学之美，可以"动"起来。如在学加聚反应时我让同学站起来进行情景模拟；学习乙烯的时候，我带领学生用乙烯做香蕉催熟的实践活动；学习氯气常用作自来水的杀菌清毒剂时，我引领学生到水厂做"自来水中余氯含量的测定"。学生动了手动了脑，就是动了美，因为大家动了心。

化学之美，可以"喻"起来。大自然中有很多深刻的寓意：学习漂白粉时，因为"漂白粉的生效与失效"的原理都是 $Ca(ClO)_2 + CO_2 + H_2O = CaCO_3 \downarrow + 2HClO$，于是我说，人们洗衣时，这个反应正好发生，这叫漂白粉生效，但若漂白粉贮存不好，提前发生了这个反应，此后再用该漂白粉时却已经失效。这就正如人们谈恋爱，人们如果长大到了适婚年龄，这时候的恋爱是受到大家的祝福与保护的，但如果同学们十五六岁的年龄，正值求学的黄金时机时谈恋爱，像平时在大街上，一些穿着校服的孩子在大街上行为亲密，大家都感觉不好，因为，这样的恋爱是会受到阻止与批评的。因此，漂白粉就告诉我们，花开应有时，什么年龄就应该做好什么年龄该做的事。

在学习二氧化硅的时候，我说，砂子、石英、水晶、玛瑙的主要成分都是二氧化硅，它们都是"同出娘胎"的一种物质，然而大家都知道它们的价值有着天壤之别，这是因为他们的结晶过程不一样所致的，同样的道理，尽管我们都是人，但每个人的成就都不相同。只有我们能像水晶那样经过长时间的缓慢结晶，经过长时间的磨砺，人才能放出异彩。在求学的路上，我们也要经得起考验，不要期望一蹴而就，要学会在辛勤耕耘中坚持，慢慢地锤炼，我们才能从一颗普通砂子变成闪亮的水晶。像这样信手拈来的例子，同学们不禁恍然大悟，心悦诚服地跟随着我的脚步徜徉在知识的海洋。

这些化学之美，在活泼的笑言里，喷薄而出，在灵动的思维下，洋洋洒洒。

2. 沉稳严谨地析"理"

沉稳是指深沉而稳重，严谨形容严肃谨慎，做事细致、周全、完善，追求完美。

析"理"，是指剖析事理，是指能了解洞悉化学这门科学的知识规律、方法原理、学科价值。

化学是自然科学，是一门理科，是在原子、分子水平上研究物质的组成、结构、性质、转化及其应用的一门基础学科。从学科知识学科能力来看，高中学习的化学物质的组成、结构、性质、转化及其应用的原理规律，当中的理据、理由，我们要引导学生弄个透彻明白；从学科方法来看，它既有具象的学科方法，如化学实验；也有抽象的学科方法，如学科思维。它要求学生能发现和提出有探究价值的问题；能从问题和假设出发，依据探究目的，设计探究方案；能运用化学实验、调查等方法进行实验探究并找寻规律。所以，这些都需要老师引领着学生踏实地去悟，严谨地去辨析。

如学习有机物乙酸的重要反应酯化反应时，我是这样一步步引导学生沉稳且严谨引导学生进行科学探究，周详而严密地进行"析理"。

学习内容：酯化反应

【提出问题】为什么酒是陈的香？制作糖醋鱼的过程中为什么还要加料酒？特殊的香味来自乙酸、乙醇，还是其他物质？

【实验探究】乙酸乙酯的反应。一位学生负责实验，一位学生负责解释操作。

【教师提问】

1. 加药品前，还应检查什么？为什么？
2. 冰醋酸、无水乙醇、浓硫酸该如何混合？为什么？
3. 导气管的末端为什么不能深入液面以下？
4. 为什么要用长导管？
5. 加热时应注意什么问题？为什么？
6. 如何改进防倒吸装置？为什么？

这个内容的学习里，每一个问题都是"为什么"，每一个提问都是直击本质的有效提问，都是严肃的探讨原理原因的过程。

实验结束后，继续引导学生归纳实验现象，分析正确操作的理由。

【教师提问】

1. 观察到了什么现象？
2. 浓硫酸的作用是什么？
3. 饱和碳酸钠的作用是什么？
4. 如何分离乙酸乙酯和盐溶液？

正是这样，整节课都是围绕着"是什么，为什么，怎么样"的严密的析理过程中，学生们完成了高效的科学探究活动，掌握了科学规律。像这样通过"情境引入—大胆猜想—实验探索—实验分析—原理解读"，一步一步带着学生把当中机理弄了个通透的同时，培养的学生也会勤于实践，善于合作，敢于质疑，勇于创新。

"析理"，既可以引导学生探索规律，也可以引导学生找证据。再比如，在学习选修4"水的电离与溶液的酸碱性"时，我设置以下情境要求学生究理。

学习内容：水的电离

【情境思考】安全用电常识要求：严禁用湿手触摸电器，不用湿布擦拭电器；发现有人触电要设法及时关闭电源或者用干燥的木棍等物体将触电者与带电的电器分开……"湿"与"干"的区别在于是否含有水，因为水会引起触电。这是为什么呢？

【任务布置】请进行实验设计，证明"水是一种极弱的电解质"，并绘出实验装置图，学习小组内进行讨论交流，说出你的理由。

【实验探究】根据讨论出的最佳方案，自己组装仪器，动手做出实验。

【原理分析】电流表偏转，而灯泡又不亮，说明了什么？为什么会是这样？

像这样对物质的性质及其变化提出可能的假设；基于证据进行分析推理，证实或证伪假设；通过探究活动后能解释证据与结论之间的关系，确定形成科学结论所需要的证据和寻找证据的途径；能认识化学现象与模型之间的联系，能运用多种认知模型来描述和解释物质的结构、性质和变化，预测物质及其变化的可能结果；能依据物质及其变化的信息建构模型，建立解决复杂化学问题的思维框架。如此一来，化学里的奥秘就都能打通了。而我的日常，就是通过这种种的"析理"，授之以渔，让他们掌握更多这样的方法。

像这样把美贯穿于化学的每一天中，把立德树人渗透于无形，这既是学科核心素养的培育过程，也是化学学科育人价值的集中体现。像这样通过一次次的析理，就是让学生养成独立思考、敢于质疑和勇于创新的精神的过程。在这样的日复一日中，化学就把一个普通女子变成了"女神"，而学生在"亲其师，信其道"中，慢慢形成了正确价值观念，培养了良好品格和关键能力。而我，就再一次实现了"引导学生向上向善向美"。

我的成长历程

"小老虎"炼成记

一晃已快到知命之年了，我回首一路上的跌跌碰碰，既有欢笑，又有辛酸。

（一）从追星少女到挑起重担

我是土生土长的广东新会人。与其他毗邻港澳的珠三角"70后"一样，我是听着香港电台、看着香港无线电视翡翠台长大的。小学时代的校外时光，我常与父母在家里，一边做着手工业，一边收听香港商业电台的节目。当时有一档上午10点到12点的节目叫《日日好时光》，里面有个女主持，我很喜欢她的声音，非常喜欢听她的节目。有一次她在节目中讲到，她人生的理想是当一位老师，但是阴差阳错，没当成老师而是成了一名电台播音人。她还说，虽然现在她也过得很愉快，但如果有机会，她仍然希望可以当一名老师。这个故事深深地烙在我的脑海里，也许就是从那一刻起，我的理想便是成为一名老师。记得填报高考志愿的时候，父亲希望我读行政管理，大哥希望我读医科，而无论他们怎么说，我还是毅然决然地在每一档志愿里都填了师范类大学。最后，在家人惊诧的目光中我接到了华南师范大学的录取通知书。

选择读化学，并不是我有多喜欢化学这门学科，而是因为当时我的班主任是化学老师，出于我对班主任的尊重与喜爱。然而一进大学，我这个从新会小乡镇走到大城市的女孩子就被吓蒙了。因为学校为了做好实验安全的教育，在开学的头一周接连两个晚上，都让化学系的新生到系楼观看实验安全教育影片。影片里具体的内容我已经不太记得，但我清楚地记得影片里大型的实验爆炸现场，火光与烟雾把我彻底地吓坏了，那一刻，我十分后悔自己的选择。

显然，那时我对化学的认识是因为无知，所以困惑。所幸，后悔的想法稍纵即逝，我对于选择的教师这一职业，的确从不动摇。就这样，电台里的偶像主播明星指引我当老师，高中化学班主任的光环指引我学化学，可见，当年的我，是一个不折不扣的追星少女。

毕业后我回到了家乡任教。1995年的正牌大学生还不需要自己去跑单位，我们有国家分配工作。然而我一直是一个对自己有要求的人，所以3、4月份便自己回到新会，在我同学的办公室里，用那本厚厚的全县的电话号码本查到了本地最好的中学——新会一中的电话，打了电话，说明了意图，学校要求我下午去见校长。那大概是当时为数不多的做法吧，所以正校长亲自接见了我，交流过之后，我知道我肯定被录用了。那年8月，学校突然通知初出茅庐的我，要到高三任课。一毕业就任教高三，这仅是我们这所名校有史以来的第二例：首例是当时无人可用，而我则是学校想调整充实高三的人力。

（二）从无知无畏到思考积淀

我就是在这样一种情况下踏上讲台的，台下的学生，不少已经在新会一中念了5年书，他们比我对新会一中更熟悉。所幸，我的第一课，我稚嫩的脸庞，还有我对教学的那份热烈，以及我真诚的笑容，让学生迅速就接受了我。当然，作为一所名校，学校的教育管理是有尺度有保障的，当时学校因为我是一个新手，所以所有理科科目都启用了分层教学，很多时候，在上化学课的时候，采用了A、B班走班上课，只有一位老师上A班，我与另一位老师上B班，在大考前后的备课或评讲试卷以及答疑的时候，又恢复成原来的行政班上课。一年下来的高考，不管是比B类班的成绩，还是比我执教的行政班，我任教班的平均分都处于同类班的上游，更难得可贵的是，当年化学科新会市的第一、第二名，分别以标准分829分、820分的好成绩，花落我任教的（6）班与（4）班。

这一次的大捷是对我一年汗水的最好肯定，它告诉我，我是一个能把化学教得很好的老师。大受鼓舞的我以为，接下来一年，我可以担任班主任，这样，我就可以带着我的学生更自由地发挥。然而，那个时候学校还没有扩招，一年级只有7个班的规模，学校并不缺班主任，在这所人才济济的名校里，经验老到的老教头比比皆是，那时候初高中加起来，女班主任寥寥可数，所以新的一届，我理所当然地轮到教高一级，没机会当班主任，但要上4个班的化学课。

当时骄傲的自己虽然觉得学校没有给我机会，但是4个班16节化学课，也是广阔的天地。有点自负、有点无知、有点任性，以及也要强的自己，自恃父母给予的好声线，天天恣意呐喊，只为了证明自己，从不爱惜。也正是那时，才一年，就是我工作的第二年，我的声带就坏了：一会儿撕裂一会儿水肿，中药、西药、打针，喝保健食品，然而，并不奏效，我开始注意我的饮食，不敢吃任何一点可能上火的东西，我开始注意睡眠，我开始去找音乐老师练习用气发声，然而一切都无济于事。当时办公室里有一位长得很高大的数学老师，快退休了，他的声音很不好听，也不容易发声，所以他只能上一个班的数学，我不知道他的学养如何，但是，一个明显难挑大梁的人注定是被学校、同事、学生边缘化的，看着他的现在，想着我可能的将来，听着医生说"想变好的唯一的办法就是不讲话或少讲话"时，一个曾经的校园歌手再也不能歌唱，一个打算讲一辈子课的老师再也发不出清亮的声音，我觉得人生似乎再也没有多少意思。

幸好身上还有一种不服气的精神，后来，当我被诊断为声带结节时，我毅然走到了广州中山一院，在那里，我终于做完了我声带结节手术。终于在短暂的两周休养后，我又可以高兴地站上讲台，彼时，我无比珍惜。

可以说，我刚站上讲台就受到的这次磨难，让我第一次开始思考：做事原来不能只靠勇气蛮劲，做老师如果只是蜡烛，可燃烧了自己又能照亮多少人呢？毕竟蜡烛才那么短。有没有一种方法，我们既照亮别人，也美丽了自己？

学校适时地给予了我寻找答案的机会。1998年，学校科研之风刚刚兴起，1998年3月到2001年3月，教育部基础教育司委托广东省教育厅主持的"普通高中综合课程与实验"课题研究，我校被确定为课题的实验学校，而年轻的我有幸成为参与实验的主要老师。我荣幸地跟随着省教育厅的领导老师、大学的教授学做课题，由于工作努力出色，课题研究中期，我就获省课题组颁发"成绩显著奖"。而在2001年3月该课题的结题论证大会上，由我现场执教综合理科研究课，供专家研究分析。我执教的研究课"吸烟危害健康"很成功，赢得了到会的全国各地50多名专家的高度赞誉，受到课题组长刘达中副厅长及我市教育局领导的多次公开表扬。从此，我参与了省"九五""十五"规划课题的研究，成为学校科研队伍的骨干力量，参与研究的课题成果曾获2001年广东省教育科研黄华奖三等奖，还获邀参加我省高一教材《研究性学习方法指导》《研究性学习指导丛书》（广东教育出版社出版）的编写，该教材后成为全省高一级统编教材。

就这样，从1995年毕业到2002年这7年，逐渐站稳讲台的我，在科研促教之路沉淀。通过撰写出较高质量的教学论文与发表了一些教学案例，我慢慢对教得好教得妙有了初步的认识与想法。

（三）从学生"怕"到学生"服"再到学生"爱"

2002年，我终于有机会当班主任了。之所以喜欢当班主任，是因为觉得当班主任才有更多的机会走近学生的心灵，才可以把自己对生命、对人性、对成长的理解，更好地影响一群又一群的人，同时也更能开阔自己人生的深度与广度。如果说，以前我只是因为喜欢一个偶像从而喜欢当老师的话，那现在我希望自己也能像一颗明星，照亮成长中的孩子，让他们都向上、向善、向美！

从2002年至今，我担任了2005届、2008届、2011届共九年班主任，"示范、爱护、严管、宽容"是我工作的法则，在九年三届的学生管理中我形成了"以德服众，严慈相济"的班主任管理风格。

1. 以德服众，班班作风优良

我所带的2005届（2）班，是生物、化学混合班，其中选考生物的学生生源堪忧，在高二分班时，全班有一半的同学学习成绩位于400名以后（全级501人），班内聚集了"四大天王"等德育后进生。经过努力，该班班风得到扭转，并被评为"三优班"。高考中，全班60人，总分平均分581.4分，比全省平均分高81.4分，21人上重点线，42人上本科线以上，本科入线率70%，完美"逆袭"，上线率在全年级领先；2008届（4）班、2011届（8）班更是每学期均获评"精神文明标兵班""三优班"。

2. 勤奋务实，届届有"状元"

我以"以校为家、严谨治学"的精神引领、陪伴着我的学生。所带的2005届（2）班，高考中单科800分以上共有2人，冯颖瑜同学以总分839分的成绩获得新会市第一名；2008届（4）班，林沃添化学科获江门市第一名；2011届（8）班张炫彬同学以理科总分669分名列省第69名、江门市第一名；邝绮颖同学以理科总分666分名列省第86名、江门市第二名，2人均考入清华大学。

3. 严慈相济，人人成人成才

班级管理中，我既注重学生品行修养的培养，又对他们的学业严加要求。2008届（4）班是化学试验班，高考全班总分平均分为591.02分，45人上重点线，是全年级重点上线人数最多的班，本A上线100%；2011届高三（8）班是理科试验班，那一届我担任年级级长，同时兼任理科试验班的班主任。高考中，班平均分达619.28分，全班重点线上线100%，630分以上尖子16人，2人考入清华大学，1人考入中国科技大学，2人考入浙江大学，2人考入南京大学，2人考入南开大学，1人考入厦门大学，22人考入中山大学，10人考入华南理工大学，全部同学考入国家"985工程院校"或"211工程院校"。

正当我的班主任做得感觉越来越顺手时，2010年开始，我开始担任年级组长，后又担任学校政教处副主任、主任。学生德育工作，由原来的几十人变成一个年级，再到全校。

一开始，我还是像当年带班一样管理年级，因为工作尽责，到位管理多，所以发现的问题也多，于是处处严管。有时候发现问题但班主任不在的情况下，会直接教育或训斥学生。在我的严管下，我直接带的2011届、2014届、2017届，优良级风学风都被公认的位于全校之最，这几届的高考成绩，无论是尖子还是重点线（优投线）都刷新了往届学生高考的纪录，但是，我的恶名也传开了。

学生们对我闻风丧胆。一位我任课的学生推心置腹地跟我分析："绝大多数情况下，你都是因为检查纪律或是去巡查经过他们的班级，而他们认识你的方式与机会，也只是在平常少数几次在你发现有哪个同学做错事情时的'严厉'批评。因为绝大多数学生都没有上过你的课，所以在他们对你'严厉'的一次次认知和那些被你批评过所谓受了委屈的人对你的反面评价，就会在学校之中流传开，加上人与人对一件反面事件的多次传述会对这件事情的内容产生更加消极的影响，你的负面形象就只会不断加剧他们对你的反感。""可是老师，你本来就不是一个严厉的人，何必用这种'严厉'来给你与学生的交流制造出心理屏障？"最后，我的学生这样问我。

学生的话让我陷入沉思。确实，真正在一线工作的人都知道，要管理一个年级或一所学校，它很多时候确实需要一个"大恶人"。但德育工作一定就是做"大恶人"吗？显然不是。我再反思自己9年的班主任工作，对"亲其师，信其道"的道理深有体会。严慈相济是能很好地把学生管好，可孩子一定是要靠管的吗？

显然，让学生怕你，不如让学生服你。"不是锤的打击，而是水的载歌载舞，使鹅卵石臻于完美。"泰戈尔的话似乎早就把教育的答案藏在这里了。于是，我开始探求，有没有哪种方法，如更完善的制度，让学生们都能服我？

带着这个思考，我又开始了探索：在积极践行学校"学会生存、学会做人、学会求知、学会实践"的德育理念、紧紧抓住立德树人根本任务等常规教育外，我充分挖掘本地德育资源，开创学校德育特色项目——"冈州'仁'"文化教育。新会古称冈州，"冈州'仁'"文化教育，是指课程线、活动线、环境线三线并举，引导本校学子学习"冈州仁者"（陈白沙、梁启超、陈垣等家乡伟人）及这些冈州仁者身上可贵的精神。我组织师生编写德育读本，用陈白沙、梁启超、陈垣等家乡伟人的诗词、思想、故事等以诗育德、故事育德；通过整合"仁之礼、仁之志、仁之学、仁之美"等系列活动，进行活动育德；通过营造学校环境文化，进行环境育德。总的来说，本项德育特色项目，就用本土文化的力量引领人、感召人、塑造人，打造青年学子的"强我精神"，努力培养"乐观坚韧,激浊扬清;中立不倚、至正至刚;明远行健、兼济天下;德才兼备、全面发展"的新时代梁启超、陈白沙。

"冈州'仁'"文化德育特色项目荣获广东省教育厅第二届中小学特色学校建设成果征集活动优秀成果二等奖。我想,这样的德育,会是一种春风化雨!希望在这样的文化浸润下,学校的德育会再上新台阶。

(四) 从年轻识浅到示范引领

20多年的长时间的锤打磨炼,我已由一位少不更事、年轻识浅的小学徒慢慢成长为广东省第十批特级教师,曾获得"全国高中化学改革优秀教师""全国普法教育先进个人"等国家、省、市、区级荣誉称号13项。

在24年高中循环教学中,我不断提升对高中化学的学科理解,探求更有效的教育方法,快乐热情地引导学生去发现化学之美。我的课受到了学生的喜欢,带出了2008届等3届的高考化学单科市、区第一名,2011届理综总分江门市第一名,培养出张炫彬、邝绮颖等大批学生考入全国顶级名校。我指导的学生参加"奥林匹克高中生化学竞赛"等学科竞赛,莫嘉辉等4人获全国一等奖,5人获全国二等奖,2人获全国三等奖,45人获省级一、二、三等奖。作为指导老师,我13次获全国、省、市级表彰。

一枝独秀不是春。带领本区域的年轻人一起奋斗,会让我们的教育理想走得更远更宽。于是,在校内我与余丽英、林润森、范小静等多位年轻老师结成教学师徒对子,热心指导他们备课,为他们答疑解难,随时让青年教师来听我的课,使年轻老师尽快站稳讲台。在校外,我担任新会区高中化学名师工作室主持人,当一众年轻人与我一起快乐研讨,让工作室成为培养青年骨干教师基地的摇篮,成为本地区学生的化学学科素养提高的宝地。在省内,我还是华南师范大学化学教育硕士的校外指导老师,我去参与研究生的毕业选题,聆听硕士生论文答辩,担任技能大赛的评委。我知道,我在年轻教师的专业素养,提高本地区高中化学的整体教学实力方面尽了心力。

在德育管理中,我身体力行,同样毫无保留地帮扶后辈,带领出一支支"以德服众,严慈相济"的班主任团队,打造出一支包括广东省名班主任高柏均,新会区名班主任陈志权、林士、蒋志伟、廖中富等业务技能精良的德育专干队伍,为学校的德育工作做出贡献。

"独行快,众行远",的确,同行间只有互帮互助,才能共行共生,才能走得更远更宽。

我的教学实录

高中化学必修2　第三章第二节"来自石油和煤的两种基本化工原料"
第1课时　乙烯

（一）教材分析

乙烯是一种重要的化工原料，在工农业生产、日常生活、能源、药物等方面都占有重要的地位。本节课是在已学烷烃（饱和烃）基础上过渡到不饱和烃的学习，是烃学习内容的延续，又是以后学习不饱和烃的基础，还是首次接触加成反应这个重要的反应类型，所以本节内容中有机化学学习中意义重大。本节教材中"科学探究"部分主要探究了石蜡油分解产物的一些性质，"实践探究""学与问"等内容，则可用于搭建乙烷和乙烯球棍模型，借助于氢原子数变化引出结构变化，以此推算性质差异，再通过实验探知性质变化，从而认识乙烯分子中碳原子成键特点，推知乙烯及烯烃的化学性质，了解乙烯的用途。在此学习过程中，可进一步深化"结构决定性质，性质决定用途"的认知模型，发展核心素养。

（二）学情分析

在烷烃的学习中，学生已掌握了简单烷烃的结构和主要化学性质，以及烷烃在物理性质方面的递变规律，在一定程度上初步学习了认识某一类烃的方法，对有机物中结构决定性质的观点已有了初步认识。学生已了解甲烷的结构并组拼过其模型，能从结构角度、断键成键过程认识了取代反应，已具备一定的空间结构分析能力。但因为甲烷和烷烃中碳碳单键键能大，性质较稳定，所涉及反应较少，用于理解的例子不多，学生此时对"结构决定性质"的理解仍不深刻。

（三）教学、评价目标

1. 教学目标

（1）通过石蜡油分解的科学探究，引导学生认识乙烯和烷烃的异同，提升学生的科学探究与创新意识。既发现实验探索之美，又学沉稳严谨地研究。

（2）通过动手拼接模型，引导学生认识乙烯的结构，会书写乙烯的结构式和电子式，探索宏观表象与微观结构的关系。

（3）通过观看模拟动画，引导学生理解加成反应中断键和成键情况。提升微观探析能力。

（4）通过书写乙烯与溴、氢气、氯化氢、水发生加成反应的化学方程式，发展学生化学符号表征能力。

（5）通过了解乙烯的来源和用途的实践活动，培养学生科学态度与社会责任。

(6) 通过建立宏观事实（实验及现象）—微观结构（如何断键与形成）—符号表征（结构式和化学方程式）三者的相互联系，发展学生"宏观辨识与微观探析""证据推理与模型认知""实验探究与创新意识""科学态度与社会责任"核心素养。

2. 评价目标

(1) 通过"石蜡油高温分解"，乙烯使酸性高锰酸钾溶液、溴的四氯化碳溶液、燃烧等科学探究，诊断与发展学生的实验探究水平。

(2) 通过动手拼接模型，书写乙烯的结构式和电子式，诊断并发展学生化学符号表征能力。

(3) 通过水果的催熟实践活动的开展及成果展示，诊断并发展科学探究与创新意识，科学态度与社会责任的能力。

（四）教学实录及反思

课前准备：

(1) 指导学生进行实践活动：三个绿色香蕉，分别放入三个袋子中，一个做空白对照，一个放入一试管乙烯，一个放入一小烧杯酸性高锰酸钾溶液，对比观察现象。

(2) 教师准备：探索合适的催化剂，使石蜡油分解演示实验在十分钟内完成。

课堂教学：

环节一：活动展示——乙烯的催熟作用

【学生展示】一位同学负责展示课前三组实验的图片，另一位同学负责陈述实践的过程。

【学生活动】在实践小组展示完研究的过程后，同学们响起了热烈的掌声，为小组欢呼。

【反思】

其实，这是一次相对失败的实践活动，因为同学们的探究并没有看到预期的现象。短短三分钟的实践过程展示，其实是同学享受过程同时又勇于承认失败的过程，这是这次活动意想不到的收获。

这是一次有趣的体验。在备课中，我对于教材里再熟悉不过的"乙烯可以用乙烯作为水果的催熟剂"产生了新的想法，我决定让部分同学进行课前体验。

然而，哪怕是一个我以为最简单不过的实践活动，可真要进行起来，却并非能一帆风顺。第一次实践活动：三只绿色香蕉，分别放入密封袋子中，一个做空白对照，一个放入一试管乙烯，一个放入一试管乙烯和一小烧杯酸性高锰酸钾溶液，对比观察现象。

然而，本以为是水到渠成的实验，但同学们没能做出效果来。这次失败，同学们总结，认为应该是在市场买的以为是还有点生的香蕉，实际上早已经使用过催熟剂，所以导致这次使用乙烯催熟，效果不明显。

于是他们进行了第二次实践活动。学生们专门托人到乡村里砍来一把已经基本长大，但完全没有经过任何催熟处理的全生的香蕉进行实验，按蕉农分析，这把香蕉如果任其放着自然成熟，大约要15天。就这样开始重复实验，可是，1天，2天，3天，三种条件下的香蕉形态色泽硬度没有任何变化。

可见再以为理所当然的事，不亲自去做，你永远不知道艰难，也永远不能在艰难挫折中进步。那节课，同学们只能用现象不明显的实验图片来讲解，并承认了实验设计的不完善。他们说，这次实践活动，从科学探究学会了要严谨认真，科学周详，到探索过程汗水与智慧的碰撞，虽是艰辛，但甚是美好。

果然，同学们响起了热烈的掌声，大家非但没有取笑这两组争得实践权的同学，而且课后，大批同学争着再加入他们的研究队伍，我想，同学们是感受到化学的探究之美了。

杜威在《明日之学校》中明确提出："从做中学要比从听中学更是一种较好的方法。"这次的乙烯催熟水果的实践活动，就是最好的例证。

【教师提问】起到催熟作用的物质是乙烯，国际上评价一个国家的石油工业发展水平的高低就是用"乙烯的年产量"来衡量，为什么呢？

环节二：科学探究——烯烃的制备和性质

【过渡】乙烯可从石油中得到，下面我们就模拟从石油中提炼乙烯的过程，对石油的分馏的产物石蜡油高温分解，探究它产生气体的性质。

【学生活动】阅读教材p.67的科学探究。

【教师活动】简单分析实验装置，并进行实验。

【学生活动】观察和描述实验现象，并填写至教材中。

【师生讨论】哪些现象证明生成物与烷烃性质相同，哪些不同？

【学生分析】相同点是具有可燃性，不同点是能使酸性高锰酸钾溶液和溴的四氯化碳溶液褪色。

【师生讨论】在该实验中，你认为生成的气体全都是烷烃吗？说明理由。

【学生分析】不全是烷烃，因为烷烃不能与酸性高锰酸钾溶液和溴的四氯化碳溶液反应。

【老师归纳】石蜡油的分解产物中含有烷烃和烯烃。乙烯是最简单的烯烃。

【老师讲述】向学生讲述自己准确这个演示实验历时一周多的故事，并回应了国际上评价一个国家的石油工业发展水平的高低就是用"乙烯的年产量"来衡量的理由。

【学生活动】再度响起了热烈的掌声。

【反思】

本课中，关于教材中"石蜡油高温分解"，在往年的教学里，由于这实验不容易做成功，且哪怕做成功，实验时间可能要30分钟，考虑到这种种不可控性，我们很难把这个实验在40分钟的课堂上完成。于是为了方便自己的教，大部分时间，老师都是随便用一个网络视频就把实验对付过去。但这分明是教材上的探究实验，为了让实验现象更直观更具体，我认为还是当堂呈现真实的实验场景是最好的，何况如果老师都不能沉稳严谨地做实验探究，如何培养学生科学精神呢？所以，我没有回避难题，凭着一定要"究个理"的精神，我泡在实验室几天，一定要去探个究竟。经过多次失败与尝试，我终于改良了实验室的催化剂，使实验得以突破，可以在5～8分钟完成，可放心在课堂展示。当我把我实验时屡败屡试，但终获成功的过程告诉我的学生，学生为我鼓起了掌，他们在这件事上，看到化学探索的"美"，也学到了化学探索的"理"。

环节三：微观探析——乙烯的结构特点

【过渡】为什么烯烃可使酸性高锰酸钾溶液和溴的四氯化碳溶液褪色呢？下面我们以最简单的烯烃乙烯为例，寻找原因。

【学生活动】组拼模型：学生根据乙烯的分子式和碳四价的要求，利用球棍零件，自己或同桌一起组拼乙烯的球棍模型。

【学生活动】模型展示：学生们把组装好的模型举起展示，同学间相互评价。

【反思】及时评价，也是一个寻"美"的过程。化学的结构美，也要及时捕捉。

【学生活动】列表对比乙烷与乙烯结构，找异同，加深理解。

项目	乙烷	乙烯
化学式		
结构式		
电子式		
结构简式		
碳碳键的类型		
分子的空间构型		

环节四：结构决定性质——加成反应

【过渡】请你根据结构特点分析乙烯可使酸性高锰酸钾溶液和溴水褪色的

原因。

【现象展示】溴的四氯化碳溶液通入乙烯前后的现象对比。

【多媒体展示】动画直观分析乙烯与溴发生反应的微观过程。

【学生活动】根据动画,用模型组拼乙烯与溴反应的断键、成键过程;写出乙烯与溴反应的方程式。

【教师活动】讲述,介绍这是有机反应中新的一种反应类型——加成反应。

【学生活动】根据乙烯与溴反应的微观过程,给加成反应下定义。

【教师讲解】再以乙烯与水的加成反应为例,用"断一加二"讲述加成反应的机理,对比"一上一下"的取代反应,从而进一步介绍加成反应的通式。

【学生活动】根据加成反应通式,乙烯与氢气、氯化氢在一定条件可发生加成反应,写出化学方程式。

【反思】

从乙烯可使酸性高锰酸钾溶液和溴水褪色前后的变化现象,到形象地归纳加成反应的"断一加二",在化学教学过程中,教师就应促进学生感受人文美、物质美、装置美和变化美,规律美,才让学生感受化学的独特魅力。

环节五:结构决定性质——氧化反应

【现象展示】酸性高锰酸钾溶液通入乙烯前后的现象对比。

【分析机理】乙烯使高锰酸钾褪色原因,发生氧化还原反应,碳碳双键易被氧化。

【拓展提升】碳碳双键的不稳定,导致乙烯易被一些强氧化剂氧化。比如乙烯可以被氧气氧化,请你写出燃烧的反应方程式。

【学生练习】书写乙烯与氧气在点燃条件下反应的化学方程式。

环节六:性质决定用途——乙烯的用途

【学生活动】回顾归纳乙烯的化学性质。

【学生活动】结合本课内容及课前实验活动内容,归纳乙烯的用途。

环节七:课堂小结

【反思】

这是我的一次常态公开课。课里有两处的处理,我觉得比较满意。

一是严谨治学、崇尚真理、科学探究不畏难的态度得到体现。

在这节课里,老师如此,学生也如此。学生实践活动没有做好,但我依然给他们展示的机会,他们放心陈述实验的成败经过,因为这种实实在在的研究经过,比任何说教都饱满与打动人。而事实上,学生小组在进行香蕉催熟的实践活动过程中,对学生的影响与帮助是极大的,因为科学探究是进行科学解释和发现、创造和应用的科学实践活动,学生要学会发现和提出有探究价值的问题,要能从问题和假设出发,确定探究目的,设计探究方案,进行实验探究,并在探究中学会合作，面对"异常"现象敢于提出自己的见解。学生从中深刻体会到"纸上得来终觉浅，绝知此事须躬行"的道理。这种究理、析理活动，既是我教育风格的一种体现，就是自然科学的育人价值。

二是让课堂学习、评价的过程充满美。

课堂上我们用球棍模型模拟、感受"乙烯加成"的反应机理，在动手拼接之间，学生的学科思想与方法不仅得到了很好的培养，而且也感受到了结构美、变化美、创造美。

课堂上的评价也充满美。课堂上我们布置了分析型任务、观看型任务、口述型任务、研究型任务，这些任务改变了机械训练的现状，倡导学生主动参与，培养学生获取新知识的能力，分析和解决问题的能力以及交流与合作的能力，引导学生自评、他评、互评，课堂学习的氛围宽松舒畅，充满了美。

▶▶▶ 我的教学主张 ▶

从2012年起，我有幸被遴选为广东省高中化学骨干教师培训培养对象，也参加过高中化学"国培计划"，后又被遴选参加江门市第四批名教师培养对象等。出于个人提升发展的需要及培训作业的要求，我一直在梳理个人多年来在教学实践中积累的经验和感悟，以便形成个人对教学的理性认识，经过不断的反思、自省，最终我形成了"导人向上、向善、向美"的教学思想，而在化学学科教学中，我主张"引领学子发现化学之美"。

教师当"导人向上、向善、向美"，这是我多年的教学思想。

"导人向上、向善、向美"，对老师而言，这是个人事业之美。1000多年前，唐代名家韩愈就提出"师者，传道授业解惑也"。"传道"放在首位，是要求老师言传身教，传授知识的同时培养学生的人格品质，要求教师在情感、态度、价值观上对学生进行激励、鼓舞。事实上教师年长于学生，在日常教学中与学生分享自己对成长、生命、人性的理解，创造更多的机会走进学生的心灵世界，更好地帮助他们成长，这也是开拓自己人生的深度与广度提供了更多可能。

"导人向上、向善、向美"，对学生而言，是成长的渴望。岁月流转，20多年里，一届学生毕业了，一届学生又来，变的是脸孔，但不变的是孩子成长中的种种思想困惑。歌德说："我们的生活就像施行，思想是导游者；没有导游者，一切都会停止。目标会丧失，力量也会化为乌有。"是啊，孩子的成长，从小到大，越成长，越会思考。越是思考，越需要有正确的思想引领，所谓"心如水之源，源清则流清，心正则事正"。可见孩子们的成长，需要思想的引领者，需要灵魂的工程师。

"导人向上、向善、向美"对国家对社会而言，是这发展建设所需。党的十八大以来，"培养什么人、怎样培养人、为谁培养人"这一根本问题再一次告诉了我们，作为人民教师，培养德智体美劳全面发展的社会主义建设者和接班人是我们责无旁贷的重任。给学生以正确的引导，是祖国和人民赋予我们的责任。

因此我认为，教师就是始终会站在学生的身旁，帮孩子记录、帮孩子承担、帮孩子识别、帮孩子鼓与呼的人，他一定要心底向阳，眼中有光，手持戒尺！这样才能"导人向上、向善、向美"。

化学教学当"引领学子发现化学之美"，这是我多年的学科教学主张。

既然教育是"导人向上、向善、向美"的过程，那化学教学其实就是"导人向上、向善、向美"的其中一种载体。因此，在化学学科教学中，与教育思想一脉相承，就是引领学生发现化学之美、发现科技之美。

化学是自然科学，是一门满足社会需要的中心科学，是在原子、分子水平上研究物质的组成、结构、性质、转化及其应用的一门基础学科，是材料科学、生命科学、环境科学、能源科学和信息科学等现代科学技术的基础学科。其特征是从微观层次认识物质，以符号形式描述物质，在不同层面创造物质。所以化学学科的特点决定了高中化学学科的教学方向——教学要引领学生学习化学物质的组成、结构、性质、转化及其应用的原理。所有这些，听起来是很理性甚至可能被认为枯燥艰深的话题，但如果我们以"发现美"的眼睛去探索化学，去发现它的组成、结构、性质、转化之美，就可以发现自然科学之美、科技之美、世界之美！

化学在于其精致细密的结构之美。

自然界奥妙无穷。如碳有各类同素异形体，从天然存在的六边形层状结构的石墨、自然界中最坚硬的每个原子与相邻的4个原子形成正四面体的金刚石，到人工合成的由60个碳原子构成形似足球，又名足球烯碳60（富勒烯）、六边形结构连接完美的碳纳米管、六角型呈蜂巢晶格的二维碳纳米材料石墨烯等，它们都具有高度对称的完美结构。而这样的例子比比皆是，值得我们去发现。

化学之美在于无限可能的变化之美。

金灿灿的黄金却有"真金不怕红炉火"之说，将银白色的铝丝插入蓝色的硫酸铜溶液会形成美丽的红色铜树，石蕊遇酸显红色遇碱显蓝色，氯化铁溶液遇硫氰化钾会变红，但遇苯酚却是变紫……这些多彩靓丽的颜色不仅给人们带来视觉上的冲击，更彰显着化学变化中鬼斧神工般的造化之美。

化学之美在于精妙绝伦的规律之美。

1867年，门捷列夫准备了许多类似扑克牌一样的卡片，将当时探知的63种化学元素的名称及其原子量、氧化物、物理性质、化学性质等分别写在卡片上，他用不同的方法去摆那些卡片，用以进行元素分类的试验。最后，他排列出世界上第一张元素周期表。根据门捷列夫的周期表，不仅仅在于他将无序的化学元素变得有序了，更为重要的是他改变了我们对自然界的认识，让我们在认识物质世界的思维方面有了一个质的飞跃——物质世界是有规律的，发现了物质世界规律也就可以认识并预知这个世界。而化学世界里，还有各种巧夺天工的规律亟待人类再去发现。

化学之美在于艰难曲折的探索之美。

化学的探索过程，从来都不是一帆风顺。诺贝尔发明炸药，整整花了11年时间，常常把自己炸得满身是血，遍体是伤；门捷列夫在排列元素周期表时苦苦思索，极度疲倦中进入了梦乡，睡梦中看到了一张表，元素们纷纷落在了合适的格子里；德国化学家凯库勒对苯的结构苦思冥想，在壁炉前打瞌睡，原子和分子们开始在幻觉中跳起舞来，一条碳原子链像蛇一样咬住了自己的尾巴，在他眼前旋转；还有历史上获得诺贝尔奖次数最多的家族——"居里家族"，一家四口三次获得诺贝尔奖：在1903年，居里夫人与其丈夫，在简陋的实验条件下，发现了新元素"钋"，共同获得诺贝尔物理学奖；1911年，她因分离金属"镭"和研究"镭"的性质做出卓越贡献而获得诺贝尔化学奖；1935年，居里夫人的女婿与大女儿因发现人工放射性元素磷30，实现了人工核反应的又一大突破，获得了诺贝尔化学奖。所有获奖的背后，所有苦思冥想、艰苦卓绝的背后，是科学家们对科学研究、探索之美的乐此不疲。

当然，化学之美还有符号之美、装置之美、创造之美……值得化学老师引领学生去探索，去发现，去热爱、去坚守、去创造、去奉献！

我的育人故事

网络暴力，情何以堪？

网络暴力是每个人都难以承受的事。不曾想，突然有一天，这样的事情竟发生到自己头上，而始作俑者，竟是自己的学生。这是一件不久前发生的事。

（一）起因：一位宿生在宿舍玩手机被检查老师暂收了手机

我校是一所管理严格的示范性高中，规定学生"不携带手提电话等移动通信工具和带游戏功能的电子产品回校"。2015年某个周五晚上熄灯后，高一级小梁因躲在被窝里玩手机，被巡视的级长发现，暂扣了手机，并在第二周进行调查，找出了班内其他违规在校内玩手机的同学，进行了批评教育。

班上的同学开始猜疑，为什么老师们能精准掌握偷带手机回校的学生名单呢？有人说，会不会是小梁的手机被老师拿去网吧刷机了？就这样，谣传骤起。

（二）第一波：网帖称"从未见过如此无耻之人"

这一事件之后第四天的下午，学校贴吧出现一篇题为"从未见过如此无耻之人"的帖子，歪曲事实，指名道姓攻击两位年级长与我："某某学校教师陈某某、谭某某、张某某等没收学生手机后肆意翻看……"这帖子如同捅了马蜂窝，当天就有大量学生跟帖,对老师的质问和责骂声铺天盖地。

不到两天,跟帖达900多条,并作为精品帖被吧主置顶。许多学生和校友截图发到QQ空间和微信朋友圈,一时之间,舆论沸反盈天,不明真相的学生、家长和社会人士责怪学校和老师,在网上发布很多不实言论,甚至对相关老师进行人身攻击,学校遭遇严重的舆情危机。

(三)第二波:朋友圈大量流传:"谭××将林老师骂哭了"

当我们还没有来得及把这一个帖子、900多条跟帖评论看完,第二个冲击波又再袭来:该班主任知道网上造谣一事后,对我及几位年级管理老师深感内疚,想起自己那么诚恳那么信任那么关爱的学生,在他当时了解事情的时候一个个竟脸不红心不跳地都对自己撒谎蒙骗的样子,不禁一个人走在阳台里伤心难过,而我知道事件后,赶紧去阳台劝慰老师。

就这样,第二天,学校多位老师在微信朋友圈上看到又一则谣言,大意为:"谭××教育学生太过严厉,林老师为学生求情,结果林老师也被谭××骂哭了。"

(四)年级应对:彻查事件,肃清歪风

事情发展到这一步,同事奇怪探问,学生、家长讨论纷纷,消息铺天盖地,我开始组织力量彻查此事。

原来,该班发生手机被收一事后,同学们不明真相,胡乱猜测,其中一位小陈同学造谣:"梁××的手机被老师没收后拿去网吧刷机,偷看学生隐私。"此事传到并没有在校住宿的同班同学小M那里,他觉得这是一个可搞臭学校打击老师的机会。他与其初中的H同学商量(H原就读我校初中部,学业品格表现很不理想,现已移居澳大利亚),由这位在国外的同学在我们这里全校上课的时间段内发布帖子,这样,即使事情败露,学校也无法对身在国外的造谣者进行处理。就这样,H在网上发帖恶意攻击学校、老师后,小M同学第一时间跟帖,称"我从未见过如此厚颜无耻之教师,如此的丧失人格,败坏社会风气",并到班里,初、高中的群里叫大家把该帖"顶起",企图扩大影响,让同学对学校、老师群起而攻之。

而微信上的谣言:"谭××骂哭林老师的事件"则是有人在H攻击学校的帖中跟帖猜测、造谣,接着被往届一位同学看到后,因为认识两位当事人,觉得好玩,继而转成微信朋友圈,再一次引发大规模的转发与传播。

了解事情真相后,我做了以下处理:①还原事情真相。一方面,我们要求H重新在贴吧里澄清事实,做出道歉;另一方面,以班为单位,由班主任向各班同学说清事情的始末经过。②惩戒违纪同学。我们依照学校纪律处分细则,对此次事件中所有参与造谣生事、中伤老师及违反学校纪律的同学,无一漏网,无一例外,全给予了不同程度的处分。③进行媒介素养教育。我要求各班深入讨论本次件事,以此为鉴,认真思考全媒体时代我们应该具备怎么样媒介素养。

由于事情真相大白,教育及时到位,年级的歪气迅速得以肃清。

(反思:青少年德育教育的好坏,不仅关系到个体的未来成长,更是影响到民族素质的高低,乃至国家文明的优劣和传承。网络暴力本身就是不应该的,何况这次学生把矛头直指日夜陪伴自己的老师。但事件可以看出,除了小M外,其他同学大多是不明就里,偏听偏信,导致产生了误会。这时候,老师生气是没有用的,如何还原真相,对广大同学进行引导教育,对违纪者进行惩戒,同时提升学生媒介素养与公德是必需的。师者导人向上向善向美的过程,也要手持戒尺。)

(五)风波再起,小M犯错升级,刺伤门卫

这次造谣中伤事件中,错误最严重的小M同学,被学校给予记大过一次的处分。小M受处分后不到一个月的一个晚上,他在自修课在教室座位上公然玩手机,被老师发现后,突然疯了般冲出教室,继而企图冲出学校,见门卫上前阻拦,小M用一把未开刃的玩具刀(钥匙扣佩饰)将门卫的左手虎口割破,门卫的手血流如注,而他趁机冲出了校门。

如此目无纪律,恶意伤人,一个学期内2次伤害学校教职员工,特别是在记大过处分后还不到一个月,就再次故意伤人至流血,这在我们这所纪律严明校风优良的学校里,尚属首例。从"网络伤人"后又再以"刀"伤人,想到这个每次看到他总是一脸刻薄,甚至目带凶光,又冲动暴躁的学生,我是真的有点恨。恨不得就把他扭送派出所报案,甚至按校纪直接开除学籍。

当然,我没有那样做,我对这个孩子的帮助分两步走。

1. 治"病"查因,关注表里

(1)不是每一位孩子都纯洁无瑕,一次批评种下一棵坏种子。

小M是一个从小就被宠坏了的孩子。初中起就十分叛逆,经常对老师家长耍小聪明小手段,问题不断,劣迹斑斑。他这次之所以把矛头对准我,是因为在高一开学不久一次升旗仪式中,他因为不认真且态度不好,被老师带到办公室,受过我的批评。从此就种下一颗仇恨我及要"搞臭学校"的种子。

(2)"英雄"落败,众人离弃,心生不甘。

在网络造谣事件后,年级风气向好,但受到处分的小M为什么仅一个月就犯错升级,在自修课公开玩手机并强行冲出校门伤害门卫呢?

事情细细分析下来,应该有三方面的原因。其一小M本人,他一直学业成绩不理想,而此次他借着班级同学对老师有怀疑之际,利用自己强大语言策动能力,在各群里上蹿下跳,俨然给大家一个"班级英雄"形象。他自恃聪明多计,反侦能力强,所以当年级对网络造谣事件进行调查取证时,他认为国外人发的帖算账算不到他身上，公然向学校挑衅，措辞嚣张，态度非常恶劣。但最终年级还是查明了真相，劣行暴露后，班级同学对他不再信任，他自然就产生有一种挫败感。其二是小M的班主任，这位全身心拥抱学生的老师对小M的阴暗做派难免感到伤心，小M在年级查证事情时表现出来的冷酷及那狠毒的眼神也让他难以接受，所以事后对于小M，只能冷淡而疏远，畏而远之。其三来自小M的父亲。小M的父亲因为担心儿子惹的这场祸对老师带来太大伤害，唯恐一旦承认错误，便要承受严厉的处分与背负很重的情感之债，所以他当时在字里行间都是主张儿子不承认错误的，父亲的这种态度让几经心理博弈已不得已认错的小M产生懊悔，认为本来就不应该承认错误……几个原因之下，小M难免开始自暴自弃。

2. 对症下药，情理并重，春风化雨

查明原因后，教育的思路就更清晰了。我同样做了三件事：①与家长严肃对话，彻底纠正家长的错误认知；②依规给予小M同学留校察看的处分；③对小M进行长达两年的专人跟进教育。

对话后，小M的父母终于重新认识到老师对学生的襟怀对学生的爱，小M才真正意识到什么是纲纪，什么是帮扶。小M开始痛定思痛，恰逢上高二文理分科重新编班，我把改造小M的责任压到了并没经历过他高一这故事的另一位班主任身上，要求新班主任对他诫勉后还跟他恳谈：如若真心改过，绝不公开翻其旧账。班主任不负所托，通过不答过往，公平对待，给台阶找亮点等方法认真帮教，小M开始蜕变，面容眼神不再阴郁闪烁，路上遇到我时，开始主动打招呼。慢慢地班集体也开始接纳他。再后来，因为他热心为班集体做事，真诚改变，学校一年半后撤销了对他的纪律处分。

两年后，2017年高考，小M以比高一分班时进步134名（文科考试共395人）超过本科线70分的好成绩考上一所好大学。他满脸阳光地专门来我面前向我的教育感恩致谢。

（反思：小M最终能成功转化，这件事并不是我后来采取了多么高明的教育手段，而是在造谣污蔑教师又刺伤门卫后，彼时的小M仿佛正站在悬崖边上。如果我恨意不消直接开除其学籍，相当于在他身后一推，显然，他可能将粉身碎骨，但我最终选择放下怨恨，伸手拉他一把，于是，他就有重回正常轨道的机会。）

事实上，在小M的这场恶搞事件中，我深受其害，且不管那些不知道不懂我的人会对我产生的种种误解、那些被我批评责罚过的学生如何幸灾乐祸，单单是真正关心我的往届学生、家长以及我的同学朋友纷纷打来的电话、安慰的短信、发来的电子邮件，不管是上班还是下班休息，不管是白天还是深夜，哪怕他们怎么力挺我，让我如何感动与振奋，但毕竟太占用我的精力了，我不胜其扰。可见网络暴力发生在哪个人的身上，都会不堪重负。于是就明白了为什么现在许

多老师对学生问题视而不见,不敢管学生了,原来都害怕被学生打击报复。

但苏霍姆林斯基《给教师的100条建议》里有一条,就是"反思失误",希望老师懂得宽恕并教会学生宽恕。的确,"好的教育不是让人学会何时杀戮,而是懂得何时宽恕"。教师在用《中华人民共和国教师法》保护自己的同时,始终也应记得,教师是导人向上向善向美的事业,于是我们自己要心底向阳,眼里有爱。)

班主任的事儿，"粤"做越有味儿

● 江门幼儿师范学校　谭燕群（职中班主任）

● **个人简介**

本人是"80后"，广东五邑人，生于美丽的西江河畔，长于人杰地灵的岭南侨乡江门鹤山，从小能歌善舞，性格开朗活泼，读书时期曾得到不少上台表演的机会，练就了自信大方的气质和不错的语言表达能力。本科就读于华南师范大学中文系汉语言文学教育专业，2004年毕业后回到母校——一所重点高中任教语文，后转到江门幼儿师范学校任教，至今投身于讲坛16个年头，成为"孩子王"班主任的角色也有14个春秋了。曾获得"鹤山市先进青年教师"的称号，也因热爱三尺讲台，获得学科教学的奖项，如参加2016年广东省"创新杯"说课比赛中职组二等奖；在德育工作上也获得不少成绩，常获得校"优秀班主任"称号，如参加2011年江门市"班主任技能大赛"，参加2016年"四有教师"德育故事演讲比赛，均获得二等奖。虽资历尚浅，获得的成绩也很微薄，但我非常热爱这个平凡而意义不凡的工作岗位，喜欢跟孩子们在一起。在这三尺讲台上，我挥洒着青春的热血，一步步地从青涩走向成熟，用智慧和汗水，浇灌家乡的教育热土，形成了自己的教育教学风格，概括起来就是：春风化雨润，和善而坚定。

▶ **我的教学风格** ▶

我的教育风格，与我的性格一样，待人温和，不卑不亢，与人为善，像涓涓细流，而不是波涛汹涌。但教育一定不是任由学生自由发展的，因此光是温和对待学生，就会违背教育的意义，导致教育本质的崩塌；同时，教育也不是一时温和，一时严厉，师生间一会儿和风细雨，一会儿暴风疾雨，学生就会不知所措，同样也不利于学生的成长。我倡导"正面管教"的核心理念——"和善而坚定"。

（一）关于"和善"

"和善"是温和的教育态度，爱学生，关怀学生，真诚真心陪伴学生的成长，所以我跟学生关系都非常好，很少严厉斥责她们或采取什么严厉的惩罚，我乐意跟学生保持朋友般平等的关系，做她们烦恼的倾听者、学习困惑的启智者。我注意与学生沟通的技巧，对学生犯错不挖苦，不讽刺。让学生信赖我，让学生相信自己是有用的，是被理解的，即使是犯了错误，也仍然是被接纳的。而严厉型管教的问题在于，不良行为虽然一遭到惩罚就会立即停止，但不久就会再次出现，而且是一而再，再而三地出现，或者以隐匿的方式再现。当然，一些犯错误的学生第一次感受到我的"和善"时，也许会加剧不良行为，因此我也同时做到"坚定"。

（二）关于"坚定"

"坚定"意味着规矩、道德线，是行为规范。我们立德树人，"德"就是规范，尤其是师范生，更要实践"学正为师，身正为范"。爱学生，但不是溺爱学生；尊重学生，而不是纵容学生。当我们尊重学生、爱护学生并且态度坚定时，学生很快就会明白，他们的不良行为不会得到自己想要的结果，因此就会做出改变。每个学期开始，我管理的班级都会召开一次"开启完美学年"的班会课，会议的主题是"学期目标与做法"，让学生们自己讨论班级共同目标，并商议具体做法和管理机制，制定新学期的"一日惯例表"和各项事务的规章制度，把规矩立于学期前头，并花时间训练，坚持执行。

（三）利用"自然后果"巧引导

最好的教育，是无声的教育，是春风化雨般潜移默化的教育。对待学生们犯错，我的方法是让学生承担自然后果，而非承担逻辑后果。在冲突来临的时候，我总是先倾听一下学生的解释，了解过错背后的行为动机，然后通过启发式提问，让学生自己认识到自己的问题，并自己提出解决问题的方法，选择成长的道路。

例如，班上的小桃经常忘记宿舍的卫生值日，导致其宿舍经常扣分，舍员们对她意见很大。下课后我便故意经过小桃座位跟她聊天，说："小桃，最近宿舍同学跟我说你感冒了，你要多注意身体啊！"小桃惊奇地说："没有啊！""没有就好，她们都很关心你。"她的眼里有了笑意，我继续说："宿舍里是比较容易传播病菌的，我非常担心这个问题，你觉得你们可以在宿舍卫生方面注意什么问题？"她似乎听出了我的意思，不好意思地低下头笑了："要保持清洁。我知道您的意思，老师，不过我经常忘记值日。""那你需要我的帮助吗？""不用，不过我想请舍长提醒我。""如果舍长也忘记了呢？毕竟这不是轮到她值日。还有别的办法吗？"小桃想了想，说："那我设个闹钟提醒自己吧。""好！我相信你一定可以解决这个问题！"小桃愉快地接受了"教育"。

中职学生处于是非观、世界观形成的时期，难免会犯错误，但犯错误的同时也是学习的机会，我把学生的犯错看作一次教育的契机，允许学生犯错，理解学生，给予正向的指导和帮助，学生自然就不会因为惧怕犯错受罚而隐瞒、欺骗，师生间也不会失去情感的连接而成为敌对关系。

（四）善用"鼓励"促进步

中职学生还需要我们多鼓励，哪怕只有一点点优点与一小步进步，我都会表达出对他们的欣赏和重视。"××，你今天的作业书写非常好。""××，最近我常看见你帮助受伤的同桌打饭，你很有爱心！""××，谢谢你帮我拿回上课的U盘，不然我下节课就没得用了！"学生们听到我的这些鼓励，除了跟我关系越来越好，也会在受鼓励的方向上做得更好。"只有学生感觉好了，才会表现得更好。"在这样"宽松"的教育方式下，我的学生非但不会"胡作非为"，反而更有自主性、责任感，师生的关系更加融洽，因为学生们感受到我对她们的尊重和信任。

▶▶ 我的成长历程 ▶

站在新时代的风口，不禁回望自己投身于教育事业16载走过的路：讲台上的这一个我，是怎样一路走来的呢？

（一）郁郁南山，孕育教育梦（1981—2000）

我生长在地处南部珠江三角洲腹地、傍依西江、与南海顺德隔江相望的江门鹤山。独特的地理位置，赋予了家乡浓厚的文化气息。江门市鹤山从清雍正十年（1732）建制以来，经历过社会历史的变迁，又融合北方文化与外来文化，使其既具有鲜明独特的岭南本土文化，又具备兼容并包、海纳百川的侨乡特色。虽然江门不算是珠三角经济最发达的地区，但是家乡的往哲先贤、有识之士除了大力发展家乡经济，也心系家乡的教育事业，早在1930年就在鹤山沙坪城区南山上建立鹤山县立第一中学，即现在的鹤山市第一中学。在这里，一代又一代的教育先驱们秉承"劳心劳力，达己达人"的校训，营造了一方教育圣土，成为鹤山莘莘学子向往并为之自豪的学习圣地。

而我童年的家就在这郁郁南山上。在那些懵懂的岁月中，校园里的读书声、荡然回响的钟声、朴素勤勉的教员、埋头苦读的学子、树荫下沉吟的诗人、操场上挥洒的汗珠……都深深刻在我幼小的脑海里，化为一股融入其中的强烈愿望。小升初后，我如愿以偿地成了真正的"南山人"，我永远记得入学时仰望老师们那和蔼可敬的面容、校长那亲切而严肃的入学寄语，也忘不了经过班主任宿舍平房门前得到他亲手赠予的两枚"禾雀花"。当时耳边那些鼓励的话语或已模糊，可一颗教育的种子早已在我心中萌芽……

母校建校已有90周年，她以纪律严明、校风纯正、成绩显著见称。经过时间的积淀，无数杰出校友载入校史。而在我心里，最让我感到骄傲与安心的，是陪伴我们成长的那些德才兼备、鞠躬尽瘁的老师们，他们为了家乡的教育事业，兢兢业业，从无私心，尤其公平对待每一位学生。作为一个县级学校，前来求学的大多是农户子女，当然也不乏达贵子弟。但这里是真正能做到教育公平的，没有尖子班，没有落后班，一视同仁，有教无类；这里倡导的是艰苦朴素，比学习不比出身，比拼搏不比靠山。对于一个像我这样毫无背景的学生，甚至对于我们背后的家庭而言，教育的公平带给了我们希望，带来了万千学子改变命运的宝贵机会。试问谁得到这机会不会好好珍惜呢？因此我们拼搏、进取、朝夕必争，因为我们知道，一分耕耘必有一分收获！100%的大学升学率和90%以上的重点率，是我们交给母校的最好答卷。教育公平，一视同仁，有教无类，深深浸润我的教育观。

（二）重回南山，摸索教育路（2004—2008）

高考前夕填报志愿，我郑重填上了师范学校为我的第一志愿。此后便踏进了另一个新世界，去经历自由广袤的大学生活，寻求"传道受业解惑"的梦想。四年后，尽管我不是最优秀的一个，然而，南山母校再一次以她博大公平的胸怀，接纳我成为教员中的一员。

1. 初入教坛，摸索前行

初入教坛的我，不免青涩稚嫩，瘦削的小身板，却要做比自己小不了几岁的大孩子们的班主任。还记得刚刚担任班主任的我，第一节班会课前我在备课本子上把要说的每一句话都写了下来，站在讲台上像背书一样，讲着自己对人生理想的有限认识。面对着家长们不太信任的眼神和学生们不时出现的一些质疑的声音，处理着大大小小不断涌现的琐事，我感觉每天都充满着挑战，但这也足以让好强倔强的我更努力地进修学习。为了让学生们安心学习，我常常"以校为家"，每天除了回家睡觉，其余所有时间都泡在班级里和办公桌前。对于工作经验不足的缺陷，一方面，我阅读教育理论，在实践中"摸着石头过河"，摸索与学生相处的技巧和管理班级的方法；另一方面，比照着前辈们的治班方法，一步一个脚印地做好学校布置的任务和工作。很快，我凭着勤恳的工作态度和出色的教学业绩，入校四年便担任了两届高三班级的班主任，两届理科物理班升学率都在95%以上，其中有十多个尖子生考进北京航空航天大学和北京邮电大学、同济大学、中山大学等名校。这些成绩，源于学生的勤奋拼搏，更与老师呕心沥血的付出分不开。

2. 创造"神话"，浅尝成功

我曾在南山上创造过一个小小的"神话"，那就是在一个月内把一个全级成绩最差的班级改造为全级第一。2008届物理班高三（14）班是我在南山上接管的第二个高考班，是一个成绩倒数的物理"差班"。分班时都是平均分配的，学生的智力水平是没有问题的，成绩落后的主要原因是管理不得法、班风不正、学风不纯。记得高三第一次统考，他们的成绩依然是物理班排名最后，虽然成绩不是判断班级好坏的唯一标准，但也可见一斑。高三，是孩子们人生的转折点，为了对所有学生的家庭负责，我一定要把这局面扭转，于是，我着手开展"整顿"行动。

我发现，单靠老师的"勤奋"监督，终究是外力的影响，治标不治本，问题的根源在于学生的学习内动力不足，难以形成持久的学习冲劲。有些家境不错又自恃聪明的学生在班中兴风作浪，使班里总是有股吊儿郎当的歪风邪气。对于苦口婆心的劝导，他们是不会轻易接受的。我便采取了几个策略：第一步，主题班会课法。班会课上，我给他们读了一篇长长的文章，那是一篇中国留日学生被辱的亲身经历的文章，再跟他们讲关于中日关系与中日力量对比，让他们放眼世界，讲讲身处新时代年轻人的现状与使命，目的在于"敲敲"这些生活在蜜罐里不知"今夕是何年"的年轻人的心灵。果然，在我时而沉重时而激愤的叙述中，这班"物理男"被深深震撼了。乘着这势头，我接着联系家国落后屈辱史，重提月考的失败，以及长期以来班集体成绩的落后，让他们认识到"落后就要挨打"。第二步，心理暗示法。我把"注意：我们落后着！"几个大字写在课室黑板报上，时刻警醒大家"勿忘使命"。第三步，打卡竞赛法。我提议大家做"时间的主人"，倡导早起学习打卡，由同学们自己每天在班务日志上登记"自主学习用时"。一个月内，班里迅速刮起一股争分夺秒刻苦学习的潮流。在我的陪伴与不断的鼓励下，终于，在那第二次月考，也就是第一次高考模拟考中，同学们怀着诚挚的愿望踏进了考场。当教师办公室的电脑上算出各班成绩时，老师们发出一阵惊呼，屡排倒数的高三（14）班，居然是理科班第一！当我把消息告诉全班同学时，课室瞬间被点燃了，同学们重新获得了自信和动力，为高考备考之战打开了新的局面。他们在我的引导下，班风有了质的改变，一直拼搏到高考，创造了可喜的高考成绩。一位男生曾在周记里写道："我从来没有想过自己与国家的关系，也没有想过要为国家、家乡做点什么，现在我终于有所觉悟⋯⋯谢谢您，老师！您是最会教学生的老师！"我想，没有什么奖项能比得上学生对我努力的肯定了！也没有什么比得上学生的灵魂在我的影响下得到改变更让人觉得有意义!

是的,班主任就是灵魂的工程师,绝不是勤奋监督,就能换来真正的精神升华。

3. 路遇困惑,反思前行

渐渐地,我总结了一些班级管理的心得。我擅长组织主题演讲式的班会课,抓住他们年龄特征和兴趣点,做成一节节精致的班会课,点燃学生的青春之火,开启他们的人生理想之门,激发他们的内在动力和潜力。然而当时,整个教育大环境比较浮躁,整个社会都向分数看齐。我们常常被各种"考试""质检"牵动着神经,把提高班级成绩排名、学科成绩排名作为第一要务,加上社会上那些名校的"教育神话"被媒体大肆宣传吹捧……于是,一些特别的"校规"便应运而生了:军事化管理校园、禁止看课外书、无上限地提前早修晚修时间,等等。对于班级成绩落后的情况或对个别成绩"掉队"的学生,一些同行甚至给我建议采取"暴政"与严厉惩罚的方法约束学生……这些方法确实在短时间内对提高成绩非常有效。然而,很快,我又发现高举"师道尊严"的旗帜下,师生关系开始出现疏离,当学生一看到我就像老鼠见了猫,以及学生受不了我的批评而冲出办公室的时候,我不得不开始反思这种简单粗暴的教育方式是否有真正的教育意义。后来,那一件小事,让我产生了一些新的思考。

一次班集体劳动前分配任务,班中一位智力颇高、成绩优异的男生却拒绝参加,他的理由似乎很"充分":我是来学习的,不是来劳动的!看着他那平静而又冷酷的脸,又想起平常老师们感叹回来尊师的多不是成绩最好的那一批,想起新闻里不时出现那些高分低能儿的事例,我不禁陷入了沉思:这就是我们想要的教育结果吗?一个缺失责任感、社会技能与情商低下却成绩优异的人,算是一个教育的成功案例吗?诚然,我们的社会、国家的未来,绝对不是需要同一个模子里刻出来的流水线产品,而应该需要独立、自主、创新、合作、有社会责任感的人才。这点思考,我在一次学校的"班主任经验介绍会"里面提出来,引起了不少老师的共鸣。

(三)任教中职,重塑育人法(2008年至今)

在重点中学历练的4年,是我从教以来进步最大的时期,两届高三毕业班班主任工作,也让我迅速成长。后因家庭原因,我调动到江门幼儿师范学校这一所职业中专。来到更广阔的生活空间,自我成长的空间随之拉阔。然而,我要面对的不再是品学兼优、听话懂事的学生了,而是一些中考失利、学习能力欠佳,甚至是思想行为有偏差的学生群体。对于这个选择,我听到的最多的声音是:"你怎么会乐意从一个重点中学下调到一个中专学校?那样不容易出成绩!"可我不那么认为,我觉得仅仅以升学率优生率高低来衡量一名教师的业务水平实在是不妥。后来我看到于漪老师的一句话,正合我意,她说:"教师的真本领是把最差的学生教好。"是的,当我看到一个个刚入学时已屡遭挫折、惶恐自卑又顽强成长的学生,在江门幼师这所充满人性化教育情怀的校园里,用3年时间逐渐培养出自信不俗的气质、从容熟练的幼师职业技能,从而变成一个拥有一技之能的幼儿老师,我就觉得没有比这更有意义了!在这里,能更真切感受到"教师是灵魂的工程师"的实际需要,因为中职生需要更多的关怀和指导。

1. 中职教育,面临挑战

在中职学校,育人的过程注定是充满挑战与考验的。因为中职生生源确实比不上重点高中,学生多是考不上高中才选择读职业学校的。而这一类学生不仅学习能力薄弱,有些学生存在一定程度的行为偏差和心理问题,也有不少有着不良家庭教育的背景,自我价值感低下,学习目标和学习动力不足,社会化程度较高,早恋现象也比较普遍,在初中阶段就是"问题学生"的人不在少数。因此,想要改造她们,教好她们,可不是一件容易的事,教育的过程必定是艰难而曲折的。

在跟她们打交道的过程中,我也时常遇到一些"难搞"的情况,例如:有表面认错而背地里依然故我的学生甲,有因家庭变故父亲抛弃母女而辍学的学生乙,有家境富裕却沾染上偷窃恶习的学生丙,也有因与家人闹翻而离家出走的学生丁,还有各种逃课、钻空子、不值日、奇装异服、夜不归宿、抽烟、拉帮结派的问题……这些问题在重点高中是少有的,解决起来也比较棘手。

怎样才能解决这些令人头疼的问题呢?给幼师女生们讲那些"家国耻辱""民族兴衰""理想信念"是很难引起共鸣的,她们关心的大多是娱乐八卦吃喝玩乐,一听大道理,她们可能会翻个白眼双手一摊:"谁在乎!"苦口婆心的劝导,她们会嫌你太烦,听不进去,又或者满嘴"是是是,一定改",回去依然故我。惩罚、"暴政"或许一时有效,但也可能适得其反,外界有关中职生因不服管教而产生报复行为,又或是采取极端手段自残自杀的惨痛事例,不时敲响班主任工作的警钟,令人心有戚戚然。可我们不能不管啊,不能为了免责而放任自流,任其发展。因此,我们做班主任的经常因为学生的不良行为而着急上火,为她们不思进取、屡教不改、自暴自弃而扼腕痛惜。对于中职生,我该"管"还是"不管"呢?"管"的话,能否有比惩罚约束更合适有效的方法呢?

2. 潜心学习,教育得法

于是我买来一大堆关于中职生心理和班主任管理技巧的书,如魏书生的《班主任工作漫谈》《今天我们怎么做班主任》,贾高见的《小班级大教育》和李进成的《班主任有效沟通的艺术与技巧》等等,参与中职生心理特点学习班,深入研究中职班级管理智慧,并不断付诸实践行动。我积极参与各种德育比赛,如曾参加江门市"班主任技能大赛"、江门市"四有教师"德育故事演讲大赛等,在学校也积极开展公开班会课展示。通过这些大型比赛活动的锻炼,我汲取了更多的教育理论知识，同时把自己的实践总结起来，不断打磨和总结，力求促进个人教育风格的形成。

通过一段时间的摸索，我逐渐了解了一些学生心理特点规律，积累了一些中职班级管班经验和师生沟通技巧，由一开始的手忙脚乱，到现在的游刃有余，处理大大小小的学生问题都能得心应手。只要是我接手的班级，纪律性和学习积极性都能得到质的改变，我成为学校班主任德育工作的骨干，也因此经常成为接管无人喜欢的"纪律差班"的最佳人选。每当看到一个个经我转变而向善的面孔和升华的灵魂，我的成功感和责任感油然而生。慢慢地，丰富的德育管理经验让我在2017年10月的江门市"名班主任"培养对象选拔面试中脱颖而出，成为我校拥有名班主任培养资格的第一人。

有幸成为"名班主任"培养对象，应要在教育理论上更上一层楼。除了培训过程中得到众多专业指导，我也在寻求摸索自己的教育特色。随着网络的发展，资讯日益发达，使人眼界开阔，一些西方的先进教学理念也逐渐走近我们身边。秉承五邑人包容、交融的精神，我学习了美国心理学家和教育学家简·尼尔森所著的《正面管教》，一下子被里面的内容吸引了。"书上得来终觉浅"，通过网络的进一步了解，我找到了美国正面管教协会中国授权点，通过体验活动为主的深入学习，取得了该协会认证的"家长讲师"证和"学校讲师"证，随之把"正面管教"的方法运用到实际的班级管理工作中去。

"正面管教"是一种既不惩罚也不娇纵的管教孩子的方法，教育者坚持和善而坚定的态度，培养学生的自律、责任感、合作，以及自己解决问题的能力，使他们学会受益终身的社会技能和生活技能，并取得良好的学业成绩。其实这正好解答了我一直以来在教育路上"管与不管"的疑问，非常适合用于教育处于青春期叛逆心理强烈、责任心不足并即将踏入社会就业的中职生。"正面管教"有很多非常实用的教育工具，如鼓励、启发式提问、积极暂停、有限选择、感恩与致谢、恢复关系的4R等，帮助学生与教师建立情感连接，让学生发现自己的潜能，并建设性地运用自己的力量，而不是仅仅在外力的影响下被动习得。

这其实跟我们江门有名的"岭南学派"创立人陈白沙先生的"自得"之学有一定的相似之处。育人，应道法自然，遵循人的心理发展规律，以自然为宗。我们教育者容易犯急于求成的毛病，总想一步到位，一招制胜，方法往往就会简单粗暴，这其实是一种私欲，违背了"本体自然"的客观规律。人向善就像喜欢吃美味佳肴一样，是一种自然而然的事情，源于人性的内在动力。"正面管教"理论恰恰是鼓励教育对象的主体性，激发学生的内在动力。

在正面管教理论的指导下，我的教育之路便有了方向，在遇到种种学生问题时，都能在"错误目的表"中找到相应的根源，并能使用多种实用工具性方法，解决现实中不断涌现的问题。具体将在下面的内容中详细介绍。

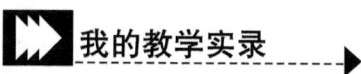我的教学实录

小宿舍，大世界
——宿舍人际关系主题班会教学现场

【设计背景】

本班为全女生班级，学生日常问题较多存在于宿舍内部的学生人际关系冲突上，以往宿舍不时发生纠纷、吵架、不值日、小偷小摸等问题，这是在青春期阶段的中职女生人际交往能力低下的结果。为了减少学生矛盾，建立和谐的女生宿舍，提高学生的人际交往能力，故设计一节关于人际交往能力的主题班会课。

【教学理念】

1. 美国人简·尼尔森在其著作《正面管教》里强调：孩子应具备七项重要的感知力和技能，其中一样是"人际沟通能力强"。通过教师的正面引导，最终目的是让学生学会在宿舍这一社会群体环境中与人相处、合作、沟通的能力。

2. 运用正面管教策略，以体验活动为主，鼓励学生从错误中学习，并让学生自己选择或制定解决问题的方案。

【教学目标】

1. 理解掌握人际交往能力的重要性。
2. 认识私人逻辑，学会理解并接纳差异性。
3. 掌握解决宿舍人际关系矛盾冲突的方法和步骤。

【课时】 一节课（40分钟）

【教学过程】

（一）引入

暖场活动：

师：今天的班会课，我们要像以往一样，围成一个圈，请同学们在最快的速度以内，并在保证安全和尽量安静的前提下，把椅子围成一个圈。你们觉得这次我们需要多长时间？

生：3分钟/5分钟/4分钟……（答案不等）

师：好的，看看谁猜得最准确，准备好了没？——计时开始！

（围圈的目的，是让每一个同学都能与老师等距离，也能彼此眼神交流，保证全体同学都能全情投入。）

学生搬椅子围成圈坐下，师计时。

师：好，今天大家围圈用时1分03秒，而且全程没有人大声说话，也没有产生碰撞，很不错！现在请几个同学给我们表演一个小品《宿舍里的风波》，大

家鼓掌欢迎!

小品剧情提要:

小A不爱收拾,东西乱摆放,其他同学受不了,把她骂了一顿;小B在宿舍里随便用别人的东西,别人问她,她还矢口否认,两个人就吵起架来;小C经常忘记值日打扫就上学,导致宿舍里扣分很多,垃圾没人倒,宿舍的人都责怪她;小D睡觉时间到了还在吹头发,得到舍友们的责骂。她们四个都觉得不开心,觉得舍友们对她们很不好。

(情景再现,角色扮演,通过观察、想象、对比的体验,让学生直观感受并思考宿舍不良人际关系对人的生活带来大的困扰。)

师:谢谢各位卖力演出的小伙伴们!我想问问演员们的感受,你们觉得自己被骂,你的感受是什么?

小A:我觉得很委屈,就是自己的东西没放好而已,也被人骂,他们太小气了。

小B:我觉得她们小题大做,我就用了一点她们的洗发水而已,她们也可以用我的啊!

小C:我觉得宿舍的人没有人情味儿,我不记得倒垃圾我也不想的,又没人提醒我!

小D:吹完头发我就不吵了,难道不能忍一忍吗?就五分钟而已,太不讲道理了!

师:嗯,每个人都有自己的理由。那你们也讲讲对其他人的想法是什么。

小A:我觉得她们都很自私啊。

小B:我觉得她们虽然做得不对,但大家忍一忍就行了,没必要吵。

小C:我也觉得是,宿舍里应该互相多体谅。

小D:我也觉得是。

师:其他同学呢?你们有什么想法?

生1:我觉得这个宿舍很冷漠,没有人情味,这四个人都没有反省自己的行为,第一时间是想到别人怎么样。

生2:我们宿舍也经常吵架,不过吵完就没事了,哈哈!

师:看来你们宿舍同学关系不错!不过,在集体生活里,宿舍就是个小世界,它能折射出我们人际交往方面存在的一些问题,我们肯定要注意一些生活的技巧、人际交往的技巧,才能让我们减少麻烦,提高生活质量。那我们这节课,就是要学习人际交往的技巧,解决生活中的小纷争。

(二)活动一:"赢与输"

师:那么你理想中的宿舍人际环境是怎样的?你觉得这四个女生为什么会出现这样的局面?

生：当然是不吵不闹吧，大家和和气气，或者最起码是互相尊重。出现这个局面是因为各个人都只为自己考虑。

师：说得很对！让我们来玩个游戏，下面请两个同学两两面对面坐下，我们来玩"掰手腕"。

介绍一下规则——只有其中一个人可以制定游戏规则，玩三局，定输赢。

接下来是游戏，五分钟后，先访问赢的人的感受和决定，再问输的人的感受和决定。

师：请问一下你赢了感受是什么？

生3：很爽啊！全是我赢了当然很高兴。

师：你还想跟她玩下去吗？

生3：（笑）没问题啊！

师：请问你输了的感觉是什么？

生4：觉得很不公平，全是她说了算。

师：那接下来你还想跟她玩吗？

生4：肯定不想啊！

师：同学们，仅仅因为你是强者或是因为你强势，就由你来制定规则，你觉得合理吗？

生：不合理。

师：身处别人的权利凌驾你之上的情形，感觉如何？

生：不舒服。

师：你们觉得这个事情，给你什么启发？讨论一下学生各抒己见。（略）

师小结：以自我规则去要求、战胜别人，并不是真正的赢。

师：那什么是真正的赢？

生：大家都觉得开心，想继续玩下去。

师：那就是共赢，共赢的局面需要什么？

生：合作。

师：那么我们可以再玩一次这个游戏。这次全班同学两两相对，先讨论如何合作，再进行比赛。然后谈谈你的感受。

再次游戏，过程略。

师小结：

1. 用自己的规则去要求他人、赢了他人，并不能使对方信服，反而产生了隔阂。

2. 互助合作是良好人际关系的重要方法。

（三）活动二：认识私人逻辑

师给出一个词语："宿舍。"叫几个学生在黑板上分别写出对这个词语的理解。学生上讲台写对给出词语的理解:"第二个家""睡觉的地方""放松的地方"……

师:对黑板上不同的答案,你有什么感受?

生:每个人的看法不一样。

师:可以看到,每一个学生对于同一个词的解释都是不尽相同的。这是每个人的私人逻辑,私人逻辑受各自的环境和内在的影响,没有对错之分;所以,要明白我们各自都存在着各自对事物的看法,还要接纳别人拥有跟自己不一样的看法,如果不接纳,那么就会产生矛盾冲突了。

(通过活动,让学生理解个体差异是宿舍矛盾的起因,提出要接纳彼此的差异性。)

(四)解决问题的方法

师:然而,当不一样的我们发生冲突的时候,该怎么办?怎样处理宿舍冲突?让我们来一次头脑风暴,让大家自由讨论回答。

(通过学生的积极讨论,自我提出解决问题的方法。)

师用PPT归纳总结,并提供处理冲突的有效方法:

(1)冷静、积极的暂停、离开现场。

(2)角色扮演,换位思考。

(3)告诉对方你对他、对事件的感受,提出希望解决问题,寻求合作。

(4)真诚的道歉。[介绍真诚道歉的方法:使用"我"式句,3S(看到问题、说出问题,解决问题)法,例如:"我意识到我拿的洗发水是你的,对不起,给,拿我的洗发水去用吧!"]

师:接下来,我们现场来练习角色互换扮演:请刚才上台角色扮演的两个同学上来,换位扮演学生重演一次,过程略。

师:让我们来问问换角色后她们的感受是什么。小A,现在你的感受是什么?你有什么决定?

小A:我很生气,我也不喜欢别人的东西乱放在我床上。(吐吐舌头)

小B:洗发水用了就用了吧,不过经常用把它用完了我肯定也不高兴,毕竟要钱买的,我也没什么钱。

……

2. 练习真诚道歉

师:下面,我们假设在宿舍里起了冲突,如晚上睡觉太晚影响了大家休息。请你用真诚道歉的方法,向对方表示歉意。

请三四个学生用"真诚道歉"法说出道歉的话,过程略。

(通过运用实践法,渗透"正面管教"解决问题的四个步骤,训练学生获得处理人际冲突的技能。)

（五）感恩与致谢

师：传递"发言棒"，音乐停止时轮到的人，分别说一下本周因什么事而向哪位同学表示感谢；或因什么事而想得到别人的致谢，然后请大家向她致谢。

（让学生学习从感恩开始，改善人际关系。）

对本课的反思：

这节课以学生近期出现的宿舍矛盾问题作为班会议题，摒弃单对多的说理教育的传统教育方式，通过体验活动为主的方式，让学生在直观的感受中得到启发，在过程中做到了以下几点：

(1) 尊重了学生的个性。从座位的安排，到把活动主体交给学生，再到强调学生的个体感受，都充分体现了尊重、民主的班级氛围，有利于师生间产生信任，有利于学生主体责任意识的强化。

(2) 重视学生自己解决问题的能力的培养。班会课的意义不在于仅仅是对学生问题进行"灭火"，而在于让学生拥有解决问题的方法。

(3) 一个个体验活动，以及老师的启发式提问，让学生一步一步地深刻地理解教学意图，让学生在体验中感悟，在体验中联系自身问题进行自我教育，让学生在欢笑声中接受教育，学会人生的必备技能，从而实现了本节课的教学目标。

本节课体现了正面管教的理念，轻松的课堂氛围与师生的情感流动做得比较好，体现了"和善"的教育态度，而能力方法的渗透和练习，则体现了"坚定"的规则意识。不足之处在于，在课堂的实施上，由于长期以来形成的师生关系习惯，正面管教实施的时间还不长，学生的表达还是略显拘谨，老师为了活跃气氛，说得太多，应鼓励学生多说。另外，学生在课堂上说出的观点有时偏离主流思想，老师忍不住给了一些委婉的评价，这可能会让回答的学生形成消极情绪。可见，正面管教的实行还不够深入，长期以来的师道尊严、控制学生的思想会成为阻拦"正面管教"的"和善"之路的绊脚石。

▶ 我的教学主张

（一）育人为本，德育为先

有人认为，学校是育才之地，其他的事应当交给家庭和社会。但是，人的能力不是用学业成绩就能衡量的。学业固然重要，学会做人更重要。早在2010年，《国家中长期教育改革和发展规划纲要（2010—2020）》中就提出，要把"育人为本"作为教育工作的根本要求。教育的首要任务是育人，培育人格健全、道德自觉的人，然后才是教人知识、技能，正所谓：德育为先、做人优先。对于师范生而言，我校的德育目标非常有见地，先学会"为人"，再学会"为师"。我深以为然，谨遵执行。对待每一个学生，我尊重他们的个性，以发展的眼光看待每一个学生，鼓励其发挥自己的优势，通过班级分工，培养他们的社会责任感和解决问题的能力。一个人只有感觉自己有用，才会更加努力地让自己变得更有用。

（二）公平公正，尊重个性

曾做过一个调查，学生最看重的班主任的品质之一，就是能否在处理班级事务中做到公平公正。是的，每个学生都有不同的个性特点和思想表现，而每个班主任也有自己的偏好，在具体工作中就可能会带有感情色彩地处理了，对学生的评价，也常常会把学生分为两类，一类是"好学生"，另一类是"问题"学生。而在情感上更容易相信"好学生"，更倾向于认同"好学生"。这就导致处理事情的时候失去客观性和公正性了。而那一部分"问题学生"，渐渐就会失去对老师的信任和自信心。每一个人，包括我们自己，都寻求归属感和价值感。要是因为老师的一句有失公允的判断，就让一个学生丧失了归属感和价值感，那该多么遗憾！我始终相信，每个学生都有他的闪光点，每个行为背后的信念也各有不同，因此不能用主观意志去臆断学生。做班主任，就应该尊重学生的个性差异，相信每一个学生都有向善的愿望和向上的能力，接纳他们暂时的不足，给予每一个个体等价的发展机会，帮助学生发掘自己的潜能，发展自己的优势。

（三）正面引导，鼓励为主

我崇尚正面引导，培养学生的优秀品格，创建阳光积极的班集体。

首先，我认为班主任自身素养里面必须有一股正气，"上梁正"，"下梁"才能"正"起来。因此，我时时以身作则，如在学生面前，我总是衣着得体，谈吐文雅，举止文明，品位高雅，脾气温和，待人有礼；对自身学识方面，我博览群书，知识渊博，爱好广泛，积极进取，给学生一个正面的形象影响；公平对待学生，循循善诱。

其次，我在平时的言论里，多树立正面形象，倡导正确做法。我总是称赞我们班是一个优秀班集体，要求学生时时处处以"优秀"来衡量自己的行为是否匹配。我欣赏每个学生的优点，发展学生的个性，尊重学生，力求关注到每一位学生，常利用课外时间，有针对性地找到当天的关怀目标学生身边，拍拍肩膀，聊聊家常，让她感受到师长的关怀，感受到自己的努力有被看见，而对学生犯错误，也采用正面教育为主。

最后，培养正气的班干部队伍。去年我每个学期都要外出学习2周，班级一切如常，全因一班得力的班干部。广西师范大学熊宜勤教授说"班风就是跟风"，正气的人多了，班风也纯正一点。也许由于这种正气的引导，让我看待我的学生总那么"顺眼"，师生关系也非常融洽，学生尊重老师，亲近老师，当班主任的怎么会没有幸福感呢？你怎么看待学生，他们就是什么样子的，这其实是一种积极的心理暗示。

"归属感和自我价值感是所有人的首要目标"，学生尤其如此，一个长期有挫败感，或长期被忽略的学生，容易放弃努力，碌碌无为，自暴自弃。诚然，每一个个体都不是完美的，但也应有其闪光之处，需要被看见，被鼓励。鼓励，是让学生毕业多少年后依然记得的美好，往往老师的一句鼓励的话，会成为学生一生前进的动力，而那些让他们羞愧难当的恶言恶语，将成为他们成长路上的噩梦。

（四）授权信任，"无为"而治

中职的学生在年龄上已经接近成人了，她们大部分都渴望挣脱监护人的束缚，自己决定自己要做什么和怎么做。既然不喜欢被管束，那我就在学校规章制度范围内，给她们更多自主管理的权利。例如班规的设立、班干的选定、班级活动的策划组织，全由她们自己完成。班会课不再是班主任传达命令的场合，而是同学们自己决定集体事务的阵地。班会课一般由几个环节组成：首先是"感恩与致谢"，同学们回忆这周内发生的事，对彼此进行具体事件的感恩；接着回顾上一次会议讨论结果的执行情况，提出修改意见或者解决问题；然后再就一个新的班级问题展开讨论，得出一个解决问题的办法，确定下来执行。这个过程，我是完全放手的，对学生是一种信任的态度，把管理的权利交回给他们自己，培养"人人有事做，事事有人做"的集体责任心，这是班主任不在的时候，还能保证班级良好风气的法宝。似是"无为"，实则大有所为，学生们的执行力和责任意识由此大大提高。

▶ 我的育人故事 ◀

无声胜有声，启发胜说教

从事教育工作十多年了，还记得年轻时年少气盛的"执法如山"，每每使自己与学生间关系剑拔弩张，而现在经验多了，心态也渐趋平和，也越渐觉得教育是一种心灵与心灵的对话，智慧与智慧的交锋。然而大多数时候，学生对老师都有着天生的戒备，老师的说教也往往收效甚微。面对这种情况，我们应当怎样处理呢？

（一）鼓励如春雨，润物细无声

一个寒假结束前，我班学生小A在凌晨3点给我发来信息，说因为上学期成绩差，不知自己能否坚持读下去，需要请假3天重新考虑读书意向。我心里既生气，又焦急，生气的是居然有学生用这个"冠冕堂皇"的理由请假，焦急的是这样我竟然没有办法找她当面谈话。眼下，我只能先跟她的单亲妈妈电话沟通了解情况。她是一个偏科生，有声乐特长，但文化科非常差，也因此对文化科失去了学习的兴趣，加上母亲经常加班不在身边，失去很多精神上的鼓励与督促。我先让她妈妈说服她先回校。回校后，从她躲闪的眼神里，我知道她心里在害怕我把她拉去做"思想工作"，估计现在进行"教育"，收效也不大吧，虽然她妈妈嘱托我还要跟她"谈谈话"，但这还不是最好的时机，我们之间还需要重新做好感情的链接。因此，我像没事发生一样安排班里的事务，并保留她的文娱委员职位，一切如常地开学、上课。

起初她还是躲着我，但总也有碰面的机会，我只是对她报以鼓励的微笑。人都有一种自省的能力，如果能够激发她内心的自我反省，从而达到自我教育的效果，将比生硬地把人生道理传授给她更为理想。于是，我还是没去找她谈话教育，而是把班里的文娱比赛的策划工作全权交给她。慢慢地，她看我的眼神少了戒备，见到我也能愉快地打招呼了。偶然见她自习课百无聊赖，我就跟她商量，给她一些学习任务，每次看到她认真复习，或者作业工整，我都用周记书面表扬的方式给她鼓励。慢慢地她也能进入认真学习的状态了，一直到顺利毕业。

看似没有教育，实际上达到了教育的效果，这也许不仅是"润物细无声"，而且是"此时无声胜有声"。苏霍姆林斯基也说过："把教育意图隐藏起来，是教育艺术十分重要的因素之一。""润物细无声"的鼓励教育，更能让学生接受，师生关系也更和谐。

（二）启发如灯塔，照亮心灵路

教育是需要智慧的，善于启发，比说教更有效。

一串急速的电话铃声划破了宁静的周末午后。"老师，我是307宿舍舍长乐宜，我想向您汇报一件事，我们宿舍的小芬丢失银行卡了！她用手机查到，卡里的800元钱没了！"

经过具体情况的询问，我让小芬马上到银行报失并报案，在银行柜员机监控录像里，我们看到了同宿舍舍员小靖的身影。小芬大吃一惊，因为小靖是她平时要好的闺蜜。小芬很气愤，她怎么也没想到，最信任的人竟然对她做出这样的事！

我觉得我首先要关注她的情绪，于是搂着她的肩膀边对她说："是的，如果我是你，我也会气得吐血的。"

等她情绪平静一点以后，我又试探着对她说："现在真相出来了，你打算怎么做？"

"我也不知道。"其实小芬是一个乖巧的孩子，老师说的话，她一定会听，但我不希望由我去做评判，于是我进一步启发她："如果你要追究到底，让警察处理这件事，应该是比较公正的，但对她来说结果会怎么样？"

她想了想，说："她会有案底，以后就名声尽毁了。""是的，我也认同，而且从作案手法来说，估计她是第一次，或许我们可以先了解一下她有什么难处？""好，如果她真是有困难，只要把钱还我，我不会追究的。"

我们在班级微信群里发布了信息，称已掌握监控情况，希望当事人主动承认并归还财物，就不再追究。果然，小靖就主动找我了。以下是我跟她的对话：

"老师，那个……我已经把卡还给她了。"

"你能来承认错误，说明你还是明辨是非的，只是平时的你并不这样，家庭也还富裕，我想知道是什么原因？"

"我不想说。"

"你不想说也没关系，我们只是想帮你，小芬也说了，如果你有困难，我们都会帮你的。"

她不相信地抬起头来问道："真的？她真的这么说？"

得到肯定的答案后，她才慢慢说出了因为轻信网络兼职招聘，把伙食费交了"保证金"，又不敢对父母说，偶然看见闺蜜的银行卡随意扔在床上，就脑子一热，悄悄拿走以为没人知道，谁知……

真相大白。执法如山是正确的，但不是最好的教育方法，那只会让一个年轻的心灵从此受到谴责而羞愧，留下永久的伤痛。然而错误是最好的学习机会，于是我对她说："现在事情已经发生了，你知道如果真的报了警，你会得到什么结果吗？"她点点头，眼泪流了出来。我继续说："如果钱能如数还给小芬，她表示会原谅你的，我也不会继续深究，只是希望你悬崖勒马。现在你准备怎样弥补对小芬的伤害？"她答应了还钱，也说了自己的想法，并哀求我不要告诉她父母，我也答应了她。这件事就这样过去了。

经过这件事，原本性格比较任性自我的小靖成熟了很多，小芬和小靖，依然还是好朋友。

（三）结语

班主任的教育故事，每天都在上映，从容应对，靠的是一种长期有效的方法和一颗对学生无条件的爱心。鼓励与启发，让我与学生的距离更亲近，学生的改变也许是缓慢的，但是结果一定是向善的，也是影响深远的。

他人眼中的我

（一）上级领导眼中的我

由于我积极参与学校各项德育工作和对外德育比赛任务，勤恳的工作态度，让学校领导们也非常喜欢我。在去年一次全校班主任公开班会课和班主任工作经验介绍会中，我校主管德育工作的学生处主任吕育玲在会上点评道："谭老师是一个对教育很有热情的人，做事非常认真踏实，也很有方法，肯潜心研究德育管理。从她的班会课中，可以看出，谭老师下了很大的功夫去准备，运用了很多心理学和教育学的理论，让我们在座的各位老师都深受启发。同时，她在教学和管理班级方面都卓有成效！"

（二）同事眼中的我

在鹤山一中工作的四年，虽然时间不长，但我的表现是比较突出的。曾获得学校青年教师基本功大赛的三项冠军，教学基本功扎实，第一年带班上高三，也创造了全级排名第一的成绩。获得了"鹤山市先进青年教师"的称号。在实习期满工作关系转正的申报文件中，我的科组长文德泰老师写道："谭燕群老师是一个很有悟性的青年教师，教学基本功扎实，教学能力提高很快，在同届入职的青年教师中是佼佼者。"

在江门幼儿师范学校，我同样获得过学校青年教师基本功比赛的各项奖项，经常担任较难管理的艺术班班主任，教学能力也比较突出。我参加的2016年省"创新杯"说课大赛中，我校年轻教师刘梓楠也同去学习，她非常钦佩我的教学能力，给予我"对教材、教学目标和重难点的把握很准确，个人能力突出，而且勤奋上进，是年轻教师的楷模"的评价。

（三）学生眼中的我

鹤山一中的学生都叫我"群姐"或者"群姨"，因为我对待学生亲切和蔼，又时常陪伴他们左右。一个月内把高三（14）班的成绩由全级最后鼓励上全级第一，我又收获一个雅号名叫"神婆"。我的班会课，最能引发男生居多的理科班学生的兴趣与家国责任感。一位名叫浩俊的学生周记里写道："您是最懂教育的老师。"

在江门幼师，每天跟一群青春洋溢的美少女相处，心态也变得年轻，她们爱美，我给予她们美的引导；她们爱玩，我设计好玩的班会课；她们爱闹，我常在班群里撒些小红包，让她们疯抢……有一次，作为普通话测试员的我，在电脑上对"命题说话"一题进行随机评分的过程中，听到一把熟悉的声音，她是我班里的蒋雯静同学,她的说话题目是"我最尊敬的人":"谭老师是我们在学校的'谭妈妈',像妈妈一样关心我们,为我们的成长付出了很多努力,同时她的优秀给我们带来了榜样的作用,她的鼓励像雨露一样滋润着我们每一个人的心灵,真庆幸这3年能遇上这么一位好老师!我们以成为她的学生为荣!"

在行知合一中连通学科知识，促进学生技术素养多维发展

● 江门市第一中学　谭祝寿（中学通用技术）

● 个人简介

我叫谭祝寿，硕士研究生学历，是江门市第一中学通用技术高级教师、办公室主任，广东省青少年科技协会理事，广东省通用技术中心教研组核心成员；是广东省首批青少年创新团队（工作室）主持人、广东省首批骨干教师、江门市学科带头人、江门市名师培养对象、江门市通用技术特约教研员。我先后获"中国百名创新型名师""广东省青少年科技教育先进个人""广东省十佳科技教师""江门市优秀科技教师""江门市教育系统优秀党员"等荣誉称号。

我先后在 ISSN 刊物上发表论文 11 篇，参与编写论著 4 册，主持省级课题四项、市级课题一项，参与省级课题一项、市级课题一项；论文、教学设计、案例、课件、课题等获教育部、省市奖共计 20 项。我的教学设计"设计的一般原则"被教育部普通高中技术课程标准组确定为研修学习案例，并被《新思考——教学设计与案例》《高中新课程通用技术优秀教学设计与案例》收录。

在教育教学中，我既注重学生基础知识、基本技能的学习，更注重学生的思想方法、关键能力和核心素养的培养。我积极探索适合通用技术学科的有效教学方法，不断创新，逐渐形成了"行知、连通、多维"的粤派教学风格。我的教学主张得到了课标组专家们的肯定，并在全国和省通用技术课程实践工作会议上进行经验介绍。

▶ 我的教学风格 ▶

美国教育家苏娜丹戴克说:"告诉我,我会忘记,做给我看,我会记住,让我参与,我就会理解。"技术是一个行动体系,是知与行的统一,技术的最终目标是应用。所以,就中小学技术教育而言,能否整合相关学习要素以获取知识并将其转化为能力,能否从技术模仿到自主运用,是衡量学生是否进步或发展的实际标准。在长期的教学总结与反思中,我逐步形成了我的教学风格:行知、连通、多维。

(一) 行知

"行"是指人的实践,"知"是指科学知识。陶行知先生提出"行是知之始,知是行之成",突出了实践在认识论中的主导地位,将实践与理论联系起来,倡导了实践的重要作用。通用技术课程是一门立足实践的课程,具有实践性、创造性和综合性,以学生的亲历情境、亲手操作、亲身体验为基础,强调每个学习者通过观察、调查、设计、制作、试验等活动获得丰富的"操作"体验,进而获得情感态度、价值观以及技术能力的发展。同时,技术又具有意会性,许多技术知识只可意会,难以表达。技术对于不同的认识主体有不同的理解,只有在认识主体从事相关的技术活动时这种知识形态才不自觉地表现出来。这个传播过程通过"情境"的熏陶、传授者的暗示、接收者结合本身的技术积淀的领悟,才能使意会性技术得到传播。通用技术课程性质决定其"有效"的教学方法是立足于学生的直接经验和亲身经历,立足于"做中学"和"学中思",自主建构,通过有意义的问题情境,让学生通过不断地发现问题和解决问题,来学习与所解决的问题有关的知识,形成解决问题的技能以及自主学习的能力。

(二) 连通

打破学科边界,连通学科内容。通用技术课程具有高度的综合性,是对学科体系的超越。它强调各学科、各方面知识的联系与综合运用。在通用技术教学中,重视本学科与其他学科的连通,融合其他学科知识来理解、分析和检验技术概念、技术规律,能更清晰地揭示蕴含在技术概念、技术规律中的科学原理,有助于学生的理解和内化,使复杂问题简单化、抽象问题具体化、枯燥问题趣味化。学科连通在技术教学中突出重点、突破难点方面有得天独厚的优越性。作为通用技术教师,要勇于打破学科边界,力求保持各学科内容之间的连通性,使课程内容跨越原"学科"间的道道鸿沟,最大限度地回归和体现知识的"整体"面目,为提高课堂教学有效性奠定良好的基础。

(三) 多维

多方位多维度发展。技术教育作为一种教育,其首要功能是促进人的发展,促进人全面而富有个性的发展。技术是为了满足人类的需要，运用人工物对人类信息、意识等的物质化的收集、加工、分析和处理，其本质在于创造。任何技术都凝结着一定的知识、思想、方法，都携带着丰富的文化信息，体现着一定的人文特征。技术的器物属性、知识属性、技艺属性、思想方法属性和人文属性等决定了技术教育育人价值的丰富性和统一性。因此，通用技术教师要在促进学生程序性知识、规范性知识、意会知识的协调配合，完善学生的知识结构，以及促进学生手脑并用的学习方式的变革，实现技术问题解决与实践能力发展的同时，要注重发展学生利用自然物和人工物进行创造与制造的能力，增进学生对技术文化和思想方法的领悟，促进学生在价值感、道德感、工匠精神、劳动习惯等方面的构建，发挥技术教育在学生育德、启智、促创、树劳等多方面的教育价值，全面提高学生的技术素养。

无数次教学探索、总结和反思，我逐渐认识到，技术教学最终目标的聚焦点是育人。应该以学生为本位，关注学生的思维品质和关键能力，发展学生的学科核心素养。正如《面向全体美国人的科学》一书中所说的："教育的最高目标是为了使人们能够过一个实现自我和负责任的生活做准备。"人类社会的发展，无论是思想发展史、社会进步史，还是科学发现史、技术革新史，都是在不断发现新问题中解决问题，又在解决问题中发现新的问题。通用技术学科教学应该多维度把握现代技术的本质，让学生亲身经历、行知结合，连通学科知识，在技术活动中通过经验的获得来主动重构知识，形成和发展核心素养。

▶▶ 我的成长历程 ▶

（一）天生我才学理科

1. 小小少年爱动手

我出生于质朴的农村。山清水秀的广阔乡村给了我快乐的童年，也培育了我自强、务实、正直、善良的性格。高中以前，每天跟随着哥哥姐姐们行走在乡间小道，上学放学，懵懵懂懂地过着每一天。没有人告诉我要学会多少知识，要完成多少作业，要达到多少名次。最有趣的要算捏泥人、用树枝做陀螺、用树杈做弹弓、折纸手枪等。稍大一点，就拆家里极少有的电器——那台老旧的晶体管，但被我拆了后就总也装不回去了。也就是在这种无拘无束的玩耍"实践"中，很多的知识和技能便是从中不自觉地学习了。

2. 坡脚的学科追求

高中进了城，我才开始有了人生目标和理想追求，于是拼命学习，加倍努力，高一年级文理分科分班时，顺利进入了理科重点班，此后，成绩一直保持在年级前一、二名，成了"学霸"。"学好数理化，走遍天下都不怕"是当时迫切需要运用数理化提升国家科技水平和实力的时代背景和重理轻文社会环境下的产物，给我们这一代人打下了深深烙印，我将其奉为圭臬。数理化学习使我受到了良好的数理逻辑训练，具备良好的逻辑思维品质和能力。但是，艺术和文学修养的缺失，使我大学和工作后即使加倍努力地积累和弥补，也未能完全挽回。我十分赞成新高考改革下的文理不分，这才是真正从"全人"的角度培养社会需要的人才，促进人的全面发展。个人的亲身体会也成了我教育学生时经常强调要重视文理兼修、学科融通、重视创新精神和实践能力、重视综合素养的灼灼之言。

（二）奠定人生方向

1. 坚定目标

我最崇敬的人莫过于我的高中化学老师，他知识渊博，五彩缤纷的变换就在指间，他的课永远是那么的条理清晰、逻辑严密，循循启迪、化繁为简是他的拿手好戏，对于学生的问题，无论何时何地何境，他都是一样不急不躁、耐心细致，你若没有弄懂，他也不会"善罢干休"。受之影响最深的要算是我的高中物理老师了。物理老师的课倒没有什么特别之处，但是他的"无所不能"，小至更换保险丝，大至各种电器维修，没有他不会的，令我这个来自农村的懵懂少年艳羡和神往。这可能是中国教育所推崇的，也是根植于大多数中国人心底的情节——实用主义。以至于我在填报高考志愿时，毫不犹豫地填报了哈尔滨工业大学的应用物理专业。

2. 积蓄智能

物理学是一门以实验为基础的自然科学，被人们公认为最重要的基础学科，不仅仅在于它对客观世界的规律作出了深刻的揭示，还因为它在发展、成长的过程中形成了一整套独特而卓有成效的思想方法体系。我从中汲取了知识，这些知识为我日后迁移至非物理领域获得了帮助，使我在技术领域的教学中能够游刃有余运用物理方面的科学理论阐述技术创新背后的科学原理，也"迷倒"了不少学生，圈了不少"粉"。4年的大学生活，我不仅系统地学习了物理知识，打下了坚实的理论基础，更重要的是我以实验室和社团为平台，参加了很多的以物理为中心，运用数学、科学和技术解决问题的实践活动，学会了发现问题、分析问题的方法，提升了动手能力和解决问题能力。

（三）在南北文化碰撞中凝练粤派风格

1. 初识北人

18岁那年，我只身一人到哈尔滨求学，之前我离家最远的地方就是县城。从南方到北方，感受最深的就是南北文化的差异。北方的人个性质朴、直率、刚正，思想单一、保守，思维简单、直接；而南方的人个性细致、灵活，做事含蓄委婉，精通世故。巴克尔说："气候、食物、土壤、地形四个主要自然因素决定着人类的生活和命运。"这大概就是形成南北文化差异之成因。民国大学者刘申叔说："大抵北方之地，土厚水深，民生其间，多尚实际。南方之地，水势浩洋，民生其间，多尚虚无。"北方生活条件恶劣，人们的心思会被尽量用于和自然斗争，和生存斗争，于是北方人习惯于简单的思维和艰苦的生活。南方生活条件良好，人们的心思在满足生活所需的同时会有大量剩余，于是他们会对自身和自然进行冥思，于是艺术、文学、人际关系、社会关系在南方得到迅速发展，他们逐渐养成了曲线思维的习惯，性温喜和，习惯安逸。18岁，性格和价值观还没有完全定型，面对不同地域文化的差异，有冲突，也有认同，是辩证的肯定和否定，在潜移默化之中，我多了北方人实实在在的个性，而少了南方人的"虚无"。我认为，教书育人、做学问应该追求真知、坚持真理，直面问题。

2. "取得真经"

大学毕业后，我来到改革开放的前沿地——广东江门。江门地处珠江三角洲西部，因位于西江与其支流蓬江的会合处，江南烟墩山和江北蓬莱山对峙如门，故名江门。虽然我也是南方人，但是来在到广东，还是感受到了很大的文化差异。这种文化差异对教学工作的影响，我认为主要在如下几方面。

一是语言。粤语是汉语方言的一种，和其他方言一样，它直接来源于古代汉语，在长期的发展中形成其独有的特点。第一，在语音、词汇、语法等方面大量保留着古代汉语的成分，如用"颈"来指脖子，用"镬"来指锅，用"企"来指站；修饰成分后置，"公鸡"说成"鸡公"。这些都是古汉语特征的遗留。第二，直接、惜言如金。许多词语在普通话中是双音节的，在粤语中则缩为单音节。"我明"就是"我明白"，"万七"是一万七千。第三，毫无虚文假饰。粤语吸收了较多的外来词。在鸦片战争后，香港成为英国的殖民地，广东被迫设立通商口岸，在与外国长期的接触中，粤语吸收了不少的外来词，其中主要来自英语。对粤语为母语的学生来说，最常见现象就是书面表达中常常夹杂粤语或外来词汇，表达简单直接，对复杂婉转的意思表达困难。"语言是思维的表象"。思维和语言是人类反映客观现实的两个互相联系的方面。思维是人脑的机能，是对外部现实的反映；语言则要巩固和传达思维成果，即思想的工具。粤语为母语的学生平时交流用粤语，思维方式用粤语，但粤语不是教学语言，于是学生在听老师用普通话上课时，在语言表达过程中就有个转换翻译的过程，这就会影响学生对知识的接受速度和理解的深度，这在低年级的学生中尤其明显。另一方面，粤语为母语的学生往往如同其语言一样，思维直接，思维深度和发散性不够。有的同学辞藻华丽、句式复杂却言之无物，或不知道他的立场、观点在哪里；有的同学句式简单却言之凿凿、条理清晰。这就与思维力、思维深度有关了。广东高考自从广东卷改为难度增加的全国卷后，广东考生的分数在使用同样试卷的省区偏低，这也是一个侧面例证。而技术的创造创新恰恰强调思维的深度和发散。最好的认同莫过于融入。在课堂上,我常常使用"双语"教学,关键点改用粤语讲解,虽然不是十分标准,学生反而觉得亲切生动、更易理解,平时也用粤语与学生进行简单交流,拉近与学生的距离。通过实践教学、案例教学,提示技术设计背后的科学原理,启发学生知识迁移、融会贯通、学以致用和思维发散。

二是平等观念较强。广东人天生就没有阶层观念,反正大家都是为了"揾两餐"。规则意识、平等观念早已深入人心。在与学生的交往中,靠高高在上的威严组织课堂教育学生已经行不通。"亲其师,信其道",作为教师需要努力成为学生喜爱的老师,把自己的爱心、真情交付给学生,与学生打成一片,既是学生的良师,又是学生的益友,搭建与学生情感交流的心理平台。

(四)在探索中提炼教育理念,在坚守中升华教学风格

我本是一个非常优秀的信息技术老师,深受学生喜欢。正因为表现出色,2004年新一轮课程改革中,作为省级样板学校,学校非常重视新课程的推进和实施,特别是这次课改中的新学科——通用技术,是课程改革的一个创新,一个亮点(教育部原副部长王湛语)。于是学校将我抽调去组建新科组,担任科组长。自此,我便开始了通用技术学科名师的跋涉之路。虽然同属技术领域,但通用技术与信息技术在教学方法、教学工具、教学资源等方面截然不同。在课程实施过程中,除了同其他学科一样通用技术教师要适应新的教学方式的转变外,还面临着许多困难和矛盾。首先,通用技术课程的开设在我国教育史上尚属首次,教师对课程标准、基本理念、课程特点的理解和把握存在差异,教材中案例的选择及学生实际设计与操作内容的设置难以符合学校教学现状和条件,这就出现了教材编排体例与教学实施适应性之间的矛盾。其次,技术设计是技术活动中的核心过程,技术试验是解决技术问题的重要方法,需要开发和利用广泛的课程资源,这就形成了通用技术课程现代化与课程资源不足之间的矛盾。最后,通用技术教师来自不同学科,没有专业的通用技术教师,且通用技术是一门综合性学科,强调各学科、各方面知识的综合运用,是对学科体系的超越,这就形成了通用技术课程内容的宽泛性与教师专业能力之间的矛盾。面对这些矛盾,我当时感到困难重重、束手无策。为了提升自己的专业素养,我开始反复地研读建构主义理论、新课程标准、技术史、技术思想、结构力学、控制论等著作,从其中汲取营养;主动积极参加国家级、省级等研修班、培训班,聆听专家的讲座,与专家和学员探讨新课程和教学实施中的各种问题;在教学实践中积极探索符合通用技术特点的教学规律和教学策略,研究、比较各种版本教材内容,吸收其精髓,根据课程标准和学生特点重构课堂教学内容,建立教学资源和技术试验室;在教学中反复总结、反思和不断提升自己。为了掌握第一手数据,我充分了解学生的学习状态,有效解决教学中遇到的实际问题,我将教学中的问题作为课题研究,寻找解决的方法,先后主持研究了"江门市高中学生技术素养现状与培养对策研

究""高中学生创造力与通用技术课程相融合的研究""基于通用技术学科核心素养视域下开展 STEM 教育实践研究"等多个课题,逐渐找到了一条符合通用技术有效教学的路径,提出了"活动化""开放式户外无墙教室"教学理念,采用"研究性"学习法和"项目"教学法,让学生在技术活动中体验,在体验中深切感悟知识的真正内涵,自主建构,促进学生技术素养的发展。鼓励学生学以致用,连通学科知识,迁移学科能力,去发现和解决现实世界中的问题,让生活更美好。一路走来,我逐渐成长为广东省首批骨干教师、江门市学科带头人、江门市名师培养对象、江门市通用技术特约教研员,是广东省通用技术中心教研组核心成员和广东省首批青少年科技教育创新团队主持人。我先后在 ISSN 刊物上发表论文 11 篇,参与编写论著 4 本,主持省级课题 4 项、市级课题 1 项,参与省级课题 1 项、市级课题 1 项。论文、教学设计、案例、课件、课题等获教育部、省市奖共计 20 项。教学设计"设计的一般原则"被教育部普通高中技术课程标准组确定为研修学习案例,并被《新思考——教学设计与案例》及《高中新课程通用技术优秀教学设计与案例》收录。作为苏教版通用技术教材培训专家,我先后到黑龙江、辽宁、福建、贵州、广西等省市参加培训,与当地教师交流学习;参加近十届全国通用技术年会并在会上交流发言,讲解我的教学理念和教学主张。我指导学生参加各类科技竞赛,80 多人次获省市奖励,该事迹在广东科技教育、广东科协、《江门日报》等媒体上报道。

▶▶ 我的教学实录 ▶

教学课题:"如何实现合理的人机关系"。

教学内容分析:

"如何实现合理的人机关系"是苏教版通用技术必修模块"技术与设计 1"第二章第二节"设计中的人机关系"的第二个课时的内容,主要阐述了实现合理人机关系的方法及应注意处理的四个方面的关系。设计中的人机关系体现了"以人为本"的设计理念,这一理念贯穿技术设计的全过程。学生通过本节课的学习,了解到技术设计如何才能更好地为人服务,如何实现"以人为本"的核心设计理念。这为之后的方案构思、评价及优化打下基础。

教学目标分析:

1. 知识与技能

(1) 了解在设计中实现合理人机关系的一般方法。

(2) 了解实现合理人机关系需处理好的四个方面的关系。

2. 过程与方法

(1) 通过经历简单的设计,体验参与技术设计的愉悦情感,了解实现合理人机关系的一般方法。

(2) 面对具体的技术设计情境，学会运用人机关系，发现用户的多方面需求，多角度分析技术问题，制定解决方案，并用草图和模型表达、交流。

3. **情感态度与价值观**

(1) 在设计活动中体会产品设计中的人性化、人文关怀的设计思想，形成关爱他人的积极情感。

(2) 通过经历设计活动，形成认真严谨的技术设计态度。

(3) 形成"以人为本"的设计理念。

4. **教学重点**

了解在设计中实现合理人机关系的一般方法及需处理好的四个方面的关系。

5. **教学难点**

通过经历设计活动，形成"以人为本"的设计理念。

学习者特征分析：

学生在"设计中的人机关系"第一节课里已经学习了人机关系的含义以及人机关系要实现的目标，为本节课的学习做了铺垫。而对于如何实现合理的人机关系，学生基本没有参与设计的经历，缺乏了解在设计中实现合理人机关系的一般方法。在教学活动中让学生经历简单的设计，体验参与技术设计的愉悦情感，激发学生的学习兴趣，学会运用人机关系，发现用户的多方面需求，多角度分析技术问题，制定解决方案，并用草图和模型表达、交流，从而帮助学生了解实现合理人机关系的一般方法和需处理好的四个方面的关系，形成"以人为本"的设计理念。

教学过程：

师：合理的人机关系应"以人为本"，实现的目标是什么？

生：高效、健康、舒适、安全等。

师：在设计中，我们如何实现人机关系的目标呢？首先，明确设计涉及了哪些人机关系；其次，考虑这些人机关系涉及了哪些因素和技术指标，如水杯。

师：水杯中有哪些人机关系？

生：嘴与杯口、手与手柄、杯身等。

师：涉及哪些因素和技术指标？

生：形状、大小、尺寸、材质等。

师：看一段视频。[内容：三个幼儿（2～3岁）用杯喝水的场景组合成一个情境。场景1：一个孩子用双手捧起水杯喝水，由于太重，结果杯子掉了，水洒了一地；场景2：一个孩子用杯子喝水，由于杯口太大，结果水漏了，湿了衣服；场景3：一个孩子用杯子喝水，由于水温偏高，被烫得哇哇大哭。]

师：其原因是什么？

生：人机关系不合理。

师：如何实现合理的人机关系？请大家运用生活经验和已有的技术知识，设计一款水杯。要求如下：

A. 设计要"以人为本"，体现合理的人机关系。

B. 以小组合作方式构思方案，画出设计草图。

C. 用彩泥制作出模型。

D. 分组展示。

学生以小组合作探究的学习方式，积极参与设计活动，在讨论中相互学习、提高。学生首先各自使用草图法进行设计方案，并进行组内讨论、交流，对方案进行比较、权衡、综合、修改，形成最终方案，并用彩泥制作出模型。在活动中学生体验参与技术设计的愉悦情感，以及面对具体的技术设计情境，学会运用人机关系，发现用户的多方面需求，多角度分析技术问题，制定解决方案。

师：各小组都已完成，现在分组展示。

学生展示作品，学会使用草图、模型表达、交流，并在教师的引导、启发下，结合自己的作品进行思考，主动建构知识。

生：我们设计的水杯专为2～3岁的幼儿使用，其人机关系特点有：杯体小，大约为成年人水杯的1/3；同时设计有两个杯把，配有杯盖，采用翻盖设计，盖内有吸管，用时翻出，不用时收起，可以防尘，保证卫生。因为幼儿人小，力气小，但用两只手同时端起水杯，就会很稳不会溢出；同样考虑到幼儿嘴小，用吸管吸水就不会漏水。

师：这组同学的设计很有创新性和针对性，充分考虑了2～3岁幼儿的特点及与成人水杯的人机关系。他们是从哪个角度来考虑人机关系的？

生：从特定人群的需求。

师：对。产品设计既要考虑普通人群也要考虑特殊人群，产品才会丰富多彩，社会才会更加和谐。

生：我们组的水杯设计的主要创意是一个卡通形象，有12款，根据不同的生肖选择，杯体造型优美，颜色鲜艳，质感光滑，还有可爱的图案。这样设计主要考虑2～3岁幼儿不喜欢喝水，想用形状、外观来吸引小孩子愿意喝水，抓住心理特征。

师：设计很有特色，从幼儿的心理和生理特征出发，用技术意识解决人机关系。

生：我们组主要研究了水杯的杯把究竟要做多大的问题，我们发现水杯的杯把人机欠佳，大小不合适，手伸直了能放进去，但根本弯起来，不好用力。刚才查了一下2～3岁幼儿手掌的标准大小，我们根据这个大小将杯把做成了类似耳朵状，大小也考虑了手掌能伸进去也能握得住，而且握起来轻松自然、舒适。

师：这组同学观察问题很仔细，研究问题很深入、具体，数据翔实，杯把大小既要考虑手的实际尺寸又要考虑手握手杯时动态尺寸。从另一个角度解决了水杯设计中的良好人机关系。点赞。

生：我们组也有这方面的设计。除此之外，我们还有一个亮点，我们想在水杯的杯身上做一个"心"形区，这个区是用感温材料做成的，如果水温超过常温就变成红色块，提醒使用者不能喝，这样是不是很有爱心（笑）。只是我们现在没有这样的材料，只是一种设计。

师：大家都很有爱心。人机关系的设计就是要从使用者的角度出发，站在用户需求的立场上思考问题，以人为本，这就是爱心。刚才这组是从水杯的工作状态角度考虑用户的需求，我们用一个词来描述，叫作信息交互。

师：今天，我们每个组设计的水杯都很人性化，都是从用户的需求角度考虑问题，满足不同用户的不同需求。同学通过亲身参与水杯的设计，运用人机关系原理解决水杯人机关系问题，知行合一，主动建构，学会了运用人机关系，发现用户的多方面需求，多角度分析技术问题，制定解决方案。具体来讲，主要应从哪几个方面考虑，以达到合理的人机关系？

生：特殊人群与普通人群、动态的人与静态的人、人的心理需求和生理需求、信息交互。

教学反思：

（1）教学目标符合课程标准要求，明确、可检测，能体现学科核心素养的基本导向；教学内容与学情分析准确，把握重难点准确，教学环节清晰；教学评价设计合理；教学目标达成度高。

（2）采用项目设计、合作探究的方式，让学生在水杯设计的具体技术情境中学会运用人机关系，发现用户的多方面需求，多角度分析技术问题、制定解决方案，并用草图和模型表达，获得丰富的"操作"体验，主动建构，进而获得情感态度、价值观以及技术能力的发展。具有显著的技术课程特色。

（3）教学环节完整，课堂容量紧凑，课堂内容综合性高，调动不同层次的学生积极参与，促使学生融合科学、技术和人机工程知识进行综合运用，解决问题。

（4）关注学生学科核心素养的发展，通过图样表达、动手设计，促进学生在技术思维、创新设计、实践能力等多方面的发展。

（5）评价合理，到位到点，激发了学生的学习兴趣，在合作与探究中自主建构知识，目标进一步达成。启发教学促进学生独立思考，发挥学习主体的作用。练习设计合理、有针对性，起到了很好的巩固的作用。

我的教学主张

（一）重视真实情境和学生经验

对于技术问题的解决往往不是从概念开始，而是从身边的真实问题开始。学生通过真实情境的复杂性和不确定性进行分析，进一步明确需要解决的问题，并设计方案、制作模型。如果教学总是从书本情境、理论概念出发，先解释问题，最后再用生活经验验证，这样就容易成为灌输式思想教育课，效率低下。基于学生经验，可以激活学生先前的知识，也是学生有效学习的起点，因为经验是根植于每个学生知识背景的坚实基础。当教师帮助学生将他们的知识与正在被教授的新知识联结起来时，意义形成就将变得十分有力。重视真实情境及学生经验，这不仅仅是学生喜欢的学习方式，更在于核心素养就是指向学生未来的真实生活，指向学生对未来现实问题的解决上。所以，通用技术课要善于在学生日常生活环境中发现、挖掘学习真实情境的资源，面向现实生活和真实世界。

（二）开展基于主题或项目的技术活动

主题或项目学习属于综合性学习。学生为了解决主题或项目问题，利用已掌握的知识、能力和经验，逐步探究、深入思考、全身心感悟、主动建构。正是这种综合性学习，大大提升了学生的综合素养及综合能力。生活及社会中的具体问题都有一定的综合性，基于具体问题的学习能提高学生的核心素养。因为，真正的核心素养是面向未来的能力及品质，它是隐性的，当下是难以发现、检测到的，更多的是需要学生在活动、在生活体验中慢慢形成。基于主题或项目的技术活动，激发了学生学习的热情，也让学生在技术设计活动中真正知行合一、自主建构知识，理解学习内容，经历"实践"与"认识"的循环，同时提高了学生自己设计方案、权衡决策、工程建模等能力，逐渐形成和发展技术与工程思维，让学生在技术设计活动中理解技术文化选择策略的应用能力。

（三）注重思想方法的渗透

思想方法是学科的灵魂与精髓，它是联系各项知识的纽带，是知识转化为能力的桥梁，它比知识更具有普遍性和概括性。技术思想是技术的内在本质，技术方法是技术的外在的解决技术问题的手段。学生利用技术手段，开展技术活动，掌握技术知识，形成基本技能，进而理解技术本质，感悟技术思想方法，积累思维经验，有利于技术核心素养的形成和发展。

（四）加强学生对技术的文化领悟

技术文化是人们在运用技术、设计与制作技术产品、解决生活问题的过程中，将技术知识、思想与方法、技能技巧、审美观念、规范制度、道德信仰、物质材料等融合在一起，渗透进技术活动与产品中的文化。技术知识在一定的社会文化背景下产生，带有强烈的文化色彩。任何时代的技术产品都印记着鲜明的技术文化，任何技术的创新与应用，都植根于广泛而深厚的技术文化。人不仅是意会性知识的载体，而且是知识创造和传播的内生力量。所以在技术教学中，充分挖掘技术中的文化因素，加强学生的技术文化领悟，使学生懂得技术与技术文化是紧密相连的，提高学生的主观行为方式的经验积累和创新。例如，技术图样、图表、技术符号、技术框图等，都是携带着一定技术特征和信息、传递与交流技术文化的象征符号。具有时代特征、民族特色的典型结构、控制系统，以及体现"以人为本""天人合一"的典型技术设计，既能帮助学生理解技术文化的多样性、时代性，又能使学生感悟技术文化所蕴含的艺术魅力与人文精神。

在教学中加强学生的技术文化领悟，可以从内心深处激发学生的内在潜力、主动性和创造精神，促使学生激活储存在学生头脑中难以表述的意会性知识，调动学生运用技术知识解决现实问题的热情，形成知识共享、创新的氛围。

 我的育人故事

一节没有完成的课

一堂"正确思维方式的培养"的课正在进行中。

我将 11 个一次性水杯一字形摆放在讲台上，一边从矿泉水瓶往水杯中注水，一边向学生介绍游戏规则：共有 11 个一次性水杯，其中 10 个水杯中装有矿泉水，一个空杯，在这 10 个装矿泉水的水杯中有一个杯装的是淡盐水，请用最少的次数和最少的辅助工具或材料找出装盐水的那个水杯。

几秒钟的沉思过后，课堂上举起了一只只笔直的手，同学们都跃跃欲试。我很欣慰，这远超出平时景象，看来同学们的主动参与、主动探究的精神在进步啊。

一位同学站起来说，观看水杯中水的颜色，盐水应该比清水要混浊。

在我的"上来试试"的鼓励下，这位同学胸有成竹地走上讲台，细心观察着每一杯水，誓要找出其中的不同。在经过反反复复对比后，他无奈地摇了摇头：盐水也是无色透明的。

有同学说，用一个物体，如有刻度的木直尺，分别置于盐水和水中，测量其吃水的深度。盐水的比重大于水。

这确实是一个好的思路，他一定是受到了曹冲称象的启发。我给他找来"导具"，在反复的试验中，他发现淡盐水的比重与水差别不是太大，用肉眼难以精确确定两者吃水深度的差异，还得借助其他测量工具，而且，用这种方法，找到盛盐水杯子的平均概率为 5 次，一定不是最少次数的方法。

同学们都在冥思苦想，发散自己的思维。

有的学生提出用化学试纸，有的学生则提出用化学反应，等等。学生们提出了许多不同的方案，每种方案都有其他学生提出质疑。当然，能否定这种质疑的最好办法就是找到大家都认为最好的方案。

举起的手越来越少。课室内一片寂静。

突然一只纤细的手高高举起：我有更好的办法！坚定而稍有些兴奋的声音吸引了全班同学的目光。

是王越，一名品学兼优的女同学，其数学物理成绩尤其突出，常以敏锐的思辨能力著称。

王越同学走上讲台，顿了顿。她先将装有矿泉水的10个杯子分成两组，任选其中一组，并将这组的5个杯子中的矿泉水都倒少量到预留的空杯中，混合。同学看到这里，突然茅塞顿开，一下子明白了，都为王越鼓起掌来。看来同学们都认同了王越的这种方法。

用最少任何辅助工具或材料找出装盐水的那个水杯，最简单的方法就是亲口尝一尝。如果每一杯都尝一次，找到的平均概率是5次。王越用的是分组法，先将10个杯子分成两组，任选其中一组，混合其水并品尝，如有咸味必在此组其中之一（否则，在另一组），再又分成两组，品尝，依此类推，找到的概率是3次。

王越该品尝"空杯"中水的咸淡了。我顺理成章地想。

但事情的发展有点出乎意料。

王越并没有像我想象的那样亲口尝尝"空杯"中水的味道，却叫上同位的一位男同学，让这位男生去品尝"混合"水的咸淡。虽然我和同学们反复鼓励她，要她去亲口尝尝，亲自确认水的咸淡，亲身体验活动的完整过程，但她始终不肯不敢跨出这一步，每一次都让这位男同学品尝咸淡。如此反复，她顺利找到了这杯盐水。

王越的"不尝盐水事件"让我深深触动。我无法知晓王越当时的内心世界（我问她原因，她回避了），也许是怕咸，也许是怕水不干净（为什么又让同学喝?），也许是其他原因，我觉得都无关紧要了。新课程改革推行已10多年，新课改提倡知识与技能，过程与方法，情感、态度、价值观的统一，提倡探究性学习，培养学生创新精神和实践能力，已深入学生心中，深受学生欢迎。今天，我们又提出要培养学生的核心素养，让学生具备能够适应终身发展和社会发展需要的必备品格和关键能力，其中包含具有理性思维、批判质疑、勇于探究的科学精神和在日常活动、问题解决、适应挑战等方面所形成的实践能力、创新意识和行为表现。然而，以小见大，见微知著，像王越这种缺乏体验勇气和探究精神的学生在中国的应试教育下可能不在少数。在高考的压力下，教师只重视知识的传授，而忽略了获得知识的途径与方法，学生只重视知识的结论，而忽略知识获得的过程的体验。这种方式下培养出来的学生能否适应社会发展的需要？能否成为社会的合格人才？新的高考制度改革如何与核心素养的培养相辅相成，恐怕还有一段相当长的路要走。

我没有继续让学生去寻找比王越更好的方法。

我说："王越同学的发散性思维非常好，值得肯定！或者还有更好的方案，同学们就在课下再讨论吧。下面我给大家讲一个鱼与牛的故事。"我决定改变备课时确定的教学计划，临时增加新的教学内容。

> 一天，一条生活在池塘中的鱼对他的好朋友蝌蚪说："我一直有一种好奇，想知道牛究竟长得什么样。"
>
> 忠实的蝌蚪将鱼的理想牢牢地记在心底。
>
> 时间一天天地过去，蝌蚪"长大成人"，变成了青蛙。
>
> 青蛙上岸的第一件事就是找到一只牛，仔仔细细地端详牛的模样。
>
> 青蛙记熟了牛的每一个细节。于是回到池塘，给鱼详细描述了牛的样子：牛的头上长着两只弯弯的角，有四条腿……
>
> 于是鱼的头脑中就形成了一幅牛的画面：一条鱼的身体，头上长着两只角，身体下面有四条腿……

"为什么鱼的头脑中牛的形状与现实不一样呢？"故事讲完后，我向学生们提出问题。

"因为鱼从来就没有过看到牛"，大家异口同声地说。

"是啊"，我接过同学的话题，"学习也一样。在我们头脑中有两套系统：一是显性知识的系统，即我们所知道的，可以用语言表达出来的符号、概念、命题、图式、公式和事实；二是隐性知识系统，即我们思考问题的方式、待人接物的态度、价值观、习惯和信念等。前者就是我们通常所谓的知识，后者就是我们通常所谓的'素养'。这其中转化的中介就是丰富而深刻的体验。一个人拥有知识，不是单纯地记住与获取认识的结果，还要通过亲临其境的尝试和体验，明白知识形成的背景，在不同的情境中发现事物之间稳定的联系，实现由知识掌握到智能发展的升华。"

堂下一片沉寂。我相信这沉寂背后是同学们深刻的感悟和反思。

课程在铃声中结束。这节课我没能完成计划的教学任务。

他人眼中的我

（一）专家眼中的我

谭祝寿老师是我国第一批从事通用技术教学的老师，是通用技术课程改革和实施的推动者、践行者。10多年来，谭老师在技术领域深耕细作，孜孜不倦，取得了一个又一个成绩，培养了一批又一批高技术素养的学生。谭老师对技术教育有独到见解，对课程标准理解深刻，课堂教学生动活泼，关注学生核心素养的形成和发展，形成了极具个性化的教学风格，带动和影响了一批通用技术教师的教学行为。

（南京师范大学教授，通用技术课标组组长　顾建军）

听谭祝寿老师的课，常被他风趣、激情和新颖的教学设计所吸引。谭老师善于在课堂中开展项目教学，让学生在技术活动中亲自动手、亲身体验，通过"做中学"和"做中思"，学习技术知识、原理、感悟技术规则、方法和情感，再通过谭老师的启发、提炼和总结，学生多视角领悟技术的思想方法和文化，效果很好，课堂生动有容量，学生积极参与，学习兴趣深厚。通用技术是一门综合性、实践性的课程，有陈述知识、程序性知识，更有默会性知识，谭老师对课程与课标的理解十分到位，课堂组织也相当有效，基本功力很深。

（中央教育科学研究所研究员，通用技术课标组成员　于慧颖）

（二）同行眼中的我

谭主任有大局意识，学科知识深厚，理解很到位，教学风格很有个性，活动组织井井有条。

（广东省教研室教研员　席春玲）

谭教师上课非常富有激情，能充分调动起学生的积极性。课堂语言幽默，带动良好的课堂氛围。课堂组织能力强，引导学生紧紧围绕教学内容开展学习。对教学环节的处理很细致，特别是对提问的问题的考虑。

（江门一中一级教师，广东省首届青年教师基本功比赛第一名　冯慧芳）

谭祝寿老师是我们的通用技术备课组组长，也是我们的学科带头人。他引领了通用技术课程在我校的正常开设、发展，也为通用技术教师的专业成长创造了条件，是我们的领头羊。曾几何时，作为电教老师的我陷入迷茫，专业发展没有方向。适逢通用技术课程的开设，谭老师一直鼓励我们，作为一名教师，一定不能放松对自己教学上的要求，钻研教学，开展课题研究，要严格要求自己，才能跟上时代的要求。他身体力行，在兼任学校办公室主任、公务繁忙的情况下，仍然坚持教学研究，发表教学论文，并带领团队开展我校的科技教育，并取得骄人成绩。在我眼中，谭老师就是一个"超人"，能力突出，责任心强，有担当，是我们团队的核心和灵魂。

（江门一中高级教师，广东省十佳优秀科技辅导员　谭淑敏）

（三）学生眼中的我

老师，我太崇拜您了，我是您的粉丝。上您的课简直就是享受。您不只是教我们设计和技术，还教我们做人的道理和学习方法。您说，学习成绩和时间不成正比，关键是要提高学习效率，特别是课堂的效率。您说，学物理，其实就是首先要理解物理原理，然后用数学方法来解题。这些道理让我幡然醒悟，受用无穷。您太牛了，样样精通。会英语，数理化也在行。您并不直接将答案告诉我们，而是通过活动或者一个项目，让我们动手制作、设计，从中去体验和总结，感悟它的道理，寻找解决问题的方法。这种课很能调动我们的主动性和积极性，让我们更有成就感，学的东西也难以忘记。我的动手能力有明显的提高。在您的影响下，接下来的选科，我会毫不犹豫地选择物理。

（在校高一学生　许慧）

老师，说真的，由于高考压力，您的课的许多知识我已经记得不是很清楚了。印象中您的课堂有很多设计制作活动，记得有一节课您用彩泥做一个水杯，教我们如何体现人性化设计。从那堂课后，我看到什么物体就会想一想还有哪些地方可以改进得更人性化些。这可能就是常说的素质吧。老师，您的课不仅教我们知识，还教我们学习方法，教我们做人做事的道理，教我们处理问题的思路和方法，我们在您的课堂上学到了很多。谢谢您！

（在校高二学生　刘思诚）

多元、开放、创新

● 广东省开平市金山中学　王锦虹（初中地理）

● 个人简介

我叫王锦虹，男，广东省开平市金山中学初中地理高级教师，广东省骨干教师，广东省（第一批）中小学幼儿园教师、校（园）长研训专家库成员，广东省中学地理奥林匹克竞赛"优秀指导教师"，江门市名教师培养对象，江门市基础教育"青蓝工程"培养对象，江门市初中地理兼职教研员，开平市名教师，开平市初中阶段毕业班教育质量先进个人，开平市地理教学先进个人。

从教十几年，我注意理论和实际结合，坚持做教学笔记，积极撰写论文和教学设计，任现职以来有10多篇论文、教学设计、课件发表或获奖；多篇文章发表在报刊上，积极参与教师用书和教辅资料的编写工作，共参与编辑《初中地理教师教学用书》《高效课时通》《初中地理教材详解》等十几本教育教学用书，作为主编先后参与广东人民出版社出版的初中地理《提分学案》和《初中地理图文详解》系列丛书编写工作（共计8册）。先后主持和参与"如何在初中地理第二课堂中提升学生读图能力"等4个省、市级科研课题。

近几年，我作为主讲人多次参与全国、广东省、江门市的地理教学教研活动，2016年10月承担江门市名师公开课"黄河"，获得广东省教育研究院教研员周顺彬老师及全体老师的高度评价，并在开平市电视台、《江门日报》等媒体进行报道；多个课例在"一师一优课，一课一名师"活动中荣获广东省、市级优课。2017年10月、2019年9月，我先后被聘为广东省青年教师技能大赛江门赛区评委；2018年12月，我协助江门市、开平市教研室分别在我校成功举办"江门市初中地理现场优质课比赛"和"开平市初中地理现场优质课比赛";我作为主讲专家还多次在广州、黑龙江哈尔滨、江西赣州等地为省内外初中地理老师授课,均获得一致好评。

岭南文化,源远流长。近代岭南文化更是近代中国的一种先进文化,改革开放以来,岭南文化以其独有的多元、务实、开放、兼容、创新等特点,采中原之精粹,纳四海之新风,融汇升华,自成宗系,是中华民族灿烂文化中最具特色和活力的地域文化之一。任教16年,我也受到岭南文化的影响,逐渐形成了我的粤派教学风格——多元、开放、创新。

我的教学风格

(一)开放

开放的课堂可以让学生畅所欲言,调动全班同学的学习积极性。我校于2016年开始试点实施"小组合作学习"模式,从2017年9月开始全校推广小组教学模式。这一模式不仅可以使师生之间、学生之间更有效地进行语言交流,而且还可以培养学生的合作意识、团队精神,进而促使学生形成良好的心理品质。特别是在提高学困生的学习积极性、促进优生带动学困生共同进步方面效果显著。

例:粤人民版七年级下册教材的内容是世界区域地理。我计划利用先前几周的时间,逐步培养学生学习世界区域地理的方法和思路。然后我再提供一些基本的图片、课件资料,组织学生以小组为单位,进行资料的加工和处理,并在课堂上进行展示。

(1)课堂实施5环节。

环节1	小组课前准备:结合教材、材料制作PPT课件
环节2	小组上台展示

续上表

环节3	其他小组评价
环节4	老师点评：教师结合小组发言，进行补充、总结
环节5	当堂反馈、巩固知识

（2）小组分工，落实到位。

同学A	范围、位置	同学B	地形、河流
同学C	经济（农业、工业、第三产业）	同学D	文化、经济

（二）多元

地理的课堂也是多元化的，我们走出了课室，走近了身边的地理。2014—2017年，我担任学校地理科组长。为了丰富第二课堂，我重新设置了第二课堂，邀请旅行社的导游给学生进行"金山小导游"的培训，还邀请开平市气象局的专家来我校进行气象知识科普讲座，并组织部分老师和同学多次到开平市气象局了解气象监测、播报等课外知识；初二级开设了中国行政区划图的绘制、金山中学气象站的记录等课程。积极组织同学参与地理竞赛，2013年组织学生参与广东省奥林匹克知识竞赛，2014年组织同学参与全国"美丽中国"第二届国家版图知识竞赛。我还协助学校成立了环保课外活动小组，举行环保知识讲座和环保知识辩论大赛，撰写环保小论文，设计环保手抄报，开展环保科普宣传工作。这些课程的开设，不但培养了学生对地理的学习兴趣，开阔了学生学习地理的视野，还丰富了学生的课外知识，培养了学生的语言表达能力。

（三）创新

我的课堂不但让学生做主，还要有创新，课堂有创新，学生的作业也有创新。

1. 利用微课导入新课，激发学生的学习兴趣

良好的开端等于成功的一半。在地理新课开始时要紧扣教材精心设计一个"开场白"，或提出疑问，或创设情境，或抒发激情，或以旧引新，让学生迅速进入课堂学习的最佳状态，做到"课伊始，趣已生"。

在学习"中国行政区划"这一节课时，我借用了由罗春老师改编的中国行政区划版《小苹果》和"微舞幻灯"制作的行政区划五种记忆法导入新课。筷子兄弟的一首《小苹果》红遍全国，而利用微课导入使学生惊叹不已，心驰神往，改编的歌词里给同学介绍了全国34个省级行政单位的位置及特点，让学生在获取科学知识的同时，也享受到艺术的美，从而起到活跃课堂气氛、祛除紧张和疲劳、振奋精神和组织教学的作用，达到轻松学习知识的目的。"微舞幻灯"制作的行政区划五种记忆法包括："土"字记忆法、顺口溜记忆法、故事记忆法、形象记忆法和联想记忆法，利用微课通过对省级行政单位几种记忆方法的学习，让学生可以对本节的重难点知识在新课程的开篇有了一个清晰的了解。

课堂上巧妙利用微课的导入，不但能吸引学生的注意力，使学生通过学习得到精神上的满足，又进一步激发学习兴趣，学生的兴趣自然倍增，教学效果显著。

2. 课堂可以是一首歌，可以是一首诗，可以是一幅画，也可以是一个故事

根据学生的心理特点，深入挖掘教材的趣味因素，通过富有情趣的导言作用，使课堂一开始便形成活跃愉快的氛围，使学生产生掌握新知识的强烈愿望，达到激发学生学习兴趣的目的。

课堂可以是一首歌，学习我国的河流——长江，导入新课时给学生播放《长江之歌》，这首歌旋律激昂，歌词气势磅礴：你从雪山走来，春潮是你的丰采；你向东海奔去，惊涛是你的气概……通过对中国的第一大河——长江的描写与赞美，培养学生热爱祖国大好河山的深厚情感。

课堂可以是一首诗，古诗词是中国传统文化的瑰宝，许多脍炙人口的诗句蕴涵着极为丰富的地理知识，包括许多描述天气、气候的诗句："忽如一夜春风来，千树万树梨花开""人间四月芳菲尽，山寺桃花始盛开""黄梅时节家家雨，青草池塘处处蛙""东边日出西边雨，道是无晴却有晴"……

课堂可以是一幅画，地理不但蕴藏着丰富的人文知识、也有景色优美的自然风光。不但有森林茂密的热带雨林，也有在树上嬉戏的猿猴；不但有广袤的稀树草原，也有自由奔跑的狮子和羚羊；不但有荒凉的茫茫沙漠，也有傲然屹立的仙人掌……，优美如画的景色，能让学生产生强烈的爱护自然、爱护地球的主人翁精神。

不同的自然环境，可以营造出不同的情境和画面。高温潮湿的热带雨林一片生机，冰天雪地的两极地区极度酷寒，干旱缺水的沙漠地区一片荒凉，雨旱两季的热带草原展示生命的迁徙，地势高峻、空气稀薄的高原展现生命的倔强。

课堂也可以是一个故事，学习《等高线地形图的判读》时，利用《西游记》孙悟空给师傅找水的经典桥段，给学生留下悬念，让学生带着问题进入到课堂，主动学习、主动质疑，气氛热烈而激昂。

地理课还开设了地球仪的制作、金山中学平面图的绘制等课程，锻炼了学生读图、绘图的能力。

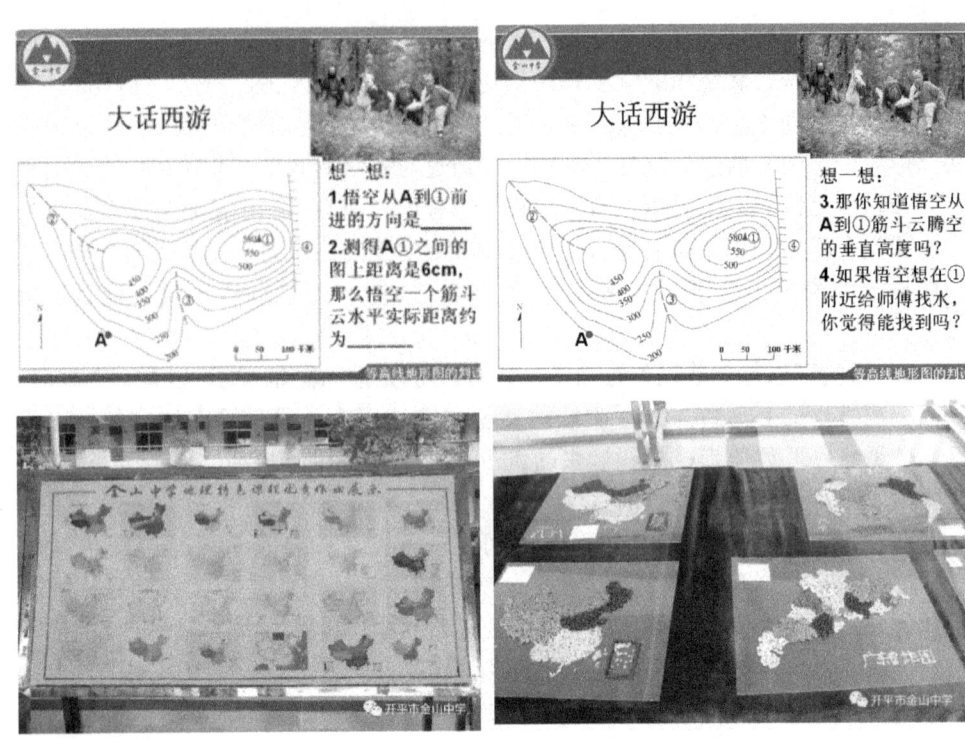

▶▶ 我的成长历程 ▶

（一）第一阶段（2004—2006年）——年轻、冲劲

2004年，我毕业于四川西华师范大学，怀揣着自己年轻的梦想，来到了广东省著名的侨乡——开平，我有幸被分配到开平市金山中学。金山中学是广东省文明单位、广东省一级学校、广东省首届"十佳"民办中学、广东省教育技术现代化示范学校、广东省绿色学校。一到学校，我就被这里优美的景色、充满活力的师生所感染。从此，青春正当时，我爱上了这所学校，也爱上了这个小城。

我热爱党的教育事业，以"教书育人"为己任，为人师表，严于律己，敬业爱岗，工作任劳任怨。

从2004年参加工作后，我时刻激励自己锐意进取，把成为学者型教师作为自己的目标，孜孜追求。生活中，我博览群书，把握最新的教改趋势，吸收最新的教学信息，汲取最新的教学手段。教学上，我突出"学习对生活有用的地理""学习对未来发展有用的地理"的理念，培养学生终身学习的愿望和能力；我深入钻研教材，认真研究教法、学法，根据不同的教学目标和内容，结合具体学情，精心备好每一节课，注重因材施教，实施分层教学，追求"差异发展"；在启发性、研究性教学的基础上，我还在"地名识记法""巧用地图法""纵横联系法""多媒体课件与地理教学""微课教学"等方面，进行了专题探讨和尝试，让每一节课成为学生轻松接受地理知识、锻炼地理技能的乐土，在教学实践中取得了良好的教学效果。许多学生受到我的影响，在高中选修了地理，甚至还影响了他们报考大学专业的选择。

从江门市试行中考改革以来，增加了地理、生物的中考。虽然我的授课时数增加了，但我勇挑重担，认真钻研中考考纲，制订了详尽的授课计划，编写了系统的复习资料，组建了完善的知识网络。

由于我刻苦钻研，开拓创新，教育教学开始有了收获。历年所任教的班级，平均分、优秀率和合格率均高居开平市前列，多次位列榜首。

二、第二阶段（2006—2011年）——打击、煎熬

通过几年对课堂的打磨，我所任教的班级虽然成绩不错，但有两件事却给了我很大的打击，让我那几年内心深处受尽了煎熬。

第一件事是参评江门市论文。在教学的过程中，我不断积累，开始有所收获，在开平市初中地理教师研讨会上，我向大家交流了我平时的一些体会和心得，结合发言内容撰写了我的第一篇教学论文《透过初中地理看素质教育》，并参与了江门市教研室组织的地理教育教学论文评比。在颁奖的那天，我满怀期待、信心满满，到论文点评阶段时，我听到了评委对我论文的点评：有的论文论题太宽，针对性不强，比如这篇论文《透过初中地理看素质教育》，论题太宽，素质教育这么大的话题，一篇论文就可以说清楚吗？听到这番话，我心里凉飕飕的，周围都是我校的地理老师，真恨不得地下有个缝钻进去，这让我备受打击。

第二件事是参加江门市优质课比赛。2010年江门市教育局举行初中地理优质课比赛，我一路过关斩将，从开平市冲出重围，荣获开平市一等奖第一名，并代表开平参加江门市比赛。我精心准备课件，做好充分的准备，但是却由于一些客观原因，导致我发挥不佳，仅仅只获得二等奖，江门市教研员郭长山老师也把我的课作为反面教材，在大会上进行点评。这两次打击，让我在那几年在工作中情绪有所回落，迷失了前进的方向。不过这两件事对我的打击，让我的人生更加充实，更加丰满，让我在以后的人生道路上收获许多。

（三）第三阶段（2012—2013年）——彷徨、反思

2012年，我虽然跨级到初一任教，但随着初二地理中考结束，不用每天为中考备考工作忙得焦头烂额，感觉上工作量少了不少，心情也随着中考的远离而平抚下来，开始静心认真阅读我校广东省名校长工作室主持人郑娟馥校长给我们推荐的《教师第一课》这本书。

这本书从教师的生命、个人发展、基本素养、师德等多方面对教师做出了细

致的阐述,在读到第一章第八节"像孔子一样做教师"时,引起了我强烈的共鸣。孔子是万世之表,也是中国儒家文化精神的一个重要的代表人物。孔子在《论语》里曾经这样描述自己的一生:"吾十有五而志于学,三十而立,四十而不惑,五十而知天命,六十而耳顺,七十而从心所欲,不逾矩。"

"三十而立",这句话触动了我内心的最深处。"三十而立",它意味着生命的独立,作为一个工作十余年的中青年教师来说,他因为什么能够立于讲台上?有人曾经用孔子自己的话来解释——"不患无位,而患所以立",这里"位"和"立"的概念是一样的,"所以立"实际上意味着开始把自己的生命带上了教师这一崇高的职业道路。"三十而立"也可看作职业修炼,就是通过专业阅读、专业写作、专业发展共同体获得的一个基本的职业修炼。

随着目前面临日趋严重的教育危机和对教师尊严与价值的疑问,让我陷入了深深的深思。重新回顾工作12年的个人成长路程,在30岁之前,我也在不同阶段先后经历了朱永新教授在书中谈到面对市场主义、应试教育、职业倦怠大背景下的三种不同应对方式。我也曾把分数作为最高的要求,以获得好的名次作为自己存在价值而获得成功感;也曾拿国内和西方教育进行对比,感叹现实中教学的无力感;也曾把教师职业仅仅作为一种谋生工具……

30岁是我职业生涯和人生的一个转折点。在那年,我有幸参加了广东省骨干教师培训,通过一年理论、跟岗等多方位的学习,代表骨干教师在佛山华英学校上示范课,并荣获"优秀学员"称号,这些经历让我在教学、管理等各方面都得到很大的收获。而当时我也是骨干教师培训中最年轻的一位,回到学校工作岗位后,我开始不断质疑、不断反思,作为一名地理老师,我应该如何来规划自己的职业生命呢?是默默无闻,把教师这项职业作为一种谋生工具,还是轰轰烈烈,把教师这项职业融入生命中,赋予这份职业另外的意义呢?

(四) 第四阶段(2014年至今)——沉淀、收获

1. 潜心教研、精益求精

为了提高业务水平,我满腔热情参加学校组织的各种业务培训和教研教改活动,积极参加开平市教育局组织各种业务培训班。在教研活动中,主动承担市或学校的公开课教研活动,与同行们大胆探索、共同探讨、互相切磋。2016年6月1日,我参加开平市中小学教师教学技能大赛,荣获"初中教师解题比赛(地理)项目一等奖";2014年4月14日,在我校开放日活动中,为全市八年级地理教师主讲的课题"撒哈拉以南的非洲"收到满意的效果,得到市教育局教研室教研员和同行的好评;2016年4月,代表广东省参加教育部、华南师范大学组织的全国粤版初中地理说课活动,承担的课题是"等高线地形图",得到粤人民版教材常务副主编周顺彬、广东省教研员施美彬和其他专家的一致好评;2016年10月,我承担江门市名师优质课展示"黄河",《江门日报》、开平市电

视台等媒体进行了报道，并获得专家和老师的一致好评。在 2020 年疫情期间，我还承担了开平市初中地理线上教学的主讲教师，在开平市广播电视台进行直播，获得了全市学生和家长的一致好评。

此外，我还注意理论和实际结合，坚持做教学笔记，积极撰写论文和教学设计，有 30 多篇论文、教学设计、课件发表或获奖。平时我积极参与教师用书和教辅资料的编写工作，先后编写广东人民出版社和广东高等教育出版社出版的《初中地理教师教学用书》《初中地理单元同步训练》《初中地理教材详解》《高效课时通》《倍速学习法》《广东初中升学指导与强化训练》，还作为主编参与广东人民出版社出版的初中地理《提分学案》《初中地理图文详解》编写工作（共计 8 册）。

平时我还积极参与课题的申报和研究。2015 年 7 月作为主持人申报的课题"如何在初中地理第二课堂中提升学生读图能力"被列为广东省教育学会中学地理教学专业委员会"十二五"科研规划课题、广东省中学地理小课题，现已顺利结题；2018 年 7 月，作为重要成员参与的"移动环境下基于'私人定制'思想的中小学教师信息化教学能力精准培训模式研究"，被列为广东省教育技术中心 2018 年度专项课题；2019 年 12 月作为重要成员申报的广东第二师范学院创建国家教师教育创新实验区教育教学改革合作研究项目已经作为重点项目立项，课题名称为"基于深度学习下课堂高效的教学组织形式——小组合作学习"。

因业务精、业绩好，我多次受聘担任开平市初中地理教研活动培训主讲教师。2014 年 11 月 5 日，我受市教研室委托，为全市八年级地理科中学教学质量评价分析表彰教研活动，承担的课题是"夯实基础、关注热点"；2015 年 4 月 6 日参加全市初中地理教研活动，承担的课题是"西亚"；2015 年 10 月 29 日参加全市八年级地理科中学教学质量评价分析表彰教研活动，承担的课题是"微课在初中地理教学中的运用"；2017 年 2 月 28 日在开平市初中地理教研活动中，承担的课题是"七年级期末质量检测地理试题分析"；2017 年 9 月在开平市初中地理教研活动中承担"2017 年广东省中考地理试题解读"；2018 年 9 月在开平市初中地理教研活动中承担"2018 年广东省中考地理试题解读"，多次承担教学活动，均得到了领导的赞许、同行的好评。

我还积极参与支持农村地区中学的教育工作。从 2011 年起，我先后在开平市第六中学、开平市沙塘学校、开平市大沙初级中学、开平市月山中学、开平市沙冈初级中学等学校进行支教活动，共计承担公开课 25 课时，教研交流，听课评课和集体备课等教研活动共计 72 课时。

由于工作出色、成效显著，我多次受到了教育局和学校的嘉奖。2014 年 2 月被选为"开平市中小学名教师培养对象"，2017 年 4 月被选为"江门市中小学名教师培养对象"；2013 年 9 月被评为"开平市初中阶段毕业班教育质量先进个人"；2013 年被聘为《中学地理教学参考》杂志特约编辑；2015 年 10 月和 2017 年 2 月两次被评为"开平市地理教学先进个人"；2014 年 11 月和 2016 年 12 月两次被聘为开平市初中地理课堂教学优质课总决赛评委；2017 年 9 月被聘为江门市中小学兼职教研员；2017 年 10 月被聘为广东省青年教师技能大赛江门赛区评委；2018 年 12 月被聘为江门市初中地理优质课比赛评委；2014 年至今每年被评为"学校教研积极分子""优秀科组长"。在我的带领下，2018 年 4 月，我们地理科组荣获"江门市示范科组"称号（开平市唯一一个初中学科）。

2. 乐于助人，共同进步

从 2008 年 9 月起，我担任了 5 年同级地理科备课组长；2014 年 9 月起，我担任金山中学地理科组长工作；2017 年 9 月，由于学校工作的调整，我转为学校教务工作，任教务副主任。平时我积极做好全校地理科教学协调工作，与学校其他领导共同制订并实施各种教学计划，共同探讨各种教学问题及解决问题的方法，有目的、有计划地组织全体老师听课、评课，以事实为依据，以客观的态度，从教学理论、教学创新和教学效果的角度进行评价，与教师们互相促进，使教学水平不断提高。每学期我深入课堂听课达 15 节以上。

学年伊始，我受学校领导委托，给新教师进行岗前培训，认真指导他们备好课、上好课、做好教学和班主任的全程工作。在指导青年教师方面，本人一直严格要求自己，处处以身作则，起到示范表率作用，在言传身教中首先让青年老师牢记"德高为师，身正为范"的训言，引导他们发扬爱岗敬业精神，热爱教育教学工作。2011 年至今，我先后与本校青年教师邓新敏、林坤等结对实施"青蓝工程"，并为他们介绍"组织教学""写好教案""如何培养班集体"等辅导专题，为逐步提高青年教师教育教学能力甘做人梯。在我的悉心指导下，林坤、邓新敏等青年教师已成为学校教坛新秀，他们先后参与各地市级公开课、撰写的论文都荣获地、市级奖励：

2014 年 11 月，林坤老师参与开平市初中地理优质课比赛荣获一等奖。

2014 年 11 月，林坤老师参与江门市初中地理优质课比赛荣获第一名。

2014 年 11 月，林坤老师参与广东省初中地理优质课比赛荣获二等奖。

2015 年 6 月，邓新敏录像课荣获开平市一等奖。

2016 年 6 月，林坤、邓新敏分别荣获开平市解题大赛一、二等奖。

2016 年 11 月，邓新敏老师参与开平市初中地理优质课比赛荣获一等奖。

2016 年 11 月，邓新敏老师参与江门市初中地理优质课比赛荣获一等奖，我被评为"优秀指导教师"。

2017 年 2 月，邓新敏老师在"一师一优课"活动评选中荣获江门市级优课。

2018 年 12 月，方润龙老师参与开平市初中地理优质课比赛荣获一等奖。

2018 年 12 月，方润龙老师参与江门市初中地理优质课比赛荣获一等奖。

2019年6月，司徒小芳、放润龙老师荣获江门市初中地理命题大赛一等奖。

2019年9月，方润龙老师参与江门市青年教师技能大赛荣获二等奖。

我的教学实录

"俄罗斯"教学设计（第1课时）

（一）教学目标

（1）能运用地图描述俄罗斯的地理位置、面积、濒临的海洋，明确俄罗斯是一个海陆兼备的国家。

（2）能运用地图找出俄罗斯的主要地形区和河流，通过地形区的分布和河流的流向判断出俄罗斯的地势特点。

（3）理解纬度位置对俄罗斯气候的影响。

（二）教学重点、难点

（1）教学重点：俄罗斯的地理位置、气候、地形方面的特点。

（2）教学难点：理解自然环境各要素间的相互作用，纬度位置对气候的影响、地势对河流流向的影响等。

（三）教学策略

世界区域地理的知识点繁多，但趣味性强，在学习"俄罗斯"章节时，可以依据课标要求和学生已有的地理知识与技能基础，制定适合学生的教学目标，充分利用教材、地图册上的景观图片、多媒体视频等其他教学资源，生动、活泼、有趣的画面和视频使学生从视觉、听觉的感知入手，激发学生学习"俄罗斯"的兴趣；通过小组合作学习，培养学生阅读并运用各类地图的技能，理解地理各要素间的相互作用；以讲授引导、学生自主学习和小组合作学习等教学方式与方法，培养学生掌握学习区域地理的一般方法。

（四）教学准备

1. **教师准备**

视频芭蕾舞选段《天鹅湖》、自制多媒体课件。

2. **学生准备**

地理教材、地图册、其他学习用具。

（五）教学过程

导入新课。

教师：播放视频，让学生欣赏优美芭蕾舞《天鹅湖》，展示俄罗斯相关图片。

学生：观看视频、图片辨国家。

教师：我们今天就开始了解俄罗斯的范围和位置、自然环境等特征。

设计意图：通过视频、图片、新闻等信息，提出问题，激发学生学习"俄罗斯"的兴趣。

讲授新课。

板书：第四节　俄罗斯

一、位置和范围

教师：指导学生用红笔描出俄罗斯的陆上疆界，用蓝色笔描出海岸线。

学生：按照老师的要求，勾勒出俄罗斯的范围。

教师：展示世界面积前六位的国家，让学生感受俄罗斯的面积之大，并让学生通过资料了解俄罗斯东西距离遥远。指导学生结合地图找出俄罗斯的主要陆上邻国：芬兰、白俄罗斯、乌克兰、哈萨克斯坦、中国、蒙古国、朝鲜等。

学生：在课本地图上找出并标注俄罗斯主要的陆上邻国。

设计意图：通过地图了解俄罗斯的范围及主要的陆上邻国。

活动一：查找俄罗斯的位置（三步）

步骤1——确定俄罗斯的半球位置

教师布置任务：

阅读课本 p.37 图 7.47"俄罗斯在世界的位置图"，找出俄罗斯的半球位置。

学生完成任务：

（1）找出赤道，明确俄罗斯的南北半球位置——完全位于北半球。

（2）找出俄罗斯的经度范围，位于 30°E～170°W 之间（20°W 和 160°E 构成的经线圈是东西半球的分界线）——大部分地区位于东半球。

设计意图：明确俄罗斯的半球位置，培养学生区域地理的学习思路。

板书：1. 半球位置：东半球、北半球

步骤2——确定俄罗斯的海陆位置

教师布置任务：

（1）找出亚欧大洲的分界线，并标注。

（2）用不同颜色的彩笔，在 p.37 图 7.48"俄罗斯地形图"找出俄罗斯濒临的海洋。

学生完成下列任务：

（1）请一位学生到投影前，指出亚欧大洲的分界线——乌拉尔山、乌拉尔河、大高加索山脉、土耳其海峡，得出结论：俄罗斯地跨亚欧两个大洲。

（2）学生用不同颜色的彩笔标记出俄罗斯濒临的海洋：北邻北冰洋，东临太平洋，与北美洲隔白令海峡相望，西南濒临黑海和里海，西邻波罗的海。

设计意图：通过学生在投影指图、课本标图，加深俄罗斯海陆位置的印象。

板书：2. 海陆位置：

步骤3——确定俄罗斯的纬度位置

教师布置任务：

（1）教师展示俄罗斯纬度位置示意图，学生结合课本 p.37 图 7.48 "俄罗斯地形图"用彩笔标注出北极圈。

（2）上述地理位置的特点对该国的经济发展有哪些影响？（提示学生从农业发展、海洋运输等等方面考虑）

学生完成下列任务：

（1）学生找出北极圈并进行标注。

（2）归纳俄罗斯的纬度位置——俄罗斯大部分位于 50°N 以北的中高纬度地区，从五带的划分来看，主要分布在北温带和北寒带。

教师总结：纬度偏高，热量不足，对发展农业不利。俄罗斯虽有漫长的海岸线，但大部分濒临北冰洋，气温低，封冻期长，对发展海洋交通运输十分不利。

设计意图：通过对俄罗斯纬度位置的学习，理解纬度位置对农业、交通的影响。

板书：3. 纬度位置：大部分位于 50°N 以北的中高纬度地区

活动二：认识俄罗斯的自然环境（三步）

步骤1——找出俄罗斯的主要地形区及地形特点

教师布置任务

（1）结合课本 p.37 图 7.48 "俄罗斯地形图"找出俄罗斯的主要地形区，并进行标注。

（2）分析俄罗斯地形特点，由此并判断地势特点。

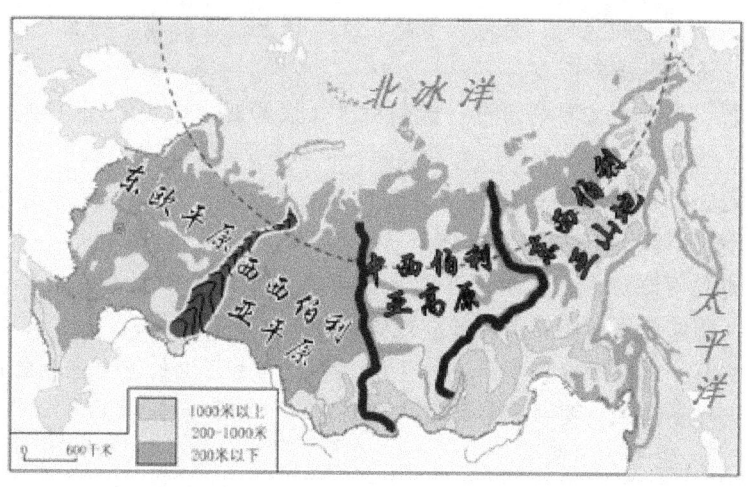

学生完成下列任务：
在图中找出俄罗斯的主要地形区，并完成下表。

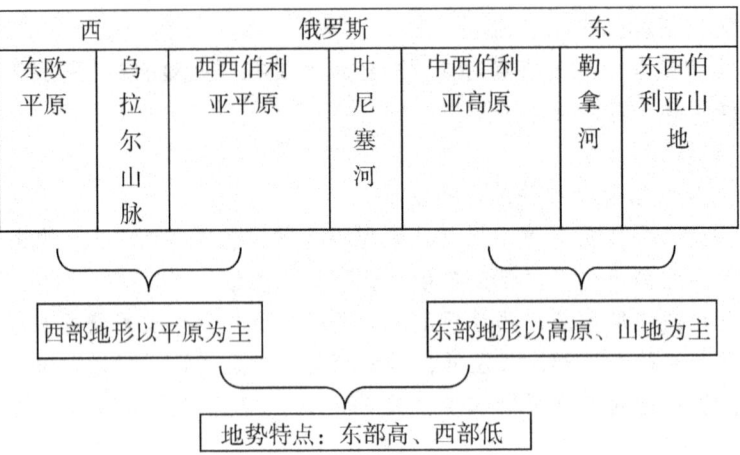

设计意图：学会找出不同类型的地形区，并能依据地形区的海拔对地势的特点做出总结。

板书：二、俄罗斯的自然环境

  1. 主要的地形区及地势特点

步骤2——找出俄罗斯主要的河流和湖泊

教师布置任务：

（1）结合课本p.37 图7.48找出俄罗斯主要的河流和湖泊。

（2）借助河流的流向，思考俄罗斯在亚洲部分地区的地势特点？

学生完成下列任务：

（1）找出俄罗斯主要的河流：伏尔加河（俄罗斯的母亲河）、叶尼塞河、勒拿河、鄂毕河。

（2）找出俄罗斯主要的湖泊：贝加尔湖——世界上最深、蓄水量最大的淡水湖泊。（教师展示相关多媒体资料）

（3）总结河流流向：伏尔加河自北向南流，其余位于亚洲的三条河流均自南向北流，所以俄罗斯在亚洲的部分地势特点是：南高北低。

设计意图：通过对俄罗斯河流的了解，学会利用河流的流向来判断地势的起伏状况，进一步让学生明白自然环境中各要素之间的相互作用。

板书：2. 主要的河流

步骤3——找出俄罗斯的主要气候类型，并分析其特点。

教师布置任务：

（1）找出俄罗斯的主要气候类型，哪种气候类型分布最广？

（2）展示"全球年均温分布图"，观察俄罗斯的年均温，思考造成俄罗斯气候寒冷的主要原因。

学生完成下列任务：

（1）结合课本 p.38 图 7.49 "俄罗斯气候分布图"找出俄罗斯主要的气候类型：温带大陆性气候、寒带气候、温带季风气候、高原山地气候，分布最广的是温带大陆性气候。

（2）观察"全球年均温分布图"，并总结：绝大部分地区年平均温 0 ℃ 以下，冬季长而寒冷，夏季短而温暖，属温带大陆性气候。俄罗斯大部分位于北纬 50°至 70°之间，北极圈从北部穿过，较高的纬度是造成俄罗斯气温偏低的主要原因。

课外链接：教师展示多媒体资料——北极的寒极"奥伊米亚康"。

设计意图：通过对俄罗斯气候种类及分布的了解，进一步探究造成俄罗斯气候寒冷的主要原因，让学生了解自然环境各要素间的相互联系。

板书：3. 气候分布及特征

课堂小结：

本节课我们从位置、范围、自然环境对俄罗斯进行了初步了解，通过阅读教材、各种地图、观看视频、景观图片，让我们不但了解俄罗斯的基本概况，也明白了自然环境中各要素之间的联系，比如地势对河流流向的影响、纬度位置对气候的影响等等，更重要的是明白了学习区域地理的一般方法。

（六）教学反思

学生对于未知的世界好奇心是很强烈的，世界区域地理会带领学生进入不同的国家、不同的地区，感受不同的自然环境、不同的人文风景。教师应该利用学生更容易接受的视频、图表等多媒体素材，开阔学生的视野、培养学生热爱地理的兴趣。在学习中结合地图，让学生在学习中培养从图中获取信息、分析信息、归纳信息的能力。

我的教学主张

新课程标准明确指出："地理图表是地理学习和研究的重要工具。"我们应将此作为教学指导思想，让教师通过设计各种活动，提高、强化学生读图能力，从而让学生掌握运用地图的基本技能，能运用地图查找地理信息，养成从地图上获得信息的习惯。通过阅读地理图像和绘制简易地图，帮助学生掌握观察地理事物的基本方法，逐步发展学生的理解、想象、分析等思维能力和解决地理问题的能力。

所以，地理学科与其他学科相比，最突出的特征是大量运用图表表达空间的概念和地理事物的空间结构联系及其发展变化的过程，这也奠定地图是地理的第二语言地位，所以学好地图、用好地图是学习地理最重要的法宝。在中考中，地理学科对学生的读图能力要求较高，主要有以下两种要求：一是要求学生能判读各种比例尺的地图，二是熟练使用和分析各种区域图、气候类型图、经纬网图等。

我的育人故事

和谐发展，德育工作卓有成效

参加工作以来，由于班主任工作和教学业绩突出，工作成果得到校领导的肯定，从2014年起我卸下了班主任工作，先后担任了地理科组长和教务处副主任等职务。担任班主任期间，我积极实施素质教育，不断强化对班级德育工作的管理，在增强针对性、提高实效性上狠下功夫。

（一）重视家庭教育工作，切实加强家校联系

为了全面实施素质教育，增进家长对我校的管理、教育教学，以及自己孩子在校学习生活的了解，真正提高家校联系的质量，我组织家长成立了家长委员会，并且每学期都开展两次家长会，以此加强家长和学校之间的联系，使学校、家庭、社会联系更为紧密，搭建起了家庭、学校和社会三力合一的桥梁。

记得有一位姓劳的女同学，她刚进学校的时候，成绩不错，性格也比较开朗。但是过了半个学期后，我发现她逐渐开始变得消沉，各方面退步都很明显，我也找她谈话，但她却不愿意跟我说，于是我又跟她的家长进行沟通，她的家长也找不到原因，这让我的班主任工作陷入了僵局，这个问题也一直困扰着我，让我在那段时间寝食难安。后来一次偶然的发现，打开了这位同学的心扉。在一次

晚自修的时候，我发现她的手腕上有许多道割痕，我很紧张，担心她会做出过激的行为，于是我开始尝试经常下午放学后约她一起在操场散步，跟她谈心。差不多过了一个月，她开始逐渐把自己的真实想法告诉我，原来是她进入初中后，与家长的沟通减少了，再加上其父亲工作繁忙，所以觉得自己缺乏家长的陪伴。我了解到这个情况后，立即跟她的家长进行了多次沟通，并互相交换了教育的计划——希望家长能多陪陪孩子。通过一个暑假家长的陪伴——一起游泳、一起爬山、一起跑步，回到学校后，我发现她明显变化了，变得更加开朗、更加阳光，学习也非常有劲头，最后这个状态一直保持到初中毕业，最后她考上了重点高中——开平市第一中学。

（二）重视"待进生"转化工作

"待进生"（学习成绩和思想行为都较差的学生）虽然人数不多，但他们在学校、班级中却是一个非常应该引起重视的群体，一个班的班风、学风都和他们有很大的关系，因此应当高度重视。我密切配合科任教师，重视"待进生"转化工作，对问题少年及时发现，及时帮助，每周三早读课由本人亲自做专题教育，从纪律、安全、行为规范、法制教育入手，通过故事引导他们，通过身边发生的事教育他们，使他们明理知法，及时解决他们的实际困难和困惑。

教育就是人与人心灵上的最微妙的相互接触。因此，在德育管理过程中，我会和学生"促膝而谈"，因此也形成我特有的转化待进生的教育方式：倾听。我会耐心倾听学生的诉说，从中可以了解学生的想法和认识，甚至可以帮助我探究一个孩子的心灵世界，让我放下自己的观点和想法，站在孩子生活和思维的角度去重新审视我的教育，设身处地地替学生想、换位思考，使学生与老师感情贴近，吃草的骆驼莫喂肉——顺应学生不同的天性去培养。深入学生的内心世界，让学生说自己想说的话，针对学生发自肺腑的话，我都会一一记录，认真对待。对于学生正当的要求，我会尽力满足，需要我帮助解决的事，我会千方百计地帮助解决；对于部分有问题的孩子，我会在肯定其成绩的同时，找出适当的时机，进行心灵的沟通，让其摆脱生活、学习等方面的困境。比如2012—2013学年初一（3）班的黄源杰同学因刚进初中，因学习不太适应和个人习惯等原因被同学嘲笑，于是长期沉浸在自卑和对其他人不信任中。家长也对其学习和人际关系头疼不已。一开始他也很抗拒我，我不急于一时，针对他的学习和友情有的放矢，经常一张一弛和他谈心，平时我在放学后还跟他一起打篮球，通过一段时间的接触，他开始慢慢信任我，当他面对学习的不理想、友谊的烦恼时，也向我倾诉。我所做的一切感动着他，他也在悄悄然中变化着，通过自身努力，自信心不断加强，在每学期都成为三好学生，最后我还培养他成为班的团支部书记，最后他在2015年中考以总分631分考取重点高中开平市开侨中学。他毕业后给我写一封信说："真的很谢谢您，您是我遇上的第一个能和我谈心的老师，我会永远记得，有这么一个人，在我生命的字典里出现过，不能说永远的唯一，但一定是曾经的唯一，曾经的最重要！"

教好每个学生、让每个家长满意是我最大的目标。我对每个学生都竭尽全力、永不放弃，尽可能让更多的学生有好的发展。在不同场合我多次对学生强调："在我的眼中，学生没有成绩好坏之分，只有态度好坏之分，因为态度决定一切。我不会放弃任何一个学生。事实上没有一个人能放弃你，除了你自己。"我所作出的成绩得到家长、领导和同行们的好评，于2011—2016年连续6年在帮教过程中被开平金山中学评为"待进生帮扶优秀教师"，2017年9月被评为"开平市师德标兵"。另外，我还注重德育工作教育反思，撰写了多篇德育论文，其中论文《抓细节，促学风——浅谈培养优良班风的对策》在2017年开平市教育教学论文评比中获一等奖。

他人眼中的我

（一）专家眼中的我

王锦虹老师的课主线清晰，让学生认识黄河对中华民族的奉献，认知黄河的水文特征，理解黄河面临的环境问题，寻求黄河的利用、治理措施，课堂一气呵成，方法创新，形式多样，充分体现学生自主性。利用小组学习的方式，树立学生正确的"人地观"，锻炼了学生的读图能力。地理教学没有固定的模式，每一位老师应该选择适合自己风格的教学模式。

（广东省教育厅原教研员、初中地理教材常务主编　周顺彬）

王锦虹老师的新课导入耳目一新，教学过程异彩纷呈、教态自然、课堂调控技艺高超，颇有大师风范。王老师通过知黄河、赞黄河、叹黄河、治黄河、爱黄河五个环节，将黄河像一幅画卷似地呈现在学生面前，条理清晰，环环相扣，语言风趣。在教学过程中，王老师采取小组合作学习模式，设置了多个小组探究活动，充分发挥学生的主体性。

（江门市地理教研员　郭长山）

（二）同事眼中的我

王锦虹是广东省骨干教师培训优秀学员、江门市名教师培养对象、开平市名教师、江门市优秀教师，曾参与多本教辅资料的编写，并在刊物上多篇文章。他平时做事非常细心，有较强的统筹能力，不管是担任班主任、科组长还是教务主任等工作都非常出色。

（广东省名校长工作室主持人、特级教师　郑娟馥）

王锦虹主任作为我们学科带头人,成绩显著,耐心指导参加论文、优质课比赛的年轻老师,积极引领科组全面发展。2018年4月,在他的带领下,我们地理科组荣获江门市示范科组称号(开平市唯一一个初中学科)。

(现金山中学地理科组长、高级教师 谭灿胜)

(三)学生眼中的我

作为一名地理老师,学生把他们的对我的感情也画在了地图中。

勤耕不辍育桃李　上下求索凝风格

● 鹤山市纪元中学　温昌丁（中学语文）

● 个人简介

我叫温昌丁，是鹤山市纪元中学语文高级教师，市第一、二、三批语文学科带头人，广东省第二批中学语文骨干教师，江门市第四批名教师培养对象。江门身处改革前沿阵地，敢为人先、务实进取的广东精神和实干、敏行、兼容的侨乡文化对我影响至深。客家文化质朴无华的风格、务实避虚的精神和返本追远的气质与生俱来，不仅体现在学习、工作和生活当中，而且植根于

与荣获广东省一等奖的《岭南歌》诗歌朗诵同学在一起

我的深层意识之内。在客家文化与侨乡文化的浸润下，我摒弃"花架子"，追求高效率，不屑于营造热热闹闹的课堂气氛，却愿意与学生一起感悟真善美、流露真性情。我经常适时引入社会人生的鲜活素材，激发学生兴趣，丰富课堂内容，着力提高学生的人文素养，逐渐形成了自己朴实、厚重、灵动的粤派教学风格。

近年来，我在《语文天地》等刊物发表论文2篇，参编《生本教育高中语文课程再造用书》教材1本。参与江门市级课题1个，主持人教社课程教材研究所、江门市教育局课题1个。我曾赴北京大学和北京师范大学进修学习，担任高三毕业班语文教学15年，高考成绩名列江门市同类学校之首。2019年5月，我组织指导我校诵读节目《岭南歌》参加"2018—2019年度南粤校园中华经典诵读"总决赛，荣获广东省一等奖。

我的教学风格

我的教学风格——朴实、厚重、灵动。

（1）朴实，与我内敛的性格吻合，是我长期以来追求的教学风格。时下花里胡哨的课堂较多，表面上热热闹闹，实则效果一般，语文味儿被冲淡。语文课堂教学应该通过听、说、读、写活动对字词句篇、语修逻文进行扎扎实实的言语训练，让学生在言语训练的过程中逐渐形成自己的情感态度和价值观。我的课堂不需要华丽的多媒体课件，也不必设置热闹的讨论场面。师生是在一种平等、和谐的气氛下进行交流，将对知识的渴求和探索融于简朴、真实的教学情景之中；教师娓娓道来，学生认真聆听，静静思考，平等互动，清晰争论。朴实的课堂虽没有江海波澜之壮阔，却也不乏山涧流水之清新，给人一种心旷神怡、恬静安宁之感。

（2）厚重，是指人文内涵丰富，尊重教材却又不拘泥于课本，适时引入社会人生的热点话题，用鲜活的素材激发学生兴趣，丰富课堂内容。知识是外在的东西，只有进入认知本体，并渗透进他的生活与行为，内化为人的精神修养，才可能会伴随人的一生，才能称之为人文素养。在课堂上，我想方设法引导学生探究文本内核，不遗余力地将作品丰富而厚重的人文精神传达给学生。教《赤壁赋》时我告诉学生，有一种大美叫豁达，直面困境，笑对人生，大丈夫要拿得起放得下，东坡的人生境界，是照亮后世的一座灯塔；教《陈情表》时我告诉学生，有一种真情叫孝敬，懂得取舍，恩义无价，情至深处，怆然涕下；教《祭十二郎文》时我告诉学生，有一种亲情叫牵挂，白发送黑发，催人泪雨下，暂别成永诀，"绝调"寄不舍。

（3）灵动，是指课堂具有互动性和生成性。互动性，即强调师生之间、生生之间表现出多元化、多层次的交流与表达；生成性，即强调师生之间因彼此的启迪而激发生成许多新的点子、新的思想火花，获得预设之外的体验与感悟。如在《赤壁怀古》教学中，在提出问题"同为风流人物为何不选曹操"时，有人说因为曹操是奸臣，此说法得到不少学生的认同。我敏锐地觉察到这一问题的价值，便趁机拓展，介绍小说及其形象塑造，指出"源于生活而高于生活"的小说人物并非现实人物，从而厘清文学作品中人物形象与史传人物的区别，给同学们留下了深刻的印象。我还经常鼓励学生要树立大语文学习观，从生活中学习语文。我让他们搜集有关月亮、酒等物象的故事、诗歌和对联等，带领学生漫步古诗苑，学唱古诗词，以领悟诗词的旋律美和意境美，从中感悟古代文人的情感寄托。这样灵动的课堂，显得更舒展，更大气，更让学生和自己喜欢。

▶ 我的成长历程 ▶

诲人不倦廿九载，育得桃李满园芳

1986年，17岁的我以高考全县文科第三名的成绩考上赣南师范学院中文系本科，在我们那个偏远乡镇引起了不小的轰动。作为本乡第二位大学生，副乡长带着村支书把100元奖金送到了我们家，这在当时可是一笔不小的财富！大学四年，图书馆、阅览室是我经常光顾的地方，中外文学名著看了不少，传记类文学作品更是我的心头所好，期刊阅览室的杂志，每新到一期，我必先睹为快。丰厚的文学积淀，为我的语文教学奠定了扎实的基础。

（一）第一阶段（1990—1996年）：独上高楼，望尽天涯路

大学毕业后，我被分配到一所镇级完全中学任教高一语文。时值中国教育改革蓬勃发展时期，继于漪、钱梦龙等前辈开垦出一片语文教学新天地之后，在中国大地上涌现了一大批教育改革家，如章熊、宁鸿彬、欧阳代娜等人，他们风格迥异，教学模式也各不相同。带着对未来世界的茫然和新角色的期待，我开始了自己的从教之路。我笃定要教好书，虚心向教育前辈学习，从写教案到讲课板书，再到刻钢板编资料，学习他们的一招一式。鉴于我对中学语文课的总体感觉是枯燥乏味的，因此，我告诫自己，一定要把语文课上得生动有趣，如果有学生在课堂上睡觉，那就是我的失败。于是，一有时间，我就去学校资料室阅读教学期刊，如于漪的情感派教学，钱梦龙的"导读法"等，我不断向名家学习，汲取养分，丰富见识，活跃自己的语文课堂。有一次，县人大、政协领导到校调研，我的汇报课受到了领导表扬。于是，我从乡镇中学调入了县城中学。

来到城里，看到身边的每一位老师都那么优秀，我感觉有点心慌。于是，我给自己定下一条规矩：上每节课前，必须至少听一节其他老师的课。一个学期下来，我听课100余节，并承担两次校级公开课，使自己驾驭课堂和处理教材的能力提高得很快。一年后，我被学校委以重任，担任语文教研组副组长，任教"小班"（注：本校为报考少年大学而设的班）语文。这样，我便有了更多机会到赣州、南昌学习，还前往"才子之乡"——江西临川学习取经。这些学习和培训，大大开阔了我的视野，使我的课堂更加灵动起来，每次教学调查，学生们都给予我很高的评价。2年以后，小班周伟强同学以总分第一和面试第一的优异成绩被中国科技大学录取，成为轰动赣州地区的重大新闻。我因此被评为石城县"优秀班主任"，还被县委、县政府授予"优秀教师"荣誉称号。

（二）第二阶段（1996—2015年）：衣带渐宽终不悔，为伊消得人憔悴

1996年7月30日，我带着两大箱书刊和三皮箱衣物，带着爱人和孩子，经

过18个小时的辗转颠簸，终于在第二天早上6点到达纪元中学，从此，我成了一个鹤山人。鹤山是著名侨乡，学校由港澳同胞和海外华侨捐资兴建，每幢教学楼上都镌刻着乡贤的名字。那时，正值广东改革开放蓬勃发展之际，珠三角吸引了来自全国各地的人才，形成了"孔雀东南飞"的奇观。鹤山也以其特有的魅力吸引着有志青年，侨乡文化的兼容、实干、敏行的特点，对我的教学理念和专业成长影响至深。二十多年来，受侨乡文化精神的浸润，我一直坚持朴实、务实、扎实的作风，一直坚守将人文内涵引入课堂，以滋养学生的人文素养。

在我苦心"经营"之下，首届毕业班成绩遥遥领先，本科率及重点本科率人数远超其他班级。作为鹤山第三批生源学校，我班冯锦松同学以优异成绩考入西安交通大学。之后三年，我又连续带了三届毕业班，都取得不俗的高考成绩。那个阶段，我比较注重方法技巧，本质上是为应试而教学。进入21世纪，随着新课程的全面实施，我对语文学科的性质和语文教学的方式进行了审视。于漪说："没有人文，就没有语言这个工具；舍弃人文，就无法掌握语言这个工具。"我们的语文教学不能只停留在学语文这个交际工具的表层上，还要重视学生人文精神的培养和人文素质的提高，使学生在潜移默化中培养审美情趣。我也深刻认识到，课堂教学模式化是语文教学科学化的必由之路，要大面积提高语文教学质量，就必须创建语文课堂教学模式，优化语文课堂教学结构。

科学的教学模式是培养学生良好学习习惯和思维能力的有效途径。早期，我选择了张熊飞先生的诱思探究学科教学论。在课堂教学中按照"探索—研究—运用"的层次关系安排内容，以期"变教为诱，变学为思，以诱达思"，实现最有效的教学；以学生为主体、教师为主导、训练为主线、思维为主攻，通过教师的"少而精、诱而思"培养学生的自主学习能力，实现高效的学习。后来，我们又多次前往石家庄精英中学学习取经，结合学校实际，提出以"导学案"为抓手，实施"问题导学、互动探究、小组合作"的学习方式，进行导、思、议、展、评、检"六环节"教学改革实验，打造高效课堂，培养学生"自主学习，主动发展"的能力。从近年稳步提高的高考及统考成绩来看，我校的课堂教学改革是成功的。

我曾参加为期一年的广东省第二批中学语文骨干教师培训，北京师范大学骨干教师培训，这些培训使我的教学能力有了很大提高，专业素养也提升很快。我以"荷花淀"参加鹤山市说课比赛，获得第一名；以"世间最美的坟墓"参加江门市青年教师阅读教学比赛，获一等奖；参加全市中小学教师征文比赛，荣获一等奖；作品《影视记事》发表在《广东教育》上。同时，我指导的学生有20余人参加各级各类征文比赛或演讲比赛获奖，胡小燕同学的作文《别了，寄居蟹》获广东省二等奖，多个学生作品发表在《广东教学报》等刊物上。

(三) 第三阶段（2015年至今）：蓦然回首，那人却在灯火阑珊处

2015年12月，我参加了北京大学名师培训。我以勺园为家，与大师为友，与专家对话，丰盈了心灵，启迪了智慧。专家们视野开阔、阐述生动、观点鲜明，使我了解了许多教育前沿理论，极大地丰富了我的知识储备。常森教授讲中国文化经典，杨润勇博士讲科研方法，姚惠忠教授讲危机处理，唐登华教授讲情绪管理……那些让人耳目一新而又极具个性的天籁之音，仍时常萦绕在我的耳畔，学者们的思想光芒和精神焰火，涤荡了我的心灵。这次培训，使我在教育教学思想上完成了一次洗礼。

2018年和2019年，我曾两度在深圳市南山区教育科研中心跟岗学习，师从著名语文特级教师、正高级教师茹清平。这段经历不仅丰富了我的教育教学理论，锻炼了实践能力，而且提高了我的学术涵养。在广东第二师范学院，古立新院长精心指导我进行小课题研究，她从独特的视角，给我提出了宝贵的修改意见，让我思维顿悟、如获至宝。近两年，我还在浙江名校——杭州高级中学和南京名校——中华中学分别跟岗学习一周，并上一节汇报课，感受了大师之厚重，汲取了名校之精华，开阔视野和眼界。渐渐地，我对教育的本质有了自己的理解：教育的目的是解放人、发展人，教育就要为学生留下终身受益的东西，为学生一生的幸福奠基，语文教育到最后是要让学生从中获得对生活、对世界、对人生的分析和感悟能力，这才是教育的根本。正如钱理群教授所说，我们的教育应该是给学生"打好终生学习的底子与终生精神发展的底子，以保证每一个人的一生可持续发展"。

此时，再来审视我们的语文教学，颇有一种高屋建瓴之感。比如，作文教学本质是什么？写做人，即做什么人（有家国情怀、理想信念、奉献社会等），如何做人（如何面对困难挫折、如何对待名利得失等）。这时候，我的教学不再为教而教，学生也不再感到迷惘，课堂成了师生共享幸福生命的乐园。我也更多地关注社会、关注人生，业余时间喜欢看一些文史哲书刊，不断静思、反思自己的教育和教学，并加以总结提炼写成文字。近年来，撰写的论文《中学生人文素养浅议》《新时期高中语文教学中人文精神的缺失及应对策略》《"大语文"教学思想在高中语文教学中的渗透》等获奖或发表。参与的江门市课题"快乐、健康、优质、轻负的高效课堂研究"已结题，主持的中国教育学会"十三五"教育科研课题"大语文视域下课内外结合提高全寄宿中学生语文素养的实践研究"已结题，现正进行人教社子课题"魅力楹联校本课程开发与国学教育课程化研究"。组织并指导《岭南歌》参加"南粤校园中华经典诵读文化艺术节"，从诗歌挑选到书评撰写，从朗诵技巧到情感演绎，我都用心指导。功夫不负有心人，节目从初赛到复赛再到总决赛，一路过关斩将，最后斩获广东省一等奖。

成长道路上，我得到过许多人的帮助。我走过4所学校，带出15届高三学

生，高考成绩在江门市同类学校中遥遥领先。尤其是 2018 年，作为鹤山市第三批招生的学校，我所任教的高三（12）班本科率高达 80%，语文平均分达到 100.53 分，创造了学校办学以来理科班语文的最好成绩。从教以来，我获得"优秀教师""优秀共产党员""先进教育工作者"等荣誉称号 12 次，年度考核优秀 7 次。同事们总是毫无保留地把他们的宝贵经验传授给我，使我在语文教学这条路上走得更加稳健。领导也对我青睐有加，不断往我的肩膀上压担子，从班主任、科组长，到教导处副主任、主任，再到副校长，一路走来，领导对我信任多多，信心满满，我只能用心做事，诚心做人，才能不愧于心，无愧于人。

我的教学实录

《念奴娇·赤壁怀古》教学实录

【教材解析】本单元是人教版高中语文教材必修四第二单元，选了柳永和李清照、苏轼和辛弃疾每人两首词，从高中语文教学和考试来看，诗词的重要性不言而喻，高考占分高达 20 分。这首词可谓重中之重，就像讲诗经要讲到《氓》，讲楚辞要讲到屈原，讲唐诗要讲到李白杜甫，讲宋词不能不讲到苏轼，他是豪放派的代表作家，他的诗、词和散文对后世影响极大。

【学情分析】在高一下学期第二学段，学生已经在前面接触了唐诗，具备了初步的诗歌鉴赏能力。但因我校是寄宿制学校，很多学生又来自乡镇，知识面较窄，习惯于被动接收式学习。有鉴于此，我在教学中引导学生积累基本的宋词鉴赏技法，通过合作探究碰撞出思维火花，用涵泳吟诵名句的方法，提高学生的诗歌鉴赏能力。

【目标设定】
（1）知识与能力：领略苏轼豪放雄迈的词风，初步了解豪放派词的特点。
（2）过程与方法：诵读吟咏，感受诗词意境，把握作者的思想情感。
（3）情感态度与价值观：体会词人丰富情感和达观性格，提升人格，净化心灵。

【教学重点】
（1）理解词中写景、怀古、抒情相结合的写法。
（2）体会作者情感，并通过朗读表达出来。

【教学难点】
感悟词人复杂的精神世界，理解"人生如梦"。

【教学方法】
诵读法、合作探究法。

【课时安排】
1 课时。

【教学过程】

课前播放中央电视台第四套《两岸一家亲》节目，时隔23年，杨洪基再唱《三国演义》主题曲《滚滚长江东逝水》，还是那样的荡气回肠！让学生的思绪一下子回到了三国时的古战场上。

(一) 导入新课

师：中国现代著名学者、语言学家林语堂先生写了一本《苏东坡传》。他认为苏东坡是一个大文豪、一个大书法家、一个无可救药的乐天派，苏东坡比其他诗人更具有多面性天才的丰富感、变化感和幽默感，智能优异，心灵却像天真的小孩。

师：苏轼因文名太盛，又反对新法，所以被贬；而每贬到一个地方，他就生活得有滋有味，所以被一贬再贬。哪位同学知道他被贬到广东什么地方吗？

生：好像是惠州吧。

师：还记得他留下了什么诗句吗？

生：我们广东荔枝多，他写下了名句"日啖荔枝三百颗，不辞长作岭南人"。

师：没错。古时广东被称为蛮夷之地，人烟稀少，多是被贬才来此地。戴罪之身来到此地还这么开心，那就得贬得更远一些呀！他最后被贬到哪里去了呢？

生：海南岛。

师：是的，来到荒无人烟的海南岛儋州，竟然活得有滋有味，写下"九死南荒吾不悔，兹游奇绝冠平生"的诗句，这就是苏轼，永远那么达观！真是一个"无可救药的乐天派"！

师：苏轼是唐宋八大家之一，请问八大散文家里面唐朝有几位？

生1：四位。

生2：两位。

师：是哪两位？

生2：韩愈、柳宗元。

师：很好，其他六位都是宋代作家，苏轼一家就占了三席，父亲苏洵、弟弟苏辙。

师：苏轼的书法也负有盛名，他与黄庭坚、米芾、蔡襄并称为"书法四大家"。他的词开创了宋代的豪放词风，我们说到豪放派词，一定会讲到他，还有一个与他齐名的词人是谁？

生：辛弃疾。

(二) 诵读感知

师：当代词学家夏承焘先生在谈到词的诵读时说："声情随词情而变化，长吟短咏，抑扬顿挫。"《念奴娇·赤壁怀古》是豪放派的代表作，同学们觉得诵读这首词要注意些什么问题？

生1：既然是豪放派词，就要读得中气十足。

生2：要读得豪迈，才能有豪放派的气势。

生3：有些地方的节奏要读得慢一些、深沉一点。

师：接下来我们进行组内对读。要求：认真倾听，并互相指出诵读的不足。

生1朗读。（读完后全班同学鼓掌）

生2：读得有气势，但读错了两个字，一个故垒的"垒"字，应该是第四声；一个是"灰"字，应该读"huī"，而不是读"fēi"。

师：你很仔细，灰字的声母读成"f"，是我们长江以南人的习惯。

生3朗读。

生4：我认为他读得没有自己的感情，只是读，不是朗诵。

师：那请你来朗诵一下好吗？（同学们热烈鼓掌）

生4朗诵。（基本能够背诵，感情的把握比前面同学要好。）

师：我来点评一下，他在朗读时的感情，显然比前面的同学丰富了很多，这很好。但也有些字的读法，我在这里要纠正一下，比如说"小乔初嫁了"的"了"，就该读"liǎo"，"还酹"的"还"，应该读"huan"，下面我来范读一遍。

（师感情饱满地朗诵后，学生掌声雷动。）

师：下面请大家自由朗读，尽量把声音放出来，把豪放的气势读出来。读后完成填空：

诗人伫立于…… 看到…… 怀想…… 感悟……

（生自由朗读）

生1：诗人伫立于长江边上，看到大浪淘尽，怀想千古风流人物，感悟人生如梦。

生2：诗人伫立于长江边上，看到江山如画，怀想英雄人物，感悟人生如梦。

师：诗人伫立于赤壁故地，看到穿空乱石、拍岸惊涛和"千堆雪"，怀想起英雄周公瑾，感悟到人生如梦。

（三）研读鉴赏

师：上阕的景物描写（乱石穿空、惊涛拍岸、卷起千堆雪）用了什么手法？

生1：拟人手法，穿、拍、卷都是用于描写人的动作。

师："穿"在这里是什么意思？是人"穿衣"吗？

生2："穿空"是直冲云霄的意思，并不是人的动作。

师："拍"是拟人，"卷"并非人的动作，我们在《茅屋为秋风所破歌》中学过的。

生1："八月秋高风怒号，卷我屋上三重茅。"

师：把屋上的多重茅草都掀翻了，"卷"字说明了秋风的力度之大。

师："千堆雪"是什么手法？是下雪了吗？

生3：不是下雪了，用的是比喻手法。

师：比喻的本体是什么？为什么能用比喻？

生3：本体是浪花，因为浪花和雪都是白色的。

师：那么古人又是怎样用比喻来写雪的呢？

生3：不知道。

师：提示一下，我们学过岑参的《白雪歌送武判官归京》里面就有。

生4："忽如一夜春风来，千树万树梨花开。"把雪比作"梨花"。

师：很好。词中写景还用了什么手法？

生5：对偶，"乱石穿空"和"惊涛拍岸"对仗很工整。

师：还有吗？

生6："穿空""千堆雪"都是夸张的修辞手法。

师：没错。这里还是多角度写景，是从哪些角度来写景的呢？提示："雪"是从"色"的角度来写的。

生7：那"乱石穿空"就是从"形"的角度，"惊涛拍岸"则是从"声"的角度，这里写景是从"形、声、色"的角度来写的。

师：非常好！下面我们一起来概括上阕和下阕的内容。

上阕：写景——所见，叙史——所想

下阕：怀人——所忆，抒情——所叹

师："江山如画，一时多少豪杰"一句的作用是什么？

生：过渡句。"江山如画"是对上阕的总结，"一时多少豪杰"引出下阕。

师：由景及人、承上启下。（出示电视剧中周瑜的剧照）

师：周瑜是怎样一个人？请用一个词语来概括，既可以是文中的词语，也可以自己概括。

生1：我认为是羽扇纶巾的周瑜。

师：有点深奥，请你用我们现在的语言具体描绘一下。

生1：摇着羽毛扇子，戴着纶巾的周瑜，很有风度。

生2：我认为是雄姿英发的周瑜。

师：用我们常用的词语怎么讲？

生2：英俊潇洒。

师：还有谁能概括一下周瑜的形象？

生3：我认为是有计谋的周瑜。

师：何以见得？

生3："樯橹灰飞烟灭"，打败曹操强大的水军，说明他很有军事指挥才能。

师：很好。我认为能概括周瑜的一个词语在上阕，大家找找看是哪个词语？

生：风流人物。

师：我们在毛泽东的《沁园春·雪》中学过，大家可以尝试背诵一下这首词。

(学生背诵《沁园春·雪》)

师：毛泽东在词中认为秦始皇、汉武帝、唐太宗、宋太祖这些人是不是"风流人物"？

生：不算。

师：为什么？

生：因为他们"略输文采""稍逊风骚"。

师：那么，成吉思汗算不算呢？为什么？

生：他更不能算了，因为他"只识弯弓射大雕"。

师：那请问曹操算不算"风流人物"？

生1：不算。

师：为什么？

生1：他是失败者，又是个奸雄！（很多同学点头称是！）

师：《三国演义》是小说，文学作品源于生活而又高于生活，人物形象是"艺术的真实"，并非"生活的真实"，小说中的"我"，往往不是作者自己。曹操的"奸雄"形象，只是作者根据自己的情感态度而塑造的，绝不能与历史人物混为一谈。

师："风流人物"应该文武双全的历史人物。这样来看，曹操是不是"风流人物"呢？

生2：他既有军事才能，又有文艺才华，应该算是。

师：他的军事指挥才能我们有目共睹，你怎么知道他有文艺才华呢？

生2：他会写诗词呀！

师：我们学过他的哪些诗词呢？

生2：《龟虽寿》《短歌行》等。

师：既然曹操是个风流人物，那么为什么苏轼不选曹操做主角而选周瑜呢？提示一下，可以苏轼的现状入手。

生3：苏轼此时被贬黄州，是个戴罪之身，而周瑜在此地大败曹操水军，建功立业，苏轼和周瑜两人对比鲜明。选曹操没有这样的对比效果。

师：不错。大家还可以从两人的外貌方面来进行分析。

生4：此时的周瑜风华正茂，顺风顺水；而苏轼却是华发早生，失意人生。

生5：周瑜年轻，而苏轼已经老了，周瑜年轻有为与苏轼老大无成对比强烈。

师：大家不要忽略了词中的一个人物——小乔。

生6：小乔初嫁了，说明周瑜挺年轻的。

师：你知道苏轼的爱人吗？

生6：不知道，词中没说，我也没查过。

师：苏轼的爱人名叫王弗，两人感情很好，但十多年前因病去世了。

生7：周瑜有美人相伴，苏轼却是爱妻亡故，选曹操无此强烈对比。

师：大家说得很到位。年纪轻轻就已经功成名就的周瑜，与华发早生却仕途坎坷的苏轼，反差非常强烈，周瑜的青春年少、风流倜傥，这一切比照得苏轼自感黯然！

师：如果选曹操，曹操是一个失败者，苏轼是一个失意者，两个人在赤壁这个地方相见，将会是怎样的一种情形呢？

生：（齐声）同是天涯沦落人，相逢何必曾相识。

（四）主题探讨

师：选择周瑜是苏轼对自我人生落寞的一种祭奠。如今曹操在哪里？周瑜又在哪里？更何况一介微官呢？正如歌中唱道：滚滚长江东逝水，浪花淘尽英雄！面对此情此景，苏轼不禁感叹"人生如梦，一樽还酹江月"！这两句写得太好了，老师想请同学来读读。

生1：（读得语调平淡，感情苍白。）

师：可以读得缓一点，深沉一些。

生1：（再读一次，比刚才更有深沉感。）

师：范读一次，充满悲怆之感。提醒学生注意：后一句应读得越来越低沉，"江月"二字可以拉长声调，请全班同学一起来读。（全班齐读，效果不错。）

师：老师读高中的时候，课文的最后两句是"人间如梦，一樽还酹江月"。你认为选择哪一个版本更好？请简要陈述理由。（小组讨论，合作探究）

生1：我赞同"人生如梦"，因为"人间"的范围太大，这里指苏轼的人生。

生2：我也赞同"人生如梦"，因为"人间"是世间众人的，既有成功的，也有失败的；而"人生"是自己的，苏轼不能因为自己失败而讲别人也是失败的。

师：有谁不赞同"人生如梦"的？是不是现在的教材都这样写了，大家就不敢有不同意见了？（没有学生举手）

师：看样子我们还是缺乏一点质疑的精神。如果是我，仍会选择"人间如梦"。理由是：首先，词的开头以"大江东去"作背景，演绎了"千古风流人物"的悲喜人生，然而，这一切最终不过是"过眼烟云"，这很符合人间如梦的意味。第二，面对如画江山，如斯逝者，用"人间如梦"告诉我们：谁的人生不是梦呢？他不光是讲自己的人生，更是对千古风流人物的祭奠。这样，苏轼的失意、感伤，就跳出了一己之感怀，上升到了群像似的共同情怀。

当然，这只是我个人的意见，你们可以保留自己的意见，毕竟仁者见仁，智者见智嘛！

师：林语堂说："一提到苏东坡，在中国总会引起人亲切敬佩的微笑。"这是为什么呢？

生1：因为苏轼总是用一种达观豁达的态度对待人生。

生2：生活亏待了他，命运捉弄了他，但他却仍然过得有滋有味，让人敬佩。

师：说得很好！苏轼用他的旷达、广博、深厚，他的天真烂漫的赤子之心温暖了一代又一代的中国人。让我们再一次用我们的"声情"去呼应苏轼的"词情"！

对照教师的硬笔书法，师生一起朗诵，读出豪迈气势，读出苏轼的复杂情感。

大江东去浪淘尽千古风流人物故垒西边人道是三国周郎赤壁乱石穿空惊涛拍岸卷起千堆雪江山如画一时多少豪杰遥想公瑾当年小乔初嫁了雄姿英发羽扇纶巾谈笑间樯橹灰飞烟灭故国神游多情应笑我早生华发人生如梦一樽还酹江月

录苏轼念奴娇赤壁怀古

丁酉仲秋昌丁书于鹧山

（五）布置作业

读完这首词你有怎样的人生思考？请写一篇300字左右的小作文，来表达你的看法。

【教学反思】

(一) 课程资源开发与教学设计

《念奴娇·赤壁怀古》是豪放派词的代表作品，此前学生只在必修二学过散文《赤壁赋》。宋词不如诗歌和散文那样易懂，要反复诵读，层层设疑，运用联想和想象，启发学生积极思考，才能探究它旷远深沉的意境。本单元要求"通过反复诵读，品味诗歌意境"，因此在教学过程中，我以诵读法贯穿始终，让琅琅书声萦绕课堂。初步感知时，我要求读准字音；组内对读时，要求互相指出不足，哪里该激昂，哪里该舒缓；同学齐读时，要求读出气势，力求体味豪放词中景物的壮阔美；单句悟读时，要求同学体味词人感情的激荡起伏；课堂最后师生一起诵读时，老师带领学生读出苏轼的郁愤、不平和乐观、旷达的复杂情感，理解词人洒脱胸襟和豁达情感。用诵读让学生走入诗歌，走进苏轼的精神世界。用诵读法完成了理解词中写景、怀古、抒情相结合的写法和体会作者情感这两个教学目标。

在教学设计中，我采用了比较赏析法。将周瑜与苏轼从年龄、婚姻、外表、职位、际遇五个方面进行对比，强烈的反差，让学生明白苏轼在赤壁故地为什么选周瑜而不选曹操做主角。"有比较才有鉴别。"比较易于形成课堂教学的兴奋点，活跃学生的思维，引导其学会思考，学会学习。同时，课堂教学过程中注重调动学生的积极性，并积极倡导自主、合作、探究的学习方式，互相激励，共同进步。

(二) 课堂教学对话与教学生成

长期以来，语文的工具性发挥到了极致。教师为考而教，学生为考而学，很多时候我们把语文课上成了应考训练课。语文诗意的美和人文内涵几乎被抛在一边，丰富的语文世界被收缩在一本抽象的考试说明之中。根据新课标要求，学生应该有主体参与意识。因此，在本课教学过程中，我注重引导学生积极参与课堂教学对话。从苏轼被一贬再贬，到文学艺术上的巨大成就；从对周瑜年轻有为的欣羡，到自己老大无成的慨叹；从对作者内心复杂情感的把握，到诗人放得下、看得开的人生智慧，都是在老师与学生的课堂教学对话中完成的。这样能够让学生的思想在交流中碰撞出智慧的火花，对学生的思维训练有着深远的意义。

本节课也有教学生成的意外收获。比如课堂中学生在回答苏轼为何不选曹操而选周瑜时，有同学受小说人物形象的影响，认为曹操是奸雄，所以才不入苏轼"法眼"。我便趁此机会帮同学们厘清文学作品中的人物与史传作品中的人物，小说是"艺术的真实"，而非"生活的真实"，再引申到小说当中的"我"并非作者自己，使同学们在阅读文学作品时能更好地把握人物形象，这也是我灵动课堂的体现。

(三) 教师教学风格与教学艺术

在本词的教学中，也体现了厚重、朴实的风格特点。课堂上没有花里胡哨东西，我重点把握"读"，通过反复吟诵让学生品味语言，从而体会诗词的意境美、韵律美，通过诵读让学生把握苏轼的复杂情感。本人用标准的男中音范读，抑扬顿挫、情感丰富，引起了学生的共鸣。课堂伊始，引用杨洪基先生的经典演唱导入课文，让学生的思绪驰骋在赤壁古战场的壮阔豪迈当中，很快便进入课文的情境。同时，本人利用自己风趣幽默的语言，让学生在欢快愉悦的课堂氛围中掌握知识、形成能力，提高语文读、写、说的核心素养。

教学是一门遗憾的艺术，本节课由于拓展较多，朗读次数亦多，在课堂最后阶段显得时间稍紧，因此未能把苏轼的达观豁达胸襟拓展迁移到现实生活当中，让学生讲一讲年轻人面对挫折困难时应该怎么做，从而培养学生健全的人格和面对困难保持乐观通达的精神。我想，这些内容需要在下一节课进行补充，这也是情感态度和价值观的目标要求。

▶▶▶ 我的教学主张 ▶

(一) 语文课就是要扎扎实实训练学生听说读写的能力

语文教师的神圣使命，就是引导学生能诗意地栖居于语文园地。有人把语文教学的根本任务归纳为"三个一"：能说一口流利的普通话，能写一手漂亮的钢笔字，能写一篇文道并重的好文章。在我看来，语文教学目标就是四个字：能说会写。"能说"，必须有丰富的语言储备，并能熟练掌握和恰当运用；"会写"，除文从字顺外，更应追求连贯得体、语言优美。我特别重视高中生议论能力的培养。在基础年级教学时，我每周进行三次"一事一议"片段写作，每节课前推荐1～2篇习作，由其本人向同学朗读展示，再请同学点评。长期坚持下来，同学们的口头表达能力大大提高，议论能力也明显增强。

此外，我认为要还语文课堂以琅琅书声，让语文课返璞归真。研究表明，人对视觉的敏感性是最强的，其次是听觉。文字是视觉的东西，但也是比较抽象的东西，不读是很难真正领会其含义的，只有通过读，才能训练学生的记忆力、思维力和想象力。我特别重视朗读，诗词自不必说，我教给学生朗诵技巧，引导学生把握诗词主人公或忧或喜、或悲或怒的情感。同时，我也重视其他文体的朗读，朗读散文、记叙文，可以在眼前呈现一幅幅令人心驰神往的美丽画卷；朗读议论文，可以感受到作者蕴含其间的强烈情感；甚至朗读一些科普说明文，也可以让学生对未知世界充满好奇，从而激发其探索和求知的欲望。

(二) 语文课堂要注重生成与对话，重视提高学生的人文素养

语文新课标指出："语文教学应在师生平等对话的过程中进行。""对话"是

"互动"的一种外化,是一种全新的教学方式,它昭示着师生间的平等交流、相互启发,彼此形成一个真正的学习共同体,达到共识、共享、共进的多赢境地。学生可以与学生对话,与老师对话,也可与文本对话。

以往的语文课堂,学生只是倾听者。而智慧的语文课堂,则给学生对话、交流的平台,以促进师生之间、生生之间的互动。我特别尊重学生的多元感悟,呵护学生闪现的灵感火花。我的课堂,既有独立探究,也有合作学习,还有同伴辅导、辩论、表演、朗诵比赛等,这样做避免了呆板枯燥,使语文课堂显得灵动而充满活力。连最不爱说话的学生也敢大声辨析成语和语病,也能表达对社会热点的看法,甚至能点评作品的主题、人物和表现手法。学生的人文素养变得厚重起来,语文课成了学生们最喜欢的课。

我的育人故事

一个"差生"的华丽转身

"真不像话,坐第一排竟然也趴在桌子上睡觉,叫了几次都不理!"

这个被化学老师投诉的学生名叫梓杰,上高二以来屡屡被投诉。这不,刚刚上周三午睡时因在宿舍带头讲话而被舍务老师批评,一向嘴巴较损的他,竟然冲口而出辱骂舍务老师,为此,学校德育处正考虑给他一个处分呢。作为落级行政,也作为该班语文老师,在我的课堂上他倒是从来没打过瞌睡。我问化学老师:"他是不是生病了呢?""他身体素质那么好,健壮如牛,怎么可能生病?你没看到他下课后的那种神态,飞一般地跑去篮球场了,他这就是明目张胆地挑衅!"化学老师是个30出头的青年教师,血气方刚。看到这种情形,我只好先安抚化学老师,然后与班主任一起出面做学生的工作。

"你们不用劝我,我不读书了!"这是跟梓杰谈了好久之后他扔给我们的一句话。我吃了一惊,赶紧追问缘由。一开始他怎么也不肯说,只希望我和班主任"放他一马"。在我的一再追问之下,他才道出了原委。原来打算参军的他,体检政审都通过了,没想到参军的名额竟被一些排名靠后却有门路的人给拿走了,想到参军无望,便心灰意冷,消极沮丧,无心向学。"我算是看透了,这个社会靠的就是关系和门路,像我们这种农家子弟,就是读了大学出来,恐怕也不会有什么出息的!再说了,按照我现在的成绩,将来最多能考上专科,现在社会上本科生都是一抓一大把,还不如趁早去找个工作,反正我有的是力气。"

了解情况后,我看他虽然个子不高,但体魄健壮,便对他说:"如果让你现在去改学体育专业,你愿意吗?"他略微犹豫了一下,随后便点头说:"其实我高一时就想学体育,可家里不同意,他们认为学体育没出息,硬是要我上普通理科班。""如果你的专业水平能让教练看上,你家长那边我想办法搞定!"这是我与他达成的口头协定,也算是一个承诺吧。

第二天，在经过一系列体能和专项测试后，教练认为他还是很有潜质的，便答应收下他。于是，按照之前的约定，我和班主任进行家访，跟他父母摆情况、讲道理，特别是讲到孩子现阶段的消极状态，如果不给他一个机会，恐怕孩子的前途会就此断送。毕竟，孩子是家庭最大的希望，梓杰前段时间的萎靡不振，他母亲也是看在眼里、痛在心里，却束手无策，既然有这么一条路子，便答应了。此时，其他体育类学生已经进行了6个多月的术科训练。

为了赶上其他同学，梓杰很是拼命。广东的夏天非常炎热，平日每天3小时及周末2小时的训练，梓杰从不请假，每天训练汗流浃背，他只是回宿舍冲一冲冷水，便又精神抖擞地回到课室学习。自从他加入术科训练后，在文化科的课堂上就从未打过瞌睡，跟以前简直判若两人。在烈日炎炎的酷暑天气，有些同学经常找树荫底下来训练，可他从不这样，每一项的训练都是超额完成任务。有时，教练看到他训练特别刻苦，也是心疼不已，劝他休息一下，但他总是嘿嘿一笑，说："没事，我要把以前浪费的时间夺回来！"有时，他甚至还趁着月色，晚上偷偷一个人在球场上训练。每一次到外面与兄弟学校联考回来，其他同学基本上都要休息半天甚至一天。而他一回到学校，就又来到训练场，把自己在考试当中做得不够好的动作和得分不高的单项细细揣摩，反复训练，这一练就是大半天时间。

终于，功夫不负苦心人，经过九个多月扎实而卓有成效的训练，在2015年2月的体育高考当中，梓杰考出了288分的优异成绩，这是学校开办20年来的体育术科最好成绩！

术科的成功，使他尝到了甜头，有着满满的获得感和成就感。从此，他身上好像有使不完的劲儿，文化学习劲头十足。于是，我们趁热打铁，利用寒假时间家访，充分调动其家庭资源。家访那天，他爷爷郑重其事地召集家族成员参加"家族会议"，一起督促梓杰的寒假文化学习。每天白天参加补习社，晚上就由正上大学的堂姐辅导学习。这个举措，使其彻底告别了过去那种慵懒散漫的作风。一个寒假下来，数理化英四个科目进步非常明显。高考前两个月，我们又安排教师每天晚上给他补习弱科，并确保考前的思想和心理稳定。终于，在2015年高考当中，梓杰以广东省体育类总分第17名的优异成绩，考入北京体育大学，这是我校首位考上该校的学生。

在高考结束的当天下午，梓杰的妈妈给全体科任老师发来一条短信："梓杰比以前懂事多了，我们感到特别欣慰。是你们的辛勤付出，给孩子开辟了一片新天地。无论这次高考成绩如何，也不管他能考上什么样的学校，我们全家都衷心感谢学校老师和领导！"

是啊！其实每个学生都隐藏着巨大的潜能，就看我们能否以恰当的方式把它挖掘出来。即便是一些老师眼中所谓的"差生"，他们的未来都有着无限的可能性,只要我们引导得当、教育得法、措施得力,给孩子们一个机会,他们也可以实现人生的"华丽转身"!

他人眼中的我

(一)学生眼中的我

妙语迭出,博学多才,引经据典,深入浅出,语文课是我们理科班最受欢迎的课程。遇见恩师,乃我今生之大幸!(附:小诗一首)

[1998届高三(3)班班长,西安交通大学毕业,现在华为任职 冯锦松]

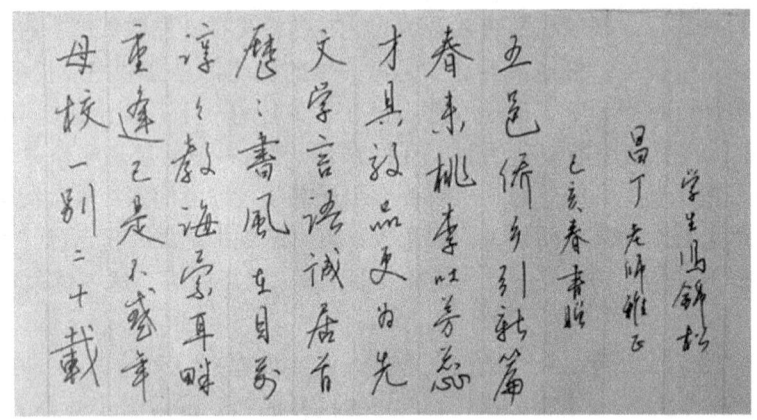

我最喜欢听老师那感人的讲述,将枯燥的文字变得生动有趣。您工作勤恳,真诚待人。老师您送走了一批又一批学生,留不住时光,留得住回忆。正是这样一年又一年的无悔、坚守和深耕,才有如今的年年桃李、岁岁芬芳!

(1998届考入华南师范大学,现任广州某地产公司董事长 黄慧娟)

(二)领导、专家眼中的我

温校长课堂沉稳大气,注重师生对话,关心学生成长,发挥辐射作用,指导许多青年教师成长为骨干教师,带领团队屡创佳绩,得到家长和社会的肯定,多次受到上级嘉奖。

(鹤山市纪元中学校长,广东省数学特级教师 黄焱)

温校长制定"六环节"高效课堂改革方案,努力走出了一条有自己教学特色的路子。他的课堂厚重而灵动,富有生活气息,注重课堂生成,赢得了学生的高度认可。

(鹤山市教育局语文教研员,高级教师 文德泰)

（三）同行眼中的我

温校长学科素养高，专业能力强，语言幽默风趣，书法遒劲潇洒，课堂掌控自如，充满活力，教学成绩突出，2018届他创造了学校办学26年来理科语文的最佳成绩。

（市语文学科带头人，纪元中学语文科组长，高级教师　黄正红）

温校长的课堂富有人文情趣，深受学生欢迎，经常引入鲜活素材，注重提高学生的语文素养，使学生乐在其中、学有所得。他热心指导青年教师，语文科组几乎所有老师都得到过他的指导和帮助。温校长是一位德艺双馨的好领导、好教师。

（纪元中学高三语文备课组长，高级教师　李金才）

平实中见丰富　生动中有温度

● 江门市新会葵城中学　文伟洪（初中语文）

● **个人简介**

我叫文伟洪，是新会人。新会，古称冈州，历经1800多年的风雨沧桑，文化底蕴十分深厚，素有"海滨邹鲁"之美誉。在这1387平方千米的美丽富饶的土地上，曾孕育了明代大儒陈白沙、近代学者梁启超、被毛泽东誉为"国宝"的历史学家陈垣等杰出

人物和众多的历史文化名人。其中，新会的葵树精神（新会又称作葵乡）——奋力昂扬、永不低头，力求拔尖却又谦逊谨慎、虚怀若谷，对我影响最大。现在它已经成为新会人的"葵文化"。这种"葵文化"时刻激励着我，让我在教育的田园里默默耕耘，不忘初心，奋力前行，至今已有25个春秋。自己也慢慢地从一名普通的教师成长为一名让学生喜欢、家长满意的教师。我在成长的过程中逐渐形成了自己的语文教学风格：平实中见丰富，生动中有温度。在语文教育教学中也取得了一定的业绩——先后获得过"南粤优秀教师""江门市优秀教师""江门市学科带头人""江门市新会区名教师""新会区初中语文名教师工作室主持人"等荣誉称号。

▶ 我的教学风格 ▶

我的教学风格是"平实中见丰富，生动中有温度"。

"平实中见丰富"指的是在丰富多样的语文活动中，扎实抓好语文能力和习惯的培养，坚持把培养学生的语文学科素养放在核心地位。"生动中有温度"指

的是在灵活生动的教学方式中，点燃学生的正能量，使他们在弘扬和践行社会主义核心价值观方面发挥"成风化人"的作用。

语文课一定要有"语文味"。它必须扎根于语言的学习和运用，立足于语文活动（听、说、读、写等），提高学生语文学科的核心素养。也就是说，让知识和能力、过程和方法、情感态度价值观的三维目标在语文课中得到学科化的体现。有知识学习，有知识积累，能给学生该学的语文知识，能给学生有用的语文知识，能够让学生的语文知识学习为语文素养培养服务，能够用正确的知识观进行语文知识教学；有明确具体的语文能力训练，有语文能力训练的合适形式；更主要的是，能充分体现学生的学习过程，有学生自己的阅读、自己的写作、自己的体验、自己的思考；学生在学习的过程中培养了语文学习的良好习惯，积累了语文学习的经验，悟出了语文学习的特点，掌握了语文学习的方法；而且在这样的语文学习过程中丰富了情感世界，提高了思想认识能力，形成了积极的人生态度，确立了自己正确的价值观，把学生培养为一个有学养、有温度的人，真正达到叶圣陶先生所说的"'教'，都是为了达到用不着'教'"。

▶▶ 我的成长历程 ▶

我是一位"70后"，出生在新会。新会是著名的侨乡，这里物华天宝、人杰地灵、崇文重教、学人辈出，素有"海滨邹鲁"的美誉。明代大儒陈白沙、近代学者梁启超、历史学家陈垣……俊采星驰，折射出新会文化底蕴深厚，正如浩渺的银洲湖，源远流长。

20世纪70年代，虽然生活物资相当贫乏，但从来没有泯灭我对读书的热情，尤其对阅读的喜爱。我一口气把表哥300多本小人书看完后仍然不满足，反而阅读的欲望更加强烈，我经常跑到3千米外镇上的图书馆借书看，从小人书到大部头的书籍，只要拿上就欲罢不能，甚至有时怕被老师和父母批评，偷偷地打着电筒躲在被窝里看，也因此成了近视眼。从小学到中学阶段，语文是我用功最多的功课，成绩经常在同学中名列前茅；同时，我也非常喜欢练字，字写得工工整整，因此受到每一位教过我的老师的喜爱，在我的记忆中，我一直都是语文科代表。因此，在高考前填报志愿时我毫不犹豫地填上了"汉语言文学教育专业"。

读大学时，我更是一有空就泡在图书馆里如饥似渴地阅读文学作品，虽很多是浮光掠影，但更加坚定了我对语文教育的喜爱。

毕业后，我非常幸运地来到了久负盛名的新会一中担任初中语文老师和班主任，心里诚惶诚恐。在开学前参加学校的岗前培训时，梁书记向我们这批新入职的老师提出要求："一年站稳讲台，三年成为骨干，五年争取成为名师。"这对一个新入职的年轻人来说颇有压力。到目前为止，我还记得第一次站上一中讲台时的情形——虽然我已经做了非常充分的准备，备课的内容也经过师父的指点和把关，并且还在课前把上课的整个过程模拟了五六遍，但我还是忐忑不安，甚至感觉到手脚都有些微微颤抖。但是孩子们并没有对我有丝毫的不满，一下课，他们就围着我有说有笑，十分热情亲切。望着这一张张充满朝气的脸庞，我暗下决心：要努力做一名受学生喜欢的有学养水平的好老师。

值得庆幸的是，我被学校安排与初中语文名师陈传和老师结成教学师徒对子。陈传和老师是一位语文教学改革的闯将，他连续3年、长达9年在不同层次的学校实验，经过步步深入的探索与实践，创立了三层次单元教学模式，出了两本教学专著——《中学语文单元教学的探索与实践》和《语文单元教学的理论和操作》。在陈传和老师的言传身教和耳提面命下，我每天坚持在上新课之前先认真备好课，然后听陈老师的课，回来后进行二次备课，最后才去上课；上完一个班后马上进行教学反思，进行第三次备课，再去上另一个班，然后再反思、再总结、再改进。在名师的悉心帮助下，我一年后很快地站稳了讲台。当时，学校的教研气氛很浓。陈传和老师手把手教我研究教材，写教学论文，推荐我参加县级优质公开课比赛。这样，我的教研和教学水平有了长足的进步，教学成绩位居年级的前列，也有多篇论文陆续获得市和县的一等奖。在开头六年，我的教研教学发展可以用顺风顺水来形容，但进入第三个循环教学后，我发现自己遇上了教学提升的瓶颈，我厌倦了原来的教学模式，觉得自己上的课平实有余，生动、丰富、温度不足。我时常陷入沉思中。

有一次，与同事外出采风，偶然遇到一片很大的葵树林，我们走进葵林。葵树在新会随处可见，因此新会又常被人称为葵乡。新会流传着这么一个说法，"一柄蒲葵养活百代新会人"。葵树全身都是宝，可入药，可制成工艺品，可用于家居，可用于生产。葵，曾经是新会人民安身立命的强大依靠；葵，也成了融入新会人民血脉之中的精神图腾。每一位新会人都会自豪地称自己是葵乡儿女！

葵，刚且柔，谦而韧。葵树树根柔软却又坚韧异常，不论土地多贫瘠，始终扎根大地，吸收日月精华，为整棵葵树的生长提供能量，并且还始终守护着滋养它的土地，防止水土流失，成为河堤田埂的保护神。葵树树干刚实笔直，不蔓不枝，即使因灾遇难而倾倒，也依然奋力昂扬，树冠永不低头。葵树刚而不折，屈而向上，充满对生命的热爱与执着；葵树树叶宽大，芯蒂园正，脱颖带刺，而叶尖却四周发散低垂，这是新会蒲葵叶特有的姿态，处处散发着新会人民博采众长而又脱颖创新，力求拔尖却又谦逊谨慎、虚怀若谷的情怀。

看着这郁郁青青、生长茂盛、一派盎然的葵树林，我突然醒悟。由于这一年我既当班主任，又教两个班的语文，又是新手，一直忙于具体的事务，致使读书比以往少了很多，尤其是教育教学理论和语文专业期刊就读得更少。根深才能叶茂。于是我在陈传和老师的指导下认真阅读语文教学的相关理论和案例。在这个过程中，语文教学期刊给我的帮助很大。像《中学语文教学》《中学语文教学参考》《语文教学通讯》《语文学习》《语文建设》等期刊，非常实用，让人备感亲切。记得那时每收到一份期刊，我几乎都是一口气读完，并且圈画得密密麻麻。在读刊、用刊、写作的过程中，我摸到一些语文教学的门道。还有上下两卷的《叶圣陶语文教育论集》在语文教育理论方面对我影响极深，这对我后来的教学风格的形成起到决定性作用。后来，我又被学校推荐参加了广东省初中语文骨干教师培训班学习、江门市初中语文骨干教师高级研修班学习、江门市第五期名师研修班学习等，得以受到众多专家和名师（特别是钱梦龙、黄厚江、余映潮、王君等）教育思想的洗礼。我对语文教育的认识有了新的高度。我的眼里和心中不但有教材，而且更多地有了学生。我的教学水平又有了新的提高。

▶ 我的教学实录 ▶

在新课程背景下，教师需要重新确立自己的教育资源观。教育资源无处不在，学生的"错误"中亦蕴含着宝贵的教学资源，由于受知识、经验、思维能力的限制，学生在学习过程中必然会遇到各种困难和障碍，进而产生一些错误甚至荒谬的信息，这正暴露了学生的真实思维，反映出学生建构知识时的障碍。如果直接矫正，没有学生主动参与，往往效果不佳，这时就要求教师一定要注意抓住这一"错误生成"所带来的契机，要有耐心地去引导学生自己发现问题，激发学生间的对话交流，生成许多新的教学资源，使学生的理解由错误趋于正确、深入、全面，使课堂、教师能更贴近学生、贴近文本，使学生从中感悟到自己的错误所在，真正达到准确理解文本的目的。

（一）教学案例

下面是我教学《孔乙己》时在重点分析孔乙己这个主人公的形象时的一个教学片段。

师：孔乙己该不该打，值不值得同情？

生：孔乙己自己偷人家东西被打是活该，为什么要同情？

（一部分学生应和"就是"。）

师：从一般意义上说，孔乙己受雇于人抄书，却将人家的书籍纸张笔砚偷当然不对，挨打活该。但这只是一种简单的道德批判，孔乙己为什么偷东西？他偷什么东西？

生：因为穷，为了生活。偷书。

师：鲁迅先生怎样叙述他的偷窃行为？

生："免不了偶然做些偷窃的事。"

师：先生这里使用了"免不了""偶然"这样的词，是否可以理解为对孔乙己有所同情呢？再注意下面的转折："但他在我们店里——"

师生（齐）："品行却比别人都好，就是从不拖欠；虽然间或没有现钱，暂时记在黑板上，但不出一月，定然还清，从黑板上拭去了孔乙己的名字。"

师：鲁迅先生分明在肯定孔乙己身上的最可贵的品行：诚信。他还热心地教"我"写字，分茴香豆给孩子吃更表明他的善良。当大家取笑他偷东西时，他"睁大了眼睛"，"涨红了脸，额上的青筋条条绽出"，进行"争辩"……

师生（齐）："窃书不能算偷……窃书……读书人的事，能算是偷么？"

师：他的违反逻辑的"争辩"是"欺人"，更是在"自欺"，言词间显示出他内心深处的尊严：羞惭。显然，孔乙己并非一个完全没有廉耻之心的偷窃者。他的认罪态度如何？请读第10段。

（生读。）

师："先写服辩"，说明孔乙己认罪态度好，认罪之后，被打了大半夜，再打折了腿，足见丁举人的凶残。我们不禁要问：人啊，为什么对自己的同类那么冷漠？用如此冷漠的语气谈论自己的同类，为什么彼此之间不能多一点点关爱与同情？为什么像孔乙己这样已经被剥夺得一无所有的人们却不肯给他一点点的关心与帮助，还要对他加以欺凌和嘲弄？这么一个可怜的人拖着断腿，垫着蒲包，带着恳求的神色，几乎是跪在你的面前，你能不产生一点点悲悯之情？

（生肃然。）

（二）教学反思

面对学生认为孔乙己偷窃被打活该，不值得同情的错误解读，我不仅尊重学生独特的体验，并且意识到这一生成性资源若善加利用的话，能加深学生对孔乙己这个人物形象的理解。因此，我并没有急于否定他的错误信息，反而欲抑先扬地支持他的观点："孔乙己受雇于人抄书，却将人家的书籍纸张笔砚偷走当然不对，挨打活该。"然后乘机追问："孔乙己为什么偷东西？偷什么东西？他认罪态度如何？"引导学生深入文本，与文本对话，感知孔乙己的悲苦，从而进一步感受典型环境中的"孔乙己"。孔乙己的形象在生成过程中得到矫正、补充、深化，渐渐地，师生眼中、心中的孔乙己越来越丰满。至此，教师重视对错误而生成的教学资源的合理利用，引导学生发现错的原因，通过自己的专业引领，消除学生与文本之间的隔阂与误解，承担起"教"的职责，也使课堂的教学目的更明确，效果更显著。

可见，错误也是一种宝贵的教学资源，是学生建构自身知识和能力体系上升中的一种插曲。优秀的教师总是善于从学生的错误中找准"豁口"，或因势利导，在错误中发现合理的因素，把学生从错误引向正确；或将错就错，将错误暴露无遗，使学生自己发现错误；或让错误与正确加以比较，让学生自行判断，自行感悟错误之所在，明白造成错误的原因，从而牢固建构知识体系。我们要巧妙地利用和发挥好"错误"这一教学资源，真正挖掘出蕴藏在"错误"背后的

"富矿"，化错误为神奇，引导学生自主建构，让"错误"资源服务于教学和学生发展。

同时，这个教学片段也比较好地反映了我的教学风格：平实中见丰富，生动中有温度。也就是说，在丰富多样的语文教学活动中，扎实抓好语言文字的积累感悟与运用的能力训练，坚持把培养学生的语文学科素养放在核心地位；在灵活生动的教学形式中，点燃学生的正能量，使他们在弘扬和践行社会主义核心价值观方面发挥"成风化人"的作用。

在培训期间，每一年我都被学校评为"优秀教师"，2019年还在区年度考核中被评为"优秀"和"区直机关优秀党员"；组织学科组参加广东省第二届中小学特色学校建设成果评选，获省二等奖。

我的教学主张

语文教学就是要落实学生听说读写能力的训练和培养学生做一个有温度和家国情怀的"大写人"。著名语文特级教师钱梦龙先生指出："要真正提高语文教学质量，有效提高学生语文素养，就必须让语文教学回归本原，回归朴素平实的本来面貌，即根据语文学科规律，简简单单教语文。"他说："语文课主要是做好两件事：第一件事，实实在在教学生阅读、写作和听说；第二件事，使学生在阅读过程中受到语言文字所蕴含的思想、文化、人文内容的熏陶感激，使语文教学真正发挥润物无声、潜移默化的教育功能。"对此我非常认同。

一是要重视学生朗读能力的培养，还课堂以琅琅书声。叶圣陶先生说："语文学科不该只用心与眼来学习；须在心与眼之外，加用口与耳才好。"朗读就是心、眼、口、耳并用的一种很好的语文学习方法。

二是教师必须精讲，把讲的时间节省下来，还给学生。让学生静下心来美美地读，细细地品，凝神地思，在语言文字中徜徉，领悟主旨，体味情感，并积累语言，揣摩写作妙点，记下获得的启发。叶圣陶先生在《语文教学二十韵》中说得非常好："甚解岂难致？潜心会本文。作者思有路，遵路识斯真。作者胸有境，入境始与亲。一字未宜忽，语语悟其神，惟文通彼此，譬如梁与津。"因此，教师一定要舍得多给学生一点朗读、思考的时间，让学生自己自主学习、自主探究，学生的语文学习会走得更远，飞得更高。

三是要激发学生学习语文的兴趣。兴趣是最好的老师。要通过平实、丰富、有趣的学习，让学生感觉到，语文学习是有优雅的、从容的，是充满奇思妙想、诗情画意的。我们要让学生带着深情、带着耐心、带着眷恋，徜徉在语言的天地里，感受语言的神奇魅力，不断培养他们跟语言的亲密感情。我始终坚信，平实而丰富、生动而有温度的语文课堂就是要让学生有时间安静读书，让学生有时间来思考品味，让学生对语文保持应有的兴趣，为他们终身学习营造更宽广的发展空间。

四是要把语文的学习引向社会广阔的天地。"得法于课内，得益于课外"。教材不是唯一的课程资源，课堂也不是唯一的教学阵地。我们要让学生放眼社会，把握时代的脉搏，感受时代的洪流，用美丽的祖国文字讴歌时代精神，这样我们才能培养出有温度的、能担当民族复兴大任的时代新人。

下面是我教艾青《我爱这土地》这首诗时的一个教学片段，内容是引导学生朗读品味诗歌中最后一句："为什么我的眼里常含泪水？因为我对这土地爱得深沉……"

（生甲读得平淡。）

师：请乙同学点评。

生乙：甲最主要的是缺少情感，缺少一种泪水含在眼里的深挚爱国情。

师：说得真好，你能用这种情感来给同学们朗读吗？

生乙（摇头）：我也体会不深。

师：那么，让我们一起来看大屏幕。

（教师播放日本侵略我国东北，以及屠杀我国同胞的画面。随着画面的滚动，《松花江上》的歌曲又作为背景音乐缓缓响起。看着横尸遍野、血流成河的凄惨场面，听着哀婉悲壮的曲调，学生的情绪渐渐地受到感染。）

师：艾青写这首诗正值祖国母亲惨遭蹂躏之时，画面上就是当时的局部实况。面对着灾难深重的祖国，悲愤痛苦的情感恒久萦绕在诗人的心中，因而"眼里常含泪水"。目睹山河破碎、人民惨遭涂炭的现实，对祖国爱得愈深，心中的痛苦也愈强烈，诗人几乎是投入全身心的情感和力量，倾诉出了对祖国最深沉的爱。下面，老师将这句诗朗读一遍。

（师动情地范读。）

师：哪位同学也来读一读这句诗？

（学生情绪激昂，纷纷举手。）

（生丙读得富于情感。）

师：再请乙来点评。

生乙：丙读得富于情感，读出了诗人的悲愤之情，读出了诗人深沉强烈的爱国之情。

师：点评得恰如其分。好，下面，让我们再配合着背景音乐齐读这句诗。

（顿时，课堂呈现高潮。）

…………

在本案例中，由于学生面对诗歌含蓄的意象，再加上距离诗歌创作的年代久远，没有诗人一般切身的体验，所以一时半刻可能无法体会诗歌蕴含的情感，更别谈读出感情了。为了让学生突破这个难点，我通过直观形象的情景创设，帮助学生完成具体到抽象、感性到理性这一认知过程，及时借助多媒体设置了声情并茂的音画情境。生动形象的画面，富有感染力的音乐，加之我范读的引领，引发了学生的情感共鸣，因而，当学生再次朗读时，自然情寓于中，真挚而热烈的情感喷涌而出。在朗读中感悟，在感悟中感情得到了升华，爱国的情怀得到进一步巩固。重视朗读，在朗读中领悟作者的思想感情，是我语文教学的一个特色。我甚至固执地认为"无朗读，无语文"。

我的育人故事

给批评"变脸"

有一年，我中途接手一个班，做班主任。这个班其他方面还好，但学生缺交作业比较严重，尤其是小红和小光。开学不到两周，在学生作业缴交登记本就记录了这两位学生六次缺交作业的情况。前几次都是在我多番督促之下才勉强的交上来，但字迹潦草，错漏百出。据原班主任反映：这两位同学经常不交作业，而且每次都有借口。他也想过许多办法：放学后留下来做、重写、罚抄、微信告知家长、请家长到学校……均见效甚微。做学生如果不做作业，学过的知识就不能巩固，老师也不能知道他们掌握所学知识的程度如何。长此下去，这样的学生只会越学越落后，最后无法挽回。这样下去怎么行？看来必须要给他们敲敲"警钟"。

快到下课时，我来到教室，以防他们一下课就溜掉，我把他们请到办公室。坐定后，我没有马上发声，静静地看了他们足足3分钟。可能他们来办公室多了，也没觉得什么，一脸的无所谓。我只好直奔主题："知道我为什么叫你们到办公室吗？"我摆出一副不怒自威的脸孔。

"没——交作业。"两人几乎是异口同声。看来他们早已想出应付老师的方法了。

"那你们都说说理由！"我心里非常不高兴。

"没带笔。"小红轻描淡写地说。

"作业本丢了。"小光似乎更有理由。

我正想讥讽他们，再把他们臭骂一顿。突然，我觉察到他们眼里闪过一道狡黠的眼神，好像想看我发火，出"洋相"。我马上暗示自己冷静下来，我何尝不来个"变脸"，让他们料想不到，可能会收到出其不意的教育效果。

"这是老师备课的签字笔，小红，你拿去写作业吧！别忘了今天下午放学前交上来。"我又从抽屉里找出一本新的作业本交给小光，"请你把作业写到这个本上，和小红一样，今天下午放学前交上来，好吧！"

小红、小光顿时愣住了，还没有回过神来。

"去吧，别忘了，下午交作业。"我说道。

"好，好……"这时他们才回过神来，互相挤挤眼，一边走一边嘀咕着，我装着听不见。

下午放学前，他们拿着作业本来到办公室恭恭敬敬地交给我，完全没有了上午的那种满不在乎的样子。我仔细批改了他们的作业，他们的作业有了很大的改观，字迹虽然不怎么漂亮，但是工整了很多，错误率也降低了很多。特别是态度端正了很多。我为自己的"变脸"艺术换来的教育效果而暗自高兴。

"老师，这是您的笔，还给您。"小红把签字笔双手递了过来。

"你们看，作业多工整，老师都快认不出来是你们写的了，进步真的很大，这笔你拿去写吧！就算是老师为你改正缺交作业的坏习惯提前给你的奖品吧！有信心改掉吗？"

"老师，真的吗？"小红眼里放出异样的光彩，"老师的笔真好写，我一定会写出最好的字、最工整的作业的。"

"老师，真的不罚我们了，不用写检查，不用罚抄课文？还送笔和本子给我们？"小光禁不住问道。

"是真的，老师看到了你们的进步，很高兴。为了让你们不再丢三落四，我给你们提个建议：每天晚上睡觉前，整理好自己的书包，把文具、课本、作业本分类放在书包里。第二天上学就不会因为匆忙而忘了拿东西了。时间长了，丢三落四的坏习惯就改掉了。这对你们终身都有好处的。"

"是呀，我们怎么这样笨呢，以后一定改。老师，你就看我们的好了。"两个学生信心十足。

"我等着你们的好消息。"一种成就感在我心中油然升起。

以后的日子里，我班缺交作业的现象大有改观，偶尔有一两个学生忘写或忘带了，都会及时补上，这可喜的变化兴许与这两个学生的宣传有关。小红在她的一次周记中写道："这是我一生中第一次深深地体会到老师是真心帮助我的，第一次觉得不写作业是一件丢人的事，心里是多么的难受，多么的愧疚。以前的老师嘴里不停地说这是为了我的学习与成长。可是他们又是罚我们抄书，又是让我们写检讨，有时还叫爸爸妈妈来学校。他们越是这样逼我，我就越不想学习，就更不愿意写作业。现在文老师和他们不一样，他会告诉我们怎样改正缺点，避免错误，给我们指出了光明大道。其实，哪个学生不希望自己是受老师、家长表扬的那部分同学中的一分子呢？谁天生就喜欢受批评呀……"

看到学生的心声，我进一步反思自己以前批评教育学生的做法——只是片面地理解"严就是爱"，认为"爱之深，责之严"，没有做到因材施教、严慈相济，"一把钥匙开一把锁"。后来，我遇到学生上课不守纪律、考试不及格、打架等不良行为，我再也不采取当着全班同学的面或办公室老师的面批评、空洞地说教、厉声责骂，甚至讽刺挖苦打击他们的那些办法了。因为我明白，现在的学生对于逆耳的忠言、苦口的良药容易产生逆反心理，不喜欢听别人的正面说教；当他觉得你在说服他时，逆反心理就会随之而至。记得苏霍姆林斯基说过："造成教育青少年的困难的最重要的原因，在于教育实践在他们面前以赤裸裸的形式进行，而处于这个年龄期的人，就其本性来说是不愿意感到有人在教育他们的。"因此，教师要能随机应变地引导学生，给学生以良性的刺激，不要伤害学生的自尊。

是啊，戴尔·卡耐基说："用建议的方法容易让人改变错误，因为它可以保持个人的尊严与自觉。"批评教育学生时，变讥讽、挖苦、斥责为和风细雨的循循善诱，为全力以赴地帮助、扶持，为合理化的意见、建议……来一些不苦口的"糖衣片"，来一些不逆耳的"忠言"，多采用"迂回"战术，多一些"如果……就"式的建议……让学生既乐于接受，又受到教育、改正错误，有时还能收到意想不到的情感效应。

他人眼中的我

文老师的语文课总是那么抑扬顿挫、那么有激情。上他的课，总是书声琅琅、笑声连连，我们很少会感到疲倦。同时，他的课又非常重视语文知识的积累，读写听说能力的训练和读书习惯的培养。他非常喜欢和同学们待在一起，给他们讲故事、面批作文，也非常乐意倾听同学们的诉说，我们非常愿意和他在一起同欢乐、共忧愁。

（学生　梁嘉琪）

每一次听文老师的课都有新的感受和收获，他的每一次公开课都是非常认真去准备，几易其稿，反复琢磨，力求上出新意。他的语文课既有浓浓的语文味，又非常重视语文听、说、读、写的训练。既平实又丰富，生动中又有温度。学生已形成一定的语文自学能力。他的教态自然亲切，师生关系平等和谐，课堂气氛非常融洽，课堂教学效果好。

（语文科组长　翁凤香）

文老师从教25年，一直勤于学习，虚心向同行学习，不断提升自己的语文专业素养和专业水平。他的语文课生动有趣，既有扎实的听、说、读、写训练，又有语文味，也非常注重在语文教学中有机地、润物无声地培育学生美好的心灵，很有温度和人文关怀。他平易近人、乐于助人，是一位学生喜爱、同行乐于交往的好老师。

（校长　梁志）

文老师的语文课堂书声琅琅,老师和蔼可亲、学生很活跃,语文活动很丰富。既有扎实的语文知识教学,又有语文能力的训练,更有大写的"人"在里面。

(一位学生家长)

生本语文　自然诙谐

● 恩平市年乐夫人学校　吴英浓（初中语文）

● 个人简介

我叫吴英浓，男，1973年出生，是恩平市年乐夫人学校语文高级教师，江门市语文兼职教研员，恩平市首批语文学科带头人，恩平市首批名教师，广东省首批骨干教师培养对象，恩平市名师工作室主持人，恩平市十大教学能手，广东省南粤优秀教师。在《中国基础教育》《中学语文教学参考》《人民教育网》《语文月刊》《读写月报》《江门教育》等专业期刊发表论文10多篇；论文获国家级奖励3篇、广东省级奖励3篇、江门市级奖励10篇、恩平市级奖励20多篇，恩平市级课题立项2个、江门市级课题立项1个、广东省级立项2个（其中一个"十二五"规划课题享受省专项资金1.2万元的研究经费资助，2016年12月结题；"十三五"规划立项一个）；是广东省《初中作文实验教程》《语文中考新动向》的编委成员；曾到北京师范大学、香港教育学院、华东师范大学进修学习，在江门、恩平做学术报告6场，深受好评。曾担任高三语文教学三年，高考成绩名列全市同类普通高中榜首；连续19年担任初三语文科教学，中考成绩一直名列全市榜首。指导学校多名青年教师参加恩平市级以上的青年教师教学竞赛均获奖励。

生本语文，自然诙谐，是我从教25年来语文教学工作的真实写照。面对当前学生重理轻文的不良倾向及单亲孩子、留守孩子不断增多的特点，在平时的语文教学中，我深入研究语文教材教法，勇破教学陈规，大胆进行语文课堂教学改革，自始至终确立"以生为本、与生同乐、有教无类"的教学思想，把每一节语文课当作是自己与学生沟通情感、传授知识、共同进步的快乐三事来看待，从不把语文课堂看作一种机械任务和精神负担。每一节语文课，我都用思想的魅力、文化的魅力、个性的魅力、情感的魅力、艺术的魅力来感染学生、熏陶学生，激发学生的学习兴趣和求知欲望，打破枯燥乏味的"讲"堂，展现欢声笑语的"学"堂，让每个不同层次的学生都很快爱上语文。我在睿智轻松的语文课堂中研究语文教学、实践语文教学、反思语文教学，在真实真情的语言环境中赏析语文、品味语文、感悟语文，不断形成我的粤派教学风格——生本语文，自然诙谐。

我的教学风格

(一) 让学生在作家的奇闻趣事中"忙"起来

中学语文课文的作家,基本为古今中外的著名作家、思想家、哲学家,他们的生平事迹,足以为青少年学习。课文作家是语文备课的内容,也是教学的内容与资源。掌握了作家在什么情况下写了这篇课文,怎么写的这篇课文,为什么写这篇课文,才能够备好课文:把握作家的写作意图、写作手法——清楚其教学的语言艺术价值和人文价值,才能够清楚这篇课文真正教什么——让学生学到什么。教师要善于研究作家,善于适时地将作家生平事迹运用于语文教学之中,不仅利于教学,利于教育,更利于教师自身的素养的提升:思想哲学水平、语言艺术水平,以及事业、追求、人生境界等。但在当前的语文教学中却有些老师对课文作家的教学不够重视,认为对课文作家的教授可有可无,讲授形式单调枯燥,索然无味,大多数是教师课堂包办,有时也只是三言两语,有时浅谈辄止,有时无言说出。长此下去,不但影响了对课文内容的深层次的理解,影响了学生语文素养的提升,最终还影响了初中生的成长成才。因此,在平时的教学中我重视课文作家的教学,让学生课后自由"忙"和课前集中"忙"来加深学生对课文作家的学习,要求学生课前通过课外书籍、网络搜索各自寻找课文作家的相关资料,课前用五分钟设立学生百家讲坛,让每个学生都能有事可说。学生课堂对作家的讲述主要是围绕作家的生平、思想、创作背景,以用讲故事的形式来进行,在讲授中还特别突出作家生平事迹的讲授,因为这方面的内容往往最能够影响青少年的成长——成功人物的经历会告诉人们,他在什么样的生活情景中,怎样思考问题、用什么样的态度对待生活、采取什么样方式处理事物与生活等。这些就成了青年人成长的参考。事实上人们都是这样一代一代成长起来的。少读人物传记的人成长是缓慢的。例如在讲授《陈涉世家》和《出师表》时,我让学生用课余时间搜集大量有关司马迁、诸葛亮的生平故事,开课前用5~8分钟来让学生自由讲故事,由于学生课后准备充分,课堂上全班同学都热情高涨,个个都希望能站上演讲台为同学们奉献自己搜集到的精彩故事,有些同学把司马迁身受宫刑却还发愤著《史记》、诸葛亮临危受命、借刀杀人、海纳百川、隆中对策、三顾茅庐、火烧新野、七擒孟获、赤壁之战等故事说得十分生动具体,既有浓厚的文学色彩又有地方的笑语,整个语文课堂变得活跃、欢快,这样学生在自寻、互演、互说、互听的过程中对这两个作家已经清晰地认识了,对课文的学习、学生的自身成长起到了推波助澜的作用。

(二) 让学生在课文字词学习中"忙"起来

字词是语文基础的基础,会认会写3500个常用汉字,能够理解、运用常用的 2 万～3 万词条是中学语文教学（基础教育）的一项重要任务。虽然中考、高考多年来没有放弃对字词的考查，但是，这一基础早已经被"点对点"的应试教学方式搞得十分脆弱。致使许多中学生，乃至书报媒体错字频现，词不达意，似乎成了普遍现象。失去了这个基础，难求应有的读写水平。因此，我们必须重视语文教学中的字词教学。目前，我们使用的初中语文课本（人教版）基本每一篇课文后的"读一读，写一写"栏目中都编写了适量的、要求学生重点掌握的字词，如果我们初中语文老师都能把这些字词弄明白并且在课堂教学中能真正指导学生来学好这些字词，相信初中生的语文素养一定会提高到一个新的层次。在平时的语文课文教学中我不但给学生教字的音、形、义，词的词义、词性、感情色彩，教学生动手注音、组词、造句，及其文化内涵，而且要做到有计划、有序列地教学，不断积累，不断运用，不断巩固。每篇新课文讲授前我都会先让学生用预习本把课文后"读一读，写一写"栏目中的字词的注音、解释做好，课堂上要求学生展示自己的预习成果（读一读、说一说、写一写），在学生充分理解这些字词的基础上，开展用词写话比赛，看谁写得又好又快：时间 3～5 分钟；要求是简明、得体、连贯并用上一种以上的修辞手法，没有语病。然后以小组为单位，各组派出代表把本组写得最好最精彩的句子展示在黑板上，最后老师与学生一起来点评黑板上同学所展示的答案。在这个过程中学生是全程、全员参与的并且是相当积极、十分热烈的，特别是学生点评各组在黑板上展示的答案这个环节，各组的同学都会大胆提出非本组同学答案的优与劣，有时甚至争论到不能罢休。

（三）让学生在课文的朗读中"忙"起来

苏轼曾说"故书不厌百回读，熟读深思子自知"，而在我们的语文课程标准也指出："阅读教学就是要让学生充分地读，在读中整体感知，在读中有所感悟，在读中培养语感，在读中受到情感的熏陶。"朗读教学是"熟识字词句、感知课文、训练口才"重要的语文教育环节，不可忽视。应该让学生在朗读过程中生动、形象、立体的再现文学作品，给人以美的享受。但从教学第一线的实际情况看，朗读教学并未引起足够的重视，未达到语文课堂教学的最佳效果，主要表现为：语文教师不敢范读，学生朗读的时间不充分；朗读的目的性不明确，朗读的面较狭窄，教师对课文朗读的指导性不强。那怎样才能使学生在语文课堂的朗读中忙起来，从而使朗读教学成为教学的有效手段呢？我认为每节语文课都要给学生足够的朗读时间，通过范读、听读、朗读（全体读、分角色读、指名读、伴奏读）、赏读、默读等环节来充分调动学生的感观器官来认知课文内容。但选择哪种朗读方式为重点要根据课文来定。如《紫藤萝瀑布》，文中大量的描写、抒情对于七年级学生来说，理解上就有一定的难度，所以教学中宜范读为佳，把文中积极含蓄、婉曲有致的感情读出来，创造艺术氛围，再让学生去学读。如

《背影》是表现了父亲对儿子无微不至的热爱和儿子对父亲的百般怀念之情，所以在教学中我们要培养学生的个性化朗读，选用指名朗读的方式来指导学生开展朗读，因此有的同学会读出的是难以抹去地对父亲的眷恋；有的同学读出的是追悔、痛楚的心情；有的同学读出对自己谴责之情。如《海燕》这一课，恶浪腾空、雷电交加、狂风怒吼、波澜壮阔的环境描写，再多的语言描述也不如几个生动的画面配以音乐的伴奏来朗读的效果：深沉的大提琴正是大海的底蕴，小提琴的弦音恰似海燕箭一般的身姿。教师通过充分挖掘作品、作者、学生中的情感因素，通过创设良好的朗读教学情境，才能让学生入情入境，读懂文章，读懂作者，读出感情。如《大雁归来》，文段偏长，既介绍了生活习性，又抒发了对鸟的喜爱，在教学过程中不如只选"爱鸟者"这个点，让学生去赏读课文，如文中"一只燕子的来临说明不了春天，但当一群大雁冲破了三月暖流的雾霭时，春天就来到了。"理解句子中对大雁的喜爱，才能读出愉悦的情感，就让学生带着爱鸟的情结，读出喜悦、读出哀伤、读出敬佩，无须教师反复去强调，稍做点拨即可。

因此，我们语文教师要充分摆正朗读的地位，重视朗读教学，明确每一次的朗读目标，精心设计每节课的朗读层次，让学生在课文的朗读中真正忙起来，让美的语言，美的形象，美的情感，浸润我们的课堂，使朗读真正点亮我们的语文课堂，成为课堂上的主旋律。

（四）让学生在课文的研读赏析中"忙"起来

研读、赏析是语文课文教学的重要环节，是学生理解课文、学透课文、提升自我语文阅读能力的一个重要阶段。没有深入研读、赏析课文的课堂教学是不成功的语文教学，是没有效果的语文阅读教学。从近年语文中考情况看来，语文阅读题的得分总是处于偏低水平，说明学生的阅读理解水平还有待提高。如何提高学生的语文阅读理解水平关键在于我们平时课文的研读、赏析教学环节的落实。因此，我认为在每篇课文的研读、赏析教学中乐于把时间交给学生，让学生真正"忙"起来是相当重要的。那么学生在课文研读、赏析中"忙"什么呢？一是忙于课文的内容的研讨，二是忙于课文的结构的研讨，三是忙于课文的表现手法的研讨，四是课文语言的赏析。因此，我们语文教师在每篇课文教学的问题设计上要围绕课文"写了什么—怎样写—为什么这样写"来设计，并要根据不同的课文体例来进行教学问题设计。文言文的研读、赏析教学要侧重于课文中心思想、段落内容的理解，结构艺术、表现手法的分析，作者思想感情与观点的理解评价；诗歌的研读赏析教学要侧重于景物特点、事物特征、人物情感的理解，写景抒情、叙事抒情、托物言志等表现手法与文字、典故运用的赏析，诗歌意境与诗人感情的理解；议论文的研读赏析教学要侧重于论点归纳、论证方法的分析，论证结构、论证逻辑的把握，论证语言的准确性、形象性的赏析，对作者观点的评价；记叙文的研读赏析教学要侧重于内容的概括、复述，文章结构特点的把握，表现手法的分析与语言的品位，作者思想感情的理解与评价；说明文的研读赏析教学要侧重于说明对象特点的理解，说明顺序、作者构思的把握，说明方法的分析与说明语言的赏析；小说的研读赏析教学要侧重于故事内容的复述、故事情节的理解，人物形象的赏析、环境描写的作用的把握，小说主题的探讨；散文的研读赏析教学要侧重于作品所写的人与事、作者思想感情的把握，文章艺术手法的分析与语言的赏析，探讨作品的主旨与写作意图。同时，我们在设计研读赏析的问题要简单直接，让学生容易操作，忙而有方，忙而不惑。如在《敬业与乐业》这篇文章我们只设计以下几个问题来让学生研读赏析就行了：①课文论述了几个问题？②每个问题的具体含义是什么，怎样论述的？③你同意作者的观点和论证吗？

我的成长历程

（一）一颗扎根家乡教育的无悔之心

1995年大学毕业时的我，因在校读书时表现较出色，学校领导想把我推荐到江门市区一所学校任教，但我最终都没有留下来而是选择了回到自己的家乡恩平工作。而在恩平这样一个经济欠发达地区一干就是25年。其中，1995年至1999年在恩平市君堂镇独醒中学担任高中语文教学；1999年至今在恩平市年乐夫人学校担任初中语文教学。在许多人看来，教师每天工作的时间较长，工作压力较大，经济收入不高，是一份清苦差事。2006年，在顺德开办工厂的一位同学想以月薪5000元聘请我到他的工厂做管理，但我想到"教育是我终生的事业"所以就委婉地谢绝了同学的好意。2010年新年过后，在深圳华侨城中学做行政领导的一位同学给我打来电话，说："你这么年轻就是中学高级教师，教学科研业绩这么显著，又获得了'广东省南粤优秀教师'称号，凭着你这些业绩和光环我可以帮你调到我校来任教啊。"听了同学的电话后，我心里真的有些不安，真的想到深圳这个经济发达的地区来重新开展自己的工作，但马上想到自己的业绩与光环是家乡学校让我成就的，没有家乡学校这个舞台，自己就没今天的辉煌，所以我又一次放弃了到经济发达地区发展的机会，坚持扎根家乡，为家乡的教育事业默默耕耘。一些人对于我的抉择迷惑不解，甚至认为我有点"傻"，而对于自己的选择，我始终无怨无悔。

（二）一颗奉献家乡教育的无私之心

我在1995年大学毕业后执鞭教坛的第一天就在自己的日记本里写下了座右铭："把青春奉献给教育事业。"我常对自己说："既然选择了教师这一高尚的职业，就要像红烛、春蚕一样为教育事业无私奉献。"1995年9月我被分配到独醒中学任教高中语文并担任学校团委书记。因此，在工作中我处处严格要求自己，处处起模范作用，对学校分配的任务从来不与领导讲价钱、计得失，而是竭尽所能做到最好；坚持每天早到校迟回家，勤下班勤辅导，勤检查勤汇报，不论是平时上课还是节假日，不论是值班还是休班，我的身影总会出现在学校的某一个角落。什么时刻都是把自己的教育教学工作放在首要位置来考虑。1999年5月的一天深夜，我突然接到家人来电，说父亲突发重病，急需入院动手术抢救，我立即赶回家把父亲送入医院，凌晨两点才做完手术，天一亮，我安排好家人在医院做好护理工作后，就赶回学校上课了。1999年因工作的需要，我被调进恩平市年乐夫人学校工作，2003年9月我由学校政教主任转为教导主任，作为指挥学校教学的中层干部，为了学校的教学成绩不断攀升，我把全部的精力都放在教育教学工作上，个人的活动、家庭的事务都来不及考虑。2003年12月8日早上，妻子出现了临产预兆，到达医院检查后医生说我的妻子要到下午才会生下孩子，我安慰了妻子一番话后，又匆匆赶回学校了，待到晚上我再出现在妻子面前时，孩子已降临人世了。本来，晚婚的我有十天的假期，但我考虑到期末工作繁多，初二调研测试又迫在眉睫，所以我就把照顾妻儿的工作托付给年迈的母亲，我又回校上课了，从没休息过一天假期。

我对家乡教育的无私奉献，还体现在我身兼多职上。2000年至2003年，我既当学校政教主任又当团委书记；2005年我当上学校副校长后，因为学校规模较大，学生人数较多，教导处只有一个副主任，工作开展没法应付过来，学校又让我兼任教导正主任，一直到2009年。此外，我还协助校长办公室做好学校的文秘、人事、考核工作。在众多的行政工作面前，我每年依然是担任毕业班语文教学，在工作中我并没有半点怨言，而是积极想办法出色完成学校交给的各项工作，语文教学成绩一直走在全市的前列。

（三）一颗潜心教研教改的进取之心

从一名普通的教师成长为恩平市一名名教师、江门市第四批名师培养对象，成为当地教研教改的一面旗帜，我走过一条艰辛的路。我为了紧跟时代的步伐，满足时代对教育出提出的更高要求，进一步提高自己的专业知识和教育理论水平，我先后通过自考、函授的形式获取了华南师范大学汉语言文学教育本科学历证书和华中师范大学教育管理本科学历证书，成为恩平市目前唯一一个获得了教育教学"双本科"学历的教师。在平时的教学实践中，我深入研究语文教材教法，勇破教学陈规，大胆进行语文课堂教学改革，自始至终确立"以生为本、与生同乐、有教无类"的教学思想，把每一节语文课当作自己与学生沟通情感，传授知识、共同进步的快乐三事来看待，从不把语文课堂看作是一种机械任务和精神负担。每一节语文课，我都用思想的魅力、文化的魅力、个性的魅力、情感的魅力、艺术的魅力、来感染学生，熏陶学生，激发学生的学习兴趣和求智欲望,打破枯燥乏味的"讲"堂,展现欢声笑语的"学"堂,让每个不同层次的学生都很快爱上语文。曾经有位学生说:"以前的语文课,我想学,学不进去;现在的语文课,我想玩,玩不起来。"我连续18年扎根初三语文教学,每年毕业的学生到别的学校就读后都说十分怀念我的语文课堂教学,都很想再回来听我讲课。为使我自己的教学方法形成特色,在语文科组全面推广,我积极进行语文课题的研究与实践,2004年5月,我主持实验的"与生同乐、高效课堂"语文课题被定为恩平市"十五"规划课题;2007年,我主持研究的"如何利用校园网促进教师学科整合能力的发展"课题被列入广东省"十一五"规划立项课题;2012年,我主持实验的"规范阅读、有序作文"语文课题被定为江门市"十二五"规划课题;2014年,我主持的"规范阅读、有序作文的实践研究"课题被定为广东省"十二五"规划课题(课题享受省专项资金1.2万元的研究经费资助);2019年6月主持研究的"基于统编教材中规范阅读对提升学生核心素养的研究"被广东省教育厅批准为广东省教育科学"十三五"规划2019年度研究项目。(课题编号:2019YQJK375)

我除了大胆开展课堂教育教学改革、实践、研究外,他还积极承担江门市教研室、恩平市教研室、学校或科组分配的公开课任务。多年来,我积极承担恩平市级以上的公开课,其中有2005年的恩平市中考语文"现代文阅读复习"公开课;2006年的恩平市初三《智取生辰纲》一文教学公开课;2008年全江门市中考"名著阅读复习"公开课;2011年全江门市"初中作文规范教学"示范课。这些公开课均得到上级领导和同行的好评,特别2008年"名著阅读复习"公开课和2011年全江门市"初中作文规范教学"示范课,得到前来听课的江门市教育局教研室曹殿成老师、新会市教育局教研室何勇涛主任的高度评价。2012年11月,我受江门市教育局教研室的邀请,在我校大多媒室上了全江门市的"规范阅读,有序作文"教学示范课;2014年12月,我又受江门市教育局教研室的邀请,在鳌峰中学大多媒体室为全江门市语文老师作"有序作文"专题讲座;2013年、2014年、2016年连续3年我受恩平市教研室的委托在全市九年级语文老师的大会上作"语文中考备考"的专题讲座,得到全市九年级老师的一致好评;我还积极参与恩平市语文中心备课组的教研活动,与中心备课组的成员交流、研讨,从而促进自己语文教学水平的提高;我曾先后到沙湖中学、东成中学、郁文中学、鳌峰中学、恩城二中、东安中学、平东中学、圣堂中学、良西中学开展送课下乡活动。我每学期在校内听课、评课超过30节,每学期在校内承担全校公开课一次。

由于我不断地教改,不停地实践,在语文教学上取得可喜的成绩:1998年、1999年负责高三语文科教学,连续两年语文高考成绩名列恩平市普通高中第一名,获恩平市教育局高考重奖;1999年至2019年负责学校九年级语文教学,我所任的语文中考成绩均获恩平市一等奖。培养了一大批语文尖子生；辅导学生周雪红撰写的《关于恩平市水泥厂造成空气污染的调查》获广东省科技创新大赛三等奖；辅导何瑞娟、郑俊秀、谭贵莉、黎雪丹等20名学生参加江门书香节现场作文比赛，获二等奖7人、获三等奖13人。撰写的教育教学论文曾先后在《中国基础教育》《中学语文教学参考》《人民教育网》《语文月刊》《读写月报》《江门教育》等专业期刊发表；论文获国家级奖励3篇、广东省级奖励3篇、江门市级奖励8篇、恩平市级奖励20多篇。

"梅花香自苦寒来，宝剑锋从磨砺出。"通过自己多年来的努力，2012年12月我成为恩平市首批名教师（全市共10名），2014年5月我成为恩平市首个初中名师工作室主持人（全市小学、初中、高中共3个），2016年12月成为恩平市十大教学能手，2017年2月成为江门市第四批名教师培养对象，这几种评选都是一项不分配指标，面向全市范围公平竞争的人才遴选项目。我提交了申报材料，随后过关斩将，经校、县、市逐级选拔出线后，再赴江门进行面试答辩，最终在强手如林的竞争中脱颖而出，成为目前江门市初中语文名教师培养对象中的一员。在培训期间，我先后扎营广州、东莞、杭州、北京、香港等地，在成为江门市名师培养对象前师从冯善亮、曹殿成、何勇涛、周华章等教育大家，窥睹了郑桂华、李希贵、余映潮、魏书生、孙绍振、楚云、丁之境等教育名家的烨然神采，贪婪地汲取、内化、酝酿、提升、新生，走一步，再走一步，为"名师"那一道风景线，更为那还未能分享到风景线的孩子们！

（四）一颗乐于帮教助教的诚挚之心

成为恩平市名师后，学校的青年教师都渴望成为我的徒弟，希望能加入我带领的科研小组，渴望得到我的指点和帮助；学校的青年教师也喜欢主动邀请我到课堂听课、评课。我也带领科组教师主动承担恩平市、江门市各类观摩课和示范课。对每一节观摩示范课，我总是严格把关，不厌其烦地帮助青年教师分析教材、设计教案，还亲手帮助制作教具和课件，听课、评课，一丝不苟。2005年，我当上主管教学业务的副校长，每学期我亲自举办2次以上的教改讲座，为参加课改实验的教师开展教材教法辅导，做课改的总导师，使学校一批名师和优秀青年教师脱颖而出。此外，我还积极发挥恩平市语文学科带头人、名教师的作用，经常指导本校或恩平市青年教师开展教育教学工作，认真指导他们备课、写教案、上课、写教学反思和论文，经常深入课堂听课、评课，并亲自为他们上示范课，提高他们教学理论和业务水平，让他们尽快站稳讲台，迅速成长为学校骨干教师。如指导伍珍华、何小群、许雁清、谢桃芬、林秋容、陈美丽、莫足意、梁艳华、谢桃芬、吴翠瑜老师参加恩平市青年教师教学竞赛获市一等奖，指导关咏雯、侯艺芬、袁清、何叠群老师参加恩平市青年教师教学竞赛获市二等奖，指导张燕燕老师参加江门市青年教师优质课竞赛获江门一等奖、广东省二等奖，指导黄锦洪老师参加江门市青年教师优质课竞赛获江门市二等奖,指导良西中学岑楚华参加江门市初中青年教师竞赛获一等奖。

25年来,我凭着对教育事业的无限赤诚和无尽的追求,在平凡的岗位上做出了无私的奉献,屡获殊荣:我先后被评为"江门市侨乡建设突击手""恩平市德育先进工作者""恩平市教育先进工作者""江门市优秀教育工作者""江门市初中教育工程建设先进个人""恩平市首批名教师""恩平市名师工作室主持人""恩平市十大教学能手"等称号。2009年9月,我被评为广东省南粤优秀教师。面对纷至沓来的荣誉和掌声,我并没有陶醉,而依然是那样专注,那样执着,满腔热情地面对一个个新的挑战!

我的教学实录

"让学生在忙碌中感受《醉翁亭记》中的人文美"教学设计

教学内容

部编本教材九年级上学期第三单元第11课《醉翁亭记》。

教学简析

欧阳修《岳阳楼记》是传诵的名篇之一。贯穿全文的主线是"乐"字。"醉"和"乐"是统一的,"醉"是表象,"乐"是实质,写"醉"就是为了写"乐"。它的写景十分有特色:一是从大到小,移步换景;二是情景结合,转换无缝;三是用说明来作描写;四是对偶与散行错综,整齐活泼。作者写岳阳楼的景色意图却是借题发挥,谈一个人应有的政治抱负,并以此规箴友人。文章先由叙事入手从重修岳阳楼的背景,说到岳阳楼的"大观",再写"迁客骚人"登楼时一悲一喜的情怀,最后将这种情怀跟"古仁人之心"作对比,自然引出议论,说明作者意图:"醉能同其乐,醒能述以文者,太守也。"说明作者并非真乐山水,还是借酒消愁了。

文章把叙事、写景、抒情、议论自然结合起来,句式上骈散交错,节奏不断变化,读起来声调铿锵,使人产生审美的感受。

学情分析

初三第一个学期我才接手这个班的语文教学。本班现有学生56人,男、女生各占半数。学生的语文基础不够扎实,与语文有关的文学、文化知识积累较少,语文成绩特别好的学生没有,成绩良好有三分之一,中等的有三分之一,不合格的也有三分之一。语文课堂上学生举手发言的人十分少,课堂语文学习常规不到位,课堂气氛较沉闷。课文预习学生多为抄语文教学参考书,大多数学生连课文都没有阅读过一次就把预习题目答案抄完,真正自己动手去完成预习的学生很难找到。因此,语文课堂很少学生能完成老师提出的问题,多为老师讲学生听、学生记的场面较多,学生的阅读能力、表达能力很难提高,语文核心素养的提升也只是空中楼宇。针对这种情况，我先是想办法改变学生学习语文的不良习惯，规范学生的阅读过程，让学生在每一节课中都能忙起来、乐起来，语文阅读能力真正得到进步，语文核心素养得到提升。

教学设想

《醉翁亭记》不唯写景优美，更主要的是它体现一个古代被贬官员身处逆境的平和心态，与民同乐的政治襟怀，以及醉情山水、怡然自得的乐观精神。因此，在教学过程中要循序渐进，先读懂课文，解决文言知识的问题，再理解鉴赏文章内容，两者彼此关照、相辅相成，以诵读贯穿整个教学过程，以"醉"字为切入点，理解"乐"的情怀。抓住贯穿全文的主线——"乐"字，并采取知人论世的教学方法，结合时代背景和作者个人被贬的经历，帮助学生体会"乐"的情感，体会作者文中蕴含着的"与民同乐"的政治理想。

其次，本文是一篇文质兼美的散文，它突破了传统的游记散文模式，融入了大量议论和抒情成分，多用骈偶句，语言简洁流畅，委婉有致，创造了游记体散文新的审美意境。在教学过程中始终贯穿朗读激情的方法，通过教师示范朗读，学生按要求听读、情感品读，引导学生欣赏短文的优美语言，深入体会课文的情感意蕴，领会本文情景交融的艺术魅力。

此外，我将巧用多媒体展示教学流程、辅助课文赏读，为学生留下明晰的学习目标和思路。

教学目标

1. 积累常用词的意义和用法，疏通文句，理解文意。
2. 熟读成诵，在诵读中积累语感，加深理解。
3. 欣赏本文的语言风格和艺术表现手法。
4. 了解本文的创作背景，体会作者游览山水的乐趣及其与民同乐的情怀。

课前准备

1. 学生在老师的指导下，上网或到图书馆查找欧阳修生平的事迹资料及醉翁亭的历史沿革、地理环境情况。
2. 熟读全文，找出自己不会读或不理解的词语。

教学课时

两课时。

教学过程

（一）引新课

师：同学们：进入九年级的你一定已经学过许多古代诗人的诗歌，你最喜欢哪一位诗人的诗歌？喜欢的原因是什么？

生：李白、杜甫、陆游、白居易……原因是：李白的诗我从小就读过；杜甫的诗较浪漫；陆游的"山重水复疑无路，柳暗花明又一村"让我每次让到挫折后都能找到欣慰，心情豁然开朗……

师：你学过的诗人中，"唐宋散文八大家"是哪八位？

生：李白、杜甫、苏轼、范仲淹、王安石、李商隐、陆游、白居易。

师：不对。应该是唐朝的韩愈、柳宗元，宋朝的苏轼、苏辙、苏洵、欧阳修、王安石、曾巩。

师：今天我们一起来学习"唐宋八大家"之一的欧阳修的一篇美文——《醉翁亭记》

（二）知作者

师：本文的作者是唐宋八大家之一的欧阳修，有谁知道他的生平事迹？请把自己课后找到的信息说一说，与大家共同分享一下。

生：好的。我来说一下，说得不好的地方请大家批评指正。

欧阳修（1007—1072年），字永叔，号醉翁、六一居士，汉族，吉州永丰（今江西省吉安市永丰县）人，北宋政治家、文学家，且在政治上负有盛名。因吉州原属庐陵郡，以"庐陵欧阳修"自居。谥号文忠，世称欧阳文忠公。后人又将其与韩愈、柳宗元和苏轼合称"千古文章四大家"。与韩愈、柳宗元、苏轼、苏洵、苏辙（三苏）、王安石、曾巩被世人称为"唐宋散文八大家"。欧阳修是北宋诗文革新运动的领袖，继承并发展了韩愈的古文理论，主张文以明道，反对"弃百事不关于心"（《答吴充秀才书》），主张文以致用，反对"舍近取远"（《与张秀才第二书》），强调文道结合，二者并重。反对浮艳华靡的文风。其散文《朋党论》《与高司谏书》《新五代史·伶官传序》等政论、史论，或针砭时弊，或以古鉴今，其《醉翁亭记》《秋声赋》等抒情散文，或寄情山水，或借景抒情，平易流畅、委婉曲折。

师：语文科代表说得不错，课后准备较充分。

师：欧阳修之所以成为唐宋八大家之一，他的成长历程一定不简单的，寻找他的故事一定会让我们深受启发的，下面谁来说一说与有关的他成长故事？

生：欧阳修修河的故事。

生：欧阳修把自己文章公布于众的故事。

师：这些故事告诉了你什么道理？

生：认真学习。

生：积极进取。

生：虚心请教。

生：不耻下问。

生：直言不讳。

生：敢于进谏。

生：为民着想。

师：我也十分喜欢欧阳修的诗篇，平时也很喜欢读他的文章，今天看到同学对他这么关注，我也搜集到一个与他有关的故事。

北宋时期，有个杰出的文学家和史学家，叫欧阳修。他的文章写得很出色，在文学上有很高的成就。他4岁那年，父亲去世了，家里生活非常困难。他的母亲一心想让儿子读书，可是，哪里有钱供他上学呢？她左思右想，决定自己教儿子。她买不起纸笔，就拿荻草秆在地上写字，代替纸笔，教儿子认字。这就是历史上有名的"画荻教子"的故事。

师：这个故事告诉了我们什么道理？你从中得到了什么启发？请说一说与大家分享一下。

生：刻苦学习。努力学习争取中考考出理想成绩。

生：不怕困难。想办法战胜在学习中遇到的困难。

师：教子有方；战胜困难，重视教育。启示：在当今这么优越的学习环境下，我们要珍惜这美好的时光，积极进取，努力拼搏，立志成材，争取早日成长为一个对社会有用的时代接班人。

（三）明背景

师：了解文章的写作背景对理解文章的内容相当重要，有谁知道本文的写作背景？

生：宋仁宗时期（1045），范仲淹遭谗离职，欧阳修上书替他分辨，得罪了当权派，被贬滁州（在今安徽）知州。被贬后，他心情郁闷，经常去滁州城西南十里的琅琊山游玩，并与山寺中住持智仙和尚结为莫逆之交。庆历六年，智仙建亭于琅琊山酿泉旁，以为游息之所。欧阳修登亭"饮少辄醉"，故给它取名为"醉翁亭"，并写下了《醉翁亭记》这篇流芳千古的美文。

师：不错。

（四）析题目

师：这篇文章的题目告诉了我们什么信息？（学生讨论发言）

生：交代了写作的地点。

生：交代了写作的对象。

生：交代了文章的体裁。

师：（归纳：交代了描写的地点及文章体裁）（"记"是古代的一种文体。主要是记载事物，并通过记事、记物，写景、记人来抒发作者的感情或见解，即景抒情，托物言志。）

（五）查预习

师：学习文言文先要会读字然后再弄清字义。请读准下列字的注音。

环滁（chú）　　林壑（hè）　尤（yóu）美　　琅琊（lang ya）也

水声潺（chan）潺　　　饮少辄（zhé）醉　　　　若夫（fú）
林霏（fēi）开　　　　　岩穴（xué）暝（míng）　　晦（huì）明变化
伛（yǔ）偻（lǚ）提携（xié）　　酒洌（liè）　　　　山肴（yao）野蔌（sù）
宴酣（hān）之乐　　　射者中（zhòng）　　　　　弈（yì）者胜
觥（gōng）筹（chóu）交错　　颓（tuí）然　　　　　树林阴翳（yì）

师：除了以上的字外，课文中你还有哪些字不会读的？请你提出来。
生：没有了。
师：好的。

（六）读课文

师：扫清课文的生字词后我们就开始读书了，俗话说"熟读唐诗三百首，不会作诗也会吟诗"。下面请按要求来进行朗读。

（1）读出疑难。学生默读课文，找出自己不会理解的字词。
（2）读出声音。同位之间大声、准确地开展朗读比赛。
（3）读出节奏。先全班同学齐读，然后老师选取一段指导如何读出节奏。
（4）读出情感。本文用了21个"也"字，有的表示判断，有的表示陈述。朗读时要读出相应的语气。
（5）读出美感。先由老师范读一段，然后让学生选择自己喜欢的语段有感情地朗读，然后组织同学互评。
（6）推荐演读。选出班里朗读比较好的几个同学一起朗读，老师给予点评。
师：刚才示范的同学表现不错，我们给他们热烈鼓声。

（七）疏字义

师：请同学看投影，写出下面句子加点词的含义。(8分钟)
（1）林壑尤美　　　　　（2）饮少辄醉　　　　　（3）野芳发而幽香
（4）得之心而寓之酒也　（5）日出而林霏开　　　（6）云归而岩穴暝
（7）佳木秀而繁阴　　　（8）杂然而前陈者　　　（9）而乐亦无穷也
（10）伛偻提携　　　　　（11）宴酣之乐　　　　　（12）觥筹交错
（13）苍颜白发，颓然乎其间者　　　　　　　　（14）已而夕阳在山
（15）游人去而禽鸟乐也　　　　（16）而不知太守之乐其乐也
（17）醒能述以文者

师：谁上来展示一下自己的答案？(掌声)
师：看看展示的答案，哪个地方还有补充？
师：经过补充后，答案正确了。
师：比一比，试一试，下面的一词多义，看谁答得最快最多最准。

【临】
（1）有亭翼然临于泉上者　　　（2）临溪而渔　　　（3）把酒临风

(4）东临碣石　　　　　（5）执策临之

【谓】
（1）太守自谓也　　　（2）太守谓谁　　　　（3）权谓吕蒙曰
（4）予谓菊，花之隐逸者也　　（5）此所谓战胜于朝廷也

【归】
（1）太守归而宾客从也　（2）云归而岩穴暝　　（3）壮士十年归
（4）微斯人，吾与谁归

【意】
（1）醉翁之意不在于酒　（2）与君离别意　　　（3）意暇甚
（4）灰心丧意　　　　　（5）只想你会意

【秀】
（1）蔚然而深秀者　　　（2）佳木秀而繁阴　　（3）钟灵毓秀
（4）眉清目秀

【芳】
（1）野芳发而幽香　　　（2）芳草鲜美　　　　（3）芬芳馥郁

【发】
（1）野芳发而幽香　　　（2）征于色，发于声　（3）舜发于畎亩之中
（4）朝发白帝城　　　　（5）苍颜白发

【绝】
（1）往来而不绝者　　　（2）沿溯阻绝　　　　（3）率妻子邑人来此绝境
（4）奇山异水，天下独绝　　　（5）蝉则千转不穷，猿则百叫无绝

【负】
（1）至于负者歌于途　　（2）命夸娥氏二子负二山　　（3）负隅顽抗
（4）负荆请罪

【乐】
（1）山水之乐　　　　　（2）人知从太守游而乐　（3）不知太守之乐其乐

师：经过这个比赛环节后，看来同学们的一词多义还不够扎实，仍有待加强。

师：除了以上的字词外，你还有哪些不理解的，请你提出来。（学生自由解答）

生：翼然、名。

生：若、发、时、穷。

生：景、渔、从、去、乐其乐、谓。

师：很好。同学们能及时找出自己不会的字，如果还有不懂的课后还可以向老师提出来。

师：弄懂课文的字词后，下面就限时小测一下课文的重要句子的翻译。（10

分钟)

(1) 蔚然而深秀者,琅琊也。

(2) 峰回路转,有亭翼然临于泉上者,醉翁亭也。

(3) 风霜高洁,水落而石出者。

(4) 野芳发而幽香,佳木秀而繁阴。

(5) 树林阴翳,鸣声上下,游人去而禽鸟乐也。

(6) 醉能同其乐,醒能述以文者,太守也。

师:时间到了,完成的同学请举手?请同学对一下投影,同位相互修改一下。

(八) 懂内容

师:弄清文章的字词句的翻译后,下面我们要进入课文的内容分析了。结合课文回答下列问题。

1. 贯串全文的主线是什么?课文中那个句子是反映这一主线的?

2. 文章围绕这一主线写了哪几方面内容?

生1:主线是"醉",反映主线的句子是"醉翁之意不在于酒,在乎山水之间也"。

生2:主线是"乐",反映主线的句子是"人从太守游而乐,而不知太守之乐其乐也"。

生3:主线是"乐"句子是"山水之乐,得之心而寓之酒也"。

师:第三个同学回答正确。可能这个同学不是常人,而是不食人间烟火的"圣人"。(同学大笑)围绕这一主线写了哪几方面内容?

生:写了四方面的内容:一是醉翁亭环境及命名的原因,二是山间的景色,三是太守宴的情景,四是宴后回来路上的见闻。

师:还有同学补充吗?

生:二是山间朝暮及四季的景色,三是滁人游乐与太守宴饮场面,四是太守日暮醉归其乐无穷。

师:这位同学补充不错。(掌声)

(九) 析手法

师:同学们,课文阅读教学必须要解决三个重要内容:一是写了什么;二是怎样写;三是为什么这样写。第一个问题解决了,接着我们要解决第二、三个问题了。

(1) 学生再读课文,完成下列表格中的表现手法、效果、主旨内容。在分析手法时要找出课文中相应的句子并分析其作用。(10分钟)

(2) 学生研讨、交流。(5分钟)

(3) 小组展示。(同学之间相互修订)(5分钟)

层次	内容	表现手法/方式	效 果	主旨
一	写醉翁亭的环境及命名的原因。	1. 总领全文 2. 移步换景 3. 过渡 4. 铺垫	1. 第1句：总领全文，点出滁州地理环境总特征。 2. 第2—4句：由山外远望转入山内近观，最后推出醉翁亭，从大到小、层层递进、托出主景、引人入胜，给人以移步换景、身临其境、耳目一新感觉。(群山环绕图→琅琊秀色图→酿泉流水图→溪亭展翅图)(秀丽的环境) 3. 第1段第5—8句："作亭者谁……"由写景过渡到写人，转而叙事抒情。 4. 第1段末句：将游玩观赏之乐融入宴饮之中，为下文做铺垫	本文以"乐"字作为贯穿全文的主线，极其生动地描写了醉翁亭的秀丽环境和变化多姿的自然风光，勾画出一幅太守与民同乐的图画，既抒发了作者对山水
二	写山间朝暮及四季景色变化。	景物描写、抒情(对偶、骈散结合)	1. 第1—2句：采用时间顺序写出山间朝暮及四时之景特点，给人"乐亦无穷"，余韵不绝的感受。 2. 最后一句运用抒情方式写出醉翁亭的美景给作者带来的快乐	
三	写滁人游乐和太守宴饮。	1. 侧面描写 2. 人物描写	这一段主要写了写滁人游、太守宴、众宾欢、太守醉(重点)四幅图画，其中滁人游描绘了一幅太平祥和的百姓游乐图，从侧面反映了政治的清明和作者的自信得意	

续上表

层次	内容	表现手法/方式	效 果	主旨
四	太守日暮醉归，自得其乐。	1. 叙事 2. 议论、抒情 3. 首尾呼应	1. 第1句运用了叙事的方式写出了醉罢晚归的情景，淡雅而有情致。 2. 第2句叙事方式写出了树林枝叶繁茂及禽鸟之乐。 3. 第3、4句通过议论、抒情方式总结"禽鸟乐、游人乐、太守乐"的表现形式，揭露文章主旨——作者随遇而安、与民同乐的旷达情怀（醉能同其乐）。 4. 段末句：道出姓名，照应开头，解开全篇悬念	的热爱，又表现作者随遇而安，与民同乐的旷达情怀。

（4）教师点评、补充。（8分钟）

（十）会探究

师：给刚才大胆发言、积极展示的同学一个热烈的掌声。看来同学们对课文所运用的表现手法及其作用分析不错，这就是你们努力的结果，让老师感到很欣慰。下面我们再结合课文内容来探究三个问题。

1. 课文第2、3、4段开头的"若夫""至于""已而"等词有什么作用？这三段是按照怎样的顺序来写的？

生1："若夫"有承上启下过渡作用。

生2："至于"有递进作用。

生3："已而"表明时间不早了。

师：同学们还有补充吗？

生："若夫"表示举例意思，"已而"表示时间副词。

师：这位同学的补充让我们感受到"欲穷千里目，更上一层楼"的境地。掌声鼓励。

师："师者，传道授业解惑也"，请听老师的解惑。"若夫"是表示转接的连词，含有假设和例说的意思；"至于"同样表示转接，却含有进层的意思，表示描写的进一步深入；"而已"表示时间的副词，表示时间的推移、暗示场景的转换。寡人的补充与你们的有什么不同？

生：具体详尽。

师：哪掌声呢？（全班响起热烈的掌声）

师：革命尚未成功，同志仍需努力。请看第二个问题：本文"乐"字贯穿全文，文中都写了哪些"乐"呢？"醉能同其乐，醒能述以文"，表达了作者怎样的志趣？

生1：山水之乐、宴饮之乐。

生2：太守之乐、禽鸟之乐。

生3：还有游人之乐。

师：不错。这些同学可能是旅游的明星或是欧阳修的"忠实伴侣"，否则，怎么会一下子就知道作者的心声？（同学们热烈起来了）

师：既然有许多同学是欧阳修的"忠实伴侣"，那么作者写这篇文章要表达什么心声呢？文章哪句话能体现出来？

生："与民同乐"。"醉能同其乐，醒能述以文者"。

师：我们班的同学果然与众不同。

（十一）谈感悟

师：学完本文后，你的心情是否快乐许多？

生：是。

师：你快乐的原因是什么？

生1：让我明白了快乐的最高境界是与民同乐而不是独乐乐。

生2：让我感受到与大自然和谐相处的快乐。

生3：让我明白了在自己失意时最好到野外游山玩水，尽情释放心中的苦恼。

生4：我快乐的原因除了刚才同学所说的外，自己还从文中领会到写景抒情的方法。

生5：我也是。队了以上原因外，我也从文中领会到叙事、议论、抒情的方法，真正感受到"唐宋八大家"的美文韵味。

师：同学们越说越起劲，给自己掌声。看来同学们通过本文学习后真的收获不少，老师为你们感到高兴。

（十二）勤积累

师：厚积而薄发。《岳阳楼记》《醉翁亭记》这两篇文章都学完了，但文中有一些短语已经变成了成语，在后世流传，请大家课后找出来，说说它们在文中的含义及现代汉语中语义的变化。同位相互检查。今天的课到此结束。

教学反思

这节课从导入到结束整个教学过程问题的设计都体现"教师为主导、学生为主体、训练为主线"的教学理念，教学实践过程真正体现了自己一直以来倡导的"以生为本"、让全体学生在课堂教学中真正"忙起来"的教学思想。每一个环节，每一个问题都是先让学生去思考、动笔、交流、展示，然后再让老师作简单的点评；积极把新课标提出的"自主、合作、研讨、交流、探究"的要求贯穿在整个课堂教学中来，让学生学得充实、学得快乐、学有所获，教师教得轻松，整个课堂都充满掌声、笑声，学生的语文核心素养得到提升。但在教学中也发现一些问题，如学生对作家作品的知识积累较少，许多学生没法讲述；朗读课文时学生的情感不够，未能在朗读中感受到此文美丽醉人的意境；对文言文中的"一词多义"的积累较少；在品味赏析文章的表现手法时，许多学生的表达不够准确、不够全面，未能真正把阅读教学中"怎样写，为什么这样写"这两个问题很好地突破。同时还有个别学生课堂未能积极大胆举手发言。这些问题都有待在今后的教学中积极想办法来提高。

我的教学主张

让学生在语文课堂中真正"忙"起来

语文教学需要理论指导和语文教师的理论素养，依赖教师的专业知识、学识和娴熟的专业技能，更需要语文教学的专业实践规范，才能够正确、真实、有序地实施，有效培养学生的语文的能力。《语文课程标准》中也曾指出：语文教学应在师生平等对话的过程中进行。但新的一轮课改实施以来，"满堂灌""一堂言""师问生答"的教学模式仍然占了当前语文课堂教学的主流，甚至有些教师在思想多元化、理论散碎化、说法纷繁化、经验新奇化的影响下，教学行为不规范，教学思想混乱，教学理念不清，或闻风跟追，或照搬挪用；或困顿迷茫、无可奈何；或干脆为考试而教。语文课堂教学表面上看起来百花杂陈，实际是走着一条为成绩和分数而教的狭窄、陡峭之路。造成语文课堂单调、枯燥，死气沉沉的现象出现，大多数学生对语文不感兴趣，语文课堂"高耗低效"，大多数学生语文素养仍然处于低下水平。为了尽快改变这种不良的局面，我认为语文教师必须更新语文教学理念，运用语文阅读规范教学，实施真实的中学语文教育，发挥学生在语文课堂教学中的主动性与创造性，让所有学生都在语文课堂中真正"忙"起来。只有让学生真正"忙"起来，课堂才能活起来，教与学才能彰显鲜活的生命力，学生的素质才能最终得以切实提高。那么，怎样让学生真正"忙"起来呢？

我的育人故事

运用"冷热效应"来教育转化后进生

一把加热锻打的刀锋，经过淬火这种突然的"冷"处理，会变得更加坚硬锐利；一枝饱受严冬风霜吹打的残茎，经过温暖春风的吹拂，会开出更加绚丽娇艳的鲜花，把"冷"与"热"的原理运用到转化后进生的工作中去，同样会收到很好的效果。在转化后进生工作中，这里的"冷"并不是"冷酷无情"，而是暂时的、表面的冷淡和孤立，是冷中含情，冷中有爱，它是清醒剂，可以使受教育者在冷静中自省和自责，从而不断充实和完善自我；所谓"热"是爱的气流，是老师给学生的全身心的爱，是热情、是温馨、是信心、是动力。那么"冷"与"热"在转化后进生中如何运用？首先，要弄清对象，针对特点，因人而异。"冷"与"热"作为两种既对立又统一的教育方法，在转化后进生的过程中可以独立使用，也可以两者兼施。对哪些"小皇帝"式的后进生可以用"降温—冷却—加热"的步骤来教育。"降温"是打击后进生一直以来嚣张的思想；"冷却"是抓住他的缺点进行批评教育，击中他的要害，促其检讨和反省自己；"加热"是为了防止他产生对抗情绪和破罐子破摔的思想出现，因此在"降温、冷却"之后要在纪律上督促他、在学习上关心他、在成绩面前肯定他。其次以"热"为主，以"冷"为辅，"冷热"结合。在转化后进生工作中，"冷"处理是对个别后进生在不得已的时候所用的方法。苏联教育家苏霍姆林斯基说过："教育的技巧和全部奥秘在于如何爱护学生，高尚纯洁的爱，是教师和学生之间的一条通道。"可见"爱"在教育中具有重要的地位和作用。实践表明，目前我们所接触到的后进生，大多是由于学习基础较差，对学习失去兴趣，因而随心所欲，常违反校纪校规。如果我们教师单凭学习成绩去评价，会有相当部分学生抬不起头来。为此，面对这样的后进生，我力求在多方面了解他们的性格、兴趣、特长的基础上找准其闪光点，不断给他们"加热"，使他们从多次的表扬、鼓励中得到陶冶和感化。例如有的学生学习不行，但体育很好，针对这种"四肢发达，头脑简单"的现象，我指出：你在这方面行，其他方面肯定行，当今社会竞争激烈，必须提高自己的基本素质，尤其是将专业课学好以求有一技之长。有的具有绘画、唱歌、演讲、书法、写作等才能的后进生，每当他们有所表现或取得好成绩时，我都会大加赞扬。如2016年毕业的初三（1）班的潘俊超同学，他由于在初一、初二时荒废了学业，成绩一直很差，常有厌学、弃学的念头，但他的记忆力非常强，因此在初二第二学期我就选他代表学校参加全市青少年"地税杯"税法知识竞赛，结果获得全市第一名；后来又代表恩平市参加江门市的总决赛，也以优异的成绩夺得了江门市第一名。凯旋后学校大力表扬他，重奖了他。因此，我就抓住他这一喜人的事迹经常在语文课堂上表扬他，鼓励他说："俊超，你在江门市的比赛中能击败强大的对手，取得了第一名，如果你把这种努力拼搏的精神用在学习上，你将会很快成为班内的学习标兵。"多次的表扬、鼓励、教育引导，他的自信心确立了，学习方向明确了，违纪现象逐渐杜绝了。现在每次上语文课都十分认真，中段考试时语文成绩由原来40多分提高到70多分。对于那些没有任何特长的学生，我同样也会在性格、人品等方面捕捉其闪光点，不断给他们加"热"，使他们不断"升温"。实践证明，只要细心，你就会发现每个后进生的身上都有闪光点，只有以诚挚的态度去肯定他们的每一个优点、每一点进步，使他们能得到"热能"，他们定会重拾自信、重见光明。反之，如果对后进生的教育只是"冷"而无"热"，后进生就会失去所有的自信，最后只能是"破罐子破摔"。

平等活跃育心智、图文并茂展地理、睿智严谨提能力

● 江门开平市第一中学　伍小勤（中学地理）

● **个人简介**

我叫伍小勤，是江门开平市第一中学的地理老师，1997年7月从华南师范大学毕业后，一直在开平市第一中学工作，2008年成为地理高级教师。在23年里，我先后担任了初一到高三的地理教学工作、班主任、兼职心理老师、地理备课组长、政教处副主任、政教处主任、女职委主任等多个工作岗位。我曾获得"第八届全国地理小博士全国优秀科技辅导员""广东省中学生地理奥林匹克竞赛优秀指导老师""江门市地理竞赛优秀指导老师""江门市教坛新秀""江门市优秀共产党员""开平市优秀共产党员""开平市优秀教师""开平市优秀女教职工""开平市基础教育学科带头人""开平市骨干教师"等20多项开平市级及以上的荣誉称号。撰写了广东省级二等奖论文《地理试题讲评课应注重"五讲"》、江门市一等奖论文《精心设计课堂教学，激活学生地理思维》《时事地理在课堂上运用》等近20篇论文，编写了教辅书《课时导学练习必修3》，参与了广东省级课题"以励志教育为特色的学校德育创新研究"，主持了市级课题"高中地理课外作业的有效性研究和实践"。

潭江水长，后浪推前浪，喜看一中创造百年辉煌；百年红楼，历经沧桑，依然屹立在师生的心田。生于斯长于斯的我，对故土深怀感情，扎根于家乡教育一线。我恪守工作准则："认真做事才能把事情做对，用心做事才能把事情做好"，用心做好每件事，静下心来教书，潜下心来钻研，用爱心、耐心和细心培育学生，力争做学生爱戴、家长满意、同行赞许的教师。我的教育教学理念是：学生不仅仅是我传道授业解惑的对象，也是我教育事业的合作者。唯有

学生的默契配合和努力付出,才会使我的事业闪亮发光。课堂教学应该是活跃的、灵动的、睿智的,能让学生带着愉悦的心情来严谨地学习。我一直坚守工作准则和教学理念,独特的自我教育教学风格就水到渠成了——平等活跃育心智、图文并茂展地理、睿智严谨提能力。

我的教学风格

(一)平等活跃育心智

老师和学生在人格上是平等的,老师和学生之间是合作关系,是教学相长的关系,老师教育教学理念的实施,需要学生的配合。学生是老师教育的对象,学生有错,老师要用爱心正确引导学生,帮助学生改正错误。老师有错,要勇于自我批评,敢于向学生承认错误。课堂上,不是教师高高在上,让学生无条件的服从,而是教师与学生共同商量与讨论的过程。所以,我常以平等的态度对待每一位学生,以亦师亦友的姿态去感化学生。做学生思想教育工作时,我常给他们端来凳子,让学生和我平等谈话,其实是希望学生能敞开心扉,让我准确找到教育的切入点。我想起了"政教处里吃外卖"事件。

2012—2013学年第一学期第五周,星期四的傍晚,我进行校园巡查,当走到东边篮球场时,碰上6名男生东张西望地从教学楼走向东边围墙,稍后,他们的手里提着黑色塑料袋子往回走。以我的职业嗅觉判断,这6名男生应该是进行"围墙贸易"——购买了外卖。我老远地喊了一句:"前面提着黑色袋子的6名男生站住。"或许是他们心虚,或许是他们事先预料到可能会遇上老师巡查,他们听到我的叫喊声就原地停住。我快步走向前:"打了外卖吧?"他们没有一个人否认,一声不吭。我又说了一句:"所有人跟我回政教处。"说完我就往政教处的方向走去,走了几步我扭头一看:6名男生,一个都没跑掉,乖乖地跟在我后面。

到了政教处,6名男生自觉地站成一排,低着头,一副做错事准备挨批的样子。"自己找凳子坐下,把饭吃了,餐纸在我桌面,吃饱了把桌子擦干净,垃圾桶在右边的走廊里。"听到我的训话,6名男生瞬间抬起头,一脸愕然地看着我。"肚子不饿对吗?那就别吃了。""吃,吃,肯定吃,谢谢老师。"气氛变得轻松了,6名男生很快就把盒饭吃光了,把垃圾清理干净,又站成一排,等待我训话。

"你们是违反了校规,但我还是让你们把盒饭吃了,知道这是为什么吗?"

"因为主任您知道我们肚子饿了,不想我们饿着肚子过夜。"

"说对了一半,另一半是因为你们乖乖地跟我回到政教处。你们都不是我班里的学生,你我第一次见面,如果你们六名男生想逃跑,我一个女老师绝对是追不上你们,也赶不及拍照留证据,但你们一个都没跑。从这个方面来说,你们思想本质不差,做错了事,敢于承认,说明你们仅是一群嘴馋的娃。"

"主任,以为您会把我们骂个狗血淋头,谁知……"

"没有大声训斥你们,还允许你们吃了盒饭,但不代表我纵容了你们的违规行为。违反了校规,就得要承担后果,按校规执行处分,要知会班主任和家长,上缴你们的手机给学校保管,并在全校大会上公开批评、处分,你们接受吗?"

"好,谢谢主任。"

"违反了校规,只是被老师骂一顿。但如果违反了法律,等待你们的是将是牢狱铁窗。为人做事,一定想到永远有一双眼在看着你,那双眼就是你的心眼。"

因为"外卖事件",那6名男生记住了我。后来,班主任反映,这6名男生是第一次打外卖就被主任逮住,自认为"不适合做坏事"。高三毕业的那天,他们特意买了外卖来到政教处,再当一次"嘴馋的娃",享受"政教处里吃外卖"的特别待遇。

我不带个人负面情绪进入课堂,学生在地理课堂上是活跃的、积极讨论的。在课堂管理上,我会及时找到学生的优点,给予表扬肯定;学生回答错了,我会及时纠正;发现有学生违纪了,我会给他(她)一个警示的眼神或悄悄地走到学生身边,一个轻微的动作制止。课堂上,我也会和学生开怀大笑。我出现口误了,读错字音了,学生会敢于纠正,成为我的语文老师。

(二) 图文并茂展地理

"十题有九图"说的就是突出的地理学科的特色。地理课堂教学有三大内容:地图教学、人地关系和空间概念。地图教学是重中之重,读图、画图、析图能力是学生地理学科能力的突出表现。在课堂上,我常引导学生进行图图转化、图文转文,引用立体图表、有声地图、地理模型、地理示意图、地理漫画图、人地关系相关图、简笔图等形式,把复杂、抽象的地理事物和现象变得形象、明了,使学生记忆深刻。

(三) 睿智严谨提能力

"学高为师,身正为范",老师是学生最好的模仿者。今天老师在课堂上教学态度和处事方式,会深刻影响着学生,从而影响明天学生在社会上的人生态度。教师有条不紊的示范、严格的教学要求、严谨的思维过程,都是学生模仿的对象,学生在学习中有着可以提高自己的能力。

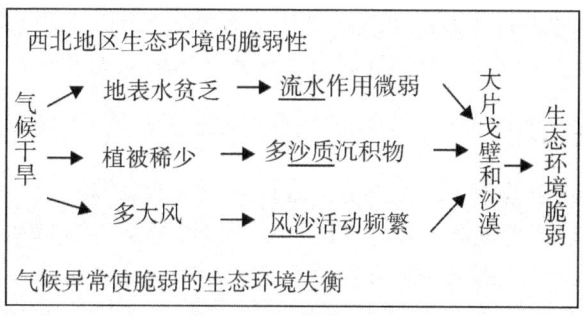

（图文转换：把一段文字改为人地关系图）

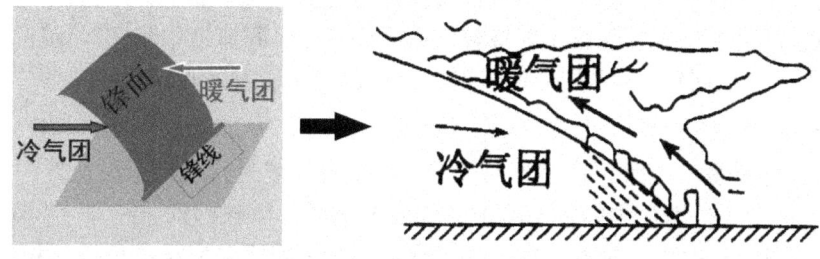

（把彩图转变为简笔图）

在课堂教学中，老师常遇到意想不到的偶发事件。对于这些偶发事件，老师要做到临"危"不乱，处变不惊，快速采取适当的处理措施，化被动为主动，有效地调控地理课堂教学。

有一次，上课铃响过，我走进教室，发现一位学生正在擦黑板，粉尘弥漫，还有不少学生仍大声吵闹。我正要训斥学生，忽然想到这节课是讲环境保护，便借题发挥，幽默地说："同学们请看，这里粉尘飘飘洒洒如瑞雪，教室吵吵嚷嚷像闹市。"学生默不作声，面面相觑。我若无其事地继续说："在这种环境中学习能行吗？"学生随口答道："不行！""那么，怎样保护好我们的环境呢？今天，我们就来学习环境的保护。"这样，嘈杂的教室成了我借题发挥导入新课的话题，既教育了学生，维护了课堂教学秩序，又激发了学生的求知欲望。

在班级管理中，我率先严格要求自己，要求学生言而有信，首先我自己要言出必行。我要求学生早上6：50回到课室，我自己6：45就站在课室门口；要求学生坚持完成阳光长跑，我自己就和学生一起跑；要求学生注意公共卫生，我自己会弯腰捡起地上的垃圾；要求学生相互关爱，我自己先关爱班里每一位学生；要求学生尊重他人，我先自己尊重学生、善于聆听学生的呼声等。地理课堂上我会认真仔细地分析学生的回答，及时纠正学生用词口语化、语序混乱、表述不清等不规范现象：把"降水"写出"落水"，把"延长产业链，提高附加值"写出"提高附加值，延长产业链"，把"西北地区夏季光热充足"写出"西北地区光热充足"等。在高考备考中,我更是引导学生认真审题、读取图文信息、有效答题,写出解题导图,探索答题规律,形成严谨的地理思维。

我的成长历程

木棉挺拔、荔枝繁茂、玉兰飘香、杜鹃红艳、西湖荡漾、红楼屹立……走在校园里,凝望红楼顶上的博士帽建筑时,一中校歌总会在我脑海里响起:"百足耸峙,白云虬虬,潭江源远,清波悠悠,红楼晚望,赤水归舟,宏宇巍峨,林茂竹秀,校园美,空气新……"每次吟唱一中校歌,我心中总会激情满怀,这个赋予我事业发展的地方,一草一木都有情。每送别一届毕业生,总会有一个师生间的约定:我将守望在红楼,等待着你们凯旋。在时间流逝中我已经见证了一中的80周年、90周年、100周年的华诞,红楼也记录了我的点滴成长。

(一)初站讲台,忐忑不安(1997—2000年)

1997年盛夏,当我手持报到通知书,凝望着红楼时,激动不已:"一中,我来了。"这所我日思夜想的重点高中,我终于来了,以教师的身份来了,我将在她的怀抱里圆我的事业梦想。回想初三那年,为了减轻家庭经济负担,我报考了广东长沙师范学校,与一中失之交臂。时光流转,经过三年中专、四年本科学习后,我踏入了一中的校门。

拿到课程表,我坐立不安,我要负责初中的音乐课教学和学校文体活动。因为学校唯一的音乐老师休产假,我要接替她的工作。那一刻,我恍然大悟,回想入职面试时杨校长对我说的话:"伍老师,你曾在中师三年,学过舞蹈、音乐、美术课……"谈话原来是这样的"意义深远",全校只有我一人任教的学科和大学专业不一致。所以我向校长提出请求:"能否安排我上一个班的地理课,让我能够开展地理专业课教学。"杨校长答应了。我唯有服从学校的工作安排,打醒精神,重拾中师的知识,重点开展了音乐教学和学校文体活动,兼任一周一节的地理课。

同年分配到一中的11位新老师中,只有我被安排在初中部教学,其他老师都被安排在高中部教学,并且被安排到和本科组的老师一起办公,只有我被安排在政教处办公,政教处里只有我一位地理老师。顿时,强烈的自我怀疑感充斥心头:我只能当一名初中老师。同时,浓浓的无助感包围着我:办公室没有一个老师跟我同科组,我这个新手该怎么办呢?

在各种情绪交织中,我度过了教学生涯中的第一个年头。在这一年里,我处于不断学习和自我调整中:我从政教处主任的身上学会了处理问题学生的方法、与家长沟通的技巧;从协助团委书记开展团队活动中增长了组织能力;从不断的独立尝试、改进中获取了掌控课堂的能力,带领学生感受音乐课堂的魅力和愉悦;在每周的跟班听课中逐渐熟悉地理教学;协助政教处开展宿舍管理工作和学生心理工作，慢慢摸索与学生沟通的有效方法；担任的初一（1）班的副班主任（学校设置正副两位班主任，班级管理主要是班主任执行），我成为班主任关永瑜老师的助手，学习班级管理……我在工作岗位的多样性中不断被打磨和锻炼，顺利完成了从学生到教师角色的转变，为以后站稳讲台打下坚实的基础。

初中音乐的课堂是没有升学压力的，学生把音乐课看成是心理减压课，课堂上学生是快乐的、老师是轻松的。在课堂上我带领学生分角色表演、随心歌唱、讨论音乐背景文化。很自然地，我的课堂语言也变得幽默，课堂是欢声笑语、活跃灵动的，这成了我后来地理教学风格的雏形。

（二）毛遂自荐，锋芒初露（2000—2002 年）

随着重点高中取消初中部的教育政策实施，在工作的第四年，我转入高中部，成为一名专职地理老师。与初中生的稚嫩和叛逆相比，高中生多了一份成熟和自律：给他们一个眼神，喧闹的课堂立即变得安静；给他们一种手势，学生就能接上我的话题。他们，给我展示了一个活泼、机智的重点高中生形象。教学相长，好学勤奋的学生，鞭策我不能懒惰，促使我和他们一起不断地刷题，一起探讨争论，使我的学科知识更加丰富和专业。同时，师生关系也在不断的磨合中产生了浓浓的亦师亦友的情怀。

我全身心投入地理课堂教学中。在学校开展的青蓝工程下，我得益匪浅，随堂听课、跟岗学习，地理教学业务水平快速提升。在这一年里，我先后承担了校级、开平市级的地理公开课，代表学校参加开平市青年教师优秀课比赛，并摘取了冠军。

联手高一地理老师，在科组长戚老师的指导下，我组建了地理兴趣小组，开展地理第二课堂：拿起竹竿和尺子，和学生一起趴在球场上，开展"利用'立竿见影'法测算我校地理经纬度"的课题研究；带领学生探访赤坎古镇，开展开平碉楼与人文地理研究；重新整理地理园，开展气象观测、进行防震减灾知识讲座；与学生一起进行画地图比赛……

在 2001—2002 学年，我第一次担任高三教学，全校只有 7 人选择地理科作为高考 X 科。按照学校工作安排我对 7 位学生实行全方位的负责：从学习到思想教育、日常生活。因为学生人数少，地理教学可以是一对一进行，课堂上采取师生 8 人讨论小组的形式进行，学生作业都是面批面改。在一年的教学相长中，我对地理教材、考纲有更全面的了解，地理试题随手拈来，我的地理知识体系又有了质的飞跃。2002 年 7 月高考，我所教的方伟峰同学高考地理成绩位居开平市单科第一名。那一年的教学，让我体会到备战高考对老师业务能力的强大推动力。

那时的开平一中，因为离市区较远，交通不便，每位老师每周还要三次值夜班，少有女老师愿意来一中工作，150 多名老师中只有 10 来名女老师。男教师人才济济，校长室是不考虑让女老师负责班主任工作。但是，不担任班主任，就无法实施班级管理和提升班级管理能力。怎么办才好？再三思考之后，我走进校长室，毛遂自荐要当一名班主任。于是，2002年9月，我成为整个年级的唯一的女班主任（全校一共2位女班主任），那学年，也是我教学生涯的一个重要转折点。

2002年9月我担任高一（1）班的班主任，我特别珍惜自己努力争取到的工作岗位，我用心做好每一件事，在班级管理中不断进行自我反思、改进管理方式：清洁大扫除时我撸起袖子，和学生一起清理垃圾；针对班级里有不团结的现象，开展"酒瓶里逃生"的游戏，让学生在游戏中感悟团结的力量；在阳光长跑中，我在学生前面领跑；在运动会开幕式上，我穿起班服，成为班级的一员。我想方设法对后进生进行帮扶，例如班里的梁小瑞同学是位择校生，她的家庭经济条件优越，但父母忙于做生意，疏于对她进行引导教育。她纪律涣散，学习成绩在班里末位。在日常教育中，我有意"忽略"她的缺点，注意保护她的自尊心，主动与她交朋友，闲聊时从她感兴趣的娱乐话题入手，对她多一些鼓励，少一点批评，让她慢慢被感化、每天有了小进步。在学生的共同配合下，高一（1）班形成了良好的班风、学风，每个学月都被评为"优秀班级"，学年末被评为"开平市先进团支部"。我也因此收获了教育生涯中的第一个江门级的奖项："江门市教坛新秀"。

（三）站稳讲台，提升自我（2002—2010年）

经过了5年的摸索、实践，我的工作能力得到了学校领导和同事的肯定，受到了学生的欢迎和家长的赞许。之后，我多年担任高三教学工作，一直担任班主任工作、地理备课组组长。随着学校教学硬件条件的改善，我着手对新课堂教学进行探讨和实施，从传统教学法向多媒体教学法转变，从"一支粉笔一张地图"传统课堂转变为"立体、形象"多元素的有声课堂，在课堂中实施研究性学习，提高课堂教学效率。在不断的实践中，我逐渐形成自己的教育教学风格：平等活跃、图文并茂、睿智严谨。同时，我也不断进行教学反思，撰写论文《时事地理在课堂上运用》《地理试题讲解课应注重"五讲"》等，并在江门市或广东省教学论文评比中获奖；还担任了教辅书《课时导学练习必修3》的主编，被评为"第八届全国地理小博士全国优秀科技辅导员""学校教学积极分子"；我还开展了开平市级课题"高中地理课外作业的有效性研究和实践"的工作。

在班级管理中，我更加关注学生的心理变化，重在开发学生的非智力因素，对学生进行励志教育，励志教育的题材多选用身边的案例：邀请清华大学学子黄立华回到母校和学弟学妹们谈理想；组织学生参观南楼，聆听开平侨乡的英烈事迹；选播优秀影片文学作品，观看了《感动中国年度十大人物》，在班级开展"寻找身边的感动，弘扬班级正气"的活动；选取《士兵突击》中经典短片进行点评，开展了"我是许三多"的影评活动，让学生在学习上践行"坚持到底、永不放弃"的红楼精神；主题班会课上带领学生朗诵《中国少年说》，吟唱一中校歌，呼喊学校口号："为我理想，坚持到底，为我人生，永不放弃。"让学生明白："国之兴亡，匹夫有责"，振兴中华从我做起，振兴一中从我做起。

2006年3月起，我先后担任学校的政教处副主任、政教处主任，负责学校的德育管理。在校长室的支持和班主任的配合下，我在全校推广励志创新教育，开展省级课题"以励志教育为特色的学校德育创新研究"（2013年已结题），撰写《让学生走向自强——学校励志教育探讨》《榜样引领：无穷的励志力量》《换种看法，收获成功》等德育论文，并获开平市一等奖。

根据班主任队伍建设的要求，我组织了全校班主任进行各种形式的培训工作：开展了"五心教育——如何做一名五心的班主任""如何树立班主任的威信""班级管理点滴谈"等主题活动；组织班主任参加了"魏书生讲座"的学习；带领班主任参加户外拓展训练，并把拓展活动延伸到班级建设中。组织"小主任、大风采——班主任专业能力大赛"，促进班主任多元化发展。坚持"以不变应万变"的原则，要求全体班主任用不变的爱心处理学生在各个时期发生的情绪变化，增强班主任"以生为本"的服务思想。

通过活动，不但提高了其他班主任的工作能力，也使自己的组织能力也得到很好的提升；同时，我也得到了上级的肯定，被评为"开平市教育系统优秀工会积极分子""开平市优秀教师""开平市教育工会优秀女教职工工作者""开平市中小学德育先进工作者""江门市优秀共产党员"等荣誉称号。

（四）站好讲台，不断飞跃（2010年至今）

我以"最好的教育就是自我的教育"作为自身发展的座右铭，常常自问：今天的授课内容学生是否能听懂？教学设计是否切合实际、行之有效？教学行为符合新的教学理念吗？教学效果是否达到预期目标？处理违纪学生的方式是否合情合理？有没有调查清楚呢？能不能慢一点，不要总想在第一时间处罚学生？有没有带着个人情绪走上讲台？这次班主任会议收到实效吗？反思自己教学行为，总会遇上百思不解的地方。这时，"引进来、走出去"相结合的培训教研方式，给了我指明努力的方向。

我热衷于听不同班型、不同教学水平老师的课。在听课中，我总能找出别人的闪光点，可以借鉴为己所用；也总能看出别人的不足之处，提醒自己避免出现同样的错误。我会主动承担校级、市级的公开课，曾开展的全市性公开课有"能源问题和能源利用的前景""常见的天气系统"等，把自己的教学能力向同行们展示，我更注重评课，注意聆听同行给予自己的点评，警醒自己以后要精益求精。

外出参加培训，能提高我的教育教学理论水平，不同类型的培训学习，能开阔我的视野。例如，2010年在江门参加一线教育家讲坛，2011年在上海参加高三教学管理与高考备考复习策略现场会,2011年在佛山参加"对话名师·班主任专业化发展培训班",2012年参加江门市家庭教育骨干培训班,2016年5月在深圳参加学校团干部能力素养提升和德育工作创新发展培训班,等等。印象最深刻的有:2014年在北京师范大学参加高中地理骨干教师高级研修班、2015年9月在浙江大学参加江门市党代表履职能力提升培训班、2016年12月在北京大学参加江门市教育行政干部和校长管理能力提升专题研修班。著名大学浓厚的文化底蕴使我着迷,著名教授的严谨课堂、幽默的语言和独特的见解使我耳目一新,新颖的培训课程和严明的培训纪律使我废寝忘食。2017年12月,我开始在广东第二师范学院参加江门第四批名教师名班主任培训班,第一次从课堂教学、课题研究、教育心理学等方面得到省级名师和大学教授的亲自点评,闫德明博士的"'我的教学风格'的凝练反思与案例撰写"讲座,使我第一次知道要把二十多年的教育教学实践提炼出自己的教学风格。

在时光流逝中,我成长为学校的教学骨干。2014年10月,我成为开平市基础教育系统学科带头人、骨干教师。看到一张张年轻教师的脸,犹如当年刚入职时,迷茫的我,回想当时年长老师对我的扶持,我感到身上的责任重大。我积极参与学校的青蓝工程,对青年教师总是热心地传、帮、带,从备课、上课、评课、命题等方面加以指点和示范。我深入他们的课堂听课,通过听课、切磋教研,纠正他们在教学中存在的问题,并提出自己的见解。同时,热情地邀请他们来听自己讲课,互相交流,取长补短,共同提高教学水平。在青蓝工程帮教活动中,我先后与陈娜、徐素嫦、甄灼光、赵芬等青年教师结对"一帮一",陈娜等青年教师已成为学校教学骨干,陈娜、徐素嫦、赵芬老师已成为年级地理备课组长,甄灼光老师已成为年级组长。2010年,我指导陈娜老师参加开平市青年教师说课比赛,她荣获开平市一等奖。2011年,我指导徐素嫦老师参加江门市青年教师优质课比赛,她荣获江门市一等奖。

从2015年秋季开始到现在,我连续担任尖子班的地理教学,是尖子班的跟班行政。我联手班主任组建培优团队,探索尖子生培养的有效途径,制定尖子生3年培养计划,从思想、行为、学习、生活等方面进行一对一的跟踪辅导,先后培养出梁梓华、周紫琳、谭云娟等尖子生。

"路漫漫其修远兮,吾将上下而求索",今后我将继续本着"勤学,善思,实干"的准则,再接再厉,使自己的教育教学水平迈上新的台阶。

▶ 我的教学实录

"工业区位因素"教学实录

【新课导入】师:同学们,这是从校园里刚摘的芒果,另一袋是芒果干,这两种物品一样吗?两者有什么关系?

生：不一样，芒果干是由芒果制成的。

师：哦，那它们分别是在哪里生产出来的？分别是什么产业的产品？

生：芒果是地里种出来的，是农业产品。芒果干是在工厂里制作出来的，是工业产品。

（老师又从袋子里拿出一瓶河水、一瓶矿泉水，学生又笑了。）

师：这是学校门前潭江里的河水，另一瓶是农夫山泉饮用水。同学们思考，这两种物品有什么不同？分别是什么产业的产品？

生：潭江水是自然界中存在的，农夫山泉水是把自然界的水进行加工之后的产品，是工业产品。

师：芒果和芒果干、山泉水和矿泉水，它们之间是什么关系？

生：芒果是制作芒果干的原材料，山泉水是制作矿泉水的原材料。

（展示工业的概念，板书）

师：从以上的案例可以很好地理解工业的概念，工业是指进行自然资源的开采，对农产品和采掘产品进行加工的物质生产部门。

我们来找找课室里有哪些工作产品？

生：黑板、电脑、书桌、灯、音箱、纸张、衣服、鞋子、水杯……

师：可以说，我们生活中到处都有工业产品。再看看身上的衣服，是由什么材料做成的？

学生：布料、纽扣、印图。

师：刚才说到的这些物品是自然资源吗？是农产品吗？

生：不是。

师：它们都是经过加工而形成的工业产品，布料、纽扣、印图，对一件衣服来说，就是零部件，服装厂把这些零部件进行组装，就制作出一件服装。

（展示工业投入和产出的示意图）

师：工业的产出，除了有产品外，还有废弃物。

师：农业和工业相比较，哪一种对自然条件的依赖性更强？原因是什么？

生：农业是在户外进行的，自然条件影响更大。工业在工厂里进行的，受自然条件影响较小。

（老师展示中国开平牛仔服装节的图片、牛仔服装生产的流程图。）

师：说到服装制造业，开平牛仔服装业就非常有名了。例如开平威仕龙品牌服饰有限公司。如果你是威仕龙公司的老板，你除了要考虑布料、纽扣、拉链等原料外，还需要考虑什么？

师：衣服是谁做出来的？

生：工人。

师：换种说法，就是劳动力。劳动力有文化水平高、技能高的，也有文化水平低、低技能的，劳动力的质量有差别，所以劳动力可以分为哪两种？

生：一般的廉价劳动力；还有高科技人才，其工资待遇较高。

师：所以，工业生产除了劳动力因素外，还有科技因素。在服装企业中，服装设计环节属于技术型。如三埠市区街道上剪线头的奶奶阿姨们，是低技能、廉价的劳动力。

师：裁剪出来的衣服，如何才能变得服帖有型？电动缝纫机运转，需要什么？

生：用熨斗把烫服帖，电动缝纫机运转需要电力，就是能源。

师：那工厂生产出来的产品，需要运到哪里去？怎样运？你们又会想到哪些因素？

生：厂家会把衣服拿到市场上销售，用汽车、火车或轮船运输。哦，需要考虑市场、交通等因素。

师：非常棒。为什么很多华侨喜欢回到开平办工厂？我们宿舍楼叫周谦益大楼、周瑞兰大楼，都是校友捐资兴建的，他们还在开平投资了多家企业，他们为什么要这样做？

生：因为他们热爱母校，想让母校变得更好。

师：以后你们也会在各地工作创业，不管去哪里，都不要忘记了家乡、母校，这里永远是生你育你的地方，要助力家乡、母校的建设，这就是乡土情怀。

师：牛仔布在洗水漂染过程中会产生水体污染，所以，工业生产还需要考虑什么因素？

生：工业生产需要考虑环境因素。

师：印染厂要布局在河流的上游还是下游？自来水厂呢？分析其原因。

生：因为印染厂会产生水体污染，应该布局在下游，自来水厂需要水质优良，应该布局在上游。

师：除了以上因素外，还需要考虑有没有土地可以建厂，所以，土地是属于自然还是社会经济因素？

生：自然因素。

师：自然因素中土地、水源、能源、矿产对工业的影响较大。在开平市区北面有翠山湖高新技术产业区，请问：是谁安排在那里成立新区？

生：肯定是开平市政府大力支持的。

（老师播放2018年开平市政府与广东财经大学签订《市校合作框架协议》的新闻图片和开平市举行招商引资引智大会的新闻视频。）

（老师让学生进行自我总，形成自己的笔记：影响工业生产的区位因素，老师投影了学生的笔记，老师评价并板书。）

师：如果你的工厂需要选址，就会考虑到以上的这些区位因素，从中选择最理想的地方来建厂，什么才是最理想的地方？

（学生自由发言）

生：地租低廉、土地广、水源充足、能源丰富。

生：市场广、工人素质高、科学技术水平高。

……

师：同学们说的都对，理想的区位条件，就是最大限度降低生产成本，以获得最高的效益。

（展示开平市沙冈区新业新糖厂、开平市众汇家具厂、开平市三埠区李森雨伞厂、宇航服制造厂、集成电路厂、炼铝工业等的图片）

师：以上的各种工业，应该在哪里布局，才能获得最理想的区位条件？

（学生按学习小组进行分组讨论，并写在草稿纸上。约3分钟后，学生分组回答）

生（第一小组）：根据图上的文字提示，应该接近甘蔗种植区布局，因为8吨的甘蔗才提炼出1吨的糖，8吨甘蔗的运费更高，1吨蔗糖的运费更低。

师：很棒。由原料制成成品后，失重很大的工业，适宜接近原料产地布局。

师：开平糖厂旧址是在开侨中学附近，当年开侨中学周边是农田，是甘蔗的主产区。随着开平市区的发展，原来的农田已经变成了城市用地。又如台山海产品很出名，晒制鱼干虾干适宜靠近海边。

生（第二小组）：家具厂应该是接近市场布局，因为家具在运输过程中容易破损。

师：分析正确。一把椅子，因为在运到市场的过程中被损坏了，由4条腿变成3条腿，你还会买吗？（师生一起笑了）

当然，也有特殊的家具厂，例如位于长白山附近的家具厂，应该是接近原料地布局，主要目的是选取高质量木材，制作高端家具。

生（第三小组）：雨伞厂需要工人数量多，但工人文化水平要求不高，应该选择有大量廉价劳动力的区域。

师：服装厂也需要大量劳动力，应该接近有大量廉价劳动力的地区布局。

（展示开平街头巷尾阿婆阿公们剪衣服线头的工作场景）

生（第四小组）：宇航服制造、集成电路对技术要求较高，需要有丰富的技术人才。

师：在哪里地方会有丰富的高科技人才？例如广州的哪里？北京的哪里？

（展示图片提示）

生：高等院校、研究所，广州大学城、北京中关村。

师：同样是服装，那你我穿在身上的服装和宇航服一样吗？（学生又笑了）还有高级时装呢？

生：老师你穿的衣服是普通服装，应接近劳动力丰富地区布局，制作宇航服是主要考虑技术，高级时装也应该是技术吧？

师：想想法国名牌设计师设计的全球限量版的时装。

（展示金光闪闪的法国时装图）

生：（第五小组）：加拿大的炼铝工业要接近能源丰富的地方，它是接近动力丰富的地方布局。

（展示加拿大炼铝工业的分布图，老师提醒学生分析图中信息）

师：工业选址首先要考虑生产主要特点，确定最主要考虑哪个因素，才能最大限度地降低生产成本，从而获得最大的经济效益，形成原料导向型、劳动力导向型、市场导向型、技术导向型、动力导向型的工业。

师：分析电子制造、电子装配、石油开采、石油化工分别是什么导向型？

生：技术、劳动力、原料和市场导向型。

（展示燕塘袋装牛奶和伊利盒装牛奶的图片）

师：分析它们分别是什么导向型？

生：市场导向型和原料导向型。

师：以后你们要投资办企业，考虑什么区位条件，最终目的是什么？

生（齐声）：减低生产成本，获得最大的效益。

（完成课堂巩固练习、布置课后巩固作业）

板书设计：

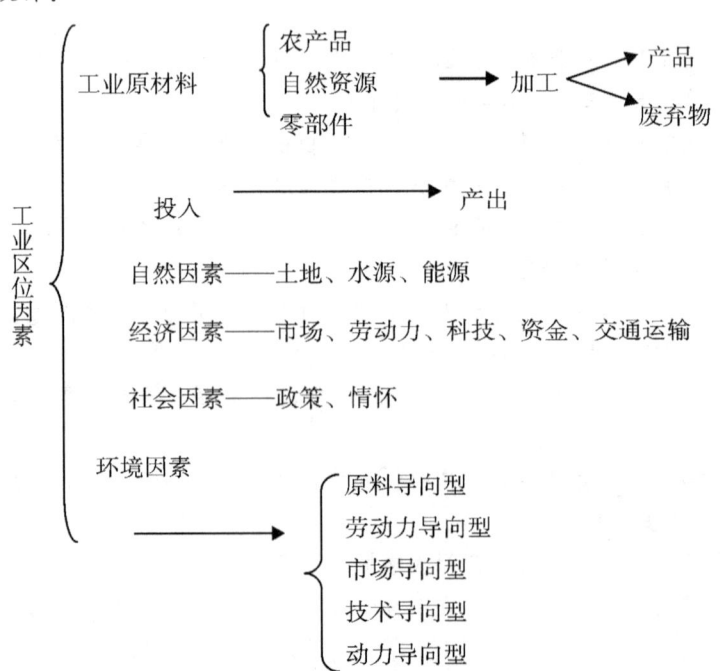

教学反思

授课之前，我要思考：这节课的教学目标是什么？教学重难点是什么？课堂上学生要掌握哪些知识和技能？课堂上要培养学生哪些地理素养？渗透哪里情感教育？学生在生活中有没有实例体会？

1. 分析知识与技能目标

（1）结合实例掌握影响工业区位的主要因素。

（2）学会分析工业的主导区位因素与工业的区位选择。

2. 分析教学重难点

重点：影响工业的主要区位因素。

难点：工业主导因素的判断。

3. 教学方法选择和技能培养

工业区位分析注重多要素综合分析和评价，突出对实际问题的区位分析，在教学过程中，通过案例分析法、对比法、讨论法等，提高学生分析地理图表的能力，培养学生提取并加工有效地理信息的能力，加强学生综合分析问题的能力。

4. 渗透情感态度

用实例激发学生对地理事物进行分析、探究的兴趣，在学习中建立科学的发展观、环境观和价值观。

"我的地理课堂是轻松、活跃的，学生能愉悦的氛围中吸取地理知识"。所以，进行教学设计时，我选取了校园种植的芒果、门前潭江水、校园服务社里的芒果干、农夫山泉矿泉水等学生耳熟能详的物品入手，首先激发学生的学习兴趣，吸引学生的注意力，让学生在笑声中、以轻松的心情进入地理课堂。课堂上，我设计问题情景，鼓励学生积极思考、小组讨论、自由发言，细心聆听学生的回答，及时给予肯定和表扬，让学生在课堂上获得满满的成就感，让学生在活跃的课堂氛围中获取知识，增长见识，提高思维能力。

"生活中的地理知识"，课堂上老师要善于引导学生运用所学地理知识解释生活中的一些现象，渗透经济生活中的地理。我在课堂中先后引出开平牛仔服装、农夫山泉水、开平糖厂、台山上下川水产、广州五羊牌雪糕、内蒙古伊利牛奶等这些学生身边的实例，播放了开平翠山湖科技园招商引资引智的新闻视频，图文并茂，形象直观，使学生通过实例分析，总结出工业布局的一般规律，让学生深刻感受到"生活处处有地理""地理知识与我们密切相关"的丰富内涵。

课堂教学中预设了分组讨论问题，从五个角度讨论分析工业区位选择的特点，讨论的目的是让学生发现问题、解决问题，培养学生合作精神和探究能力。

课堂中预设了对比分析，引导学生进行纵向和横向的联系，找出农业区位因素和工业区位因素的异同点，设计了容易混淆的工业部门：电子制造、电子装配、石油开采、石油化工、高级服装和普通服装等。课堂上让学生自我总结，写出思维导图，形成清晰的知识体系，培养严谨的学习习惯，提高课堂学习效率。课堂中还预设了练习，一是为了巩固课本知识，二是训练学生分析材料、获取信息、正确答题的思维能力。

课堂上展示了较多的地理图表，有统计图、景观图、区域图、示意图等，彰显出地理教学特色：十题有九图。整个课堂教学中贯穿一条主线：看图、读图、画图、用图、图文转换，从而培养学生的读图技能，提高学生的地理素养。

我的教学主张

每个人都有其自身的价值。不论男女、无分胖瘦、不管学历高低、不管富贵还是贫贱……虽路途平坦或崎岖艰辛，但只要努力，不被困难吓倒、退缩，永不言弃，每个人必有其用武之地。所以，每一位学生都是独一无二的，每一位学生身上都有闪光点，老师要善于找出教育学生的切入点，让学生的"才"有用武之地。老师的眼中不应该仅有学霸，更要关注学困生。其实，在我教过的学生中，这些学困生往往是其他方面的优秀生，例如班上的梁小瑞同学，有文娱方面的特长，能歌善舞，在舞台上璀璨耀眼；劳动委员黄世浩同学吃苦耐劳，能把每位同学的劳动任务安排妥当，能捋起袖子带头干，带领同学们出色地完成任务；劳紫琳喜欢摄影，"长炮短枪"、航拍器等摄影装备齐全，把丰富多彩的校园生活、美景风光定格在镜头里，给我们留下了美好的回忆；刘伟同学的电脑水平特别棒，是我的"御用"电脑老师……学生个例，枚不胜数。对于身体或心理特殊的学生，老师更要细心呵护，帮助学生成为有用之才。我和刘伟之间的故事，使我记忆犹新。

2003年秋，又一新学年开始了，学校分配我接管高一（10）班。"伍老师，你们班的刘伟同学入学成绩只有440分，并且他有生理缺陷，口齿不清，他的英语口语学不好，肯定会影响单科成绩，会影响全班的平均分……"原班主任的好心提醒，让我想起师生初次见面会上，刘伟同学作自我介绍时的情景：憨厚的样子，低着头走上讲台，低着头嘟囔说了两句话，又低着头回到座位上。

"刘伟自小就有生理缺陷，他以前的功课不好，如果现在他也学不好，应该属于正常的现象，应该与我无关。"正因为我有这样的想法，以及开学初班务繁杂，我并没有给他更多的关怀。因为他表述不流畅，课堂上我不会让他回答问题，他就安静地坐着。虽然，我在内心深处偶尔也会感到这样对他不公平，感到有些愧疚，可还是不知不觉地忽略了他，把更多的时间和精力放在成绩更好、更有希望考入大学的学生身上。

在第一次周记里，我看到刘伟的本子上只有一句话："我无话可说，也不会说。"第二次周里，他又写道："不懂的就不要问，不会的就不要学。"这是我从事教育工作以来第一次批阅到这样的周记，刘伟的心扉对我紧闭了。

无意中，我在《班主任》杂志上读到一篇文章——《只有爱，才有教育》。这篇文章深深地解及我心灵。"特殊学生最缺少和最需要的是温暖与爱。对待他们，在人格上要平等，在生活上要关爱，在工作上要尊重。如果他们经常感受到老师的爱，他们才诚心接受老师的帮助和教导……"正是这篇文章让我认识到自己犯下的错误，刘伟和梁小瑞是不同类型的后进生，让我明白刘伟对知识的渴望，特别是被人重视的渴望，他需要老师给予更多的关爱。我不应该放弃他，应视他如身体健康的同学。

当我再次面对全班同学，当我接触到刘伟同学的目光时，我满怀愧疚。我决心给自己一个悔过的机会。于是，我第一次找刘伟谈心，劝说他放下不愉快的思想包袱，鼓励他多与同学、老师沟通，使自己快乐地学习和生活。虽然，整个谈话过程中，刘伟的话语不多，但是，我在他的眼神里看到一丝的信任、一缕的喜悦。我再次上课时，刘伟仍然不会主动回答问题，但我明显地看到，他不再一直低着头了。在以后与他谈话中，我发现：只要我用心去聆听，聆听的次数增多了，而且我可以听懂他说的每一个字。

中段考试后的一个晚自修，刘伟拿着书本走进我办公室，在我旁边来回走动，显得忐忑不安。据我对他的了解，我猜测他可能遇到了拿不定主意的事情了。

我问："刘伟，有事吗？"

刘伟吞吞吐吐："没事……有事。"我用目光鼓励他说下去："伍老师，我想去问化学老师，但是，我不敢去问。"

我引导他："化学老师会吃人吗？"

他笑了："不会。"

我说："化学老师虽然外表严肃，但很和蔼。你是有胆量的学生，去和化学老师谈谈吧。"

犹豫再三，他终于走进了化学老师的办公室。20多分钟之后，他再次来到我办公室，面上带着笑容说："伍老师，我敢去问化学老师了，我敢了！"说完，他蹦跳着出了办公室。我明白，他又跨过了一个心理难关。

在以后的日子里，他变得爱学习了，班务工作积极了，和同学相处更融洽了。因为他乐于助人，在进行研究性学习活动分组时，很多同学愿意和他同组；因为他的电脑知识很丰富，他还被同学推选为组长。期末考试中，他的成绩有了明显的进步。

后来，刘伟的妈妈打来电话说，刘伟的童年、小学和初中生活非常不愉快，因为他的身体原因，同学、伙伴都视他如异物，他一直很自卑。现在，他过得很开心，因为同学和班主任都对他很好。刘伟妈妈还说："伍老师，你是第一位刘伟主动叫我给你电话的老师，刘伟要我一定要和你聊天。以前，我只要和他的班主任通电话，他就发脾气了，样子凶得很。"

刘伟妈妈的一番话，使我对自己的以往做法感到汗颜，同时也感到庆幸：庆幸自己能及时反省，没有往刘伟的心灵伤痕上撒一把盐；庆幸自己重燃了一位学生热爱学习的火种。在以后的教育教学中，我不断地告诫自己，需要用爱去感化学生，才能得到学生发自内心的尊敬，才能不愧对"教师"称号。

我的育人故事

心有他人——记我班学生的成长

2005年9月，走入高三（12）班的课室，迎来了43名学生，这是一个选择"3+英语Ⅱ"科目的班级，简称"英语"班。据说，校长室在8月底才最终确定要调整高三（12）班的班主任，把我从高一级调到高三级。进行工作交接时，原班主任描述了这43名同学轰动全级的事件：在8月辅导期间，依据各班人数的情况，级组决定把英语班的课室从高三楼南面的401室搬到北面的405课室，英语班和56人的化学班互换课室。南面的课室略大、北面的课室略小，夏季北面的课室有太阳西照，室内稍热。因为不想搬到405课室，在陈晓文、李惠珍等几名女同学的煽动带领下，（12）班的学生把门窗锁上，把班主任堵在走廊，拦着化学班同学，拒绝搬迁课室。在级长、高三落级行政的联合干涉调解下，英语班的学生才极不乐意地打开课室门。

这可是在我校第一次发生这样的事情，看来这个英语班上的女同学"半边天"的力量不可小觑，本班有33名女学生，仅10名男同学。但细心想想，几名女同学能够煽动全班同学一起抗衡学校的决定，说明这几个同学在班里具有一定的号召力，带头的学生仅想让本班同学的学习环境更好点，而忽略了其他班同学的处境。43名同学能够一呼百应，说明该班具有凝聚力，但是凝聚力的方向发生偏差。我暗自思量：只要施于正确的引导，相信该班可以成为优秀的班级。

开学第一周里，我对于8月发生的事情只字不提，课间也不找学生调查询问。我先向主管高三的副校长反映情况：不仅是我班，一至六楼西边的课室，夏季课室里都是非常闷热，建议能够在课室西边的墙上加装风扇，校长室接纳了我的建议。但课室里依然还有风扇吹不到的死角处，我把家里的一把落地扇搬入课室。抛砖引玉的作用，有两位同学自发从家里带来的风扇，供同学乘凉。

我着手班容班貌的整改：首先我调整课室里的座位安排，我班学生人数不多，虽然是换到西边的课室，但室内依然宽敞。我把座位尽量向南边的窗户靠拢，让学生离北边的窗户远一点点，以减少北边热浪的影响。我把学生放在讲台前的储物箱调整到课室西边，让学生离西晒的墙壁远一点点。我带领学生清理课室里的杂物，清洗杂物房，要求值日生早中晚清倒一次垃圾，清除课室里的闷馊味道。我要求值日生每天都要拖地、洒水，让同学感觉凉快些。我带领宣传委员，更换了课室西边的学习园地的底图，采用了绿茵、海水的图案，让注视者内心感到凉快。

在第二周的班会课上，我开展了主题班会课：我的高三，热血沸腾。班会课上，同学们都表达了自己的奋斗目标：要上"985"大学、冲"211"大学、上重点大学等，并把奋斗目标写在便利贴上，粘在学习园地里的。话题一转，我说："奋斗目标不是凭空想出来的，不是躺在床上就能实现的。需要同学们有努力拼搏、艰苦奋斗，克服一切困难。当你累了困了时，要对自己说，我能坚持住，稍做休整，继续前。当你觉得闷热难熬时，要对自己说，高三就是要流汗不流泪，我能熬得住，就让热浪来得更猛烈些吧。来，同学们，跟我一起呼喊：就让热浪来得更猛烈些吧，就让高三过得更沸腾些吧。"同学们的呼喊声震撼高三楼："就让热浪来得更猛烈些吧，就让高三过得更沸腾些吧。"

克服了外来的困难，调整了内心的情绪，班里的学生少了一分浮躁、多了一分沉着，学生的注意力集中在学习上，学习氛围好转了。在中段考试里，班里有31名同学的年级排名都上升了。有了进步，同学们的学习意愿更强烈了。

班级建设初战告捷，我用实际行动告诉学生：方法总比困难多。同时也给他们传递了爱的信息：老师爱我们，我们也爱老师。之后，我会不时地收到意外惊喜：办公桌上多了一颗润喉糖、作业本子上夹着一张问候的小纸条、讲台上放了几朵纸折的花儿、学生特意远远地迎上来喊一句"小勤姐好"……

转眼间，半个学期过去了，迎来了秋季运动会，运动会开幕式是学生心中的重头戏——班里的每位学生都能参加，都能展示自己。各班同学都会绞尽脑汁、各想奇招，以求力压群雄。我班也不甘落后，陈晓文、李惠珍、李亚鹏等组成的文体小组再次发挥带头作用，经几次商议修改后，最终确定了"狮龙"计划，寓意龙飞凤舞、高考必胜。由谭晓雯、陈晓文、李惠珍等女同学负责舞狮，李亚鹏、潘振新等男同学负责舞龙，梁健超、许惠权等同学组成鼓乐队，李丽萍、梁佩华同学负责设计班牌、横幅，而我被李惠珍指派为审批官，专挑他们排练中的瑕疵。全体同学在陈晓文、李惠珍等同学的带领下，雄赳赳走向主席台，摘取了年级开幕式冠军。

运动会之后，我找陈晓文、李惠珍同学谈心：

"运动会开幕式，你俩都用了不少心思哦，为班级争取了荣誉，很棒哦！"

"那必须的，要看看我们是谁。"李惠珍脱口而出，还调皮地做出胜利的手势。这姑娘，真是信心爆棚。

"这次你俩号召力依然很强的，但8月那次的号召就用错地方了，下次……"

"什么话都不用说，老师，我明白，懂了，懂了，没有下次。"我的话没说完，李惠珍就抢先和我说，并给我敬个礼。

"Yes! Mander!"陈晓文给我敬个礼。

跟着,她们俩一溜烟跑出办公室。这两个都是性情爽快、敢爱敢恨的女孩。

我与化学班的班主任商议,利用班会课的时间,两班一起举行一次的心理减压拓展活动,英语班女多男少,化学班女少男多,正好互补。我们设计了同心坐——信任他人,呼啦圈穿身过——帮助他人、帮助自己,鼓弹球——集体的力量……在40分钟的欢声笑语中,两班同学融为一体,冰释前嫌。

因为爱,我们在一起。心中有他人,生活更美好:同学之间相互讨论,尖子生帮助同学解决难题,解题过程中也帮助了尖子生巩固知识;心情低落时,有同学帮忙分忧;喜悦兴奋时,有同学与你分享。或抱头痛哭,或欢快奔跑,我们一直都在。

战鼓擂,班旗飘,在高考前夕,学生再次呼喊:就让热浪来得更猛烈些吧,就让高三过得更沸腾些吧。

相信你们,你们的人生将会更精彩——英语班的伙伴们。

他人眼中的我

我们把伍老师称呼为"小勤姐"或"小勤勤"或"小勤妈",我们很喜欢上地理课,老师很幽默,又经常表扬我们,如果我们犯错了,她就"奖励"我们唱歌。如果我们上课累了,课堂气氛不活跃了,她就会讲个和课堂知识有关的生活常识或新闻话题,让我们集中精力。我们觉得小勤姐的脑袋容量超大,同学们提出的很多古灵精怪的问题,小勤姐都能随口化解。当我郁闷时,我好喜欢小勤姐搂着我肩膀,温柔地说:"不哭不哭,我们一起想想办法……"

(开平一中学生 黄家敏)

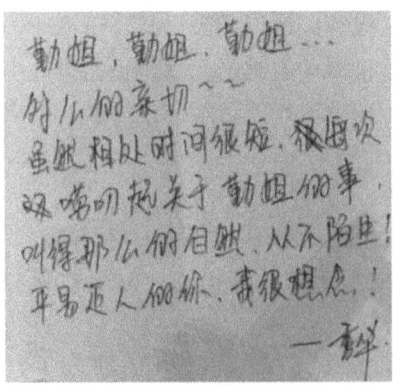
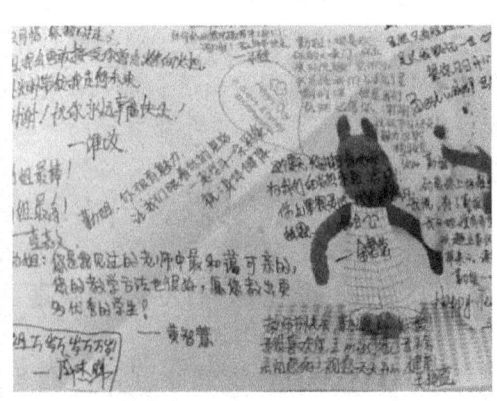

1997年,伍老师是我帮扶带的对象。那时她刚大学毕业,很认真好学,经常去听课,认真上好每节课。所以她能够顺利成长,很快可以独当一面,成为学

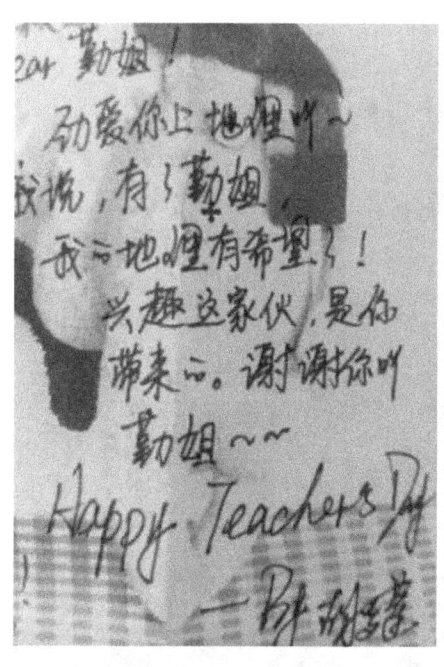 

校的教学骨干。学生对伍老师很满意,每年的评教中,对伍老师的满意度都很高。

(开平一中地理科组长　戚柏波)

伍老师为人非常和蔼,她总是面带笑容去上课,课堂语言很幽默,让学生如沐春风。她的地理课堂很活跃,学生参与度很高。她能准确把握教学的重点难点,教学条理非常清晰,课堂教学效果很好。她善于激发学生学习地理的兴趣和积极性,经常能引导学生联系生活,用学到的地理知识解释生活现象。她又能带领同科组的老师开展地理第二课堂,还不遗余力帮助青年教师成长,是一位难得的好老师。

(开平市教育局教研室主任、开平市地理教研员　冯宜远)

伍主任担任政教工作已经十多年了,她工作很严谨,认真抓好学生思想教育工作和安保工作,每次都要按时按质完成教育局下达的任务。在她的带领下,一中班主任团队很强大,学校德育工作有条不紊。

(开平市教育局党组成员,开平市教育局政教股负责人　黄日雄)

育人以道，化人以心

● 江门市新会第一中学　肖康才（高中班主任）

● **个人简介**

我叫肖康才，是江门市新会第一中学的一名普通教师，从2008年大学毕业至今一直担任高中班主任，已经有12年了。我先后被评为新会区优秀班主任特等奖、江门市2014年普通高中毕业班工作先进个人，其间，本人还攻读广州大学教育硕士并获得硕士学位。近年来，我参加的省市级课题有4个，其中省教育厅"十三五"规划德育课题"挖掘'冈州"仁"'文化内涵，整合我校德育课程"、市级课题"中学生家庭亲子关系的相关研究""当代中学生政治认同现状研究与培养策略"均顺利结题。论文《让每一个学生都能摘到果子》获区一等奖，《浅谈幸福课堂理念在政治教学中的实践》荣获市一等奖。

来到江门工作后，我喜欢上岭南大儒陈献章先生的学术成果，也广泛阅读他的作品，并将其思想植入到我的工作中。我认为要使得教育事半功倍，首先要发现和遵循教育规律，此乃教育之"道"。人在"得道""会理"之后，心与道"凑泊吻合"，万事万物，因"得道"而生，同时也是"得道"之"心"所为。教育应当从天地万物和人间社会两个维度进行。在教育实践中，我不断探索教育规律，积极创新教育方法，逐渐形成我的粤派教育风格——育人以道，化人以心。

▶ 我的教学风格

（一）育人以道

第一年当班主任的时候，我看到有些班在学校评比中取得好成绩的班有个特点，就是班主任比较严格。于是，我借鉴他们严格严肃的风格，一旦学生犯错被扣分，他们基本就要写检讨、罚劳动。一开始，效果还是有的，但是总是觉得自己很累，整个班比较沉闷，学生也不开心。我反思过，这样的局面肯定与我的教育方式有关。学习了国内一些知名班主任的教育经验后，我也进行反思，并作出班级管理思路的变革。在第二个学年的班规方面，我让学生提出意见，我们一起根据实际情况制定；班级举行什么活动，我让学生提出，再集中投票；在主题班会课方面，我收集学生们的意见，根据他们的需求开展主题班会；在班级学习模式上，我开始尝试小组合作学习激励制度。在与学生的相处中，我注重文化育人，情感润人，先后开展以"执行力""情感观""生命观"等为主题的系列班会，让学生融入生活中，对自制力、爱情、亲情、友情、生死等方面有正确的认知。

德国哲学家莱布尼茨说："世界上没有两片完全相同的叶子。"两片叶子都是如此，何况是有血有肉、有着复杂思想情感的学生呢？学生是具体的不是抽象的，如果我们面对千篇一律的学生，那在教育工作中得有多枯燥无味呀。因此，教师不能用统一的标准去看待每一位学生，要求每一位学生都能掌握同样深度的知识，完成同样难度的作业。美国心理学家霍华德·加德纳的多元智力理论认为："人的智力结构是多方面的，在每个人的智力结构中都具备至少八项智能，只是各种智能在每个人身上的表现成都和发展程度不同。"按照多元化的理论，每个人都有自己智能的强项与弱项，每个学生都有其独特的架子，也就是说没有一无是处的学生。我在论文《让每一位学生都能摘到果子》中就谈道："要通过发现学生的优点，并以班级建设为载体，发挥每一位学生在集体中的价值，让他们都能在集体中找到归属感和自己的价值。"

2015年，有一名在高一严重违纪且被学校处以留校察看处分的男生在高二分班时分到我的班，这个男生个子不高，瘦瘦的，但整个人不够阳光精神，心事重重的样子，成绩也在班上靠后。我发现这个孩子在学习上其实是蛮聪明的，就是想事情有点钻牛角尖。我定期找他谈心，励他参加校运会、科技节等活动，让他担任学习小组组长。为了增强他的自信，我还将他上台评讲试题的情景录下来，在家长会的时候专门播放出来。在高三，每次他遇到情绪上的问题，大多数时候都会找我聊，我觉得这可能就是"亲其师，信其道"吧。在2017年高考中，这个男生也顺利地考上五邑大学，这在分班的时候是绝对不敢奢望的。这个案例也让我更加坚信育人之道的重要性，得其道，可以事半功倍。掌握科学的育人之道，是我们班主任最为重要的经验。

（二）化人以心

苏霍姆林斯基说："善于激起自己和学生，特别是和少年进行知心交谈的情绪，是每个教师都应当为自己建立的教育方法宝库中特别重要的一种能力。"我坚持自己是作为班级的一名重要成员，和学生有着同一个目标，共同奋斗，积极参与整个奋斗过程。在此过程中，学生的潜能和特长都得到了发挥。这个"心"，不仅是师生的内心交流，还包括教师有没有真正投入到和学生共同成长的过程中。在班级成长中，我每次都和学生一起制定班规、班歌、班训。每天的大课间活动，我风雨不改，和学生一起做广播体操，一起跑操。学生不会在乎你跳绳、踢毽子水平的高低，而是你有没有真正和他们在一起。一个有心的班主任天然地获得学生的喜欢，学生更加主动地和班主任交流。在班级管理中，我用心规划班内文化活动，打造一个有温度的课室，如组织学生每年元旦进行的歌唱会，每个学期过集体生日活动，每月一次"电影鉴赏"活动，每周进行的"国学与人生演讲会"，开展有关爱情观、生命观等班本课程班会等。我的用心，让所有学生的心凝聚在这个班集体中，让每一名学生的内心充满了幸福。

▶▶ 我的成长历程 ▶

选择教师这个职业，与家庭环境分不开。在我8岁的时候，就跟着父亲到城郊一间农村小学念书，父亲从1974年开始就做老师兼班主任，直到退休，算起来他担任班主任已经有39年了。父亲每次一讲起学生，就有说不完的话题。他说："做老师一定要掌握方法，蛮干不行。要了解学生的内心，要关心每一位学生。"那时村里有些留守儿童上课喜欢恶作剧，一些胆小怕事的班主任对这些孩子无可奈何，求救于父亲，父亲很少当场对调皮捣蛋的学生发脾气，一般是先让那些孩子坐一会，再慢慢和孩子聊，每次我总觉得他有种魔法让学生信服他。正是在小学阶段耳濡目染父亲的严慈相济、恩威并施的班主任工作风格，我在当前的班主任工作中，也有这样的作风。

在班主任这条路上走了12年，回首自己每一年的班主任成长史，感触良多。

（一）第一阶段（2008—2014年）千淘万漉虽辛苦

2008年，我从华南师范大学毕业，进入新会一中高中部担任班主任。作为一名新人，如何才能迅速上手呢？他山之石，可以攻玉。此时的教育领域，已经涌现了很多优秀的得"道"的班主任，通过阅读知名班主任的著作有利于新班主任少走弯路，少走错路。于是，我买了魏书生的《班主任工作漫谈》、郑学志的《做一个会偷懒的班主任》、李镇西的《做最好的班主任》，还有教育界家喻户晓的苏霍姆林斯基的著作《给教师的建议》等书籍阅读，在周末没什么事情的时候，自己在宿舍里阅读也是很幸福的事，也让自己一开始当班主任就显得很老到。

1. **班级习币制到购买座位**

受魏书生老师的"岗位责任制"的影响，我一开始就将班务分板块让学生自选，确保事无大小都有人负责。以培养学生的良好习惯为目标，将学生的表现量化，每人每月根据相应的表现获得"习币"，如果没有达标的或者违纪的第一次警告，第二次写检讨，第三次见家长。一开始，学生还比较配合，但有些学生责任意识比较差，经常出现责任不到位的情况，如晚上窗帘没有督促同学绑扎，课室清场忘记关灯；而要求学生写检讨也是敷衍了事，并没有真正调动他们的积极性。在和学生的交流中，我了解到他们的心情，他们对这种岗位责任制并非反感，但就是提不起激情，特别是"习币制"并没有取得预期效果。

在一次阅读《中国教育报》时，我看到里面的一篇介绍全美十佳班主任在班级管理中的一些妙招，其中谈到对座位进行明码标价，将学生的表现与座位的选购挂钩，从而刺激学生的积极性。于是，我直接将学生的"习币"与座位选购挂钩，这样大大地减少了每次调座位的困难，再也不会出现有家长打电话找我给他们的孩子调个好位置这种情况了。更重要的是将责任与个人利益挂钩，使得每位学生都不得不认真对待班务岗位工作。在班级管理制度上，我借鉴名师的经验，也根据班级实际情况制定有效的措施，从教至今，我已经有了好几个版本的班规，正是这种精益求精的要求，使得我更有动力去学习、去阅读，在工作中找到真正的"道"。

2. **第一次班会课，我撕了他们的成绩表**

带完我的第一届（2011届）学生，我继续留在高三，担任2012届高三（18）班的班主任。还没有见到学生，就领到年级发给我的关于这个班在高二调研考的成绩表，各个指标都是文科班倒数。原来的科任老师知道我即将担任这个班的班主任，马上走过来提供这个班的各种情况，在交流中，我了解到这个班在分班之前成绩还不错；但分班之后纪律比较差，班级缺乏凝聚力，成绩滞后，毫无斗志。我知道这是一次机会，是一次证明我能管好差班的机会。因此，我将他们在高二一年的表现逐一收集记录好，也整理好他们高二一学年的历次考试成绩。万事开头难，如何取得学生的信任是最重要的，因此第一印象又是关键的。我用心准备了第一次班会课。在他们的吵闹声中，我淡定地走进课室，拿出他们在高二调研考的成绩表说道："这是你们上学期期末考的成绩，我不知道你们原来的成绩怎样，也不想知道。但我觉得人需要对自己的人生有所规划，定期进行反思，在人生的第18年，我们的发展骤然停止，停留在迷茫、压力之下，那么我们是找不到真正的快乐的。人活在世界上，如何把当下的压力变成快乐，是十分关键的。人的生命本身充满了惊奇,我们身处这个充满惊奇的世界之中,有时候可能会觉得自己没有任何特别之处。但如果或回过头看看过去,就会发现自己的生命从出生到现在,经历各种精彩的转变,以至于现在的我们可以自我反思。你有这样的想法,这就是很惊奇的事情了。我相信你们每一位同学都会对过去一年的自己有所反思,都会对这一份成绩单不服气,在未来的日子里,我们可以选择一个目标去奋斗、选择一种理想去坚持,然后以有限的生命展现出无穷的力量!"当我们全班同学还在想着是否要说"好"的时候,突然,我拿起成绩单,当着他们的面撕烂。"好","好",这时候,有几位同学连声说"好",并鼓掌,突然,全班都鼓掌了。那一次班会直到今天有些学生还记得,有一位学生在明信片中说:"那一刻,我忘不了,多年后,我依然记得,是才哥,让我们在高三一年实现一次次的自我超越,是才哥,让我们重新找回自己。"

陈白沙先生说:"君子一心,万理完具……是非所谓君子之心也,君子之辨也……然后无君子之心,徒有轻重之辨,非道也。"在陈献章看来,"心"是主控能力。他认定,广袤之天地,以及繁多的万事万物,因"得道"而生,同时也是"得道"之"心"所为。教育学生,不但要"得道",掌握规律,还要有"诚心",只有"诚心",才能解开教育之道。

3. 一个也不能少

还记得两年前担任高二(18)班班主任时,班上有个叫张华的男生。开学不久,老师和同学们常向我提及他的种种"劣迹":经常不交作业,即使交了,也是马虎、潦草。他纪律性更差,不但课后喜欢追逐打闹,课堂上也经常恶作剧。

还记得有一天自修课,我坐在教室外面,突然课室里面轰的一声,笑开了,我马上冲进教室,一看,只见他拿着一幅自己画的漫画在得意忘形地笑着,不用说,他又是罪魁祸首。我马上带他到教室外面,一开始,他表现出一副不屑一顾的样子。后来,他有点不耐烦了,便附和我说:"老师,你是对的,我错了,老师总是正确的,学生总是错的。"那一次的谈话就这样以他违心地承认错误而草草结束。

我开始反思:在整个谈话过程中,我明显感觉到他对我训斥的反感,心理的对立,使我根本无法真正走进他的心里,说服教育也就成为一句空话。我必须改变我的教育方式。

为了对症下药,我做了一番努力的"调研",发现他问题的"症结":其实他自尊心很强,爱面子。但由于高一成绩差、懒散,被老师和同学忽视。所以他常常在教室里恶作剧,以引起同学和老师对他的关注。同时我也通过其他学生了解到他很擅长绘画和短跑。

找到解决问题的切入点。我马上为他增设了一个跑操指挥的职位,由他和体委一起担任跑操指挥员，并让他负责黑板的绘画设计。从那以后，我发现他的精神面貌有了很大的改变。上课比之前认真多了，作业也开始做了，还积极参加校运会等活动。我非常欣喜他的变化，一份他从没享受过的"老师的信任"，为我成功打开了他的心灵之门。

但是他的基础比较差，有时候还比较懒散。针对他爱面子的性格，我使用担保人监督法，让他在班级十大守纪同学中选一名同学作为自己的担保人。每天他都要先记录自己所能做到的事情，并自己去请担保人帮助写意见和建议，然后再拿来给我看。张华为了找到担保人，不得不在同学面前作出种种承诺和保证，才有同学答应做他的担保人。而他是个要面子的人，所以在担保人的压力下不断改进。这个"刺头"的转变让班里的纪律有了很大的好转。在期中考试后，我让班委会举办一次"班级变化最大"的活动，让同学们更加关注这个班集体，感悟自己的进步，而评选变化最大的同学的时候，不出所料，张华成为进步最大的同学。

陶行知先生说："你的教鞭下有瓦特，你的冷眼里有牛顿，你的讥笑里有爱迪生。"对违纪学生只是一味训斥，效果只会适得其反。因为这个世界上没有完全相同的两片叶子，不同的学生也有不同的特点，正如教育家苏霍姆林斯基所说的，我们"应当了解孩子的长处和弱点。理解他的思想和内心感受，小心翼翼地去接触他的心灵"，只有这样，我们才是真正做到因材施教，才能赢得学生的信任，赢得学生的心。张华同学的进步是对我以"诚心"化解育人之"道"的最好褒奖。

（二）第二阶段（2014 年至今）吹尽狂沙始到金

1. **拓宽发展平台，提升理论水平**

从 2017 年开始，学校任命我担任年级组长兼实验班班主任。我肩上的责任更重了，原有的经验和理论不能满足新的工作的需要。在这个阶段，除了完成各级规定的教师继续教育培训课时外，我还攻读了广州大学在职教育硕士，通过了江门市第二期名班主任（高中）培养对象选拔并参加市教育局组织的名师培训班学习实践活动。通过学习，我开阔了视野，提升了理论素养，课题研究能力不断提高。我参加的省、市级课题有 4 个，其中省教育厅"十三五"规划德育课题"挖掘'冈州"仁"'文化内涵，整合我校德育课程"、市级课题"中学生家庭亲子关系的相关研究""当代中学生政治认同现状研究与培养策略"均顺利结题。我所撰写的心理健康教育论文《让每一个学生都能摘到果子》获区教学学会一等奖，《浅谈幸福课堂理念在政治教学中的实践》荣获市一等奖。前几年的积累，加上平台的扩宽，我进入了实践与教研快速提升的阶段。

2. **自身的努力取得一些成绩和荣誉**

工作的前 5 年是我大胆尝试、勇于创新班级管理的 5 年，这 5 年的积累让我在 2014 年后所带的班级有更加出色的发展。2014 年，我所担任班主任的（18）班在高考中有 12 人过一本线，是 2011 年高考改革后我校首个超过 10 人过一本线的文科普通班；2017 年高考有 13 人过一本线。在学校领导的关怀下，我在工作中更有动力，先后荣获 2018 年"新会区优秀班主任特等奖"、2014 年"江门市高考质量先进个人"、2017 年"新会区优秀共产党员"等荣誉称号。

3. 所教学生的出色表现

2014 年，我担任班主任的（18）班在高考中 12 人过一本线，在同类班中遥遥领先，为今后同类班级高考立下了标杆。2017 年，我担任班主任的（18）班在高考中 13 人过一本线。他们有不少人考生华南师范大学、华南农业大学、广东外语外贸大学、深圳大学、广州大学等省内名校。

下面是 2017 届高三（18）班一名复读生参加学校主题活动"我身边的榜样"时写的一篇文章：

我是一名复读生，现已大一。看着今年刚结束不久的高考，回想起自己过去的那一年说长不长、说短不短的复读时光，百感交集。

记得前年 9 月，我以插班生身份进入应届班，心里很不是滋味，既因为对新环境的不熟悉又因为复读带给我的巨大压力。才哥看到我的忧虑，专门找我聊天，和我一起分析我的科目优劣势，并根据我的弱势科目有针对性地提出复习建议。

在第二学期江门模拟试中，我考砸了，那段时间，整个人意志消沉，我在周记里怀疑自己选择复读的正确性。他及时找到我，说："我知道你的压力很大，可是想想你当初为什么选择复读，给自己一次这么宝贵的机会，一定要好好把握，机会就在手中，老师也是过来人，复读没什么丢脸的，你比别人多一年的学习时间还不是你的优势吗？怕什么，鼓足干劲往前冲就对了，没有过不了的坎！"听了他的这一番话，心理压力就没有这么大了，而且满满的是正能量。

然后才哥根据我的成绩进行详细的分析，无论好坏都会提出有效的建议，顺带心灵鸡汤直伴至高考。然而高考前一晚我突然得了重感冒，我死活不肯去医院打针怕有影响，才哥就批准我回宿舍休息，还到外面的药店给我买了风油精让我考试时带着提神醒脑，我还因为怕考试时看不到时间而急得团团转时，才哥二话不说地把他的手表给我，好让我安心。

去年夏天，在才哥的谆谆教诲与心灵鸡汤中，我迎来了那一纸迟来的录取通知书。

我在带领学生参加课外实践活动中，也取得一定的成绩。如 2016 年带领学生撰写的《新会城区中学生交通文明状况调查与分析》荣获广东省教育学会学生社会活动一等奖。2018 年指导谌佳乐同学参加第三届全国学生"学宪法讲宪法"演讲比赛广东省决赛并荣获三等奖。指导汤韫慧、代杨新等同学参加"法治故事我来讲"活动中荣获区高中组第一名。

班主任工作是平凡、琐碎的,但在这小小的教室里,平凡的课堂中,青春的校园内,在与学生日复一日的相处中,我体验了幸福,收获了快乐。若干年后,我们蓦然回首,如烟的岁月剥去了我们的青春容颜,然而却铸造了我们钢铁般的意志和对教育事业的孜孜追求。

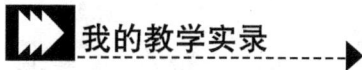 我的教学实录

感受家国情怀 激发爱国热情
——现场教学与反思

课题:少年志,雄于地球——高二(16)班主题班会(2018年11月20日)

教学内容:校本课程"少年志——冈州仁文化"

教材简析:"少年志——冈州仁文化"是我们学校自主选编的德育校本课程,"少年志——雄于地球"是选自校本课程"仁之志"的内容。校本课程的内容以新会本土爱国文化为载体,收集了陈白沙、梁启超、陈垣、梁思礼等爱国者的求学报国事迹。

学情分析:以往的爱国主义教育更多的是根据上级教育部门布置的爱国话题进行教育,或者一些纪念日爱国教育,这样的素材离学生有距离感。运用家乡爱国题材开展爱国主义教育,有利于贴近学生实际,增强学生对家乡爱国仁人志士的自豪感。另外,高二学生接近成年,对于爱国更应该有理性,这节课的设置不但要激发学生的家国情怀,更要引导学生坚定爱国报国的正确途径。

教学目标:

1. 了解家乡爱国仁人志士的事迹,感悟家国情怀对于个人成长的重要意义。

2. 能够理性认识爱国的几种行为的关系和立志报国的正确途径。

3. 培养学生家国情怀,引导学生继承本土优良的爱国传统,积极学习,提高为国家做贡献的能力。

教学重点:高中生应该如何爱国。

教学难点:理性爱国的认识。

教学准备:

教师:电脑、视频剪辑。

学生:小白板、乡贤素材收集。

教学过程:

(一)导入与思考

教师:人生自古谁无死,留取丹心照汗青。同学们,大家知道该诗句出自那一首诗,作者是谁呢?

学生：《过零丁洋》，文天祥。

教师：对啦。让我们一起看看《过零丁洋》全诗。哪位同学能够给大家说说这首诗背景呢？和我们新会有什么历史渊源呢？

学生：这首诗是在宋少帝迁行都于新会崖山后，元将张弘范逼迫文天祥写信招降张世杰时，文天祥拒不答应，挥笔作《过零丁洋》，自述4年来的战斗经历，表达以死报国的决心。

教师：答得很好，崖山就是我们新会的古井、崖门一带。1279年，在我们新会崖山，发生了一场悲壮、惨烈的宋元大战。让我们再次回顾那场具有重大历史意义的战争。

播放视频：《崖山海战》片段。

思考1：谈谈你对1279年"宋末三杰"、杨太后和10万军民跳海殉国的感悟。

学生："宋末三杰"、杨太后和10万军民跳海殉国表明了对大宋王朝的忠诚，不甘于被俘虏的爱国主义情怀。

教师：这一场战争不但决定了历史的走向，更是影响了一代又一代的新会人，他们传承着这一历史留下来的爱国遗产。从宋代至今，新会涌现了大批的爱国仁人志士。

材料阅读：岭南大儒陈白沙曾多次亲临崖门凭吊他们，提议建造慈元庙、大忠祠以纪念这些民族英雄。在陈白沙的倡议和参与下，纪念杨太后的慈元庙，纪念文天祥、陆秀夫、张世杰的大忠祠先后建成。

梁启超在《三十自述》中写道，在年幼时，祖父梁维清经常谈起"古豪杰、哲人嘉言懿行"，并且"尤善举亡宋、亡明国难之事，津津道之"。可见梁启超的幼年教育中，发生在老家不远处的宋元海战是极为重要的一课。

思考2：观看有关《梁思

礼》的纪录片，从传承的角度谈谈梁思礼如何传承梁启超的爱国思想的。

学生：梁思礼自小就受到父亲营造的爱国家风，并通过阅读父亲梁启超写的书籍感受父亲的爱国情怀，因此从小就树立的爱国情结。

材料阅读："印象最深刻的是父亲热爱国家、热爱航天事业的赤子之心。"梁旋说，父亲梁思礼去世前一天还牵挂着我国首个"航天日"活动，"想着要出一分力"，"父亲生前说，祖父梁启超遗传给他的基因，就是'爱国'两个字。"

百年后，经过几代人的传承，这种爱国情怀在梁氏后人中从未泯灭。"祖父说，人必真有爱国心，然后方可以用大事。父亲经常用这句话教育我们，为祖国奉献全部。"梁旋说，他们也要这样继续传承下去。

——梁旋为梁思礼之女

思考3：你了解新会还有哪些爱国仁人志士呢？请谈谈他们的事迹？

学生：分享了抗日华侨郑潮炯、陈少白、陈垣、黄克竞、黄球等人的故事。

教师小结：崖山海战是历史发展的必然，但南宋军民的忠贞对我们今天的中华民族具有深刻的影响，梁启超在幼年教育中就受到不远地方的宋元决战故事的影响，自小就树立的爱国报国的情怀，这种爱国情怀在梁氏后人中从未泯灭。人必真有爱国心，然后方可以用大事。

结论一：少年志，爱国情。

教师：爱国的事迹我们熟悉的有很多，但在经济全球化的今天，在党领导下的中华民族伟大复兴的过程中，我们应该如何理性认识爱国的一些问题呢？

问1：当我们现在讲爱国时，不是一般地说爱中国，用邓小平的话说，是爱中国共产党领导的社会主义中国。在这里，爱国主义和社会主义联系在一起，那么，难道爱国就一定要赞同社会主义吗？爱国主义与社会主义之间是什么关系呢？

学生：（略）。

教师：首先，只有社会主义才能解救中国。其次，社会主义制度是新中国不可分离的重要方面。再次，社会主义与当代中国已形成了一个一损俱损、一荣俱荣的命运共同体，伤害其中的一个，就必然会伤及另一个。最后，中国特色社会主义是发展中国的必由之路。

问2：当代中国无疑取得了举世瞩目的成就，但还存在诸多问题，比如贫富分化的问题，以及公平正义的问题等，因而并不是每个人都从改革开放的伟大成果中有相同的获得感，那么在这样的情况下，怎样让人爱国？

学生：（略）。

教师：爱国是人们深刻的内在信念，它不应该因某些不如意的事情而动摇和消失。每个公民要有信心，同时也应积极参与问题的解决。

【拓展阅读】20世纪60—70年代，梁思礼屡遭磨难。"您后悔1949年回国吗？如果延后至1979年回国，这些灾难和痛苦也许就可以躲过去了。"很多人见到这位为祖国奋斗了一辈子的老人，都会禁不住为他鸣不平。"什么话?！你们为什么这么说？我当初就是要在新中国成立之际回家，建设百废待兴的祖国！我以自己是第一代航天人自豪，从来不后悔！""爱国，不需要理由！"

问3：近几年围绕钓鱼岛争端等问题，国内发生过一些爱国游行，其中出现过某些过激和违法行为，产生了很坏的影响。这说明爱国也会出问题吧？既然这样，为什么还要提倡爱国呢？

学生：（略）。

教师：爱国本身与爱国的方式是有区别的。我们要用更加健康健全、合理合法、文明进步的思想感情和行为来表现自己的爱国之心，用保家卫国、建设国家的实际行动来促进国家的强盛。

结论二：爱国，不需要理由。

教师：纵观我们新会涌现的为中华崛起而努力的仁人志士，如梁启超和他的儿女们、陈垣、校友陈国达院士、新中国第一批女飞行员王坚，还有为侨乡捐资建设家园、学校的黄球、黄克竞、马观适等人，他们能够在自己的岗位上为国家做出重要贡献，除了离不开他们心中的爱国信念，还需要什么呢？我们应该怎样才能做到呢？

学生：从学习掌握知识，勤于实践，敢于创新等方面谈。

结论三：爱国需要信念，更需要能力。

教师：爱国，不是抽象的，是具体的，爱国需要我们努力践行，不但要在精神上确立正确的爱国

观,更要在当下通过努力学习,掌握先进的理论科技,投入到伟大的中华民族振兴建设中去。今天的中国,已经不再是任人宰割的羔羊,我们青少年要勇担责任,实现梁启超先生在当年提出的少年中国梦。让我们再次朗诵《少年中国说》。

齐声朗诵:故今日之责任,不在他人,而全在我少年。少年智则国智,少年富则国富;少年强则国强,少年独立则国独立;少年自由则国自由;少年进步则国进步;少年胜于欧洲,则国胜于欧洲;少年雄于地球,则国雄于地球。

教学反思:

(一) 明道明理,崇尚爱国

爱国主义教育是一个人最大的道。对于高中生来说,爱国主义教育有助于引导高中生增强爱国情感。高中生具有一定的自主分析能力,但在应对经济全球化过程中西方文化渗透的环境时,容易受到舆论的误导,作出失道的行为。因此在进行主题班会的时候,我一直在思考如何让学生很好地得道,这需要一定的环境与技巧。爱国主义教育如果不注意环境设置、素材的引导,很多时候显得比较空洞、抽象。本次班会我从校本德育课程中的新会本土爱国文化入手,运用诗词、视频等素材,促进学生对发生在家乡热土上的历史大事感兴趣,感受陈献章、梁启超、陈垣等人的爱国举动,能够做到明辨是非。

(二) 传承文化,激发仁心

自古以来,爱国基因便深深植根于中华儿女的骨子里。如爱国华侨郑潮炯在南洋"鬻子救国"的举动很让学生震撼,这是仁者之爱吗?是的,仁者之爱有大仁也有小仁,郑潮炯的仁是大仁。正如梁思礼院士所说:"爱国不需要理由。"通过感悟家乡爱国仁人志士的事迹,组织学生再次重温梁启超的《少年中国说》,感受穿越时空的家国情怀,传承家国情怀,增强内心的爱国热情和对家乡爱国仁人志士的骄傲。

我的教学主张

明道、仁心是我的教育主张。陈宪章认定,人与动物的分水岭在道德,人只有觉悟了自己的道德本性,才是真正意义上的人。在古代,孟子也提出,"犬马之与我不同类",孟子认为:"恻隐之心,人皆有之;羞恶之心,人皆有之;恭敬之心,人皆有之;是非之心,人皆有之。恻隐之心,仁也;羞恶之心,义也;恭敬之心,礼也;是非之心,智也。"这是说,人的生命具有仁义礼智的道德本性。我认为教育,就是为了实现自我生命的发展,而这种自我发展,是让学生实现自我认识、自我定位、自我成长、自我超越,要实现自我发展,就要明白做人的道义,心怀仁者之心。

（一）明道

道，在陈献章看来，道乃宇宙的本体，人之所以成为人，是因"得道"。当前的教育环境中，由于存在急功近利，缺乏对学生进行"道"的教育，从而出现一些学生缺乏大是大非，甚至丧失道德、公德的现象。近年来，出现不少国内所谓的优秀毕业生到外国留学，出现的缺乏道义的言论，让网民讨论纷纷：我们的教育怎么啦？这就是我们培养出来的优秀学生、三好学生？当然，这些只是千千万万大学生中的少数部分。当前，国家推进高中生核心素养培养，以立德树人为育人根本，就为我们的教育指明了方向。我们的教育要为国家、民族负责，培养的学生要有国家、民族大义，要有是非分明，具有公德心等。经过了10多年来的反思，我对每一届学生都提出了自己的育人原则：明德明理明辨，守时守纪守信。在主题班会中，我会设计有关爱国教育、环保教育、道德教育等主题班本课程。如中华人民共和国成立70周年时，我让班内学生按照学习小组开展专题系列班会，分别进行"国庆习总书记讲话""阅兵游行""外国看中国""国家经济数据""精准扶贫""英雄礼赞""中国国防力量"等国庆专题班会，并将活动情况向家长们宣传。教育学生明道，首先需要我们明白道之所在，其次是争取育道的力量，这是离不开学校、社会、家庭的合力的。只有让学生真正明道，我们才能真正培养出推动民族复兴的时代新人。

（二）仁心

孟子认为，恻隐之心，人皆有之。恻隐之心，仁也。"仁"也是人"所以异于禽兽者几希"的首要因素。近年来，国内出现不少因在校期间班主任管教了上课耍手机、在校谈恋爱的违纪学生导致被学生甚至家长殴打的案例。如2018年6月10日，四川资阳市乐至中学一名班主任在高考结束当晚，接到同是教师的学生家长邀约后，被学生家长带来的人暴打。2019年10月24日中午，仁寿县某中学学生颜某因对老师日常管理不满，在教室内用砖头将老师黄某头部打伤。2019年4月15日，在河北广平一中学发生了校园暴力事件，有多名同学一起踹一名女孩，并将脚放在女孩头上来回"碾压"，然后这些施暴者逼迫女孩喊"刀哥""爹""娘"。近年来的校园欺凌事件呈现出低龄化现象，女生比例不断上升等。这些事件的出现，除了社会环境问题，还折射出我们的教育生态问题。我们的学校教育过于注重学生的应试教育，忽视了学生的情感教育。这些年来学生不服老师管教而打老师、校园欺凌、学生自杀等现象反映了我们对学生的生命教育、情感教育存在很大漏洞。因此，我认为，育人的另一个重要目标是让学生有"仁心"，即仁者之爱。在今天看来，仁心包括人对生命的敬畏、对他人关爱。对与学生的"仁心"教育，我开设了"国学与人生"演讲系列班会，让演讲成为每周的必修课，还开展"励志教育""挫折教育""感恩教育""生命之美"等系列主题班会。我希望通过这些教育,能够让学生成为有善良之心,有仁者情怀的人,只有具备这些情怀的人,在今后的人生发展过程中,才能真正找到情感的幸福。

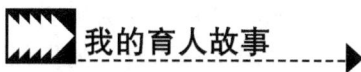我的育人故事

在循序渐进中改正不良习惯

第一学期的第二周星期三早读,我站在课室门口,5分钟后,一位姓陈的同学背着书包准备从后门进课室。我叫住他,严肃地说:"你去听一下这层楼每个班的读书声,每个班1分钟。"他去每个班门口听读书声,然后回到我面前,我问:"今天为什么这么迟呢?"他说:"昨晚睡得太迟,早上在厕所蹲了20分钟。"我说:"这是你开学以来第几次迟到呢?"他犹豫了一下:"大概第四、第五次吧。"我拿出班级考勤本指给他看:"包括今天你一共迟到4次,以后能不能早点到呢?"他说:"我尽量吧。"然后我让他进课室早读。

当天自修课,我去课室把他叫到办公室。我拿出考勤本,说:"你看看你每次迟到的时间,很可惜呀,也就四五分钟而已。"说到这里,他有点不好意思了。我问他:"你晚上回去还要做些什么?几点睡觉呢?"他说:"我大概10:30回到家里,吃夜宵和洗澡大概一个小时,看一会电视,12点多开始睡觉吧。"我说:"那早上几点起床、几点出门呢?"他说:"我早上6:20起床,6:45出门。""那你算过路上骑车要多久呢?"他说:"不塞车的话,路上10分钟肯定够。"我说:"你这个时间安排不太合理呀,睡得晚,起得晚。"他很无奈地说:"老师,我也想早点呀,但晚上吃夜宵、洗澡都少不了的呀。"我说:"夜宵要吃,澡要洗,但要压缩时间,晚上不要吃太多,对身体没好处,电视也不要看了。"他很抗拒地说:"但是我一直都是这样的哦。"我说:"时间是死的,人是活的,干什么都要看情况,分场合。"我说:"在上海曾经有两个企业约定时间和法国公司谈合同,在同样塞车情况下,A企业代表坐在车里等,B企业代表却跑步过去,比原定时间早到。如果你是法国公司的负责人,你会和谁签约呢?"他说:"当然是和B企业啦。"我继续追问:"为什么呢?"他说:"因为B企业按时到。"我说:"但是塞车呀,A企业也不想呀?"他说:"但是B企业也塞车呀。"我说:"每天大家的时间都一样,其他同学能准时回校,而你却迟到,你觉得是谁的问题呢?"他说:"那是我个人原因吧。"我说:"老师帮你分析一下你的时间安排怎样?"我说,"根据你晚上和早上的安排,晚上10:30—10:45,吃夜宵,10:45—11:10洗澡,11:30准时睡觉。"他说:"我尽力去试一下吧。"

第三周开始两天,他没有迟到,但是到了周三早读,他又迟到了。于是我又找他,我说:"怎么又迟到呀,3分钟热度呀。这样吧,我给你定个目标,下周

开始每周迟到不超过 3 次,怎么样,有没有把握。"他摸一下脑袋,笑着说:"3 次呀,我尽量吧。"我说:"要是迟到在 3 次内,倒垃圾一周,要是超过 3 次,那就按照迟到的次数去倒垃圾。"他马上说:"老师,我一定不会超过 3 次的。"

第四周,他刚好迟到 3 次。第五周周一晚上,我把他和另外 4 个男生叫出来,说:"你们 5 个人在班级十大守纪学生中选一个异性同学作为自己的担保人,请他们每天留意你的表现,写出鉴定和整改意见,第二天交给我。"这位姓陈的同学为找到担保人,不得不在同学面前作出承诺和保证,才有一名女生答应做他的担保人。我说:"鉴于你的进步,现在又有人监督你,以后你迟到的次数降到 2 次吧。"他说:"好吧,我试试看吧。"接下来的几周,他的迟到次数也少了。

期中考后的一周,我找他谈心,我说:"现在迟到少了点哦。"他说:"老师,倒垃圾很辛苦呀,还有人记录呀。"我说:"我想让你担任跑操的指挥,你敢不敢干?"他很惊讶地看着我说:"不是吧,老师,你觉得我有那个能力吗?"我说:"你连这个信心都没有还配做男子汉吗?"

下半学期,他共迟到 3 次。在期末,他被评为"班级变化最大"的学生。而第二学期直到高考前一周,他才迟到 1 次,5 月 28 日那天,他很懊悔地对我说:"老师,真不好意思,我还是把持不住,给班集体抹黑了。"我说:"没关系,你已经成功了。"在陈同学的带领下,下学期(18)班的迟到人次是全级最少的,(18)班的跑操也名列年级前茅。

后进生一般存在较多的不良习惯,转化后进生,不可能一步到位,要善于引导,善于"搭梯子",使之逐渐转化。一开始我通过目标分段法,分段制定考勤目标,让他们实现相对容易的目标。当他们发现自己也可以成功后,我顺势而上,提出新的目标,他也乐意接受。

没有惩罚的教育管理是不完整的,让迟到的同学参加劳动目的在于由他承担违纪成本。而有弹性的惩罚比单纯的理论来得更直接,能有效规范学生行为。

让学生互相监督能够提高其自主管理的能力。所以在班级管理中,要善于树立典型,发挥正面导向作用。我使用担保人监督法,让陈同学和其他男生找异性同学做担保人,目的是消除陈同学的情绪和考虑到男生在女生面前要面子的心理。

很多人以成绩作为衡量后进生的标准,其实不少后进生后有很多特长。我们要发挥其特长,让他们不再空虚,有用武之地。让陈同学担任跑操指挥,是因为他嗓门大、节奏感好,能带动同学。总的来说,改正后进生存在的不足,要循序渐进、逐步击破。

他人眼中的我

（一）领导眼中的我

肖康才老师的班级管理工作，注重人格健康，考虑全面深远，做事方法灵活，以才育材，成效显著，是一位让领导放心委任的好老师，是同事学习膜拜的对象。

（广东省特级教师，学校政教处主任，江门市名教师　谭琼念）

（二）同行眼中的我

肖康才老师在担任班主任期间，有心、用心，且有一颗巧心。在班级管理中，肖老师形成了一套科学、民主的管理方法，他每学期都用心的安排班内的班干部职务，尽量让班级全体学生参与管理班级事务，使每个学生都能有用武之地，能够扬其所长，让学生成为班级管理的主体。肖老师善于管理，他对学生实行量化管理，充分调动了全班同学的积极性，班级管理井井有条，所带班级班风正，学风盛，各学科成绩在年级大考中名列前茅，在学校组织的各项活动中均有出色表现。他作为一名政治老师，不仅积极参加政治学习，还用心学习各种专业书刊，看教参、查资料、找实例，乐在其中，他的课堂学生积极主动，气氛活跃。作为年级副级长，他经常指导和帮助我们年轻的班主任。还记得，我第一年担任班主任工作时，开学初拿到班级学生名单时一头雾水，不知道工作如何做起，肖老师面带笑容热情地给我指导工作，在此后的工作期间，当我遇到学生棘手问题请教他时，他总能巧妙地找到解决问题的办法，这源于多年来他对教育管理工作的有心和用心。他的为人和他的工作一样，不张扬、不浮躁、扎扎实实，是我们学习的榜样。

（新会第一中学优秀班主任　李丽卡）

（三）家长眼中的我

由于孩子比较叛逆，在高一的时候被处分。幸好高二分班时我的孩子能够进入肖老师的班，自从进入高二后，孩子开始变得开朗了，和我经常谈他的肖老师，分享肖老师的一些教学管理故事，孩子也变得对家长更有礼貌了。这一切都离不开肖老师对他的引导，给予他正能量。

（梓明妈妈）

（四）学生眼中的我

他，身板瘦削，却行动若风；他，眉眼如丝，却目光如炬；他，年纪不大，却气场强大，像磁石一样牢牢吸引着我们。他是诲人不倦的良师。忘不了，那讲坛上生动活泼深入浅出的精彩授课；忘不了，那在晨曦中与我们融入琅琅读书声中的背影；忘不了，那"北斗阑干南斗斜"依然不知疲倦为我们解惑的声音；忘不了，那废寝忘餐、精益求精的灯下备课；忘不了，那句深情而霸气的"我会对你们每一位同学负责"的铿锵之言……

（2017届学生　伍颖沛）

和爱、务实、灵活

● 恩平市年乐夫人学校　谢梅娟（中学班主任）

● 个人简介

我叫谢梅娟，是恩平市年乐夫人学校的一名普通人民教师，有着19年的教龄。我撰写多篇教育教学论文发表于专业期刊上，多次被评为恩平市教书育人先进工作者、恩平市先进班主任和恩平市"十佳班主任"光荣称号；曾荣获恩平市教师创新教学大赛二等奖。生在广东，深受岭南文化的多元性、兼容性、务实性、开放和创新的特点影响，我对教育尽忠职守。我的工作虽平凡，但是很有意义，也很有挑战性。因为每一个学生都是一个独特的个体，我塑造了学生的灵魂，托起了祖国的希望。教学的艺术不光是要向学生传授本领，还要关爱学生、激励学生、唤醒学生和鼓舞学生。我坚信每个学生都有它的闪光点，我尊重爱护学生，把他们的优点扩大化，把他们的缺点缩小化。我用爱作阳光，作雨露，照耀学生成长的道路，滋润学生的心田。如何让他们智慧学习、阳光生活、健康成长是我追求的目标，因此在教育教学工作中，我坚持在学习中研究，在研究中反思，在反思中提高。我不忘初心，在自己热爱的工作中辛勤耕耘、默默付出，渐渐形成自己的粤派育人风格——和爱、务实、灵活。

▶ 我的教学风格

我的班主任教育风格主要表现为：和爱、务实、灵活。

（一）和爱

"没有爱，就没有教育"是我的座右铭。和爱意为和善可亲、和善亲爱。我因为爱笑，喜欢以善待人，让人觉得我友善和平易近人。我拥有一颗善良的心，能看到人性善良的一面，让我从工作生活中受益匪浅，乐在其中。因为善待别人也获得别人的善待，因为愿意站在别人的立场去想问题，理解别人，所以也能获得别人的理解，从而让我的教育生命之旅丰富多彩。我喜欢与学生分享我自己真实生活的心得与感受，学生也觉得我真实可靠，从而向我打开他们的内心世界。有时候学生不愿意对父母、朋友说的心里话也会与我分享，我从而感受到学生的真正需求，能帮助他们解决问题。初中阶段是学生的青春期和叛逆期，这个年龄段会出现这样那样的心理和生理问题，如果能得到及时的引导，他们就可以从困境中走出来，开心学习，阳光生活。3年前，七年级开学不到一个星期，有一名女学生向我请假回家，我问她原因，她说："她收到一名男生的求爱信，现在感到很害怕！只想回家！"听了之后我问她："你有没有喜欢他，她给你带来了什么烦恼？"她说："不喜欢，他与同学下课都说喜欢我，同学们都笑我，我无法专心学习。"我对她说："家是温馨的港湾，但是我们也要学会独立自强，为父母减负。只要心理足够强大就不会害怕别人说闲话，人正不怕影子斜。"经过我的心理辅导，她克服了恐惧，这名女生没有选择回家勇敢面对和处理好这次的事情。我的付出让每一名学生的思想得到升华，学业有所进步，从而健康快乐地成长。

（二）务实

常言道："学海无涯苦作舟。"师道亦然。走入七尺讲坛犹如航海，教育教学工作能以爱为舟，以勤为桨，再加上班主任工作复杂而烦琐，需要老师要有务实的精神。在校规班约中，班主任更要以身作则。为人师表，离不开务实，如果勤务实，这一路上你定能收获到许多意料不到的惊喜，教学的生命苦旅也会因此变得充实和快乐！祖国的花儿也永远充满旺盛的活力。班主任是学生的影子，天天与学生在一起，对学生的影响最大，班主任一言一行、一举一动都对学生起着潜移默化的作用。学生们的眼睛是时刻看着自己老师的。当然，我们不能给学生养成一切向老师看齐的习惯，学生就是学生，老师就是老师，不能要求学生和老师一样，因为身份不同，社会对这两者的要求也不一样。这一点首先要让学生们有清醒的认识。接下来，在学生们明白了这点之后，对学生提的要求，我一定会首先做到。

比如，有一天我大概是 14∶08 进的教室，前排有同学开玩笑的小声说："噢，老师你迟到了。"我记得我的第一反应是："我是老师，不用你管，你只管看书吧！"但是，转念一想，我说："你说得对。今天老师迟到了，对不起。"我会一直记住学生们当时的表情——意外和敬佩。我知道，从那天开始，再有学生迟到时，学生一定会自觉认识到自己的错误。既然是规定，那么每个人都应该遵守，不能因为我是制定者就可以不遵守。相反地，想让这一规定得以执行，就必须首先带头遵守。这件事让我深刻体会到了"为人师表"的意义。简单的四个字却是一面镜子，需要坚持，需要付出。教育学生，很多时候无声的行动对学生的影响远远超过语言上的说教。每当我觉得辛苦时，就想起一个学生鼓励我的话："老师，你的生命会因为这份辛苦而精彩！"

（三）灵活

教育的对象是人，人的思想感情是复杂的、多变的。教育是动态的，会因外界的环境情况而发生变化，也会因内在的情感不同而方法不同，也会追随时间的变化而改变。在教育教学的过程中，我们要善于仔细观察、思考、反思，改进不足，做到与时俱进，适当运用幽默化解教育困境，维护良好的师生关系，让每一个学生都因有你而拥有自己出彩的人生，引导学生树立积极进取的人生观，让学生发现自己的思想进步，感受成功和进步所带来的喜悦，所有的这一切都离不开灵活的教育方法。做好班主任工作，一是突出一个"爱"字，只要有一颗爱心，才会有爱的奉献，才能干好自己所爱的事业和工作；二是体现一个"勤"字，即勤了解，勤观察，勤解决；三是做到一个"细"字，即详细了解情况，仔细发现问题，细致处理问题；四是注意一个"全"字，首先对班级工作全面抓，其次管理要面向全体学生，最后对学生成长全面关注；五是把握一个"严"字，首先是严而有"章"，其次是照章管理，再次是违章必究，最后是严而有度；六是讲究一个"法"字，即遇到问题积极想办法，依法解决问题；七是注重一个"学"字，首先向书本学，其次向同行学，最后在干中学、学中干，不断提高自己的管理水平和能力。八是归结为一个"心"字，即热心对工作，爱心对学生，细心发现问题，精心处理问题，耐心做思想工作，用心做事情。

▶▶ 我的成长历程 ▶

自师范毕业以来，已有 19 年，我在自己的工作岗位上经历了不少不平凡的风风雨雨，这个过程中的滋味只有自己能体会到，挫败感和成就感相交织，委屈和欣慰并存。

（一）第一阶段（1999—2005 年）：坚定自己的理想信念

自从踏进校门当老师的那一刻起，我就立志做一名人民的好教师，为振兴恩平的教育贡献自己的一份力量。

1. 他人的肯定，赋予我无穷的力量

初为人师的我与学生年龄相仿，经常与学生一起讨论学习、玩在一起，他们也把我当大姐姐。我任教三个班的英语，早上三节课、下午批改作业、晚上备课。俗话说："要给学生一杯水，教师要有一桶水。"中师毕业的我就任教初中，为了不误人子弟，我经常利用周末的时间备课，认真钻研教材、教法，提前阅读整一套参考书、教科书。为了理清知识之间的来龙去脉，遇到不懂的问题我就请教有经验的老师。有很多次，别人笑我傻，休息了还忙于工作，但爸爸妈妈却很支持我，鼓励我把工作做到最好。那时的我并不觉得苦，因为学生都很喜欢我和我的课。

有一件事我至今历历在目，一次晚自习下课，一名叫雪兰的学生和她的妈妈手里拿着自己亲自包的热气腾腾的粽子递给了我，并说了一声"谢谢"。当时的我被吓了一跳。原来是她的女儿之前都不与她谈心，也不爱笑。我多次在她的作业上写上几句激励和赞美的语言肯定她，让她变得开朗、自信。她说自己越来越喜欢上学，特别喜欢我的课。那时的我才知道自己随笔的几个字，在学生的心里却那么重要。课后学生不懂就请教我，我和学生有说有笑，我的同事都向我投来赞许的目光，问我："你是用了什么办法让学生那么喜欢学习英语？"又有谁知道我因与学生关系太好，上课时，常常被逗得想笑又不敢笑，怕影响教师形象，只能偷偷走到教室后用书本掩饰一下。英语科组长和几位英语老师突然就来听我的课，初出教坛的我吓得讲课的声音都偶尔有点颤抖。听完课之后他们竟然称赞了我的教学设计符合七年级学生的认知水平，充分调动学生学习的积极性，课堂气氛好。得到第一次的肯定自己信心倍增。我任教的三个班期末考试成绩与同级英语老师所带的班成绩很接近，我任教的七（3）班英语成绩全级第一。由于成绩不错，之后学校一直让我任教初三毕业班。2002 年，我参加恩平市青年教师优质课竞赛，荣获恩平市二等奖。来校第四年，我就担任学校的英语科组长，我也勇挑重任一边钻研一边指导刚毕业的老师上课。一分耕耘一分收获，年底我们被评为先进英语科组。

2. 第一次当班主任就像"妈"

2004 年，我被任学校重点班的班主任，那时我就已经懂得"一个孩子就是一个家庭的未来，民族的希望"。我深知自己的重任。当时因首次任班主任，经验不足，一切都在摸索之中。我每天与学生同吃同住同学习，整个身心全部投入到班级管理当中。笔记本上记录着每个学生的详细资料，包括学生的性格、爱好、习惯、家庭状况及曾经对学生有影响的事情等，而且对于每位学生的情况几乎都熟记下来。一旦遇到学生中棘手的问题，如相互闹矛盾、厌学、因家庭原因而闹情绪等，都会向其他有经验的老师请教，或到网上、书本中寻找解决的办

法。跟学生聊天时，我会把自己过去的一些经历，无论好坏，只要是对学生有所帮助或是能够启发学生的事例都会一一给他们讲述，让他们明白班主任是在用心地教育他们，而不是在敷衍，久而久之，学生就会对我深信不疑。正是因为我用诚意和真心教育我的每一位学生，所以与学生关系一直非常融洽，学生与学生之间也以诚相待，整个集体非常和谐，班集多次被评为"文明班级"。我班一共有27人考上恩平重点高中，创大槐中学历史新高，那年我被评为大槐镇优秀班主任、恩平市教书育人先进工作者。

（二）第二阶段（2006—2008年）：无畏艰辛、默默付出

因家庭需要，我调动工作来到一个离市很近的农村学校——附城中学。初来报到，看见学校杂草丛生、荒凉一片，四周围的大树显得两座教学楼更加矮小，走近教学楼一看，窗户上的玻璃旧得好像快要落下来，我心里顿时凉了半截。来到校长室，看见十来个年迈的教师坐在简陋的会议厅开会，心想他们即将是我未来的同事，会有共同语言吗？幸亏校长是一位平易近人又和蔼可亲的领导，他递给我一杯温开水，笑着介绍这位是谢老师，今年她来担任九（1）班的班主任兼英语教学。他们都用惊异的目光看着我，我当时一知半解。因为青年教师不多，所以很多重任都落在我的肩上。学生看见我这么一个年轻的教师，他们根本不把我放在眼里。无论我怎样宣布纪律讲道理，有几名男生总在挑战我的底线。这时我终于明白校长为什么总是和我说"一定要大胆管学生，不要怕学生"。我细细观察一段时间，看见校长、主任对屡教不改的学生狠狠地画圈罚站、做虎卧撑、挨棍子等。我无法接受他们的做法，于是我准备用真情打动学生。

我经常放学了还躲在只能放下两张桌子的办公室批改作业，早上也比学生来得早。我班学生吴文龙调皮蛋进来和我说："老师，你为什么这么勤奋？你不累吗？"我觉得教育时机来了，叹了一口气说："还不是因为班里有一些调皮的家伙让我操心。"他开始有点脸红，低声说："以前的那些老师都认为我们这些调皮蛋没救啦，总是批评我们，罚我们，久而久之我们也习惯了。"我反问他："那么你觉得自己是不是坏学生，没救啦？"他没思考直接回答："差不多啦，一放学我们就进城，打游戏、玩桌球、唱卡拉OK等，几乎不做作业，更不会认真听课。"那一刻我才知道他们自己放弃自己，也因为近城的环境影响了他们。我再一次反问："你有没有想过继续这样做的后果，你父母的感受？"他说："没有。"真是年少无知。那一次我和他聊了很多关于他自己的亲人、家庭乃至将来的话题。最后他说了一句："老师，你是第一个那么有耐心和我聊天，没有看不起我的人，你这个朋友我交定了。"那时候的我心里无比欣慰，感觉他有救了。后来，我才知道他是我班最有影响力的"坏"分子。虽然他们都是农村的孩子，但是学生们都怕累怕脏。有一次学校分配给我班的劳动任务特别多，谁也不愿意担重活。我见情况不妙，没多说就迅速拿起镰刀割"长茅草"，几个勤奋的班干

部也一起动起来。这时吴文龙忍不住开口说:"女老师都在干活,我们男子汉不能在这儿聊天。"一声令下,他的几个调皮蛋就开始干活。同学们看见班上最调皮的学生都干得那么卖力,其他的学生也不敢怠慢。就这样我们顺利完成学校布置给我们的任务。学生们说:"虽然我们满脸灰尘,累得不想动,但是也觉得无比轻松,因为这是我们第一次发现团结的力量大。"我顺水推舟地说:"劳动创造了人的本身,爱劳动是无比光荣。"主任也在全校师生大会上表扬了我班,这个班的凝聚力就这样慢慢建立起来。还记得有一次在酷暑的夏天下午上英语课,我被大树上一群知了的叫声吵得无法上课,知了的声音完全覆盖了我的声音,我很苦恼无奈。全班学生竟然集体开口说:"老师不用你讲这节课,我们自己看书、预习这节课。"我对学生的体贴感到无比欣慰。慢慢地我也喜欢这里的学生,适应了学校的环境。碰巧在那不久我就怀孕了,同事们都很关心对我说:"你还那么劳碌奔波,孕妇要注意休息。"那时候是学生升学考试的关键时期,人生关键的转折点。我常常管理、辅导学生到深夜,还积极参加学校、恩平市的优质课比赛,最后分别荣获一等奖、二等奖。学生被我的行为感动了,发奋图强、努力学习。这一年又创下附城中学历史新高,8 名学生考上重点高中。校长特别高兴,我被刊登上恩平风采——优秀的教师。在这所学校我曾两次被评为恩平市先进班主任。

(三) 第三阶段 (2009—2016 年):不忘初心,勇于探索

1. 患得患失的育人情感

正所谓"教学有法,教无定法,贵在得法",我将不忘初心,继续前行。一次竞聘的机会,让我来到了现在的年乐夫人学校,这是市里重点学校之一。刚到这里,我也毫不知情地当上了人人都羡慕的重点班七(2)班班主任。到这里之后,我深刻感受到这所学校的高强度、高效率的工作。这里的教育教学气氛浓厚,同事们个个工作能力都很强。而我却是第一次接触多媒体教学,第一次使用互联网进行教学,我历尽了艰辛才学会了制作 PPT。

在班主任工作中,第一次懂得用学生管理学生、解放自己的重要性。在这个学校工作了一段时间我发现自己总是那么忙,但是班里的问题却层出不穷。隔壁班的班主任那么轻松。我就在思考自己的问题。原来我班里的大部分事情都是我这个班主任亲力亲为,我几乎都是批评学生的,我认为只要帮他们挑出一些问题,让他们改正,学生就会变得越来越优秀。谁知道这样反而让学生越来越不喜欢我,我与学生的关系越来越远,这样不利于班级工作开展。于是我查阅了大量关于这方面的班主任工作手册,改正了自己的不足之处。那时候班里的学生家庭环境贫富悬殊,出现了自卑的、打架的、闹矛盾的、抑郁的等不同程度的学生事件。我当时真的恨不得他们快点毕业。我都开始怀疑自己的能力了。有一个叫吴俊霖的学生改变了我的想法。他无心向学,上课经常迟到,在校内晚睡期间多次

违反纪律，还把脏东西放进一个同学的洗发水里，搞得同学们无法安心住宿，还有两次充当"大哥"，欺负弱小的同学。他还把老师的教育当耳边风，甚至恶语相对。面对这样一个屡教不改的学生，老师们都失去了信心。但我没有放弃，我了解到该生唯一正当的喜好是打乒乓球，喜欢出"风头"，并了解到该生是独生子，其父亲忙于工作而对他管理不到位、母亲管教不严格导致他的叛逆堕落。于是，我找理由和吴俊霖打乒乓球，一段时间后，特意安排他当舍长，他管理的宿舍有两次被评为"文明宿舍"。我还在为人处事、学习等方面给他帮助，鼓励他上进。终于，该生渐渐远离了坏的学习和生活习惯，并感受到上进的快乐。我又顺势推荐他为学校乒乓球队员后，他的学习成绩迎头赶上。吴俊霖的良好转变，还促进了其他后进生的转化。

所以，教师要放下架子，听听学生们的心声，让学生展示自己的内心世界，使学生真切地感受到教师的关爱。

2. 背上行囊，继续前进

后来我从八年级接了一个班，该班学生开朗活泼、勤奋好学。我有点担心自己能否把他们教好。于是我向带过他们的班主任请教，了解他们的基本情况，从中了解到这位班主任培养班干部的方法——如何放手让学生管理学生的精髓。记得有一次，校长突然宣布一个星期后在校运会上举行队列操比赛。我知道校长想要看看各班的精神面貌，顺便了解我带的这个班是否令她满意。那时的我犹如热锅上的蚂蚁，班干部也积极出谋献策，但学生表现出来的效果都不如我意。于是我冥思苦想，年轻人应该个个都爱美吧，然后向朋友借来一个高像素的索尼单反照相机说："我要为大家录下青春美好的回忆。"同学们立马把自己最好的一面表现出来。在比赛时，我班学生就像一支精英部队斗志昂扬、朝气蓬勃地踏着整齐的步伐，向大家展示最优秀的自己。我班的精彩表演赢得全校师生热烈的掌声。校长对我班的表现非常满意，我也重拾信心。

当时徐紫儿是我班一名品学兼优的好学生，就是面对困难时缺乏自信。在2011年秋季运动会上，我特意安排她参加跳高项目，她说："我从小到现在都没有训练过跳高，过几天就比赛了，我对跳高项目没信心。"我鼓励她说："你的腿比别人长一点，这是优势，课余多参加训练，你一定行！"我指导她利用课余时间加强训练，在跳高项目比赛上勇夺八年级第三名。从此以后，徐紫儿无论在学习上还是生活上，都勇敢面对困难，敢于挑战，变得更加优秀了。她还参加广东省初中生物联赛，荣获三等奖；参加英语竞赛，获江门市一、二等奖；2012年7月，她被评为江门市三好学生；2013年，她以优异的中考成绩升入恩平一中。

3. 大胆实践，取得了一些成绩

为师者，须有慈爱之心，襄扶之意，才能使"晓之以理"施之有恒，行之有效。有了之前的经验，我以自我推荐的办法，选拔培养了一批工作能力强的优秀班干部。他们在自己的工作岗位上实践一段时间，我就可以放手让他们管理班级。通过心理游戏、讲故事，让学生悟出相关的道理。学生都很爱听我的故事，这样比单纯的讲理教育有效多，也能启发学生、培养学生勤于思考的好习惯。这个班在七年级第一次月考所有科目在年级排名第一。校长、级长、教导主任都感到很吃惊，因为还有两个班比我班的基础好。同事认为我捡了个大便宜，只有我自己知道自己的付出。校长要求我做经验介绍，我就和大家分享，我是在学生开学前比大家先做好充分的准备工作，充分认识了学生的基本情况。上好第一节班会课，给学生留下深刻的良好教师形象，学生就会亲其师信其道，然后塑造我喜欢的班级和考试的目标，让学生有奔头有方向。最后落实好班级日常管理，形成良好的学习和生活习惯，促进良好班风学风的形成。初中学习生活的三年，是学生成长的关键经历，作为老师我见证了他们的成长。也是他们使我从像一个"盲人摸象"一样的班主任，成长为学生爱戴和家长肯定的班主任。总之，管理学生没有一劳永逸的方法，学生们出现的问题是千变万化的。唯有且行且学习，勤奋反思总结，我相信我的努力付出，爱心浇灌，会获得硕果飘香。

我任毕业班班主任以来，中考成绩显著提高，考上恩平一中的，2011年九（2）班中考有41人；2013年九（3）班中考有49人；2016年的中考共有47人考上恩平一中，一中入围率88.6%，其中有保送生25人，保送率47%；2013—2016年连续3年我所任教的英语科考试的"一分三率"总积分名列恩平市同级同科第一名；我培养的吴洁雯、黎嘉仪、梁颖瑜、徐紫儿、梁碧琪、郑丽翠、黄晓敏等同学的英语成绩进入全恩平市的前20名。我所任教的毕业班中考成绩突出，270多人考上重点高中。我积极辅导学生参加江门市英语竞赛、全国中学生英语能力竞赛。2010年，我荣获"英语周报·卡西欧杯"全国中学生新课程英语语言能力竞赛优秀辅导教师一等奖。2010—2012年，我辅导学生参加全国英语竞赛，其中黎嘉仪等20多人获国家二、三等奖，郑海鹏等60多人获江门市一、二、三等奖。2013年，我担任教学联盟公开课获得全体老师的好评；2014年，我撰写的班团队设计《告别不良行为，争当文明学生》荣获市二等奖；2015年，我荣获恩平市教师教学大赛三等奖；2014年和2015年，我被评为学校名教师。2015年，我被评为恩平市教书育人先进工作者。2016年，我荣获恩平市中小学班主任专业能力大赛荣获二等奖；2016年，我被评为恩平市教育先锋"十佳班主任"的光荣称号。2016年，我代表优秀的教师在表彰大会上发言，我的发言触动了在场的家长、学生、老师和领导。我的工作受到上级领导和同行一致好评。

（四）第四阶段（2017年至今）：百尺竿头更进一步

2017年，我有幸成为江门市教育系统第四批第二期名班主任的培养对象，江门市教育局委托广东第二师范为我们搭建了一个高层次的学习平台，借助这个平台，我能与一些优秀教师、专家们有了零距离接触。通过学习使我更新自己陈旧的教育理念、教育思维、教育方法，当一名优秀教师不仅仅是教书育人，更重要的是唤醒学生的心灵，做一个善于回应的班主任，在回应中给予学生正能量，从而做好教育教学工作。我们组分别到惠州市大亚湾第三中学、杭州市朝晖中学跟岗学习一周。在大亚湾第三中学，我领略了何校长的师生"六爱"理念，学习了主持人助理匡女一主任的"恳谈式"主题班会的精髓；在惠州听班会课的学习中我掌握了许多先进的教育理念与方法；通过听讲座和学习交流让我走出职业倦怠，结识了一批良师益友；更使我从思想到育人技能、教育科研能力、教育创新能力上都得到了很大的提高；更可喜的是，我在培训过程中发现，自己仍有许许多多新的东西待探索，这使我对教学又焕发了热情。在杭州朝晖中学，我见识了"高大上"的青春健康屋，接触了他们先进青春期教育理念，感受了费颖老师的教育理想、教育情怀。在课题研究上，通过黄泽纯老师对我的选题、开展、方法等方面指导，给了我很大的启发，让我顺利地完成手上的研究。

自己通过努力也取得了可喜的成绩：2018年9月被评为恩平市优秀班主任；2017、2018年被评为学校名班主任；2017年12月被评为恩平年乐夫人学校艺术节优秀辅导教师；2017年12月获"国际英语精英赛"初中英语竞赛优秀指导教师；2018年3月课例 *Unit 5 Knowing About China-topic*1 在"一师一优课、一课一名师"活动获恩平市级"优课"；2017、2018年获市中小学听说能力在线比赛优秀指导教师共3次；在恩平市统测中，2017、2018年获恩平市二等奖，合格率、优秀率达到学校目标。2017年，我辅导吴文嫣四名学生参加江门市禁毒知识竞赛荣获江门第二名。2017年，我撰写的论文《初中英语导学案中预习作业的设计》在《中学课程辅导》上发表。2018年5月，我撰写的论文《浅谈中学生诚信道德品质的培养》在国家级《教育现代化》杂志发表，荣获全国教研优秀论文一等奖。我主持的省教育学会"十三五"教研规划小课题"提高初中学生英语听力水平的探究"于2017年12月结题（结题编号：GDXKT11814），课题论文《浅析提高当前初中学生英语听力水平的有效方法》在校内交流，获得一等奖。该课题解决了中小学英语听力课堂教学存在的问题，有效地提高了我校的英语教学成绩。2017年，我参加江门名班主任培训期间的小课题"初中新生养成良好英语学习习惯的研究"正在按步骤开展研究。2016年9月，我参与中国教育学会外语教学专业委员会"十三五"规划课题"基于网络学习空间的英语信息化高效课堂和教学模式创新研究"，现在已取得阶段性成果。

我的教学实录

体验文明的活动,培养文明的习惯,感悟文明带来的美
——教学现场与反思

课题:告别不良行为,争当文明学生

活动背景:现在许多学生只重视学习成绩,注重升学,而忽视个人思想道德修养的情况,有的学生在学习、生活中有许多不忍目睹的不文明行为。本着"创和谐校园"的精神,针对学生思想道德现状中文明礼仪方面的问题,我们召开了一次名为"告别不良行为,争当文明学生"的主题班会。

活动的目的:通过本次班会活动,使学生认识到文明礼仪就在我们身边,体会文明礼仪对一个人、一个集体、一个国家的重要性。在日常生活中要注意文明礼仪,培养学生从现在做起、从自我做起、从每时每刻做起,努力提高自己的文明、礼仪修养,做一个新世纪讲文明的中学生,并且为学校的和谐建设做出自己应有的一份贡献。

教学重点:认识文明。

教学难点:体会文明的重要性。

教学过程:

(一)联系生活导入主题

A:亲爱的同学们,文明礼貌是一粒最有生命力的种子,如果我们每一个人的心里都播下这粒种子,那人人就会有良好的礼仪规范。

B:当我们背着书包迈进年乐夫人学校的大门时,我们就成了其中的一分子。在这里,我们要和睦相处,要尊重老师,要爱护同学,要做一个讲文明、讲礼貌的好学生。

A:作为一名合格的中学生,我们该怎样去做,才能弘扬中华民族的传统美德,使我们当之无愧地成为礼仪之邦的后代呢?下面我们一起通过今天这节课的学习,使我们更进步。

(二)认识礼仪

礼仪对我们来说真是十分重要,我们来复习一下古人礼仪的故事吧。

(1)让我们一起诵读《新三字经》

为人子	方少时	尊长辈	习礼仪	能温习	小黄香	爱父母	意深长
能让梨	小孔融	手足谊	记心中	孝于悌	须继承	长与幼	骨肉亲
家务事	乐承担	洗碗筷	扫门庭	家爱我	我爱家	推此心	爱中华
倡五讲	揭新篇	尊四美	扬新帆	讲文明	忌野蛮	讲礼貌	忌傲慢
讲卫生	忌污染	讲秩序	忌散漫				

讲道德　忌空谈　日日新　不间断　心灵美　无邪念　语言美
无脏言　行为美　做典范　环境美　建乐园。

（2）请欣赏视频《文明礼仪宣传公益广告》

（3）（小记者出场）C：同学们，大家好，我是《文明日报》的记者，刚才你们朗诵得真好，下面我想考考大家。你们有信心吗？

生：有！

（4）礼仪知识问答。

C：请举手回答下面的问题。

1）夏天炎热，同学可以穿背心、拖鞋进校。　　　　　　　　　　（错）
2）当老师提问时，学生可以在座位上立即回答。　　　　　　　　（错）
3）学生进入教师办公室，应先征得老师同意。　　　　　　　　　（对）
4）在教师办公室的学生如没有特殊情况，不宜逗留太久。　　　　（对）
5）课前准备不是正式上课时间，所以无关紧要。　　　　　　　　（错）
6）遵守课堂纪律是种基本礼貌。　　　　　　　　　　　　　　　（对）
7）我们进入学校大门口和做早操、升国旗时，才需要系上红领巾。（错）
8）可以对着同学打喷嚏。　　　　　　　　　　　　　　　　　　（错）

C：恩，这些题目同学们都回答得很干脆，非常好！接下来，我提的问题要增加难度，让同学们自己来说说文明礼仪，好不好？请听题：

问1. 礼貌用语有哪些？

问2. 家里来了客人，你怎样接待？

问3. 你不小心把墨汁弄到同学衣服上，该怎么办？

问4. 别人对你有误会，你会怎么做？

问5. 做功课时，有人在你身边大吵大闹，影响了你的学习，你会怎么做？

问6. 你乘坐公共汽车时，会怎么做？

C：同学们的礼仪知识回答得真好。

A：我相信我们班的每一位同学在平时的学习生活中会严格要求自己，在点滴小事中讲文明，有礼貌。同学交往讲礼仪，团结友爱数第一。打招呼要用礼貌语，称呼"喂、哎"不能提；若向别人借东西，一定说"请""麻烦你"；用过之后及时还，表完谢意道"再见"；同学如果有困难，热心帮助诚为先，同学如果有缺陷，绝不嘲笑记心间。同学交往要平等，盛气凌人可不行，背后不论同学非，互相尊重最可贵。

（三）提升对文明的认识，领悟它的重要性。

（1）下面请欣赏小品，看看其中的人物是如何做的。

第一场：值日生刚打扫完校道，把垃圾拿去倒。学生××吃完香蕉，随手就把香蕉皮扔在地上。学生正唱着轻快的歌儿经过，不小心踩到香蕉皮，摔了个四脚朝天。学生爬起来之后，拍拍尾股，骂了一句"真倒霉"，就离开了。

第二场：学生××背着书包准备回家，当他经过这个地方时，差点也踩到香蕉皮，但她并没有立即离开，而是弯下腰把香蕉皮捡起来，经过垃圾桶的时候，把它扔了进去，然后高高兴兴地回家去。

A：看完这个小品，大家有什么感想呢？你是____，还是____呢？下次再碰到类似的事情，你又会做怎样的反应呢？（学生发言）

B：是啊，校园的清洁卫生和我们息息相关。在校园里乱扔果皮、随地吐痰等不文明行为，不仅仅影响到校园的美观问题，同时也关系到我们的健康问题。

合：所以，为了我们的健康和卫生，我们应该时时刻刻保持学校的清洁与卫生。我们每个人都要牢记，保持校园卫生与整洁，人人有责。

(2) 刚才的礼仪知识学习大家记住了多少呢？有四名同学把它们编成了一个"三句半"方便大家记忆，现在看他们的表演——《文明礼仪三句半》。

1）甲：我们四人台上站！　乙：要把礼仪常规谈！　丙：你还别嫌我麻烦！　丁：往这儿看！

2）甲：自尊自爱重仪表！　乙：诚实守信讲礼貌！　丙：遵规守纪勤学习！　丁：很重要！

3）甲：尊敬国旗要肃立！　乙：高唱国歌要整齐！　丙：校训呼号要响亮！　丁：敬礼！

4）甲：穿戴干净又整齐！　乙：拉链纽扣要系好！　丙：胸卡校徽天天戴！　丁：我记牢！

5）甲：天天来把卫生搞！　乙：贵在保持习惯好！　丙：遇到废纸不放过！　丁：重环保！

6）甲：同学之间要尊重！　乙：互帮互助树新风！　丙：不打架来不骂人！　丁：讲文明！

7）甲：校园内外不乱跑！　乙：自觉排队往右靠！　丙：危险游戏我不做！　丁：别忘掉！

8）甲：预备铃响进教室！　乙：课本文具摆放好！　丙：不吵不闹坐端正！　丁：真安静！

9）甲：礼仪教育搞得好！　乙：好人好事真不少！　丙：礼仪之花哪最多？　丁：数年夫！

A：同学们，他们表演得好不好，（好）那么我们也要像他们说的那样说到做到。A：文明，是璀璨明珠的辉煌；B：礼仪，是民族孕育的希望。A：文明，是沟通情感的桥梁；B：礼仪，是社会腾飞的翅膀。

(3) 下面我们班又有两个同学忍不住要上台表演了，下面欢迎表演诗朗诵《手拉手，为文明歌唱》："文明是一朵花，一朵永久芳香的花。我们用真诚去浇灌，用热情来哺育，让文明之花尽情绽放在你我的心中。礼仪是一首诗，一首清新淡雅的诗，我们用理解去融化，用关爱来抚慰，让礼仪之诗永久珍藏在彼此的心里。我们是跨世纪的少年，我们要做新时代文明的代言。雨露下，我们播撒文明的种子；阳光里，我们装扮心中的春天。让我们插上文明的翅膀，飞向蓝天，飞向未来做礼仪的少年，让我们用真心搭建礼仪桥。文明礼仪伴我行，中华美德放光芒。文明礼仪伴我行，到处盛开文明花！让我们手拉手，让我们手拉手一起为文明歌唱，唱文明。"

（4）齐唱《歌声与微笑》。

（5）集体宣誓。

（6）班主任总结。

在这里我真心希望大家能通过这次主题班会，收敛并改正掉自己的一些不文明行为或现象，可能一时你是改变不了的，但只要你有改变的决心，相信你会成功的。当然要改变这种校园不文明现象的大气候光靠一个人是不够的，它还需要我们全班甚至全校同学的一起努力。就让我们为"做文明学生，创文明校园"而努力吧！

教学反思：

（一）认识文明、体验文明、培养文明习惯

班会活动中，通过诵读《新三字经》激起认识文明的一股热潮，接下来欣赏视频《文明礼仪宣传公益广告》，让学生很好地认识文明。文明是一盏灯，会照亮每一个人的心田，多一点理解就多一点体谅，多一点温暖。文明就像火炬需要每一个人传递下去，让每一个人讲文明树新风。然后由学生自由发言、做"文明人"测试游戏、再扮演小品、文明三句半、诗朗诵等活动形式，让逐步掌握相关文明礼仪的要求信息。通过生生对话、师生对话、小组合作共同完成班会活动任务，也增强了学生的交际能力。使学生认识到文明礼仪就在我们身边，体会文明礼仪对一个人、一个集体、一个国家的重要性，从而达到了本次班会活动的教学目的。而且这个过程也具有启发性，把文明活动渐渐本质化，不仅培养了学生的语言表达能力，也有利于形成文明的生活习惯。班主任总结语和蔼可亲，从学生实际出发，以鼓励学生为主，使学生大胆尝试，积极尝试，为争当文明学生勇敢迈开了胜利的第一步！我在培养支持人，训练学生完成各项活动费了心血。通过巧妙灵活的设计使教学环节衔接自然。我把讲文明的情感熏陶由浅入深、层层递进符合学生的认知水平，让学生容易接受。这是一节教育内容实，教学方法灵活的班会课，充分展示和爱、务实、灵活的育人风格。

（二）渗透文明行为教育，感悟文明的重要性

这次主题班会开得比较成功，使学生懂得中华民族是"礼仪之邦"，讲文明是中华民族的优良传统，是做人的美德，更是一个现代文明人必须具备的美德。讲文明、懂礼貌、重礼仪是孩子们健康成长的需要，也是他们将来走上社会人际关系必备的素质。如果从小养成良好的文明礼貌行为习惯，将来在生活和工作中会被别人尊重，就能建立良好的人际关系，为成就一番大业做好充分的准备。不同的活动使学生的能力得到很好的锻炼，更加让他们认识到文明对于人生的重要性，要从小做起，从身边的每一件小事做起。中学生应当从学习上的考试不作弊、作业不抄袭等方面做起；在生活上要积极主动向长辈、教师、同学打招呼。常用文明用语、乐于助人等；在社交方面，更应该做到诚实、诚恳、实事求是、重信用、守承诺。通过不同的活动让学生自觉加强文明修养，使他们受到情趣的熏陶和思想教育。

（三）把教学内容教"活"

文明是一个大概念，我把它与日常生活的小事联系起来。从学生的实际生活出发，理论联系实际，把教学内容变得通俗易懂，把道理生活化变成有趣的小品和顺口溜。把教学内容美化于歌曲和诗歌，使学生快乐学习，健康成长！

我的教学主张

（一）关爱——理解尊重

关心和爱护学生要建立在理解和尊重的基础之上。所有的人都喜欢被关爱，因为关爱才觉得自己是被重视的。在班级教育管理过程中也会因此而精彩。很多时候，你理解学生，学生也会理解你。尊重学生的教育才是伟大而神圣的教育。我们班曾有个孩子开学不到一个月迟到了 5 次，我采取了在走廊罚站、严厉批评的方式。但是，他又第六次迟到了，这一次我没有多说什么，心平气和地告诉他，明天老师安排舍长亲自叫你起床。我没有责备的语气，只是每天早上提醒他"该上学了，别磨蹭了"。效果非常明显，他在后来的半年中很少迟到。此后，每当学生们出了各种各样的问题后，我已经不会奇怪，因为学生还是孩子，作为成年人的我们每天都会出现这样那样的差错，何况成长中的学生？我学会冷静下来，去思考："为什么他或她会这么做？遇到这种情况我该怎么做？怎么才能让他或她明白这是不对的？"这样，慢慢地从学生的角度看问题，不要盲目地批评，不要过于直接批评而是耐心地用生活中的例子给学生讲道理。理性地对待学生成长中的错误，帮助他们健康成长，这才是班主任工作的艺术。

（二）激励——积极主动

我外向和开朗，办事积极主动，在管理班级过程中我做到未雨绸缪，把班级即将要做的或者将会发生的事情谋划好，令班级的管理处于主动的状态，让班级矛盾、隐患扼杀于萌芽之中。我愿意发自内心地去从学生的角度考虑问题，我愿意真心地去和我的学生交朋友，主动与学生打招呼是常有的事情。学生也会学我把学习和自己生活的事情积极主动做好。外向开朗的我愿意在班主任工作中选择乐观豁达、宽容对待每一名曾经犯错误的学生，帮助每一名需要我们关爱的学生。有的时候尽管很努力了，班级也以良好的状态运转了，但是一些孩子的内心的活动要靠敏锐的洞察力。科任老师、家长和我都难以相信我班有一名男生因为沉迷手机和另一名男生打架，幸亏没受伤。在我的协调下，双方家长比较通情达理、互相沟通好，分别做好自己孩子的教育。我了解了整件事情的来龙去脉后，找到打人的男生问他"对于这件事情你是如何看待的"，他吞吞吐吐地说："我不能在学校玩手机，不应该一时冲动就打人。"我再问："然后呢？"他说他决心改。我问他："手机是谁的？"他说："是俊杰的。"他还信誓旦旦地说："不信你问他。"我说："我相信你，但是我认为你认识得不够透彻。"然后他就问我："老师我想听听你的看法。"我说："你的思想已经不健康，你已经不是以前的你。"他听了有一点触动。第二天，我要求他把手机交出来，才知道他说了谎。经过教育，他对自己的不老实感到非常惭愧！第三天我把他带到一个只有我们俩的办公室对他说："相信老师就和我说说心里话吧，老师相信你是一个好学生，也是一个孝顺的儿子。"他沉默不语。又过了一会儿我用亲切关怀的语气和他说："你是不是有什么苦衷？"他还是沉默了一会儿，然后低声说："老师，对不起。我欺骗你，你还这么关心我。我现在觉得自己很冲动，脾气也很暴躁，容易得罪同学。"我热泪盈眶地说："出现这种状况的原因是什么？是妈妈给的压力太大了吗？"一提到他妈妈他就激动地哭了。他边哭边说："无论我怎样努力学习，专心美术特长都无法达到妈妈的目标，有时候苦闷、恐惧了就打游戏想减减压，后来就迷上了它，现在难以自拔。"这时我递给他擦泪的纸巾，他说了声"谢谢"。我让他痛快地哭了一回，痛快地发泄藏在心底的秘密。我鼓励他离中考还有一段时间，你现在每天进步一点点，老师相信你有这个能力考上理想的学校。以后如果再有心事和苦恼就多与家长、老师沟通，要用正确的方法解决问题，才会越来越好！我也告知了他妈妈，多与儿子沟通，多鼓励儿子！多听听孩子的内心世界！事后他变踏实了。在中考中，他的美术成绩在全市排名第十一。

（三）唤醒——民主平等

管理班级的时间久了，自己民主平等的班主任风格慢慢地彰显出来，对待自己的班主任工作，从学生入学初的分座位、挑选班干部，选拔代表出席学校甚至市里的竞赛、表演，打开学生心理世界等工作，我始终坚持民主平等，换来学生的认同和喜爱，这样我们的师生关系亦师亦友。所谓亲其师信其道，它能促进我的班级管理工作得以顺利进行。记得有一次接到冯校派给我的任务，要求在级或者班挑选4位学生参加江门市禁毒知识竞赛，离比赛开始只剩几天，时间急任务重。我先与科任老师讨论具备竞赛素质的学生，但是还是觉得不妥。于是我在班宣布让学生来当裁判民主平等选出有实力的选手。学生听了后，对这个活动热情高涨，每个学生都认为自己有机会胜出。我只给了一个中午的时间让学生记资料，利用一节课的时间来一次现场真人秀。没想到学生答题快速、准确度高，不出一会儿同学们就一致赞同选了应急能力强、反应快的梁慧瑜、李超海、岑铭亮。宣传委员梁嘉愉说："还差一位选手，并列的两位同学来一场加时赛。"几个来回拼搏，学生积极参与、愉快观看、积极发表自己的有用观点，最后公平选出胜利者——吴文嫣。我被学生的这份热情与合作精神感动了。同时，我也感到无比骄傲，这次的公平竞争发现很多有潜力的学生，学生挑选的这些学生也不是我与科任老师认定的有经验的学生。几天后我带这四位精英去参赛了，我只是负责加油和后勤工作，从出场的选手的排序和答题的技巧他们都商讨好，在赛场上淡定、沉着应接不同的题目和优秀的选手，最后我们与另外一个学校并列第一。我简直不敢相信自己的耳朵。最后因为太激动没有及时安排好加时赛我们只能拿第二名，虽然有遗憾，但我也非常高兴。

（四）鼓舞——赞扬肯定

无论我在班级里的发言还是与个别学生的谈话，都是以赞扬为主，同时我也要求班干部、小组长在日常的管理中也做到这一点；同学们在赞扬和肯定中塑造了自尊、自立、自强，增强了自信心。有一天，我突然收到级长的来电，得知我班一位女生因优秀生参观恩平一中的名单中没有她的名字，情绪彻底崩溃，非常伤心难过。她妈妈得知后苦口婆心求级长向恩平一中补一份邀请函给她的女儿。我表明现在最重要的是解决她的心理问题，培养她面对挫折的能力，毕竟人生不如意之事十有八九，并劝告级长慎重做决定。这位女生是一名品学兼优的好学生，担任语文课代表和班团委书记，就是因为数学成绩不够理想，小学升学时没考上一中。现在又因为这个原因她无法到一中参观。得知情况后，我马上回校与她谈话了解情况。可以看出来她的眼睛有点红，脸也有点肿。我第一句话就问她："心情好点了吗？世界上发生的每一件事都是好事！看你如何看待。"她平复了心情也感到惊讶地问："老师你觉得我能考上重点高中吗？"我自豪地说："你的所有表现是人之常情，也充分说明你是一名好学生，通过你的不懈努力你的数学已经进步到100多分。你担任语文课代表和班团委书记都那么出色，说明你的能力很强！老师对你非常有信心！"她才缓过神来对我说："老师，我决定安抚自己从这个阴影中走出来。"听了她的话，我说："如果可以申请补一份参观一中的邀请函给你，你还需要吗？"她说："我要的是录取通知书！我会努力的不让老师和父母担心！"后来，我班其他没有邀请函的学生也去了参观，她没去，学习生活状态一如既往。那时我知道她已经从阴影中真正走出来了。

我的育人故事

教师语言的魅力

陶行知说:"你的皮鞭下有瓦特,你的冷眼中有牛顿,你的讥笑中有爱迪生。"老师习以为常的行为,对学生终身的发展也许会产生不可估量的影响。今天我想与大家分享一个小故事。

六年前我担任七年级的班主任。从一开始接手这个班,我把学生当作自己的儿女一样来精心培养。我还通过多种渠道和方法来认识、了解他们,包括他们的兴趣、爱好、小学的学习情况和家庭背景等。并根据这些实际情况,制定一系列有发展前景和学生可以接受的班训、班规及口号。上好每一节班会课,让学生热爱学校,关心我班这个"大家庭"和喜欢我这个"大朋友"。功夫不负有心人,我的班有了良好的开端,无论学习、生活还是纪律在全级排名数一数二。俗话说:"创业难,守业更难。"管理一个班级又何尝不是呢?到了初二我班的情况就有了滑坡现象。我不甘心啊!于是我不断反思自己,追查原因,但是我百思不得其解。后来我惊讶地在一个敢怒敢言的学生反思中发现:"老师您总是说我们城市班的成绩不如农村班的好,年级越高就越如此,因为我们不够勤奋,他们比我们更有刻苦钻研的学习精神。既然您都这么说我们,那我们就应验给你看了。"当看到这些刺眼的文字时,我的心就像被针扎一样,痛得要命。当时我说这些话是担心他们每次取得第一名会骄傲,是想为他们敲响警钟。希望他们一直奋勇争先。没想到却收到了一个我怎么想也想不到的反效果。我后悔莫及啊!从那以后我懂得了班主任的言行要慎之又慎,因为学生信任你把你所说的话当真理、当榜样来模仿。我不知道我的这些话令我的学生产生了那么大的反应。于是我深思这个年龄段的孩子说大不大、说成熟不成熟的思想,真的不是我们这一代人所能体会到的。他们需要呵护,需要鼓舞,需要调教。因此,我改变了态度,想想自己也曾经是个孩子,内心是多么脆弱,多么渴望得到老师的赞扬和肯定,于是我不再怜惜自己赞美的语言。

在后面的教育教学中,我尽可能多表扬、多肯定他们的努力,我的学生也因此变得越来越自信。突然间我恍然大悟:"对呀!要让别人看得起自己,首先要自己看得起自己。"作为班主任的我,首先要自己对自己的班级有信心,学生才会对自己有自信。难道不是吗?这真的是一个血的教训。有一句话说得好:"从哪儿跌倒就要从哪儿站起来。"于是,我放下身段与我的学生交流,对自己过失的语言道歉,解释当时说这些话的用意。我的真诚打动了我的学生,我们的师生关系也冰释前嫌。我的班又在我的带领下,经过同学们的勤奋努力,又恢复了以前的朝气。在初二第二学期期末考试我班荣获全级第一。我不得不感叹,教育真的是一门艺术啊!

这一次让我深深认识到教师的一言一行、一举一动时刻对学生起着潜移默化的作用。因此，我们要多从正面的角度、用积极的、乐观的、向上的语言来感染学生、影响学生。

他人眼中的我

（一）同行眼中的我

谢老师管理班级的能力强，是一位非常得力的班主任。她爱生敬业，所在的班班风正、学风浓，处处以身作则，引导学生养成良好的学习生活习惯，教育教学成绩一直排列在同年级的前茅。多年被评为我校的名教师、名班主任，在学生和家长心目中，她是一位值得尊敬的好老师。

（年乐夫人学校教导主任 谭博健）

谢老师思想积极上进，办事认真负责；能虚心学习，教育方法与时俱进，她引领我们年级组的班主任大胆创新，充分发挥班干部的示范带头作用，有效开展班级管理，效果显著。

（九年级级长 冯冰）

谢老师是一位敬岗爱业、为人师表的好老师。她有丰富的班级管理经验，关心爱护每一位学生，注重学生的心理健康和长远发展。她勤落实班级管理的每一项工作，在平凡的岗位上默默地奉献。

（九年级政治老师 温小李）

谢梅娟老师既平易近人，又严格要求自己。她不但教学成绩突出，而且教育"问题学生"能力较强，转化后进生的效果显著。她经常撰写教育、教学论文，多次获奖，还在各种教研刊物上发表，我们都以她为学习的榜样。

（九年级语文老师 梁凤娟）

（二）家长眼中的我

老师您辛苦了，您为九年级（1）班的付出和所做的一切，我都深深地感受到。辛苦了！谢谢您在雅晴的学习路上陪我们一起走，您对雅晴的细心栽培，也让我一起学习和成长，让我看到更宽阔的世界，也发现雅晴的潜力。谢谢您不分晨昏的忙碌，挖空心思、绞尽脑汁，只盼引导学生，能成大器，能出类拔萃。希望雅晴能心智更成熟，能跟上老师的脚步，有这么好的老师是九年级（1）班孩子们的福气，希望孩子能有多姿多彩又快乐的学习童年。

我十分感谢谢老师对雅晴的用心教导，尤其是提供宝贵的教育方向，针对雅晴的特质引导她往更好的道路发展！除了知识方面，很感谢您也对雅晴的品格、人际、健康安全等各方面都十分的用心！

雅晴是个粗心的小孩，多谢有您的鼓励与包容，才能让她往正向进步！我从您身上学到现代为人父母应有正确的教育观念和教养方式！我随时准备好调整脚步，希望能与谢老师有最好的亲师沟通，支持您的教育理念。

感谢谢老师对我孩子的关爱与照顾，雅晴的成长需要你的关怀与辅佐，对你的感激无法用语言来表达，但却记在心中！祝愿谢老师桃李天下，工作顺利，身体健康！雅晴的明天会因为有你的教育而感到骄傲！

（胡雅晴妈妈　吴浩花）

时间过得飞快，眨眼间初中三年的学习就快要结束了，孩子们又要迎接人生的另外一个转折点，初中升高中然后迈进大学前三年的冲刺步伐。有幸小学到初中九年来遇到每位尽心尽责的班主任，特别是初中阶段这三年遇见这位好老师——梅娟老师！

梅娟老师班主任，对待班上的每一位学生犹如自家的孩子，特别是语重心长、用心良苦指导、兢兢业业的工作态度！不但教育督促学生规范好学习生活规律、端正思想品德，更让他们团结友爱！每一次受邀回校参加家长班会都觉得这位辛勤朴实的班主任说话风趣幽默，让在座的家长们一下融入轻松愉悦的氛围，一起交流了解自己孩子在校的学习成绩和纪律情况。的确，做一名好老师不是件容易的差事，更何况坚守初中这三年班主任责任重大的工作岗位，涉及处理好学校与家庭方方面面的事情，给你点赞！看到自家两个少年在梅娟班主任和其他科目老师们以及年乐学校领导们带领下学习进步、快乐成长，我想在此真诚地对老师说声："谢谢！老师你辛苦了。"感谢老师们教育和正确引导孩子们度过叛逆期，给予他们生活学习上的关怀！有太多的言语不能在这里一一表达对老师们无私奉献付出的情义！感激遇见、感恩有你！

（吴梓圳、吴紫微妈妈　朱依蓝）

（三）学生眼中的我

谢老师在我眼里是一个对工作极度热爱、对学生的关心无微不至的好老师。我觉得她和蔼可亲，喜欢和她聊天。她偶尔外出学习，借鉴别的老师的教学优点。她很自信，面对比赛毫无畏惧、勇往前进。在我们遇到困难的时候，她总是悉心地开导我们，鼓励我们。她的课堂气氛十分活跃，她在课堂上总和我们开小玩笑，同学们都很喜欢上她的课。她做事一丝不苟，不允许有低级的错误发生。她对我们严格要求，正所谓"严师出高徒"，我们班在她的带领下，取得很多荣誉。她很欣赏努力勤奋的学生，也很乐意帮他们解决学习上的困难。她是我最喜欢的老师，也是同学们的骄傲！

（年乐夫人学校学生　吴文嫣）

课堂上的谢老师风趣幽默，作为一位引路人带领我们在学习中找到乐趣。在生活上她是我们的好朋友，关心我们的身心健康，给我们做好每一次考试前的思想工作，耐心教导我们如何排除杂念、减压、专心备考。她尽职尽责、爱岗敬业，她会针对每个同学的不同情况对其进行具体分析，从而给我们提出不同的宝贵意见。谢老师鼓励我们勇于尝试新事物，培养我们的创新精神，她是我们成长路上必不可少的良师益友，她是我们学习生活的指路明灯，更是桃李满天下的优秀人民教师！

（年乐夫人学校学生　梁嘉愉）

英语老师是一个乐观、积极向上的老师。她像一个无忧无虑、永远都充满希望和正能量的精灵。她很风趣幽默，日常生活中会很友善地和我们打招呼。上课时她会运用一些搞笑的语调和玩笑使课堂生动有趣。当有学生上课不认真时，她常会用提问的方式提醒那些同学。她总很有耐心，每次我们有不懂的问题，她会不厌其烦地教我们，直到我们学会为止。我们都很喜欢她。课后我去问她问题时，她会十分耐心地替我讲解，使我真正明白那道题的奥秘。即使我只是与她相处了3年时间，可我早已把她自信、开朗的容貌铭记印在我心中。因为她教给我们的不仅是知识，还有无私奉献的精神和乐观的品质。谢谢老师的教诲！

（年乐夫人学校学生　吴钰晴）

包容、自然、真诚，智慧引路

● 江门市第一中学　辛鲁（高中班主任）

● **个人简介**

我叫辛鲁，女，是来自江门侨乡的一名普通教师，有17年教龄，担任班主任工作9年，是中学历史高级教师。从教以来，多次获得"江门市普通高中毕业班工作先进个人""优秀班主任"等荣誉称号，多篇论文获得市级奖项并在专业期刊上发表。性情温和的我，有亲和力与责任心，一直秉承"业精为师，德高为范"的原则教书育人，赢得了家长的信任和学生的喜爱，学生私下都会亲切地叫我"辛妈妈"。身处异乡，我能主动融入当地文化，接受新观念、新方法，追求符合粤地文化的班级管理方式。感人心者，莫乎于情。侨乡的历史文化浸润着我，侨乡的未来发展激励着我，使我逐渐地形成"包容、自然、真诚"的粤派育人风格，坚定了我为侨乡后人智慧引路的决心。

▶ 我的教学风格 ▶

包容，体现了江门侨乡的文化内涵，也是我追求的一种教育姿态。古人云："海纳百川，有容乃大"。在一个50多人的班级里，学生性格各异，需要我们用高远的眼界和宽广的胸怀，才能发现学生的个体之美，助力他们的多元发展。桦琳是班里一个聪明、有主见的女孩，但有些懒散，有时还会跟我唱"反调"。当我建议同学们早点去教室读书、复习时，她会说："老师，我实在起不来，早起读书会犯困，影响上课。"总之，她有很多貌似"合理"的理由反驳你。一次班会公开课上，大家就中学生应不应该谈恋爱的问题展开讨论。很多同学说了不少学生阶段不适合恋爱的理由，桦琳却站起来发表了自己不同的看法："高中生已经长大成熟，两个人相互喜欢相互有好感，是人之常情，为什么不能恋爱？"桦琳的大胆发言让同学们很惊讶，也出乎了我的意料。抱着尊重的态度，课堂上我并没有马上否定她的想法。事后，桦琳的妈妈找到我，她也参加了这次班会，听了女儿的发言她感到一些担心，怕影响不好，同时担心孩子有早恋的倾向。我安慰她说："没有关系，桦琳是一个很率真的女孩，她的发言只是表达自己的想法，不代表有这样的做法。她敢于在公开场合发表自己的看法，这是一个好事情。了解了孩子的真实想法，才有助于我们和他们进行沟通和交流。"桦琳妈妈最后认同了我的观点，没有再过多责备女儿。这件事，因为我的包容，桦琳也慢慢地认可我这个班主任的一些做法，会耐心听我讲一些道理。逐渐懂事的她在高三时愈发努力和勤奋，改掉了不少散漫的习惯。我这种包容蕴含着以柔克刚的教育智慧，不是庇护和放纵学生，而是以善意去接纳、宽待学生的缺点和个性，给予了他们自我修正、完善人格的机会。

　　自然，是指老师对学生的关爱和教育亲切而自然，犹如春风化雨般渗入心田。侨乡风景怡人，是一个充满自然气息的地方，"春风化雨，润物无声"是我向往的教育的最高境界。我所面对的高中生正处于生理、心理都在走向成熟的阶段，自我意识明显增强，迫切希望脱离老师和家长的管束。对道德是非他们有自己的判断，不爱听训话式的说教，带有青春期的一种逆反心理。因此，与强制性的教育方式相比，和风细雨般的教育方式更易让学生接受。记得有一次课间休息时，学生没有经过允许擅自打开了电脑视频观看。我下楼经过，正好听到了他们的欢呼声。我没立刻制止他们，而是从后门悄悄地走进去，静静地和他们一起观看。这是一段日本花样滑冰选手羽生结弦的精彩表演，俊美的容颜，优美的冰上姿态，世界冠军的光环，深深吸引着女孩们的目光，原来这是她们崇拜的偶像。那个周末，我上网搜集了大量关于羽生结弦的资料，对他做了一番了解。周一的班会课上，我以此为主题开展了一节班会课。同学们激动地听我讲述着羽生结弦的成长故事，慢慢地打动他们的，不再只是他英俊的外表，更是他勤奋、刻苦的拼搏精神。羽生结弦的那句话"努力会撒谎，但努力不会白费"，也成了班级共同的"座佑铭"。教育就这样在潜移默化中自然地发挥了作用。"春风化雨，润物无声"不仅体现了老师对学生的关爱，更展示了老师的教育智慧。

　　真诚，是指用诚挚的情感去感化、教育学生。侨乡民风淳朴，人情温暖。真诚沟通，是建立师生之间信任的基础；以情育人，是符合本地实际的有效途径。班级有50多个同学，我会通过各种渠道（直接谈话或者与家长、老师以及其他同学的谈话，或者在活动中观察等）对他们做一些了解，掌握他们的个性和成长动态，像对待自己的孩子那样，嘘寒问暖，培养和他们的感情。班里有个同学家里情况比较特殊，从小她远离父母，一直跟姑妈长大。高一时，她的姑妈打电话把家里的情况告诉了我，并反映孩子与家人的相处并不融洽，希望我能从中调解一下，改善他们之间的关系。第一次我找这位同学的谈话的时候，她不愿意多说话，特别是提到家里的事情，一直是保持沉默的。面对这种情况，我没有追问下去，只是从为人父母的角度，跟她讲了讲父母教育孩子的感受，让她体谅家人，理解他们的良苦用心。平时这个孩子身体比较虚弱，我常常叮嘱她注重锻炼身体，生病时也给予一些特殊关照，在日积月累的朝夕相处之中，学生开始在情感上依赖、信任我。在高二、高三时，一旦遇到生活或学习上的困难，她都会主动找到我，向我诉说心里话，寻求安慰和鼓励。情真意切的关爱，才能让学生敞开心扉，接受我们的关心与教育。正如德国哲学家雅思贝尔斯所说："教育就是一棵树摇动另一棵树，一朵云推动另一朵云，一个灵魂唤醒另一个灵魂。"

▶▶ 我的成长历程 ▶

（一）初识侨乡文化，志做"引路人"

对一座城市的热爱，源起于对它的文化根基的探寻。2003年离开大学校门的我，从家乡湖北来到侨乡江门，开启了自己的教师职业生涯。刚到江门一中时，由于资历浅，经验少，我只承担了学校的历史教学工作。出于历史老师的职业习惯，我对侨乡的历史文化产生了浓厚的兴趣。从梁启超到陈白沙，从小鸟天堂到开平碉楼，由陌生到熟悉，开放、包容且不失人情味的侨乡文化不断吸引着我，让我产生了扎根于此的念头。我也希望能把这份对侨乡的热爱，对侨乡文化的理解，融入自己的教育教学中，细心指导学生的行为，耐心培养学生的习惯，教育侨乡后人，传承侨乡"艰苦奋斗、爱国爱乡"的文化精髓。

（二）在思索中积累、沉淀，学做"引路人"

教育行业里有这样一句话："做教师，不干班主任是职业生涯的遗憾！"初为教师，我也想通过从事班主任工作历练自己，践行自己的教育理想。2007年，我主动向学校提出申请，要求承担班主任工作。年轻的我充满热情，努力想让自己的班级做到最好。我经常回想自己在湖北家乡读书时老师对我们的教育，将"严抓、严管"作为自己的育人方式，认为这是对学生负责的表现。每天我把年级的各项常规检查工作当作工作的重点，抓迟到、抓仪表、管习纪律、处理管宿舍扣分，凡事亲力亲为。然而，在忙碌中我所期盼的好班风并没有形成。过度的严格要求，也让学生也不敢和我亲近、与我真心交流。我们之间的距离越来越远，还相互生出几分怨气。勤恳的工作，并没有换来好的成效，也没有得到学生的理解和认可，这一度给我带来很大的挫败感。冷静下来，我开始反思自己的工作，慢慢认识到自己的失败在于照搬经验，忽视了文化差异，缺少与学生的真诚沟通。曾经留下的也遗憾时常萦绕在我心头，提醒着我在今后的工作中，要用自然亲切的姿态走进学生，讲究教育的智慧和方法，做教育的有心人。

2013年，原创新班的班主任陈晓玲老师即将退休，学校鉴于第一学期我在班主任工作上的突出表现，决定将文科创新班的工作交由我负责。面对领导委以的重任，我感到了前所未有的压力。第一次走进教室，当一双双充满热情、信任的目光迎向我时，顾虑就在那一刻消失了。带着一丝感动，我真诚地对孩子们说："老师的班主任经验虽然不多，但在今后的学习、生活中会尽力地帮助大家，做好大家的'引路人'，愿我们能一起成长！"就这样在领导的信任和学生的鼓励之下，我的"引路人"的成长征程由此开启。

1. 习"文道"，增加班级管理的温度

"文道"是指班级的精神建设，与学生思想、心灵的沟通。工作之余，我积极学习粤语，掌握一些基本的词汇，首先从语言上打破与学生交流的隔阂。同时，以身边优秀的班主任为师，虚心请教，听取建议。比如陈晓玲老师，在带文科尖子班方面有丰富的经验，她常常向我传授自己的一些带班理念和方法，帮助我引导学生做思想工作。在平时工作中，我也细心观察这些优秀班主任对待学生的方式，聆听他们与学生的对话，体会沟通的艺术。慢慢地，我感受到了侨乡教育与内地教育风格的不同。内地教育受传统教育影响较大，强调师道尊严，老师往往给人的是"严肃"的印象。侨乡地区受海外文化的影响，师生关系比较平等，学生喜欢有亲和力、能像朋友一般与他们交流的老师。"亲其师，才能信其道"，我也开始尝试用爱用情去实施自己的教育。在学校举办校运会、"红五月"、科技节这样的集体活动时，我积极地参与进去，陪学生一同训练，一同分享集体努力的成果；时常去宿舍区走访，看看学生的生活情况，与他们拉拉家常，帮助他们解决生活上的困难与问题；关注学生的学习动态，主动地去了解他们的思想和学习状态，帮助他们度过学习上的瓶颈，缓解心理上的焦虑感。在这样的点点滴滴之中，孩子们与我之间的感情得到了升温，他们在私底下开始亲切地叫我"辛妈妈"。

教育不仅要有爱，还要有爱的能力和智慧。在辅导、帮助学生的同时，我也逐渐认识到自己在专业知识、能力上的欠缺。学校心理教师吴惠贤老师协助我处理过几次学生的心理问题，在与她的交流中，我也认识到班主任工作需要具备必要的心理学理论知识。大学期间的心理学、教育学教材又再次被我重新拾起，潜心研读。此外，我还购买了一些心理学书籍，用理论武装思想，提升教育修养，让自己这个"引路人"的角色更加专业一些。

2. 修"武道"，提高班级管理的效率

"武道"是指班级的制度管理，对学生的行为规范。"无规矩不成方圆"，一个班级要想形成良好的班风、学风，必须要有严格、完善、高效的制度管理作为保障。这是我从当年低效的工作经历中总结的另一个教训。如何建立科学的班级制度，如何形成良好的制度执行力量？广东省杨青兰名班主任工作室在我校开展的活动，给我的困惑提供一个很好的解答。杨青兰老师的班级管理系列讲座，从班规的科学制定，到"今日我当家"的全员管理模式，再到互相制约式的分权管理体制，让我领略到粤派教师班级管理的智慧之光。省名班主任李月珍老师的讲座"班干部的选拔与培养智慧"，也让我认识到培养班干部、提高学生自主管理能力的重要性。也是在工作室的引领下，我认识了雷夫、魏书生、李镇西等这些德育界的名师。通过阅读名师的专著，与他们进行心灵的交流，让我间接地收获了很多班主任的管理之道。

（三）在实践中摸索、创新，勇做"引路人"

在总结以往经验和教训的基础上，我也借鉴内地教育一些好的做法，并把它与侨乡教育的实际结合，努力摸索适合本地教育的办班模式，寻找治班管班的新思路与新方法。

1. 小组合作，互帮互学，共奋进

2013年，恰逢我校进行导学案教学模式改革，在参观了山东昌乐二中学习小组合作管理模式后，我深受启发，也积极开展起班级的学习小组建设。侨乡的孩子在多元文化影响下兴趣爱好广泛，但在学习上缺少拼搏精神，进取心不强。在借鉴昌乐二中"组间同质、组内异质"经验的基础上，我结合本地教育的实际，对小组合作管理模式进行了一些改进，力求提高创新班学生自我管理和自主学习的能力。

（1）营造组内合作、组外竞争的氛围，促进优良学风的形成。以学习小组为单位，让学生利用组内资源，开展结对互助活动。同时，组织小组制定学习目标和计划，向其他小组发起挑战，引导学生共同追求学业上的进步。

（2）建立小组奖励机制。将班级常规检查、学生课堂表现还有作业情况与小组评价进行捆绑。通过量化考核评价，增强小组的自律性，提高学生的自我约束力，形成良好的班级学风。同时，建立配套的奖励机制。用班会费设立小组奖励基金，定期对纪律表现好、成绩处于第一的小组进行奖励。

（3）关注组长和组员的发展。定期对小组长进行培训，逐步培养他们自主管理小组的意识和方法技巧。对纪律和学习上表现不佳的小组进行跟进管理，并适时采取集体谈话的方式，鼓励他们努力进取。

2. 文化引领，素养为先，促发展

身为文科创新班的学生，我认为一要拿得起笔杆子，二要动得了嘴皮子，这

是基本的文科素养。因此，我借助这一点打造班级文化，并联合语文、政治老师，通过演讲、时评、读书会、戏剧表演、诗词大会、主题班会及生日会等活动的筹办，全面提高学生的文科素养，突出文科班的特色。长期的熏陶、积累，班级形成了良好的文科学习氛围，同学们也踊跃参加各类比赛，取得了丰硕的成果。我所带的文科实验班张玉婷同学获得2017年广东省南粤长城杯演讲比赛三等奖；梅蕙盈、吴晓瑜、叶方圆等三位同学分别获得2018年第二届"燕园杯"中学生历史写作大赛全国一等奖，省级一等奖、二等奖；陈诗婷、黎以昕获得"叶圣陶杯"全国中学生作文大赛全国二等奖；朱梦儿同学获得2019年"中版国教"杯第二十一届全国新概念作文大赛一等奖。

（四）在成长中收获、提升，乐做"引路人"

从2013年到2019年，回望过去6年"引路人"的摸索之路，我与孩子们一起成长，这当中有辛苦的汗水也有幸福的欢笑。随着工作经验的积累、工作能力的提升，不断充实中的我，越来越乐做"引路人"，也得到了另外一些收获：2013—2019年连续六年被评为校"优秀班主任"，所带2016届、2019届班级也相继评为校"优秀班集体""学习优秀班""书香班级"的称号。2014年我所参与的省级德育课题"高中寄宿学校的生命教育"研究，被评为市级优秀课题。2014年，我的德育论文《以校园为阵地，加强高中生思想道德教育》被评为市优秀奖。2016年，我的论文《坚守平凡岗位，做好学生的引路人》荣获江门市"弘扬高尚师德，争做四有好老师"主题征文比赛一等奖。2019年，我的论文《融情于境，文道导心，探索班会教育新路径》发表在《广东中小学德育》。2016年、2019年两次被评为江门市普通高中毕业班工作先进个人。2017年入选成为江门市第四批名班主任培养对象。

我的教学实录

（一）"相逢在花季——青春期异性交往主题班会"教学实录

开场白：

主持人（男）：青春的友谊，顶天立地。在你悲哀的时候，友谊使你绽放笑容；

主持人（女）：在你快乐的时候，友谊陪你快乐；

主持人（男）：在你灰心的时候，友谊给你鼓励；

主持人（女）：在你踌躇的时候，友谊给你激励。

师：青春常在，友谊长存！让我们一起来朗诵这首汪国真的诗歌《挡不住的青春》。

生：总铭记青春时光，

更难忘绿意同窗。

相逢是笑，

相知是妙。

笑在青春年少，

妙在岁月迢遥。

（屏幕显示：走进花季——了解青春期的心理特点）

主持人（男）：下面让我们一起观看电影《那些年，我们追过的女孩》片段。

师：影片中的男孩的行为举动大家是不是觉得很好笑？

生：是（笑起来）。

师：其实这是青春期的一种正常心理。中学阶段，男女同学之间不再像青春初期界限分明，相互躲避，而是大多表现出一种接近异性的心理，喜欢在异性面前表现自己，逐渐对群体异性的好感转向对个别异性依恋。这种对异性朋友产生好奇和渴慕的心理，是青春期性心理发展的一个特点，也是必然要经历的阶段。异性交往是我们的生活中不可缺少的部分，对个人的人格发展也有很多好处。

主持人（女）：请大家结合身边的实际谈谈，男女同学的正常交往有哪些好处？

生1：男生逻辑思维强，女生语言能力强，在学习上可以互补，相互促进。

生2：女同学心思细腻，男同学有烦恼时可以向她们诉说，得到安慰。

生3：校运会、"红五月"这些活动男女同学都参与，相互鼓励，才更有意思。

师：大家说了这么多，都很对。男女同学友好相处，相互帮助，有利于共同进步，增进友谊，但是也要把握一些交往的原则，因为我们都已经长大，要注意男女有别。

（屏幕显示异性交往的原则：相互体谅，彼此尊重，真诚大方，把握分寸）

（屏幕显示：花季之雨——青春期异性交往的困惑）

主持人（男）：下面请大家观赏情景剧《一封情书》。

师：你是否赞成剧中男生这样表达爱意的方式？如果是你，你会怎样去做？

生1：不太赞成。因为这种做法可能会给女同学带来困扰。而且我们现在是学生，应该把心思更多地放在学习上，不太适合交男女朋友。如果是我，我可能会把这份好感放在心里。

师：剧中的女孩因为这封情书感到苦恼，你能帮她解决这个问题吗？说说你的办法。

生2：女孩直接拒绝男生，告诉他现在不适合"拍拖"。

生3：我觉得要看情况，如果女孩也喜欢男生，她为什么不可以接受男孩的爱意？

师：那是不是异性同学相互喜欢，就可以过密交往呢？下面我们来听一个女孩的真实自述。

主持人（女）：下面我们再来听一下一个女孩的自述。

（学生上台讲述根据自己的亲身经历改编的内心独白故事）

师：听完这个自述，大家一起探讨下异性交往过密行为会带来哪些影响？

生1：会想东想西，影响学习。

生2：局限在两个的世界，不利于广泛社交。

生3：对女生来说，可能还会带来身体的伤害。

生4：还会影响和父母的关系。

主持人（男）：大家说得都很有道理，下面我们看看课前做的问卷调查数据，了解一下同学们对异性交往的看法。

（屏幕显示学生问卷调查数据）

师：从以上数据表明，大多数同学们对异性交往过密的行为是不支持的。下面我们再来看看家长们的看法。

（屏幕显示微信截图资料）

师：屏幕展示的家长微信群里家长们的看法。总的来说，家长们都是开明的，都支持大家多交朋友不反对异性交往，但也担心一些同学把握不了分寸，陷入"早恋"误区。

（屏幕显示：走出雨季——解决青春期异性交往困惑的途径）

师：什么是爱情？我们来看一段弗洛姆《爱的艺术》中的一段话。

天真的，孩童式的爱情遵循的原则：

我爱，因为我被人爱。

成熟的爱的原则是：

我被人爱，因为我爱人。

不成熟的，幼稚的爱是：

我爱你，因为我需要你。

而成熟的爱是：

我需要你，因为我爱你。

师：真爱的基本要素，首先是"给"而不是"得"。"给"是力量的最高表现，恰恰是通过"给"，我才能体验我的力量，我的"富裕"，我的"活力"。爱情的积极性除了有给的要素外，还有一些其他的基本要素。这些要素是所有爱的形式共有的，那就是：关心、责任心、尊重和了解。那你是否具备了恋爱的条件呢？我们一起来做一个"恋爱准备小测试"。

主持人（女）：请你根据自己的实际情况，对下列题目做出"是"或"否"

的回答。①我清楚地知道我是谁;②我已经充分掌握了从事某一职业的技能;③我对异性的了解不只限于外貌,我也了解他们(她们)的生理和心理特征;④我已经具备成熟的责任感,我能对自己行为的任何后果承担责任;⑤我已经掌握了足够多的知识和能力,可以参与激烈的社会竞争,并能在社会上立足;⑥我能应对人生的挫折,没有什么能击垮我;⑦我对自己的情绪变化很清楚,善于管理自己的情绪。

(学生边听问题边进行自测)

师:问题中你有几个问答是"否",如果很多的话,那就说明你还不恋爱的心理准备。大家也别忘记了青春花季我们还有的父母和老师的相伴,有困惑和烦恼也可以找他们说一说。

(展示问卷中同学们的期望)

主持人(女):问卷调查中关于"你认为在高中校园里出现异性交往过密行为的学生,年级和学校应该怎么处理"的问题,有的同学认为年级和学校应该在不伤害学生自尊和心理的情况下,使他们清楚认识到当前的情况并作出正确决定,最好不要对外声张,以免影响学生心理和往后的学习生活。也有的同学认为堵不如疏,正确认识男女交往的利弊,对两位同学进行正确引导。如果男女双方不够成熟,没有足够的心智和能力,根本不需要学校和年级的阻止也会分手。

主持人(男):问卷调查中关于"如果你存在异性交往过密的行为,你希望父母怎样做"的问题,同学们主要有这样三种看法:第一种希望父母能在了解原因后,对这种现象做好正确,深入分析和作出对策,不要给孩子留下心理阴影,更不要影响其日后学习和未来交往;第二种认为与异性进行交往多数是因为缺乏家庭关爱而出现,希望父母多关注自己的孩子;第三种则是希望父母能够正确看待,不应盲目认为这是不好的行为,希望他们能关心理解。

师:在了解了同学们的想法后,我们也来听一听家长的看法,好不好?

生:好!

主持人(女):下面有请梅蕙盈的妈妈发言。

家长:同学们,很荣幸来参加班级的主题班会。今天我们在课堂上大大方方地和大家一起谈论青春期的异性交往问题,这说明我们的社会在进步和发展。在当今这样一个资讯发达、开放的社会下,我想大多数家长都会选择从正面引导、疏导孩子们看待这个问题。对于异性交往,家长们最担心的就是怕交往过密会影响你们的学业和前途。在出现交往过密的现象时,我们家长会和你们及时沟通,分析原因,多给关爱,少些指责。同学们要把握交友的原则,谨慎交友,珍惜现在单纯而美好的读书时光。

师:感谢蕙盈妈妈的发言。同学们在听了师长的建议后,想必会有新的体会和想法。在青春花季里,会有一种关怀让我们心存感激,会有一种诱惑让我们难以割舍,会有一种放弃让我们泪流满面。青春是一段复杂的心路成长历程。异性同学之间正常的交往、互助,建立友情是无可非议的。当我们正视自己的感情,也许我们并不需要爱情,需要的只是友谊。请多一点理性,善待同学间的真挚友情!青春需要拼搏,因为它是短暂的,不要让未来的人生留下遗憾。青春是一种使命,因为我们需要履行反哺之义,报答父母的养育之恩。花蕊只有储备足了营养才能绽开,人生只有储备足了能量才能担负起生命的责任!请多一点耐心,等候生命之花幸福绽放!

(二) 教学反思

主题班会是德育教育的阵地,一堂好的班会课不一定能解决很多问题,但一定要触动学生的心灵,起到很好的教育作用。秉承着这一原则,我设计开展了"相逢在花季——青春期的异性交往"主题班会活动。这节主题班会在杨青兰老师和学校心理室的帮助下,取得了良好的德育效果,赢得了家长和同事们的一致认可。成功的原因有以下几点。

(1) 班会内容贴近学生的实际,能与他们自然、亲切地开展对话。比如问卷调查的问题和情景剧的剧情都取自于学生的校园生活体验,呈现的是异性交往中常见问题,符合学生生活实际,有助于学生产生对道德价值的内在认同。此外,在主题的确定上,我没有使用"早恋"一词,而是用"异性交往(交往过密)"来替代。青春期的学生需要老师以"尊重、平等"的姿态去对待他们,"早恋"这个词带有否定性的感情色彩,容易让学生产生反感,以"青春期的异性交往"为主题,可以让学生放下戒备,释放情绪,便于德育活动的顺利开展。在内容结构上,通过"走进花季——了解青春期的心理特点""花季之雨——青春期异性交往的困惑"以及"走出雨季——解决青春期异性交往困惑的途径"三个环节,由浅入深,层层递进,引导学生正确认识和处理青春期的情感问题,这些都符合中学生的心理发展特点和认知规律。

(2) 班会过程关注学生的个体发展,以"包容"的姿态聆听学生的声音,助力学生的成长。青春期的异性交往是个敏感话题,为了让学生有话可说,有话敢话,整个班会的准备和组织过程中我都做到让学生参与,目的就是让班会的内容设计更符合学生的实际需求。比如情景剧的剧本、探讨活动的问题设置都是经过我和同学们的反复讨论形成的。在班会过程,我也注重培养学生解决问题的能力,所提出的问题,都尽量让学生回答,让他们提出解决方案,需要的时候我才加以引导,对学生探讨产生的新问题,我也做到及时反馈。比如班会过程中有学生提出"不应反对两情相悦的校园恋情"这个观点,这超出了我的课堂预设,我没有忽略处理,而是在班会的第三个环节讲什么是爱情时,插入回答了这个问题,让学生探讨,达到让学生进行"自我教育"的目的。

(3) 班会设计发挥了"文道"育人的优势,做到"以情动人,以理服人"。

本次班会在"文道"育人的理念下,采用了视频、情景剧、师生家长对话、心理测试等多种形式来营造情感氛围,增强了学生道德认知,起到浸润心灵的作用。比如"问卷调查反馈"这个环节,通过这个教学设计增强学校、学生、家长的三方的沟通,让家长、老师理解尊重学生,同时让学生明白老师、家长的良苦用心,达到不留痕迹地感化、教育的效果。还有《一封情书》情景剧表演活动,通过参演学生的对话、表情动作渲染剧情,将观众学生带入具体的生活场景,从而获得间接的道德认知和情感体验。在表演结束后,老师针对情景剧中的冲突矛盾设置问题,引导学生进行探讨,鼓励学生各抒己见,使其争鸣中深化对问题的思考,在理性的思索中觉悟、成长,达成道德价值共识。"以情动人,以理服人",温和而有力量的德育方式,让我们的班会课堂闪现出智慧之光。

当然,班会活动也有一些不足,比如班会内容较多,时间安排不够紧凑,导致一些问题难以说开说透;本人对课堂的生成性把握也不够,学生的一些讨论发言未能做到充分的精准的点评。总的来说,主题班会还是获得了较好的效果,对学生触动比较大。班会结束后,一些同学主动找我谈个人的情感困扰,探讨青春期的情感问题,在我的引导下慢慢地建立起理性的异性交往观念。

我的教学主张

"文道育心,武道立规""温和且有力量"是我的育人主张。

高中阶段是学生向成人过渡的关键时期,他们的生理发展迅速走向成熟,心理的发展却相对落后,在理智、情感、道德和社交等方面,都还未达到成熟的指标。因此,高中生的成长仍然离不开教师的悉心教育和指导。我们的教育也需要考虑学生的心理发展特点,讲究教育的方式和方法,把握好教育的尺度。

(一)智慧育人,"文道育心,武道立规"

"文道育心"是指以文化手段或温和的教育策略感化、教育学生,培养心性、美德,健全人格。教育做的是面向心灵的工作,育心是德育工作的终极目标。"文道"育人可以克服"刚性教育"难以"入心"的弊端,体现了教育的人文关怀。

"文化浸润心灵",班级文化建设是"文道"育人的重要途径。新班级的建设,我都先从文化建设入手。从班名、班训的拟定到班服、班旗的设计,通过一系列活动的开展,引导学生凝练出所追求的班级精神,并以外在的形式(标语、图案等)传达出来,让它成为每个学生心中的价值观念。带2016届文科实验班时,我把同学们制定的班训"博学于文,约之以礼"做成了一幅精美、醒目的标语,张贴在教室的墙面上。在起到展示作用的同时,它又像一种温和的规劝,提醒着每个同学在求学的路上要做到"德才兼备"。"文道"育人不仅仅依靠"形"的熏染,更需要"神"的渗透。我的班会课有时候会变成"读书会""辩论会"，师生可以一起分享自己的读书感悟，自由表达自己的看法。在交流与争鸣的共同作用下，班级的道德价值共识（"神"）也逐渐形成，融入班集体的灵魂。高一年级的学生，自理、自学能力都比较弱。每逢新生入学，我都带着他们一起阅读这本由中学生的撰写的书籍《管好自己就能飞》，并与他们探讨主人公的故事和经历，认识自我管理的重要性。在这种"柔"的文化渗透下，学生们开始有意识地提高自主学习的能力，增强自律意识，为今后的学习生活打下坚实的基础。

"武道立规"是指用完善的制度管理规范学生的行为，树立规则意识。一个积极向上、有凝聚力的班集体离不开"规则意识"的培养。有效的制度管理对班级的良性发展、学生"规则意识"的形成有较大的促进作用。班级的制度管理包括班干制度、学习制度、卫生制度和宿舍制度等方面，在明确各项要求的基础上，建立配套的奖惩制度推动执行。高中生有一定的道德判断能力，在不违背学校管理制度的前提下，可以给予他们制定班级制度的自主权，这样既调动了学生参与班级事务管理的积极性，有利于发挥集体智慧共建班级，又能使他们自愿接受制度管理，主动维护班级利益，形成集体和规则意识。在新班建制时，我把奖惩制度的制定权下放给学生，让他们以小组或宿舍为单位自行制定奖惩办法，班级不做统一要求。有的小组在组规里写道：自修课讲话，影响其他组员学习者，请小组全员吃雪糕；有的宿舍会在宿舍公约里写道：不按时倒垃圾，导致宿舍扣分者负责本周全部的倒垃圾工作。这种"接地气"的条例制定，调动了学生的参与热情，使道德产生内化效果，由"他律"转变为"自律"，增强了德育工作的实效。

（二）合理把握尺度，"温和且有力量"

《论语》中这样形容圣人孔子："子温而厉，威而不猛，恭而安。""温和且有力量"应是师者最好的模样。"温和"首先表现在待人的态度上，亲切的笑容、友善的目光、平和的语气能拉近师生间的距离，建立信任感。"温和"也体现在教育的方式上，尊重学生，从"学生视角"去思考、解决问题，建立"平等"的师生关系和"民主"的管理模式。"有力量"则靠的是教育者对规则、理性的坚持和尊重。这种力量不是强硬和控制，而是让学生自己决定做自己应该做的事情，师生一起遵守规则，一起承担责任。在高三的一次心理讲座集会上，因为有事耽搁我晚去了几分钟，到达会场才发现很多同学缺席，班长也不见踪影。考虑到安全问题，我赶紧返回教室查看。一推开门，七八双眼睛惊讶地向我看来。原来，他们都躲在这里学习，班长也在其中。我心里虽然很生气，但还是先让他们讲明了理由。因为前两天年级安排尖子班听过一个心理讲座，由于讲座的质量不高，大家感觉是在浪费时间，所以这次就选择偷偷留在教室学习。听完他们的解释，我平静地问道："那你们有没有了解过今天的讲座内容？能不能凭前面的印象就断定今天的讲座对你没有帮助？虽然你们是为了节省时间学习，但这样不顾年级的统一安排，擅自留在教室是否合适呢？"我的问话，让一些同学不好意思地低下头。"你们都是懂事理的孩子，应该能够想得到今天的做法会对班级带来什么样的负面影响？所以，我想让你们自己商量一下，该怎样去处理？"说完我离开教室，留下他们自己讨论。10分钟后，他们把处理的办法告诉了我。第二天早读课后，缺席的同学集体向全班宣读了检讨书，并真诚地道了歉。最后，我告诉大家：高三的备考，不仅仅是靠我们个人的拼搏和努力，还需要一个团结、温暖的班集体给我们带来共同奋斗的力量，希望大家能好好守护它！在这件事的处理上，我没有直接批评、处罚学生，因为我知道他们是能够明辨是非，只不过在个人与集体利益的选择上出了偏差。用温和的方式去解决，给予学生自我纠错、主动承担责任的机会，更有利于教育学生，坚持我们的道德底线。

 我的育人故事

当学生遭遇谣言
——我和学生阿敏的故事

开学伊始，我就接到一位学生家长的求助电话。她是阿敏的奶奶，因为从前是教师的缘故，奶奶对阿敏的学习生活特别关心。但是，最近却发现阿敏的心情不是很好，一开学就吵着要走读，不想在学校寄宿。奶奶觉得蹊跷，所以就打电话给我，让我帮她了解其中的原因。

下午放学后，我把阿敏叫到了办公室，与她说了奶奶打电话的事情。希望她能够把事情的原委告诉我，让我和她一起解决问题，不要让家人担心。倔强的阿敏沉默了很久，只对我说了一句："没有什么大事，我自己可以解决的。"大概这小姑娘对我还没有信任感，我想再追问下去也不会有什么结果，于是对她说："好吧，希望这件事你能自己解决好。"阿敏点了点头，走开了。

自这次谈话后，我开始留意起阿敏的一举一动。时间过了好久，发现她的眼里仍然有一种忧郁。期中考试快到了，我想利用这个机会再找阿敏谈谈。为了打消阿敏的顾虑，这一次谈话我就从学习谈起。

"阿敏，快期中考试了，有没有开始着手复习？"

"有，但是效果不好。"

"你的成绩一直都还不错，不能因为其他的事情影响了学习啊。"

说到这里，阿敏突然不说话了。

"是不是上次的事情还没有解决好？如果你能相信老师的话，还是跟老师说一说吧。有些事情讲出来反而让心里更好受点。何况马上就要期中考试了，你也不想影响自己的学习，是吗？"

阿敏动了动嘴唇，终于说出了自己的心事。原来，不知从什么时候起班里传起了这样一股谣言，说阿敏曾经自杀过。这使很多同学认为阿敏有心理问题，渐渐地大家都疏远了她，宿舍的同学的见到她更是退避三舍，这种孤立和歧视让阿敏感到前所未有的压力，逐渐产生了走读的念头。讲到这里时，阿敏已泪流满面，可想而知这件事情让她受了多么大的委屈！

对于阿敏我还是有一些了解的。前不久我刚好遇到她初中时的班主任老师，在那位老师的眼里，初中时期的阿敏是一个健康、活泼，惹人喜爱的小女孩，给她留下了很深刻的印象。像这样的学生怎么会有心理问题？再说以阿敏目前的心理状况来看也都在正常的范围内，这一定是同学们误会了。那一刻我很想回到班里为她澄清事实，但是很快理智就告诉我这样公开地宣布，不但没有效果，而且会让阿敏更加难堪。那么，该怎么办呢？看来，解铃还须系铃人。

经过一阵深思熟虑，我对阿敏说："阿敏，不管别的同学怎么说，老师一直都是相信你的。"阿敏抬眼看了我一下，从我那个坚定的眼神里找到一种信任和安慰。我接着说："但只有老师的信任是不够的，还要让班里的同学都相信，才能证明你自己。所以你不能逃避，必须要坚强起来，让谣言不攻自破！"

"那我应该怎么做呢？"阿敏哽咽道。

"除了班里的同学，你还有没有与其他同学来往？"

"我有几个要好的同学在其他班，他们是我以前的朋友，不相信谣言，现在我都是跟他们一起去饭堂吃饭。"

"好。首先，你还是继续跟这些同学来往。一方面，当同学们看到有人愿意跟你来往，自然会消除一部分的疑虑。另一方面，对自己也有好处，可以改变目前自己被孤立的状态，缓解心理的压力。重要的是先要对自己有信心。其次，你要试着和班里的同学们交流。在大家谈话时，要积极参与。你想，一个善于沟通的人，别人怎么会认为她有心理问题呢？现在正是备考期间，你不妨和身边的同学试着交流学习，让大家慢慢地去了解你！"我伸出手帮她擦去了停留在脸上的泪痕，说："好了，我们谈了很久了。擦干眼泪回教室吧，相信自己！"阿敏努力地擦了眼角的泪水，转身走向了教室。她应该明白了该怎样去做了……期中考试结束了，阿敏的成绩还不错，我看到她脸上重新恢复了笑容。

转眼高三毕业了，暑假期间我突然接到阿敏的电话："老师，我是阿敏。我代表（17）班的同学邀请你参加我们的谢师宴……"谈吐间流露出一股难以掩盖的自信和喜悦。通完电话，我不禁感慨这个曾经被同学们歧视过的女孩，竟不知不觉赢得了大家的信任，成为班级活动的组织者。我真心祝福她实现了自己的人生梦想，更祝福她战胜了自我，从人生的低谷中走了出来。

身处社会，我们每个人都难以避免流言蜚语。当学生面临谣言的攻击，最大的安慰莫过给予他们信任与支持。在这个十七八岁的女孩成长的经历中，我也深切地体会到"传道"是身为师者的第一职责。人生的前半程路上，我们是学生的引路人，如何充当好这个角色在于我们的责任感。在他们面临人生的困惑、遭遇挫折时，多去倾听他们，真诚地理解他们，付出多一点的关爱，或许就会带给他们一个不一样的明天。

他人眼中的我

（一）专家眼中的我

辛鲁老师师德高尚，为人师表，教书育人，尽职尽责，用心奉献，出色地完成了本职岗位承担的工作任务；对待学生态度亲切，循循善诱，诲人不倦，与学生建立了民主平等和谐的师生关系；勤于思考，善于总结反思，进步很快，逐步形成自己独特的教学理念和教育教学模式，教育教学效果显著。

（江门市第一中学教师，语文正高级教师，广东省特级教师，全国师德先进个人，广东省首届名班主任工作室主持人，江门市首届教育专家　杨青兰）

（二）同行眼中的我

我与辛老师搭档5年，一起承担了两届文科创新班的教育教学工作。辛老师对待工作认真负责，踏实严谨，任劳任怨，不计较个人得失，表现出强烈的敬业精神和良好的师德。她爱生如子，对学生的思想、学习和生活都非常关心。对学生的思想教育和风细雨，耐心细致，学生们都亲切地叫她"辛妈妈"。辛老师还虚心接受老师们的工作建议，并积极地配合科任老师，抓好班级的学风建设。为了加强学生对语文学习的重视，培养学生学习语文的兴趣，辛老师把班级后面黑板的一块地方留作语文"学习园地"，方便我张贴学习资料和学生优秀作文，同时协助我开展了"读书交流会""诗词大会""戏剧表演"等多项语文学习活动，这对开阔学生视野，提升学生语文学习素养起到了很好的作用。在辛老师的努力下，班级师生关系融洽，班风、学风积极向上。她的表现，得到了学校领导及老师们的一致认可。她所带的班级年年被评为先进班集体，她本人也年年被评为学校的优秀班主任。

（江门市第一中学妇委主任，语文高级教师，江门市劳动模范　陆桦）

（三）家长眼中的我

辛老师对待学生像对待自己的孩子一样，富有极大的爱心和耐心；并能一视同仁，尊重学生，维护其自尊心。她善于沟通，努力帮助学生健康成长，在学生与家长之间架设沟通、对话的桥梁。

（学生家长　梅蕙盈妈妈）

（四）学生眼中的我

　　感谢与您一同度过的这2年，感谢您与我们一起成长。在这两年的时间里，从你身上获得了很多知识，以及很多细微的关怀。很多事情不知道怎样用言语表达，但希望你一直保持这样的热情，还有祝您身体健康，工作顺利，家庭幸福！给您刻了一朵大红花，要好好保存哦。希望我以后也能成为让您更自豪的学生，大学也会好好学习天天向上的！

（2016届学生　甄纬菁）

　　明明已经度过2年，却总像弹指一挥间。记得刚来（19）班的时候，我一直无法走出自己给自己划下的阴影，情绪很低落，成绩亦不堪理想。当时提出了很多无理的要求，做了很多不成熟的事，您也没有嫌我麻烦，耐心又温柔地给我开导了很多次……这些细心的开导，确实是那段稍显灰暗的日子里给予我安心的药剂。即便是如今回想，亦不胜感激。幸好有您的开导与陪伴，我已经摆脱了困住自己的心魔，一切都在渐渐地变好。我成长了许多，收获了许多，不仅是在学习上，更多是在为人处世人正成为着自己向往的样子。这些都离不开您给予的帮助。剩下这些日子里，我也会继续向前的，感谢您！世间有长空万里，江河绵延，正如人生漫漫征途，永无停歇之日。能够在这征途里，同您并肩走一段，值得。

（2019届学生　黄佩琳）

以人为本，关注"三生"

● 江门市新会葵城中学　许德波（中学班主任）

● **个人简介**

我叫许德波，1996年毕业于华南师范大学历史系，现为新会葵城中学历史中学高级教师、新会区历史名师工作室主持人、江门市基础学科带头人。曾被评为"新会区技术能手""优秀班主任""江门市优秀教师"等。曾获得广东省教育科研"黄华奖"三等奖，其十几项科研成果包括论文、教学案例等在人民教育出版社、广东教育出版社的书籍，省教厅的专题网站和省、市级刊物发表。

我爱岗敬业，为人师表，坚守教育教学一线，落实立德树人根本任务，教育工作从爱出发，严慈相济，关注细

节。我在教学上能突出历史学科作为一门人文学科的特点，整合课堂教学资源，把社会生活中的鲜活题材引入课堂教学，关注学生的学习兴趣和经验，注意把握课堂教学中突现的教育教学契机和生成性资源，将历史知识赋予生活意义与生命价值，使历史与学生的现实生活连接起来，形成了关注"三生"（生命、生活、生成）的生活化历史课堂教学风格，受到学生的欢迎。

▶ 我的教学风格 ▶

真水无香，因为朴实；教育本真，因为回归。学校的教育是爱的教育，在课堂教学中就应是人爱为本，回归人的教育，回归对学生现在、将来生活的服务。

对于历史课堂教学而言，只有贴近生活的历史才是有生命力的，才能真正使学生产生共鸣，才能有效地促进学生的发展。为此，我充分尊重学生的思维特点，营造开放、和谐、互动的课堂氛围，在教学中充分做到关注学生的兴趣和已有经验，注重历史作为人文学科的特点，将历史知识赋予社会和生活价值，注重资源的整合和生成性资源的运用，努力构建生活化的课堂，形成以人为本、关注"三生"（生命、生活、生成）的教学风格。让课堂生活化，让历史知识与学生的生活连接起来，让学生了解过去、关注现在、启迪未来。让历史源于学生的生活，又服务于学生的生活。多年的坚持，得到学生的认同。

以人为本，就是在教学过程中，教学目标的设计和实施要树立以学生的发展为根本出发点的观念，在历史教学过程中以培育学生的历史智慧和人文素养，使学生更好地迎接未来社会生活的挑战为目标。

关注"三生"，是关注"生命""生活""生成"。

关注"生命"，就是在教学过程中，充分认识到教师面对的是一个个活生生的生命体，教学活动都能从学生的现实情况出发，从学生的已知起航；同时，利用历史事实引导学生积极面对自己的人生和成长过程，认识到生命的意义和自身的价值。

关注"生活"，就是努力构建生活化的历史课堂。历史即生活，教育即生活。中学历史教学的"源头活水"就是要关注社会现实，使历史教学贴近社会现实、贴近学生生活。在教学过程中，我们要想方设法地将学生置身于一个个真实的生活情景之中（历史的和现实的），让他们在其中进行多方面的主体性探究活动，在这种亲身的活动体验中，最终获得对问题（知识）精髓的深切领会与感悟。引领学生在领悟历史沉浮、情感体验等领域拓展自己的精神世界，促使学生个体从狭隘的知识领域走向宽阔的生活领域，使学生认识到知识的力量，体验到生活的价值，能自觉地关注和规划未来生活，并懂得为此不懈努力。

关注"生成"，就是根据学生学习的情况，把教与学中人的、物的、精神的诸多教学因素有机地组合起来，灵活地调整、生成新的超出原计划的教学流程。要求教师尊重学生个性，留意和运用课堂教学中的"人"的资源，把握教学契机，建构开放的、动态发展的课堂。

随着对课程理念解读的不断深入，对课堂教学本质的认识已从认知领域拓展到生命领域，课堂教学不只关注学生知识的获得，更关注学生的未来生活和人生的发展，面对一个个各具个性的生命体，课堂教学应是丰富多彩、独具特色的，课堂的建构也应是动态发展、持续生成的。而关注"三生"的课堂前提是教师心中有"人"、有"爱"，以"人"为本，从"爱"出发，为"人"服务。

▶ **我的成长历程** ▶

努力把握每一个成长机遇

一转眼人到中年，我从事教育教学已经 24 年了。回顾工作历程，我发现每一个进步都是把握机遇的结果。

（一）父亲一语，激荡我教育之"爱"

我从小生活在农村，生活在读书是唯一出路的时代，明白只有拼命读书才能离开农村，我也是个好动的人，总希望当一名威武的警察。填报高考志愿专业时，从第一个到最后一个都是"当警察"的专业，但最后阴错阳差地"服从分配"让我很无奈地读了师范院校。初心不改的我，在完成 4 年师范专业的学习后，却把就业档案投向当时正在大量招聘的狱警。准备签订就业意向的前一天，父亲突然出现在我的前面，他说不想他的儿子天天面对"犯人""恶人"。那天，我很惊讶地从父亲口中听到："当老师有什么不好？你面对的是一个个生机勃勃的生命，只要你用心，你就会有'爱'，有感情……"最终，父亲让我改变了主意。

从初出茅庐，到 20 多年后，老父的话犹在耳边，让我始终相信，教育是爱的事业，爱是教育的基础。但教师的爱不同于一般的爱，师爱是严与爱的结合，是理智的科学的爱，是积极主动的爱，"严在当严处，爱在细微中"。

在教育工作中，我勤观察，多了解，面对学生用爱心去呵护，用诚心去感化，于细微之处显真情。教育工作虽然没有波澜壮阔的宏伟，却能在细节里播种一次又一次的感动。一位毕业多年的学生在一次师生聚会中说："太多的事情我都忘记了，让我难忘的是你巡查早读时，每天为我合上布帘上的缝隙，不让阳光直射在我脸上的情景，那小小一缕阳光，不是任何一个老师可以留意到的。" 2004 届的一位学生，由于天气突变引发急病，我把学生送到医院后，一直陪伴其打吊针到深夜，而身上仅有的一件冬衣一直披在学生的身上。第二天，家长把我的衣服还回来，里面还夹着一张纸条："许老师，你昨天的做法让我感动，一个人如果在没有利益下所做出来的善心，就是一个人的真实本性。" 2007 届的一个学生，父母双亡，家境非常困难，我了解情况后，多方联系，争取学校和社会的支持、资助，使该同学能继续学业。

我的教育细节，以自己的一举一动去感染学生，感动家长，用严和爱在学生中树立了威信。多年来，培养一批又一批品学兼优的学生，也用耐心唤返了一个个曾经迷途的学生。2009 届的 4 名后进生，在中考结束后拉着我的手，动情地对我说："许级长，3 年来我们给你带来了许多麻烦，但我们明白你的用心良苦，希望你大人不记小人过，无论今后怎样，我们都会记住你对我们所说的道理、为我们所做的事。放心吧，我们不会回到从前，我们会是个好人。"收获感动的同时，更让我坚信：只要有爱和耐心，每一个孩子们都是可爱的。

（二）一节公开课，让我渐悟"风格"

让我最难忘的是1996年12月，那时我只是一个刚参加工作几个月的新手，学校每年都举行面向全市的公开课，当时全科组的4名初中历史老师，几乎都是每年或每隔一年被推举出来承担同类的公开课。那一次科组长却突然对我说，今年初中的公开课，你这个新人露露面吧！可以想象，刚走上讲台的我，有多大的压力。但科组长说："只要你用心，年轻人，会有想法的，备课时多关注学生所想、所好、所知，当你把课上好了，学生会变'乖'的。"听到科长组的这番鼓励，接下来我很用心地备课、备学生、听意见。记得在讲授"纸的发明与改进"时，我把产于新会的、最有名的、学生最了解的两包"维达"纸巾带进课堂，还很动情地对学生说："要记住，蔡伦造纸是用树皮、破布、旧渔网；我们造纸，是用木材。因为很多时候我们只考虑质量，却忽视了环保，如果你未来是个企业家，你还要提高造纸技术，用技术让造纸业更环保、更'洁净'。"我的第一节公开课感动了学生和70多名听课的老师，我感谢科组长的那些鼓励和提点的意见。"好课"助"好的教育"，接下来，我的班主任工作顺利多了。正如科组长说的，学生变'乖'了。我知道，因为我备课时多想学生所想、所好、所知，因此，学生喜欢上我的课。一节公开课，让我的课堂更接近学生，更接近学生的生活。

我相信一句话：教师的威信首先是在学科课堂教学中树立的。上好每一节课，让教学充满创新、生机与活力，是教师树立威信最有效的途径。因为学生"信师道"，才"听师言"。所以，20多年来，我做到备好每一节课，上好每一节课，能突出历史学科作为一门人文学科的特点，整合课堂教学资源，把社会生活中的鲜活题材引入课堂教学之中，关注学生的学习兴趣和经验，将历史知识赋予生活意义，使历史与学生的现实生活连接起来，"生活化"变成我的历史课堂的标签，受到学生的欢迎。

（三）一组课件，让我抓住机遇变"能手"

1998年，学校成立了一个"多媒体研究小组"，我是小组成员之一。那时电脑还没在学校课堂普及，我克服困难，认真学习新技术，制作多媒体课件在课堂上使用，把学生的兴趣点、自己的生活经验和教学内容更好的整合。也因为阅读、学习、借鉴，我吸取了很多优秀教案的设计方法和精美课件的制作经验，迅速成长。2001年，我的一组课件，获得广东省教育科研"黄华奖"三等奖、新会区科技项目二等奖，后来的录像课又获得广东省教改录像课二等奖。那年，我也被评为"新会市技术能手"。

新技术给我新机遇，也让我认识到，作为一名教师，始终要掌握学科的前沿动态和时代对学科教学的新要求，才能更好地组织、实施教学。从此，锐意探索，用心教研，我有十几项科研成果包括论文、教学案例等在人民教育出版社、广东教育出版社的书籍，省教厅的专题网站和省、市级刊物发表；执教的录像课例被中华书局出版社出版成光盘，用作新教材培训示范课例，在全国交流使用；还有多个课件、课例，获全国、省、市的"优秀课件奖"。

（四）一个电话，让我甘做教育的"万金油"

2004年8月的一个晚上，我正在家里休息。突然座机电话响起："我是梁校长，学校历史教师不足，我想你承担多点任务，下学期要跨级兼课，可以吗？你的任务太重了，我有点不好意思，打个电话给你，征求你的意见。"我被领导的真诚打动，一口答应了。很长一段时间里，我任科组长、副级组长的同时，兼任班主任、备课组长，还要跨级上课。每当回想起身任多职，最忙碌、最感压力的日子，也是我进步最大的时候。后来，当我调任到总务处时，面对烦琐的后勤工作，我虚心向领导和同事学习，和总务部门的同事走工地、进宿舍、下饭堂。同事说笑道："历史老师要看建筑图纸！"——那种角色转换的艰辛和一切知识从头开始的感觉，只有自己知道。但我只能对自己说，信任和责任需要我继续学习，我只能面对挑战。因为我在为"人"服务，为"爱"工作，或者我不能做多大的事，但我愿意做教育的"万金油"。

（五）一个工作室，让我找到追梦"同伴"

经过多年的努力学习，我取得了一点成绩，先后被评为区、市学科带头人。我在收获良多的同时也倍感责任重大。通过平时的交流，我可以看到，总体上在初中历史教师队伍中学科边缘化的观念比较突出，教学水平还要提高，理念还要更新。我希望通过工作室，建立一个相互提高的平台，让老师们相互促进、共同进步。

2012年竞选新会区首批名师工作室主持人的时候，我对评委说："我不是真正的名师，但我想和他们一起改变边缘化的观念，想让初中历史老师看到自身的价值。"为此，2012年我开始组建和主持新会区历史名师工作室，带领一批又一批的成员和学员，积极开展教学科研，努力培养历史学科的骨干力量，促进本区历史教学教研质量的提高。工作室的学员老师都已经成为地区的学科骨干。2016年我受江门市教育局委托，又组建、主持江门市初中历史工作室，为培养市骨干教师继续努力。20多年来，我尽情享受教育、教学工作带给我的兴奋和快乐，我庆幸能与学生一起。同时，作为教师，我的梦是在讲台上，主持工作室让我搭建一个众多追梦者追梦的平台。所以，我更庆幸，在憧憬教育未来的路上，我有同伴。

在成长过程中，我努力把握每一个成长机遇，也幸运地得到同事、前辈的指导，更有专家和导师的引领。我不会忘记魏恤民老师的期盼："教育就是一棵树摇动另一棵树，给自己确定一个努力的方向，相信自己会有变化，用自己的变化改变广东初中历史教学比较薄弱的面貌。"我更不会忘记跟岗导师方毅宁的谆谆教导："教育有大善，要用心聆听学生"，"把握学习机会，避免职业倦怠，要做一个有丰富的知识素养和独特教学风格的名师"。

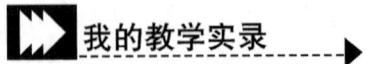 我的教学实录

"科举制度的创立"一课
——教学现场与反思

（一）设计思路

【教材分析】

"科举制度的创立"是新教材新增的专题性明显的一课，本课内容对实现古代史板块的目标——"让学生理解中华文明的源远流长，对世界文明进步做出贡献"，有着举足轻重的地位，有利于学生对隋唐繁盛局面的理解，也与学生生活相联系，是学生感兴趣的一课。同时，对专题性问题的探讨，有利于促进学习方式的转变，也符合新课标倡导的探究式学习的精神。

【学情分析】

经过一个多学期的学习，学生已有一定的历史知识和获取历史信息的能力，特别是学生对各朝代中用人与兴邦的关系有一定的感悟，对科举制的目的容易理解。因此，设计重点应是如何利用学生的兴奋点和已有的感知，引导其探究科举制的完善过程及其影响。

【教学目标】

知识目标：

让学生了解隋唐时期科举制度的诞生和完善过程，以及给社会带来的各方面影响。

能力目标：

通过课前有关资料的搜集，培养学生多渠道获取知识的能力。

通过讨论科举制给各种人带来的变化、科举制的影响，培养学生运用历史知识联系、比较分析问题的能力。

通过小组搜集资料、讨论的方式培养学生合作学习的能力。

情感态度：

使学生认识到科举制度的出现，是中国古代选官制度的进步，是隋唐繁荣的因素之一，也是中国对世界的一项开创性贡献，从而鼓励学生开拓创新，并正确

认识自己的求学态度。

【重点难点】

重点：科举制度的创立和完善过程。

难点：如何理解和评价科举制度的作用及其深远的影响。

【教法学法】

指导预习，问题设置；阅读、讨论、合作探究。

【教学资源】

(1) 电视系列片《中华上下五千年》中介绍科举制度的一段。

(2) 学生课前准备的相关资料。

【课前导学】

(1) 了解隋唐以前我国采取什么方法选官。

(2) 向老人调查或查阅文献、网上资料，了解科举制度。

(3) 搜集与科举制有关的成语、典故、诗句、俗语；搜集科举出身的历史名人、与科举制有关的家乡著名人物；了解与科举制有关的风俗（如广东一些地方的"及第粥""状元糕"的由来）。

(4) 排练小品"看榜文"。（指定小组，教师要进行指导，内容要符合基本历史事实）

(二) 教学过程实录

【新课导入】

师：今天人们习惯把考上大学称作"登龙门"，也常把高考某科的第一名分别称为"某科状元"，你知道这些名称的由来吗？

生：从科举制中引申的。

师：通过预习，大家都知道科举制，但它具体是怎么回事，相信还没有很详尽的理解，下面我们来专题探究。

【新课探究】

(一) 科举制的诞生和完善（板书）

师：请同学根据自己的理解，说说什么是科举制度？何时出现的？

生：通过分科考试的方式来选拔官吏的制度叫科举制，隋唐出现。

师：通过分科考试的方式来选拔官吏的制度叫科举制。隋唐之前我国采用什么方法来选拔官吏？哪个同学可以说说？（分时期引导学生回忆）

师：比如，战国时期商鞅用什么办法？

生：战国时期，商鞅变法实行军功爵禄制。

师：又如，魏晋南北朝时期呢？

生：魏晋南北朝时期实行的是九品中正制，以门第为选官的标准。

师：以上这些选官制度选拔到人才了吗？

生：也选了一些人才，但是后来逐渐被破坏了。

师：魏晋以来，做高官的基本条件是：本人要出自高门权贵家庭，要有地方官员和高门权贵的推荐，没有显赫的家庭背景不能做高官，选拔官吏的实权也没控制在朝廷手中。

这种选官方式有什么不好？它们存在哪些弊端？

生：权贵子弟无论优劣，都有机会做官；出身低微、有真才实学的人，却不能到中央和地方担任高官，老百姓更没有机会做官。

生：这种制度选拔上来的人没有才能，不利于国家的长治久安。

生：引起人民的不满，危害国家统治。

师：可见门第高低成为做官的主要标准，这种制度显然是不公平的。隋朝统一全国后，为了笼络更多的人才，隋文帝采取措施逐步废除九品中正制，科举制应运而生。

师：请大家阅读课文内容，找出科举制度在产生与完善过程中的几件重要事情，完成下列表格。

（学生阅读后回答，逐一填空）

阶段	关键人物	主要贡献
形成（隋）	隋文帝	用分科考试方式选拔官员
	隋炀帝	设进士科，考核参选者对时事看法
完善（唐）考试以进士、明经两科最重要。	唐太宗	扩充国学规模。进士科第一名为状元
	武则天	形成殿试制度，创设武举
	唐玄宗	规定诗赋成为进士科主要的考试内容

活动与探究：

师：我们一起探讨下列问题：

与过去的选官制度相比，科举制有哪些进步的地方？他给种种身份的人（地方官、贵族子弟、贫贱读书人）带来什么变化？如果你们是当中的一种身份的人，有什么看法？（分小组讨论，一组学生代表一种身份的人。）

生：地方官不赞同科举制，因为手中的选人权力收归中央了……

生：贵族子弟不赞同科举制，因为自己的门第特权被取消了……

生：贫贱读书人赞同科举制，读书可改变命运……。

师：通过科举制度，谁是最大的获利者？为什么？

生（部分）：贫贱读书人。

师：不对，大家想想，选拔了真正的人才，对谁最有利？

生：哦，皇帝。

师：大家理解唐太宗的话"天下英雄，入吾彀中矣"和诗句"太宗皇帝真长策，赚得英雄尽白头"的意思吧？

生：就是唐太宗收罗了天下许多人才。

师：请看第16页"动脑筋"，请问这种"贴经"题型和我们今天哪种题型相似？你认为这样的题型好不好，为什么？

生：像我们做的补全句子。

师：什么题型？

生：哦，是填空题。

师：你怎么看待这种题型？

生：考试内容比较难，难考中。

生：比较简单，就是看谁背得多，记得牢。

师：但很多知识是以记忆为基础的，这种题目还是有它的科学性，如，学习古诗文，你不先记好，怎么能更好理解意境呢？

师：结合预习资料和课本知识，假设你是当时一个读书人，中了进士，你能向同学说说你的考试经历吗？其他同学可以补充，他究竟说得对不对？

生：考秀才，然后考举人，然后中状元。

师：科举制度产生后，各朝代、各时期有不同。科举制度的基本制度就是通过考试逐级选拔人才。唐朝的科举考试分三级，州县考试和学校考试，还有礼部试，最后还要经过吏部试。实际上大多数人参加的分两级，州县试和吏部试，礼部试考中的称"进士及第"，后武则天增加殿试一级。到明清时考试为四级；科试，及格者为秀才；乡试，及格者为举人；会试，及格者为贡士；殿试，及格者为进士，前三名分别称状元、榜眼、探花。

（播放《中华历史五千年》中的一段。）

师：古代有说法"金榜题名时"是人生的四大喜事之一。那么，你能想象出一个书生在金榜题名时的喜悦心情吗？

请准备好的一组同学表演小品"看榜文"：

情景大致为：贴黄榜——众人一拥而上争先恐后看黄榜——其中一个人高声读："甲科：一甲三人：河北李××……，赐进士及第；二甲五人：岭南王××……，赐进士出身；三甲六人：福建××……，赐同进士出身。"——其中站得较后的一个人拼命拨开人群挤到黄榜前面，欣喜若狂地高呼："果真是我……"——同伴连声向他道贺，其他大部分围观者摇头连声叹气，一脸失落样。

生：（鼓掌）

师：感谢几位同学的精彩表演。小品中能把当时的情景表现出来。成功者欣喜若狂，落榜者连声叹气，一脸失落，甚至痛哭流涕，有的选择从头再来，有的不知如何面对自己……对于寒门子弟来说，这是唯一可以改变命运的机会，但这机会太渺小了。有的甚至考了一辈子都没考到。所以当时流传有"三十老明经，五十少进士"的说法。也就是说30岁你还没考中明经科，你的年龄已经大了，如果五十岁还没考中进士科，你还是比较年轻的，还是很有希望的。（学生非常惊讶的样子）

师：你知道，在中国科举考场上，年龄最大的考生有多大吗？

生：60岁……

师（笑）：是100岁，他的曾孙打灯笼把他送进考场，灯笼上写着四个字"百岁登场"。（学生惊奇不已）

师：我们从他们的身上应感觉到，读书可改变命运。同时要学会重视自身努力的过程，更要学会面对挫折和失败，"金榜题名"固然好，但"名落孙山"又应怎么样？毕竟我们所处的时代，机会比他们多太多了。

生：我会重新开始。

生：我会学会找其他方向奋斗。读书是出路，但不是唯一出路……

师：这就对了。

师：科举制在中国存在1300多年，直到清末被废除，作为一种重要的制度，影响非常大。

(二) 科举制度的影响（板书）

请同学们结合自己预习的知识，以及刚学过的内容，讨论科举制在政治思想、教育文化、社会风气、对后世影响等方面的影响。

（分组讨论，鼓励学生大胆发言，勇于提出自己的观点。）

生：唐代之所以出现"贞观之治"和"开元盛世"，和科举制的完善是有关系的，科举制选拔了一批有雄才韬略的政治家。

生：科举制以诗赋作为考试的主要内容，促进了唐文学尤其是诗歌的繁荣，涌现了一大批卓越的诗人和千古传唱的名句。

生：科举制也促进了书法和绘画艺术的繁荣。

生：对教育有影响，扩大了教育范围，促进了学校数量的增加。

师：科举制除了对隋唐社会有影响外，对世界其他国家以及我们今天的考试制度有没有影响呢？（提示学生看课本材料）

生：对中国以至东亚、世界都产生了深远的影响。现代的考试制度追根溯源都来自中国的科举制度。

师：科举制对哪些国家有影响呢？

生：最初东亚的日本、韩国、越南都曾效法中国举行科举，越南科举制的废除还要在中国之后。16至17世纪，欧洲传教士在中国看见科举取士制度，通过自己的游记把它介绍到欧洲。18世纪启蒙运动时，不少英国和法国的思想家都推崇中国这种公平和公正的制度。

师：①改善用人制度。通过科举取士，扩大了官吏的来源，扩大和巩固了封建统治的政治基础，把选拔任命官吏的权力集中到中央，加强了中央集权，有利于政局的稳定。②促进教育事业的发展。③促进了文学艺术的繁荣。④对国外的考试和用人制度也产生影响。科举制度所体现的公开考试、平等竞争、择优录用的原则，是永久闪耀着的中华文明之光。

课堂延伸：

师：科举制的影响远不止这些，科举考试也不仅仅是读书人关心的事情，它也是普通老百姓茶余饭后的热点话题，可以说，科举制影响着整个社会。

师：你能说说与科举制有关的成语、典故、诗句和本地习俗吗？你知道的历史名人、家乡著名人物中有哪些与科举制有关的？（看谁说得最多最准。让学生从多角度感悟和理解科举制的影响。）

师：与科举制有关的家乡著名人物有谁？

生：梁启超是个举人。

师：对。与科举制有关的成语有哪些？

生：十年寒窗、金榜题名、名落孙山。

生：状元及第、衣锦还乡、范进中举、屡试不爽。

师：与科举制有关的诗句有哪些？

生：皇榜尽处是孙山，贤郎更在孙山外。

生：十年寒窗无人问，一朝成名天下知。

生：太宗皇帝真长策，赚得英雄尽白头。

师：与科举制有关的风俗、饮食呢？

生：小孩庆生用"状元糕"。

生：猪杂粥又叫"及第粥"。

师：你能不能说说相关的故事？

生：广东林召棠中状元回乡（今广东湛江市吴川市吴阳镇）拜祖，他每天都喜欢用猪肝、猪腰子和猪肚子煮粥而食。有一天，一位退居广州的御史前来探访林召棠，刚巧林状元正在吃粥，连忙招呼老御史同吃。御史嗅到一股诱人的香味，便问他吃的是什么粥。林状元知道老御史常常盼望他儿子能科场高中，因此指着那粥，恭敬地回答：及第粥。

师：说得很好。这虽然只是一个民间故事，但从侧面反映科举制影响到古代的社会的方方面面，老百姓对科举考试关心的程度不亚于今天的"高考"。

当然，科举制不仅有正面的影响，也有负面的影响。尤其是到明清时期，科举制走向极端，其不良影响更加明显。

【巩固小结】

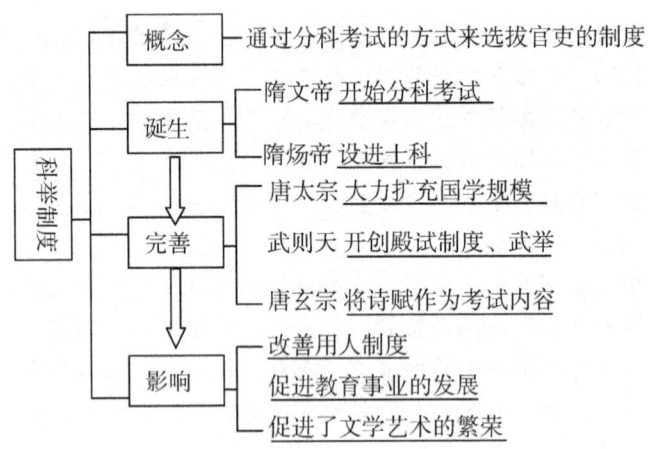

【课后延伸】

(1) 结合所学科举制的知识,谈谈你对现在考试方式的看法,或向老师提提你的宝贵建议。(作业)

(2) 查查资料,说说科举制的负面影响。(任选)

(三) 教学反思

本课是专题性明显的一课,本课内容对实现古代史板块的目标:"让学生理解中华文明源远流长,对世界文明进步做出贡献",有着举足轻重的地位,有利于学生对隋唐繁盛局面的理解,与学生生活相联系,是学生感兴趣的一课,有利于开展课堂探究式学习,有利于学生培养热爱生活的态度、培养健康的求知态度、面对挫折的态度。

我课前充分发挥学生主角意识,利用学生的兴趣,设计与学生生活学习相关的知识,让学生主动学习。让他们搜集与科举制有关的成语、典故、诗句、俗语;搜集科举出身的历史名人、与科举制有关的家乡著名人物;了解与科举制有关的风俗。有利于学生将生活知识、经验与课本结合,有利于学生对科举制的影响等重点内容的理解,还触发学生的兴奋点,贴近学生的生活实际,拉近了历史与现实的距离,让学生感悟学生知识对生活的意义。

课堂上创设问题情景,引导学生参与问题探究和讨论,使得大部分学生能始终保持旺盛的求知欲,能积极参与思维。因为学生用自身角色体验,如设计了"与过去的选官制度相比,科举制有哪些进步的地方?他给种种身份的人(地方官、贵族子弟、贫贱读书人)带来什么变化?(你是他们当中的一员)。""古代有说法'金榜题名时'是人生的四大喜事之一。那么,你能想象出一个书生在金榜题名时的喜悦心情和考试经历吗?"等问题,极大地调动学生的情感和对人性的思考。

引导学生理解小品"看榜文"。引导学生知道"读书可改变命运"。同时要学会重视自身努力的过程,"金榜题名"固然好,但"名落孙山"又应怎么样?更要学会面对挫折和失败,是引导学生对奋斗过程的尊重,不轻言放弃,是对生命的尊重。这是以人为本,源于对学生的爱。

同时,由于教学方式的改变,学生积极参与,课堂"活"起来了,"动"起来了,历史课不可能再是教师备课的"预演",难免出现"乱子"的现象,本节课也遇到类似的问题。对于这种"乱",我们应怎么样调控呢?这也是值得我们思考的。有的学生对问题分析产生偏颇,这一方面和学生的认知水平有关。如老师问:通过科举制度,谁是最大的获利者?绝大部分有学生都支持认为是对"贫贱读书人"。这是课堂上学生生成的"错误"资源。如果老师只是简单的更正,就浪费了很好的"生成资源",我能加以引导,结合材料,让学生理解最大的得益者是皇帝、是中央。让学生对科举制的影响,特别是对唐朝盛世的形成原因的理解有更深认识,使教学目标的实现再次提升。所以,我们面对的不只是教育"对象"。是活生生的人,要留意他身上"人"的信号,并加以发挥,让其更有灵魂。

当然这节课也有不足之处,由于学生的个体差异、对课前导学问题的投入程度不同等因素,使得一小部分学生未能积极参与思维活动,更多的时候只是在做听众。而课程改革的灵魂是"为了每一个学生的发展",如何才能让全体学生都积极参与教学活动,教学设计时如何兼顾学生的个体差异?这是值得我们思考的。

总之,教育以人为本,为学生的发展和终生幸福夯实基础,是每一位教师不懈的追求。作为历史教师的一员,我们应从学生的现状出发,从学生生活和生命灵性感悟出发,关注学生未来发展。从当今社会和学生的生活中,捕捉与历史教学内容密切相关的现象、情境或问题,让教育教学增添现实生活的色彩,增添鲜明的时代感。在历史课堂上,重视生活的思维、生成性资源,让历史教学增添生命和思维的灵性,引导学生积极主动地了解历史、发现历史、探究历史,从历史中吸取养分,更好地理解当今的世界,解答生活中遇到的实际问题,并积极地面对生活,积极地面对未来的人生历程。

▶ 我的教学主张 ▶

(一) 努力构建生活化历史课堂

1. 扩充教材,寻找历史与现实的连接点,让历史知识回归生活

"历史教科书是历史教学资源的核心部分",教材是课堂教学最重要的课程资源。要实现历史课堂教学的生活化，教师首先要挖掘、整合、拓展教材内容，尽量发掘和利用教材中贴近社会与现实生活的素材，使教学回归生活，让学生感觉到我们的课本、课堂富有生活味，让课本更吸引，让课堂教学变得生机盎然、生气勃勃。

我在教学中结合实际，对教材内容作充分的挖掘和拓展，使其符合本地区、本学段学生年龄的实际，努力让教学内容真正成为学生学习的兴奋点、兴趣点，并尽可能创设条件，让学生参与和体验知识形成的过程，加深对知识的理解。如在学习"山顶洞人群居图"时，就让学生联系自己的生活，想象一下这群人分别在干什么，他们的年龄有没有差别，他们之间是什么关系。学生就分别介绍：一个妇女在缝衣服，一个小孩在烤火，一个中年人在打猎，一个老年人好像在抽烟，旁边一个中年人正在观看，近处一个小孩在玩贝壳。比较枯燥的知识，在生活化的情景下，就变得生机盎然了。我再随机提出几个问题：老人是不是在抽烟？图中的那堆火说明了什么？妇女手中的针是什么做成的，于是生活化的情景随即导向了知识的学习。又如，在学习"宋朝的社会生活"一课时，我要求学生观察课文中的图片和阅读资料，解释"胡人汉服""汉人胡食"的现象，了解宋代的社会生活，然后比较古今异同，看看我们今天的食品中有哪些是"胡食"，哪种服饰有"胡服"的特点？从而拉近历史知识和生活的联系，使学生沉浸到历史中去，体会生活经验。

2. 挖掘乡土、社区资源，让生活走进历史

人都有一个共同的特点，对自己生于斯长于斯的故乡，对自己长时间工作和生活的地方，会产生一种难以忘怀的亲切之情，学生也是如此。因此，乡土历史资源是学生最信服、最易接受的课堂教学资源。我在课堂教学中适时穿插乡土历史知识，将国家与地方的历史密切联系起来教学，将历史与学生身边的生活世界紧密结合教学。如在学习"经济重心南移"一课时，我增加了"经济重心南移背景下的家乡"这一环节，引入《羊城晚报》的报道："广东新会振兴三路工地相继发现大量古钱币，在近200平方米范围内共分布大小十多处窖藏，至少埋有两千多公斤古钱币。古钱币绝大部分是宋代的。新会博物馆的负责人推测，这批古钱很可能是南宋时期的钱庄埋在地窖中的。"这说明了，经济重心南移背景下的家乡的商业有比较大的发展。这些补充拉近了历史与学生的距离，培养家国情怀，让学生感觉到国家的历史、祖国的命运与自己的家乡是结合得那么紧密，和自己的生活是那么的富有联系，从而增强学生的学科兴趣，激发求知欲，突显学生主体意识。

"生活即教育，社会即学校。"社区资源也应该成为构建生活化课堂资源的重要组成部分。各城区、乡镇都有为数不少有良好利用价值的资源，如乡镇中的牌坊、街名、巷名，有关村镇的故事等。这些自然和文化遗产能让学生从不同层面，不同角度认识历史、感悟历史。我们可以结合实际，把这些资源引入课堂。例如，在学习"辛亥革命"一课时，我让学生收集周边地区以"中山"命名的街道、公园、医院等，尽可能了解来历。这些资源的应用，使历史感与现实感融为一体，让学生觉得历史并非过眼烟云，而是可以和自己成长的环境、现实生活，甚至和自己的未来接轨。

3. 联系社会热点，引导学生用历史眼光关注现实和未来

学生是时代的人。我们要注意赋历史以时代感，为历史注入时代气息，即有意识地突出历史与时政、现实相结合，从历史的角度来研究现实的问题，使学生确实地感受到历史的现实意义。因为学生作为社会大家庭的成员，对一切事物都充满好奇心，充满求知欲，他们希望了解每天发生在身边的社会新闻以及大家关注的网络媒体热点、焦点问题，而且渴望倾吐和交流。而这些"热点"，它们的形成不是瞬间的，而是有着各自的历史渊源。所以，我们要善于发现这些现实问题与历史教学内容之间的联系，通过巧妙的教学设计将它们引进课堂。这样既可以引导学生把他们对现实问题的各种印象和感受、怀疑和问题带到课堂上来，引导学生运用历史思维去印证、解释，引导学生展开交流，使学生在课堂中积极思考、主动学习，同时又可以以现实问题为媒介，引起学生对一些历史现象和问题的关注与探索，甚至对自己身边的事深入理性思考。

例如，在讲到伊斯兰教的创立时，我会引入当时的"一部美国影片诋毁了伊斯兰教先知，引发的反美浪潮"的消息；讲"祖国统一大业"问题时，能联系港澳最新发展情况以及我国台湾地区问题的最新动态；讲到"新文化运动"影响时，我联系现实，设计了一个问题——新文化运动时期，知识分子"打倒孔家店"的口号，而现在国内的小学兴起开设读经课程，国外兴起了孔子学院，你如何看待这种现象？如果有人建议在我们学校开设诗经课程，你会赞同吗？理由是什么？这样的问题，不但能激发了他们参与教学的热情，让学生更好地理解新文化运动存在的片面性，而且让学生学会用历史的思维关注和分析现实中的问题。实践证明，在立足于课本的基础上，将一些社会现实中学生感兴趣的"热点"与课本内容有机地结合起来，能加强历史与现实的联系、激发学生的学习兴趣、发挥学生的主体性和主动性、培养学生关注现实的习惯、提高运用发展观点分析历史与现实的能力，更好地解决现在以及将来遇到或可能遇到的问题，这是学生健全知识和能力结构的需要，也是我实施"三生"教学的一个目标。

4. 关注学生的直接体验和情感共鸣，让学生用情感领悟历史

要实现以人为本，构建"三生"课堂，学生自身的兴趣、经验和学习活动中的发现、体验、情感等应该得到充分的关注和利用。原因是学生不仅是教学的主体，更因为学生在教学过程中具有能动作用。当学生在与教学内容接触时，时时刻刻都在用儿童独有的眼光去理解、去体验课程，并创造出属于自己的经验，而这些鲜活的经验又会给课程带来新鲜血液,成为课程极为重要的组成部分。

为此,我在教学过程上很注意唤醒直接体验。如在讲授"秦始皇统一文字"时,我结合珠江三角洲复杂的语言特色,先让几个不同乡镇的学生富有兴趣地讲一句各地方言,真可谓"南腔北调",五花八门,两分钟的交流活动使学生体验到由于国土辽阔、民族众多,语言的差异和隔阂在所难免,然而中华文明却能够几千年一脉相承、绵延不断,这正是因为统一的文字起到了传承文明的巨大的作用。至此,"统一文字"的重要性不再需要教师多费口舌了。又如讲"大跃进"时期各地粮食产量纷纷放"卫星"时,让来自农村的同学,根据自己的生活经验,介绍自家粮食的亩产量情况,让同学知道即使在现在,亩产量能达到600千克就已经很可观了,从而使学生认识到亩产万斤甚至十几万斤的虚幻以及那段岁月的荒诞不经。

实施"三生"教学,还要走进学生的内心世界,关注学生的情感共鸣。在教学过程中,还可以让学生以当事人的身份置身于历史事件之中,换位思考。在历史教学课堂上经常提问:"如果是你,你会怎么样?"这样会有效地调动和利用学生的情感。如在学习"两晋时北方人口南迁"时,我提问:据史书记载,这次南迁的人口近百万,占当时在籍人口的1/6。俗话说:故土难离。可是为什么这么多的人离开自己熟悉的家园,到并不富裕的江南地区去了?如果你是当时的北方人,你能说说你的家乡经历哪些战乱?这种换位思考,使学生能够置身历史事件中,从生命角度、人性角度,设身处地去思考,能够真正地用心体验历史,感受历史,理解历史,产生共鸣。

我还会让学生走进生活实践。李大钊说过,历史"不是些陈编,不是些故纸,不是僵石,不是枯骨,不是死的东西,不是印成呆板的东西。我们所研究的,应该是活的历史,不是死的历史;活的历史,只能在人的生活里去得,不能在故纸堆里去寻"。教育不能让学生远离现实世界,课程不能成为隔离学生与世界交往的屏障,教学要让学生理解和体验自身主动的价值。因此,实施生活教学很有必要拓宽教学视界,开展丰富多彩的历史实践活动,如进行社会调查、名人故居考察参观、组织综合实践活动、研究性学习,让学生走入生活,积极实践,在亲身参与体验中建构知识,理解历史,感悟生活,感谢生命。

(二) 把握课堂生成资源,激发课堂生命活力

以人为本,我们就要尊重学生,尊重学生的现状。教学活动应从学生的现实情况出发,从学生的已知起航。我总觉得,教学中我面对的是一个个活生生的生命体,他们的遗传素质、社会环境、家庭条件、学业水平和生活经历是完全不同的,因而也形成了个人独特的心理世界,这种差异性使课堂教学充满了很大的变数,也隐含了更大的生成性。正如钟启泉先生所说:"从生命的高度来看,每一节课都是不可重复的激情与智慧综合生成过程。"教育学家布鲁姆也有这样的评

说："教师无法预料到教学所产生的成果的全部范围……关注过程和体验中即时生成的东西，在动态的生成过程中就会出现新思想、新创意。"所以，是否能运用教学机智，有效把握课堂生成，运用生成资源，是教师课堂掌控力的一个高层次的要求。

在教学过程中，我很注意捕捉学生的疑惑需求，利用学生错误资源，善待学生的思维火花，激发课堂生命活力。在按照预设思路组织教学活动时，我不只关注自己是怎样教的，更关注孩子在学的过程中是怎样想的，善于倾听、观察、关注学生的即时反馈，敏锐捕捉有价值的生成性话题，及时运用教学机制，顺应那些即兴闪现出来的火花，予以掌控引燃、顺水推舟，适当的鼓励，以此引导更多的学生积极地参与。同时，在此基础上形成新的、能够引发学生新的生成兴奋点，我及时灵活地生成新的教学目标，组织学生展开思维的碰撞，引发学生展开深入地思考，帮助学生进一步完善知识的构建。真正做到"虽是意料之外，但在掌控之中"，努力达成"预设的，要有结果；生成的，价值也不会迷失"。

例如我在讲授"祖国境内的原始居民"中北京人的样貌时，有个学生突然笑问："老师，北京人是不是讲普通话的？"这时，全班学生哄堂大笑起来。我知道学生问这个问题，可能是因为三个原因，一是学生故意为难老师，二是对"普通话"的概念不理解，三是学生把"北京人"这个特定的概念和现在的北京人混淆了。这时，我不急于回答学生的问题，只是叫学生用词典查一下"普通话"的概念。然后和学生说，书中说的"北京人"肯定不是说"普通话"，而语言的进化和身体机能、样貌、四肢的分工，都是经历长期的劳动演变的结果。这样，不但能把"意外"拉了回来，还通过学生突然提出的问题，让学生更加深了对"劳动创造了人"的进化观点的理解，提升了教学的目标。可见，教师对课堂上生成性因素进行巧妙掌控和把握，能让学生的生命灵性得以真正释放，更有效提升我们课堂教学的价值。

叶澜教授说过："课堂教学应被看作是师生人生中一段重要的生命经历。"在这能重复的"生命经历"中，我们还要欣赏和包容的情怀，以饱满的情绪投入有血有肉的课堂，用真情去讲授，用激情去演绎，用风趣去诠释，用耐心去点拨，帮助学生生成知识、能力、智慧、人格。这样的课堂，才是以人为本、有生命力的课堂。我也将加倍努力学习，以关注"三生"继续作为教学风格去完善、锤炼，让我的教育教学实践更具有个人色彩。

▶▶▶ 我的育人故事 ▶

"爱"唤醒了她

改革开放带给我们前所未有的繁荣的同时，也冲击着我们以往稳定的家庭生活，父母工作繁忙，家庭不和甚至变异，使我们不少青少年处于爱的饥渴状态，原本天真烂漫的青少年变得迷惘、焦虑、甚至偏执。这些都给我们的教育带来了新的话题。在呼唤整个社会关爱青少年成长的同时，作为老师、班主任、历史老师的我们，更应以父母般的爱来滋养学生的心灵，唤醒他们对生活和学习的自信，培养他们应有的积极和善良，让他们快乐健康地成长、生活。

当我接手初二（10）班时，就留意到小梁这个女生，因为她的眼神无论什么时候从不敢多望老师。她从来都是一个人，从来不笑，作业虽写得很整齐，但成绩却始终在班级的后面。课堂试图提问她，总是不作声，摇摇头⋯⋯

后来了解到，小梁的父亲是一位生意人，日夜奔波，所以让她在校寄宿。

一个星期五的晚上，我找她谈心，问她是不是生活中遇到了困难还是住宿不习惯，使她无法正常学习。她除了摇头和眼眶中打转的泪水，什么也不说。很明显，小梁对所有的人都充满警惕。怎么办？我不能眼睁睁地看着这么可爱的孩子满怀心事去生活、去学习。于是我决定去家访，了解孩子的家庭生活情况。到了孩子家，我才知道：小梁妈妈已有了另一个家，爸爸常在外，整天只是奶奶在家。所以从小她感到自己的生活是那么的不幸，感到自己是多余的，再从奶奶和爸爸的言辞中，知道他们对她平时的要求很高，稍达不到长辈的要求，就动辄责怪，小梁在失去了母爱、需要关爱的时候，得到的却是责怪和偏见，小梁她哪有心思听课、作业呢？

为了走进这个可怜孩子的心扉，我在班上为她而设计了一篇周记《老师，其实我想说⋯⋯》，没料到在周记里，她洋洋洒洒写下了4页纸。她说很久之前生活中就没有了快乐，而每做一件事都是以失败而告终，得不到别人的认可与理解，在学校里，晚上经常都是在枕上流着眼泪睡觉，感觉自己的世界是那么的黑暗⋯⋯我看到了，非常高兴，因为她终于对老师敞开了心扉。我思考，如果不解决她家庭的特殊情况和其长辈的教育简单粗暴的问题，她将很难摆脱郁闷、凄苦、无助的心理。后来，我怀着复杂的心情再次找到孩子的父亲，我对他说出了小梁的痛楚，说出了小梁的无助⋯⋯我说了许多许多，小梁的父亲也深感自己和家人的不是，决心改正。此后，我有意无意走近她、关心她。记得有一次，我给她讲了印度殖民地时期的故事《小公主》，我真诚地对她讲："每个女孩都是公主，小梁你在老师心目中永远是一个可爱的公主。"我发现了她眼中充满感激，而且有一闪而过的自信，这点变化使我感动不已。

为了抚慰小梁受伤的心灵，让她尽快走出悲苦的阴影和重新树立信心，挽回应有的天真与活泼，我决心要圆她的篮球梦。我费尽心思动员她参与三人篮球赛，在取得胜利的时候我向她竖起了拇指，她的脸上终于发出了会心的微笑。课余时间，我帮她补回以前的知识，暗地里又嘱咐她的舍友多关心她，给她送去温暖。通过努力，我发现生活中的她多了一份自信和专心。

然而对小梁的教育并不是一帆风顺的，没想到，刚树立的一点点信心就被开学不久的两件事完全摧毁了。她原本与男同学的正常交往遭到了家人的不问青红皂白的责怪,在入团的班级选举中她又落选了,伤心难过的她再度失去了自信。

那天我看到小梁的周记非常担忧,便在中午约见了家长。下午刚好是劳动课,在草地轻松的环境下,我跟她谈了如何跟父母换位思考,提及了他人的"坎坷生活"和历史书中一些人物的挫折人生经历,罗斯福、里根总统的成功等一些励志的故事,鼓励她放下心里的包袱,积极面对学习和生活。

后来的她,那双忧郁的眼睛又开始透出希望之光,新担任地理科代表的她也敢抬起头来大声带领同学们进行晚读……而每次历史课堂中讲到历史人物的成功和挫折时,我总是下意识地注视她,当讲到历史细节、历史能与生活挂钩时,我会有意识地讲授她身边熟知的事,并给她机会发表自己的看法。从老师的鼓励中,她不仅学会自信,还学会了面对生活。

如果你问我,在班主任生活中的收获是什么,我想就是"爱"。如果你问我,在教育教学的过程中,历史老师的优势在哪里?我会说,历史蕴含学生许多的兴趣点、生活的哲理,只要你用心去运用,用爱去对接。你会发现:其实就连平时最不起眼的学生,他也会向你敞开心扉,让你走进他的内心世界,让你看到他内心的微笑,看到他的未来。

 他人眼中的我

(一)导师眼中的我

许德波老师的课堂沉稳大气,表现出娴熟的课堂驾驭能力与精妙的教学建构。他对历史知识所蕴含的人文素养的解读能准确把握,基于对学生的人文理解和关怀,对教学目标的理解准确到位,并能建构适于学生发展的学习模式,能很好地将历史与现实结合,与学生未来发展能力培养结合,能在生成中抓住契机,创造不可预约的精彩。

(跟岗导师　方毅宁)

(二)专家眼中的我

许德波老师是个很有思想和情怀的历史老师,他的课堂能给予学生启迪,对学生带来充满"家国情怀"的传递和感染。他对教学内容的内涵能充分的把握和演绎,让教学内容尽贴近学生的生活和心理,充分利用学生资源,充分利用学生已知的本土文化与教学内容结合。

(江门教育研究院　陈育庭)

(三) 同事眼中的我

许德波老师总能将很平淡的教学内容讲得很生动,他的幽默妙语连珠,让学生开怀大笑。他的教学内容总和学生的心里贴近,这是因为他经常说的要认真备课,真正顾及学生的心理和所想,顾及课堂教学的共同创造的活力,真正发现并驾驭好课堂教学的生成性特点,使课堂真正充满生命活力。

(新会葵城中学 吴春回)

(四) 学生眼中的我

许德波老师将课讲得生动。他的历史知识和故事能教会我们很好的道理,总可以将历史和我们知道的事结合一起。课堂上,他很幽默。他循循善诱,强调独立思考,让我们讨论争辩,也让我们学会聆听。他让我们懂得学习历史不是死记硬背。我们喜欢历史课,很喜欢历史老师。

(2014届科代表 叶欣)

质朴而灵动，平和而温雅

● 江门市培英高级中学　严红丽（中学语文）

● **个人简介**

我叫严红丽，女，中学语文高级教师，任教于江门市培英高级中学。曾被评为广东基础教育研究先进个人，广东省"百名优秀德育教师"，"江门市十大新闻人物"，江门市第四批名教师培养对象。2014年被国务院授予"全国民族团结先进个人"荣誉称号。2019年10月，获中共中央、国务院、中央军委颁发的

"庆祝中华人民共和国成立70周年"纪念章，荣获"江门市劳动模范"荣誉称号。

　　我出生于粤西阳春。家乡崇文尚雅的民风，让我深深地爱上了语文。1987年9月踏上讲台，从那时起，"语文教师"这四个字已融入了我生命的河流。我怀着对教师这一职业的挚爱，以名师为师，潜心教研，积极参加各类比赛，撰写教学论文，在历练中成长，成为"阳江市教学能手"。"质朴而有实效的课堂教学"，让"课堂如行云流水般灵动"，是我一贯的教学主张和追求。2003年，因工作需要，我来到了素有"中国第一侨乡"之美誉的江门教书。江门，地处珠三角地区，历史悠久，文化底蕴深厚，是明代心学奠基者陈白沙、近代维新先驱梁启超的故里。堪称广东教育风向标的教改前沿阵地珠三角地区，在粤派教育领域起着引领作用。大湾区侨乡人的开放与包容、务实与创新的特质，给我的教育人生带来深厚的浸润与影响。2005年，我们学校承办了"内地新疆高中班"，从此我多了一别称——"新疆班语文老师"。不忘初心，勇担使命，看着新疆学生在侨乡成长成才，我的"语文教育人生"书页上，写满了温暖和幸福的篇章。春风化雨，润物无声。在教研之路上下求索，

也逐渐形成了我的粤派教学风格——质朴而灵动，平和而温雅。

▶ 我的教学风格

（一）质朴

质朴是朴实，不矫饰，本真而自然；不造作，不故弄玄虚。

《普通高中语文课程标准》（2017年版）提到"语文课程应引导学生在真实的语言运用情境中，通过自主的语言实践活动，积累言语经验，把握祖国语言文字的特点和运用规律，加深对祖国语言文字的理解与热爱，培养运用祖国语言文字的能力"。一直以来，我始终认为，语文教学应根据学生实际语文水平，让学生掌握好祖国语言文字并在日常生活中具有运用祖国语言文字的能力。所以，质朴而有实效，是我一直所追求的。比如我在上《咬文嚼字》时，侧重对字音的纠正；上《赤壁赋》时，侧重对诵读的指导；上《过秦论》时，侧重对字词的讲解。

（二）灵动

灵魂是富于变化，不呆板。语文课应是源头活水，是流动的江河，是波涛涌动的大海，是色彩多变的四季。每一节语文课都是值得让学生期待的。

去年，我上了一节校级公开课。上李商隐的《锦瑟》时，我在设计上另辟蹊径，采取小组学习的形式来学习这首诗。第一组，介绍作者和写作背景及创作的意旨。第二组，鉴赏诗歌的形象和语言。掌握诗歌的词义、句意及表达的主旨和表达的感情。第三组，鉴赏诗歌运用的手法。第四组，根据诗歌的内容编一个故事并做演示。在课前布置任务让学生准备，课堂上做展示。让每一个学生都有学习任务，是主动学，而不是被动接纳。学生的学习积极性和学习兴趣就被调动起来了，收到了很好的效果。此课例，被评为2018年"一师一优课、一课一名师"江门市级"优课"和广东省"优课"。

（三）平和

温和、平静、安宁、不剧烈。传道、授业、解惑，亦师亦友。我们既是学生的引路人，也是学生的"大朋友"。课堂上，我不会用夸张的辞藻渲染课堂氛围，我喜欢和学生平等而真诚地进行交流。没有慷慨激昂，"千骑卷平冈""沙场秋点兵"的气势，但我追求"闲庭散步""看云卷云舒"的从容。我喜欢本真，没有矫饰，也不刻意渲染，而是娓娓道来，像小溪流过山涧，像清风拂过湖面，像春雨滋润禾苗。师生在一种平等、协作、和谐的气氛下，进行双向交流，对知识的传授融于简朴、真实的情景之中，学生在沉静地思考、悄然中获得知识。

（四）温雅

温和文雅，温润典雅之意。"雅"即是合乎规范的，有深远的意趣。我认为可体现在两个方面。一是语文教师的形象、学识、修养、举止谈吐等，要体现"温雅"的内涵特点：谦谦君子、彬彬有礼、谈吐不俗。二是语文教师日常和学生交流用语上、给学生写的批注评语等方面，语言的表达，应在"雅"字上多斟酌、下功夫；课堂用语方面，教师在课堂上，向学生传授知识、启发思维、培养能力的同时，语言除了要准确凝练、简明扼要、连贯得体之外，"有雅趣"也是不可少的。比如，在作文批改的时候，除了指出优缺点之外，我往往喜欢在评语的后面用诗词写上一两句，勉励的话，如"如穷千里目，更上一层楼""会当凌绝顶，一览众山小""恰同学少年，风华正茂""虽九死其尤未悔"等。我在上《春》这篇课文的时候，四种课型，分别在后面加了副标题。如，品"春"——嘈嘈切切错杂弹，大珠小珠落玉盘。诵"春"、绘"春"——视听之娱，信可乐也。赏"春"——万紫千红总是春。写"春"——我和春天有个约会。这样的语言，让学生心领神会的同时，也是值得咀嚼和品味的。借助诗词的语言魅力去增加"雅"的意蕴，这也是我的教学风格中所体现的。

▶▶ 我的成长历程 ▶

春种一粒粟，秋收万颗子

（一）第一阶段（小学至初中阶段）——崇文尚雅民风影响

我出生在粤西阳春农村，那里山清水秀，民风淳朴，有"十里画廊，水墨阳春"之美誉。村里人有雅俗，对每年贴春联这事非常考究。我现在还清楚记得，每到除夕贴春联，村里年长的叔伯们，等到家家户户把春联贴好后，喜欢挨家逐户去斟酌春联的遣词用意及对仗的工严松谨。幼小的我也会跟随，八九岁就约略懂得了诸如"花开富贵，竹报平安"等春联的对头对尾的区别，仄起平收之音韵，还要和美好寓意巧妙结合起来。从这个时候开始，儿时的心田就种下了一颗文学的种子。儿童时喜欢阅读图文并茂的连环画，上中学后，空余时间就去图书馆看书。是书籍给我打开了无数扇窗，让我看见了外面世界的色彩斑斓。语言文字的雅趣，让我由此迷上了语文。小学和初中阶段，我的作文常常是作为范文，被全班同学模仿。对语言文字浓厚的兴趣，也促使我日后为成为一名语文老师而努力。

（二）第二阶段（1984—1987年）——儒雅恩师示范引领

14岁，初三毕业，我考上了阳江师范学校。这在当时来说，是一件非常荣耀的事情。因为录取严苛，百里挑一，成为一名语文老师就不再是梦了。当时有几件事情，令我至今印象深刻。一是学校开设了"语基"课，让我们学习了语言文字的源头、历史及字词古训等知识；在校园里必须讲普通话。我读初中时，教我的老师大多数都用粤式家乡话给我们讲课，不怎么会说普通话。二是每天晚上要临帖、练毛笔字半小时。三是定期举行"三笔字"（毛笔、钢笔、粉笔字）比赛。四是校园文化丰富多彩。我因作文写得好深得语文老师的赏识。当时刚从华南师范大学毕业的关芬伟老师教我们文学课，他学识渊博，温文尔雅，上课谈笑风生。板书潇洒自如，如行云流水。每一节课，总会让我们有意想不到的惊喜，听他的课让人如沐春风。从那时起，当一名像关老师那样的语文老师，已成了我努力的目标。上课要"灵动而温雅""课堂要让同学们有期待的欣喜"，如航标一般，引领着我在教学之路不断向前。师范三年，丰富的学科素养浸润，为我日后从师打下了坚实的基础。

（三）第三阶段（1987—2002年）——三尺讲台，手擎火把坚定向前

1. 经历浴火重生的洗礼，黄莺初啼试新声，"呕哑嘲哳难为听"

怀揣着梦想，踌躇满志地踏上讲台。满以为凭着自己的学识，肯定能成为一名优秀的教师。可是，理想和现实是有距离的。当时我在阳春市第三中学任教，一周下来，学生说："老师，您讲得太快了，我们听不明白。老师，语文课好枯燥无聊啊。"我对自己的志向和能力也表示怀疑：我适合当一名语文老师吗？

在我迷茫之时，幸运的遇上了汪连珍恩师，她治学严谨，质朴而平和的教学风格对我的影响尤为深远。汪老师的课很受学生欢迎，而且教学成绩也总在年级前列。她让我一有空就去听她讲课。她常常强调，对一篇课文的教学设计虽然可以灵活多变，可是每一节的语文课一定要教学目标清晰，且目标不宜过多，应一课一得，重难点明确，课要上得扎实而又有实效。不必去追求繁杂花式。自此之后，我对课文的目标设计就更多地注重实效，多考虑学生的认知能力和接受水平，而不是去刻意追求"繁花似锦"。侧重一课一得，每一课的目标设计注重简明扼要，一课一收获。一年下来，学生的语文知识和涵养就慢慢地丰富起来了，我也在不断进步。

汪老师的课不但上得实在，而且还是娓娓道来，不急不慢，让你不知不觉就学到了知识，受到了熏陶。平和温厚，大道至简。这种平和的教风对我的影响也很深。比如当学生在课堂上偶尔有不专心不听课的时候，我不会慷慨激昂的当着全班同学的面去严厉批评，而是换一种方式去指正。如让他给同学朗诵诗词，小组讨论时让他为小组代言，或上黑板当"小老师"，等等。一切尽在不言中，不认真听课的同学自然也心领神会，悄悄地把自身的毛病改掉。

不仅拜汪老师为师，我还向当时语文科组的优秀教师虚心求教。天道酬勤，

经过几年的打磨，我由原来的一名不知该如何上课的青涩老师到站稳讲台，并在语文教学这方天地也有了小收获。我撰写的《感人心者，莫先乎情》分别获阳春市、阳江市教学论文一等奖，并发表在《阳春市教育论文汇编》上；2000 年，我参加阳春市的说课比赛，获得了一等奖。

    2. 未成曲调先有情，积极展现自我，灵动而温雅风格渐显

    一位教师，要想更快的成长，我认为参加各类课堂比赛，是最好的途径。因为，一节比赛课，不但看出一位教师的学识修养，还能体现教师对课文的理解能力、课堂的设计能力以及在课堂上的驾驭能力。可以说，课堂是展现教师才情的地方。一有比赛的机会，我都会积极争取、主动参与，是压力也是动力。辛勤的汗水终于浇灌出鲜艳的花朵。2001 年，我执教《爱莲说》一课，以"我是一朵莲"，以莲的自述贯穿整堂课。巧妙的课堂设计，既让学生掌握了课文的文言字词，又潜移默化地理解了"莲"的思想品格。此节课，在广东省课堂教学大赛中获奖。2002 年参加阳江市教学能手大赛，我执教朱自清《春》获得了一等奖，并获得了"阳江市教学能手"的荣誉称号。评委们一致认为我的课堂"行云流水，有诗的意境""严老师温文尔雅，展现了质朴、灵动，而又富于变化"的课堂艺术特点。当时 PPT 才刚开始普及使用，我根据《春》所描绘的富于诗情画意的内容，利用我的绘画专长，自己画了 8 幅写意国画《春色图》，制作成 PPT，以"春天美如画"为主题去设计，收到很好的课堂效果。"质朴而灵动，平和而温雅"的教学风格也日趋显现。

    我一边工作，一边进修学习，让自我得到提升。后来，我先后到华南师范大学、云南大学进修，2015 年获得了云南大学软件工程硕士学位。

    从教之路不会是一帆风顺的，也会有困惑和停滞不前的时候，但只要坚信前路是光明的，再大的黑暗，手擎火把也能穿越。一朵莲的盛开，必会引来一池莲的盛开。我始终坚信会有"接天莲叶无穷碧"的盛景。

    （四）第四阶段（2003 年 8 月至今）——甘为人梯，在广阔的天空翱翔

    2002—2003 年，我有幸成为广东省第二批"百千万名师工程培养对象"的一员，在广东省教育学院（广东第二师范学院），参加了"广东省中小学骨干教师省级培训"。短短的 2 年时间，收获颇丰。从黄淑琴、罗易、黄永光等名家名师身上领悟了如何做研究的深刻道理。此次培训，也让我深深地领悟到，教师应该形成自己个人独特而鲜明的教学风格。

    2003 年，我因工作调动来到了现在的学校，江门市培英高级中学。江门这方沃土，呈现给我更开阔的一片教研天地。当时的教育局语文教研员曹殿成老师，亦师亦友，如兄长般对我悉心指导。2010 年，我执教的《咬文嚼字》一课，在江门市高中语文规范阅读教学比赛中获一等奖。课后，曹老师评价："质朴，

是你上这一节课体现出来的特点，语文课就要这么实实在在的上。"

教学相长，教研相长。这几年，我在担任新疆预科语文备课组组长期间，就积极带领全备课组教师开展教研活动，以"朴实而又有实效"为课堂教学主线，一以贯之。我在学生语文学习上，推行学习六步法，预习自学—听课互动—课后反思—合作讨论—拓展迁移—生活语文。在教研之路上，对自己严谨要求，做到每节课写教学反思。积极进行课题研究，近几年来，我参加了"非智力因素与有效提高高中生语文阅读能力之研究""内地民族班德育工作策略研究""中学语文教学与中国传统文化教育整合的实践与研究"等三个市级课题研究，并已结题。今年6月，我作为课题主持人，主持校级课题"内高班学生古诗文阅读能力提升策略研究"，已结题。

教学之余，笔耕不辍。2008年，我的教学论文《给学生铺设一道彩虹桥》发表在2008年《语文月刊》第3期；2009年，我的教学论文《行于所当行　止于所当止》获江门市一等奖、广东省二等奖；我的教学论文《朝着铺满鲜花洒满阳光的大道走》获江门市一等奖。因高考成绩突出，我多次获得学校"高考贡献一等奖"，"高考贡献特等奖"。2006年起，我主要是担任新疆班的语文教学，所教的新疆学生100%考上大学，大部分考上重点本科。2012届的依斯坎达和古丽努尔双双获得广东新疆考生民考民类的理科状元，分别被华中科技大学和西安交通大学录取；米克热班被中国传媒大学录取，姑丽巴哈尔被中央财经大学录取。2014年我被国务院授予"全国民族团结先进个人"称号，并赴北京领奖，受到习近平、李克强等党和国家领导人的接见并与之合影留念。获奖回来后，我还得到了时任广东省委书记胡春华和省长马兴瑞的接见并合影留念。2014年，我被评为"江门市十大新闻人物"，2015年，我被评为"广东省百名优秀德育教师"。2015年11月26日《南方都市报》和2019年教师节"江门发布"分别对我的先进事迹进行了报道。2019年10月，我在江门市府大会堂进行先进事迹报告会宣讲，受到市委书记、市长等领导的接见。

万紫千红总是春。"春种一粒粟，秋收万颗子"。播下种子，期盼收获春天。荣誉只代表过去。我希望这一点点的成绩化成一粒粒种子，在我的语文教育广袤的田地里继续生根发芽。

路漫漫其修远兮。"质朴而灵动，平和而温雅"教学风格，一直是我所追求的。

▶ 我的教学实录

"品山水诗文，写山水神韵"教学现场

（一）设计背景

以山水观人生，以人生寓山水。李白的"相看两不厌，只有敬亭山"道出

了山的善解人意；白居易的"双眸剪秋水，十指剥春葱"，让人对女孩儿的娇媚水嫩生出了无穷的想象；王观的"水是眼波横，山是眉峰聚。欲问行人去那边，眉眼盈盈处"，让伤感的送别变得如此诗情画意，平添了一份期许，可谓一语双关；苏轼的"横看成岭侧成峰，远近高低各不同"，悟出了人生的哲思；杜甫的"会当凌绝顶，一览众山小"，激励着一代代青年以凌云壮志去实现远大抱负；等等。真可谓"文章为案头之山水，山水为地上之文章"。

鉴于此，我设计了这一语文综合活动课，让学生亲近山水，走近古人；让山水的灵气荡涤学生的灵魂，让骚人墨客与学生促膝长谈……

（二）活动主题

品山水诗文，写山水神韵。

（三）活动课目标

（1）"山水与文化"综合性学习是课内学习的延伸与拓展。开展这一活动是为了培养同学们学语文的兴趣，使他们养成"多看书、看好书、善思辨、勤积累、勤练笔"的良好习惯，从而提高语文能力和语文素养。

（2）让学生通过这一语文活动，学会如何查找资料及利用现代信息技术更便捷、更高效地学习语文，培养探究意识和探究能力，学会与他人合作学习。

（3）陶冶学生性情，使学生热爱祖国的大好河山，会用诗文描绘山水神韵，提高学生的语文应用能力。

（四）活动课的重点

（1）诵读、点评山水诗文。

（2）用诗文描绘山水神韵。

（五）活动课的难点

用诗文描绘山水神韵。

（六）课时安排

1课时。

（七）上课班级

高二（8）班全体学生。

（八）活动过程

1. 课前准备

先把上课的内容分为六个方面——"欣赏美丽的山水风光""诵读山水诗文""品评山水诗文""对接与山水有关的成语、对联""歌唱山水""写山水神韵"，然后把学生分为六组。每组指定一名同学当组长，正班长和语文科代表当主持。要求全班同学都参与，每个同学可根据自己的兴趣和特长选择参加其中一组,并准备详细的资料,以作课堂展示用。

2. 上课过程

上课开始,我做了个简短的开场白。

师:山的博大、高峻,于是我们用"高山仰止"来比喻对高尚品德的仰慕;水的宽广、包容,于是我们用"海纳百川"来形容人的宽阔胸怀。自然界的山山水水,万千风姿,钟灵毓秀,历来多少文人墨客为之神往,为之倾倒,为之寄情言志。我们刚吟罢李白的"且放白鹿青崖间,须行即骑访名山",杜甫的"无边落木萧萧下,不尽长江滚滚来",苏轼的"大江东去,浪淘尽,千古风流人物"……今天,让我们再与山水结缘,与诗为友,在它的指引下,回归精神家园,进行诗意的旅行。

紧接着,两位主持的同学走上了讲台,同学们报以热烈的掌声。

主持人1、2:同学们,让我们一起来"品山水诗文,写山水神韵"。本次活动的顺序:欣赏山水风光—诵读山水诗文—品评山水诗文—成语对联趣味活动—歌唱山水—写山水神韵。

(反思:让学生当主持,既锻炼了学生的能力,也让此节课跟以往有不一样的"灵动"色彩。)

第一个环节:欣赏山水风光。

组长李玉霞一边解说,一边熟练地操作着电脑,给同学们展现了祖国大江南、北春夏秋冬的十几幅美丽风光图。这时,动听的音乐也在课室里轻轻地流淌着,同学们仿佛置身于美丽的风景之中。

主持人1、2:塞外风光,江南风景,长江长城,黄山黄河……哪一处不回荡着诗人的浅吟低唱,哪一处不让世人魂牵梦绕?同学们,有机会让我们作一次远足,好不好?

(反思:由感性入手,从视觉上去欣赏山水风光的美。)

第二个环节:诵读山水诗文。

主持人1:下面是活动的第二个环节——诵读山水诗词。请这学期获得演讲比赛一等奖的吕秀芬同学给我们朗诵。

吕秀芬同学朗诵了刘禹锡的《望洞庭》和杜甫的《望岳》。

她们这一小组还朗诵了苏轼的《六月二十七日望湖楼醉书》和张若虚的《春江花月夜》。富有感情的朗读,赢得了同学们阵阵的掌声。

老师小结:山水是有品格的。江河奔腾不息是一种品格,溪流清澈宜人是一种品格。辽阔大地,山山水水,无不呈现着各自的性情、品格。面对气象万千、品格各异的山水,我们要用心感受、仔细品味,才能得其神韵、悟其神妙。

(反思:学生的语文能力,要从听说读写方面去训练和提高,通过吟诵,去体现文字的音韵美。)

第三个环节：品评山水诗文。

点评杜甫的《登高》。

师：宋代的罗大经指出《登高》中"万里悲秋常作客，百年多病独登台"，这联诗含有八层意思，你能读出几层意思来？试做具体分析。

生："万里"，指离家乡、故土之遥远。

生："悲秋"，"悲哉秋之为气也"，秋天万物凋零，霜风渐冷，给人以苦寒之感，且秋已到岁末也，容易使人产生人生迟暮，功业难成之类的联想。

师："作客"是什么意思呢？

生：羁旅也，有客居他乡之意。

师："常作客"又该如何理解？

生："常"，经常，常常之意。

师："百年多病"有几层含义？

生："百年"是说自己年龄大了。

生："多病"，身体不好，经常病，久病难治愈。

师："独登台"该作何理解呢？

生：一是孤独之意，无亲朋；二是登高望远，切题。

师：同学们回答得非常好。诵读可以强化诗的感染力，这一联的"悲、常、病、独"等字要重读以示沉重，要读出自怜自嘲的况味。

（反思：咀嚼品味语言文字深层的含义，有一定难度，由易而难的设计，符合人的认知规律。）

第四个环节：成语、对联趣味活动。

这一趣味活动把这一节课推到了高潮。

有成语抢答，根据提示，看谁最快答出。题目是：山×××　水×××　×山××　×水××　　×水×山　×××山　　×××水

有对联抢答。

生：海纳百川有容乃大

生抢答：壁立千仞无欲则刚

生：泽以长流乃及远

生抢答：山因直上而成高

有成语接龙，所接的成语必须出现"山"或"水"。

有根据同学的姓名拆成带有山水意思的诗词让同学们猜。

这些有趣的活动，使教室不时爆发出阵阵的笑声。

第五个环节：歌唱山水。

高潮还在继续，四个女同学的小组唱把活动带入了第五个环节"歌唱山水"。

四个女孩子一齐演唱了任天明的《一程山水一程歌》，"一程山水一程歌，一滴疏雨寒吹彻，梦在叶叶声声静处轻轻和，世上何物最易催少年老……"清悦的歌声让同学们听得如痴如醉。她们接连还唱了几首以山水为主题的歌。

（反思：这两个环节的设计，既增加了课堂的趣味性，也学到了有关诗文知识，从而也体现了我的一贯的教学风格"质朴而灵动"的特点。）

第六个环节：写山水神韵

主持人1、2：山水与文化相得益彰，相映生辉。诗文使山水变得灵气飞动，山水使诗文变得意韵绵长。我们班几位同学用他们的生花妙笔，描绘了山水美的神韵。请同学们用心欣赏。

几位同学上台朗读了他们对山水的感悟。

梁嘉文（生）：春天到了，青草满山，山似乎被绿的气息所掩盖了；春水像一面镜子，是那样的平静，一丛丛嫩绿的叶芽从枝的缝里萌生，努力地穿过那小小的洞向外长，渴求一见浩瀚的蓝天，万物都想为山与水添上一份光彩。

师：写春天的山水，善用比喻。

廖艳卿（生）：在秋天，水和蓝天一样的冰清玉洁。天上有些淡淡的白云，水上有些微微的涟漪。天水之间，全是清明，温润的空气，带着一点儿稻香果香味的远山也更真切了。秋山秋水若隐若现地相拥着，山儿不动，水儿微响。

师：写秋天的山水，善用拟人。

唐丽君（生）：山，雄伟挺拔，像一位将领，一位"一夫当关，万夫莫开"的将领；水，深邃多情，像一位女子，一位"淡眉如秋水，玉肌伴轻风"的女子。

师：引用诗句，拟人手法，生动形象。

李海燕（生）：叮咚，叮咚……那是什么声音？哦，原来是山之清泉架着钢琴，在弹奏著名音乐家贝多芬的《欢乐颂》，悠扬，动听，迷人。沉睡的青山，在这银铃的乐声中渐渐苏醒，伸手拨开眼前的云雾，静静侧耳聆听。

师：侧重从听觉去写水，想象丰富奇特。

（反思：从欣赏到创作，最后一个环节，从"写"的方面去提升学生对山水诗文的理解能力，是最难的，但从课堂效果来看，能达成预期的教学目标。）

结束语。

师：这一节课，既是同学们共同创作的一首山水乐曲，又是一幅共同描绘的山水油画。作品完成得很精美！举办这一活动，是想让同学们感觉到语文是充满魅力的。读山，读水，读人。多读，多思，多写。出口成章，下笔成文，将会是多么容易的事情！

主持的同学宣布下课。

（教学案例"品山水诗文，写山水神韵"获广东省教育技术研究与信息化优

秀成果评选二等奖)

(九) 教学反思

1. 本节课体现了我一贯的教学主张——"质朴而有实效的课堂教学"

(1) 实在、有实效的课堂要让学生学会自己去探究。

本节课的课堂气氛活跃，每个同学都能参与其中。由课前的准备，查找资料到制作课件再到上课全由学生自己去完成。预期的教学目标基本能达到。课后，同学们纷纷谈了自己的感受，普遍反应较好。有的说，上了这一课，我学会了上网查找学习资料，我的学习将胜人一筹。有的说，原来，语文课可以上得这么精彩；原来，语文的学习也能这么轻松。课前实实在在地学，课上实实在在地展示成果。这才是有实效的语文课。

让他们分组合作学习，有利于在互动中提高学习效率，有利于培养团队精神。捷克的著名教育家夸美纽斯特别注重实践在教学中的特定意义。他说："一切语文从实践去学习比用规定学习来得容易。"要培养学生的语文能力，通过学生的自身认知活动和操练活动才能逐步形成和不断提高。

(2) 有实效的课堂还要让学生学会举一反三。

一直以来，我都在想着这么一个问题，有什么更好的方法，使学生能喜欢语文，觉得语文的学习不枯燥，语文是一门充满魅力的学科。而且，我认为，为了适应未来的高考，学好课本这几篇文章、每周听几节语文课，是远远不够的。基于此，重视课外阅读，重视课外的学习积累，就显得尤为重要了。上这一专题活动课，是希望学生能举一反三，利用身边的语文资源，学会学习。

2. 质朴而不失灵动的课堂教学，师生共同探讨语言的"雅趣"

把上课的内容分为六个方面，是想让学生利用多种感官，通过看、听、读、写等多种手段去获得知识，形成能力。也使得上课的形式生动活泼，不会枯燥、烦闷，让学生喜欢。让学生根据自己的兴趣和特长选择参加哪一组去学习，这既体现了教学的民主，也遵循了学生个性发展的需要。这也是我一贯追求的"灵动"的课堂。

在课堂上，学生和老师一起，品山水诗文、写山水神韵，共同发现、探讨语言的"雅趣"。让学生在诗情画意中受到熏陶和感染，如沐春风一般。我的"平和而温雅"的教学风格也得到了很好的体现。

▶ **我的教学主张** ▶

《普通高中语文课程标准》(2017年版) 中提到的"课程目标"是：学生通过阅读与鉴赏、表达与交流、梳理与探究等语文学习活动，在语言建构与运用、思维发展与提升、审美鉴赏与创造、文化传承与理解几个方面都获得进一步的发展；坚定文化自信，自觉弘扬社会主义核心价值观，树立积极向上的人生理想，为全面发展和终身发展奠定基础。要达到这一育人目标，我认为要做到：

（一）质朴而有实效的课堂教学

我在讲必修一的《烛之武退秦师》这篇课文时，因为此文是学生升入高中阶段所接触的第一篇文言文。于是我把第一课时的教学目标设置为：一、使学生明白初高中文言文的学习差别；二、能正确流利地朗读课文。让学生明白初高中语文学习的差别，学习才能有针对性，在接下来的文言文学习中，就犹如给了学生一把学习文言文的"密匙"。学习一篇文言文，能正确流利地朗诵课文是学好文言文的第一步。如果在第一课时就匆匆而就给学生讲解文言字词含义，就算他们掌握了此文的字词，但学生还是不会自主地学习第二篇、第三篇的文言文。

诵读，自古以来是我们语文教学的一种优秀的教学方式。学生在每天的语文课中通过汉语抑扬顿挫的音韵美体会到了汉语的无穷魅力。但没必要把诵读的多或少作为评价一节课成功与否的标准，而是要根据课型、课堂要达到的目标和学生的实际情况而定。本人在教我们学校新疆预科（读高一前）班的学生时，因他们的汉语基础不是很好，普通话音调不准，所以堂上就经常一句一句地带他们读课文。而带读这种方式用于本地的高中生就不是很适合了。

所以，我认为"质朴"最鲜明的特点是，课堂教学的设计要适合学生实际的认知水平。教无定法，贵在得法。

（二）课堂如行云流水般灵动

我一直把"课堂如行云流水般灵动，让学生对每一节语文课都充满期待"作为追求的目标。学生是一个个充满朝气，瞬间就会有奇思妙想的青春少年。如果课堂模式僵化呆板，学生就会觉得学语文是多么的无趣，甚至是苦不堪言的事情。

在教朱自清的《春》时，我设计了四种不同的课型进行教学，曲径通幽，收到比较好的效果。

课型一：品"春"

此课型侧重在疏通文义、推敲字词，理解文章内容方面的学习。因为课文语言生动形象，富有表现力和感染力，朴实鲜活，意味隽永。对文章语言的赏析品味，是必不可少的。我把课堂设计为三个步骤：（一）学生分组讨论；（二）问题汇总，我来当"老师"；（三）老师释疑。

课型二：诵"春"绘"春"

诵《春》，设计意图主要是体会和欣赏文章独特的音韵美。一节课分两部分进行，课的前半部分是诵《春》，通过朗诵，体会文章的音韵美。课的后半部分是绘"春"，体会文章的色彩美。《春》的音韵美，主要体现在大量运用了反复、排比的修辞手法；长短句错杂，整散句结合方面。《春》的色彩美也表现得非常突出。文章本身就是由一幅幅五彩多姿的图画构成。在课前让学生"绘"春。课的后半节就是把春之作品在堂上展现出来。课堂上,共展示了同学们精心绘制的十几幅佳作,最后画作都张贴在课室后面的学习园地上,学生兴奋莫名。把铅字变为可触摸的图画,我认为这也是学习的另一种方式,在这个过程当中,既加深了学生的阅读理解能力,还培养了学生对语言的想象力。美国心理学家布鲁纳说"学习的最好刺激,是对所学内容的兴趣"。让学生把学语文看成是很有趣的事,这也是我所努力追求的。

课型三:赏"春"

本课型侧重比较阅读。让学生欣赏与"春"有关名句及写"春"的名篇。本课设计的目的是开拓学生的视野,让学生体会到作者不同、时代不同、人生经历不同,对同一事物的看法是不一样的。同时也让学生明白,"一切景语皆情语",外在的景物会因观赏者的情绪变化而衍生出不同的情思理趣。我的做法是:①把学生分成几个学习小组,让学生把课内外写"春"的诗词文章与之比较,或到图书馆看书摘抄,上网下载与"春"有关的名句名篇;②堂上展示搜集来的作品;③学生谈谈对名句的感受;④教师课堂点评,从名句的"语境义"、名句的"哲理含义"和名句在生活中应用等三方面去讲解。

课型四:写"春"

语文课堂,培养学生的阅读能力和写作能力是必不可少的。知、会、懂,还要善写。所以,在阅读鉴赏课文后,我安排了一节写作课——"我和春天有个约会"。

同一个春天,不同的色彩。四种课型,异曲同工,我希望呈现给学生的都是一节节鲜活的如行云流水般的语文课堂。我的论文《不同的春天,不同的色彩》,就是根据《春》的四种不同课型设计而总结撰写的,此论文获得了江门市论文一等奖。

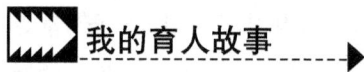 我的育人故事

随风潜入夜,润物细无声

一支粉笔,三尺讲台,三十春秋,天下桃李。教师除了在课堂上展示才华外,在语文教学活动的其他方面,也要对学生进行辅导和教育。比如我们可通过作业反馈、课余谈心、课外活动等方面来对学生"动之以情""晓之以理"的"心育"。去年,我们班有个学生在作文写道:因父母离异,她跟母亲过,但她却很讨厌母亲,觉得和母亲无话可说,原因就是她母亲对她管束很严,动不动就骂她。为此,她觉得很烦。为人老师,看到这样的文字,我不能随便地写个分数,再下几句评语指出写作上的优缺点就算了。学生能把心里话告诉我,实际上已把我当作自己可信赖的朋友了,我有什么理由对这些文字无动于衷呢?相反,

我应心存感激才对,这是学生对我信任啊。因此,我写下这样的评语来开导她:做女儿的应体谅母亲养家的艰辛,她或许因太辛劳而变得易发脾气。骂你是爱你,其实她每骂你一句她内心也在痛啊!能否尽量顺着她,待她心平气和后再和她好好谈谈?记住,母亲永远都是爱自己女儿的!后来,学生在下一篇作文的后面,写了这样的文字回复我"谢谢老师,我努力地在改变自己,我明白,'父母之爱子,则为之计深远',母亲对我的爱很深沉!"

在学生的日记、作文中,很多反映了类似上述的情况,有些还写到自己家庭不和、早恋的烦恼、厌学的情绪等。我都能根据不同情况对他们细心开导,个别的还找他们谈心。我的平和、宽厚和包容,让学生觉得可以倾心和信赖的。使他们懂得老师不但是教自己知识的师长,还是一位可以倾吐心声、帮自己指点迷津的益友。

在课外活动方面,如带学生到野外郊游后,我不仅要指导他们如何写好一篇游记散文,还要教会学生如何去发现生活中的真善美,如何从平凡的事物悟出一些生活的哲理等。生活中有语文,我希望学生能随时发现生活中的语文雅致与雅韵。

他人眼中的我

在我和严老师接触过程中,我感觉她是一个很平和的老师,平易近人,许多同学都对她赞赏有加。她的课质朴中又带着语文的灵动,让我们时刻受她的影响而投入到语文学习中,因而喜欢上语文。严红丽老师是一个温雅的人,她的话语常让我们如沐春风,深受感染。

(江门市培英高级中学高二年级学生 梁静瑄)

自从严红丽老师给我们上语文课以来,无论是我们对语文的理解或者是对语文的兴趣,都有明显增加。课堂上她总是耐心地解答我们的疑惑,提醒我们重点内容和易错点,教我们该如何做笔记,如何去积累语文知识。课堂上她总是能以自己那友善又平和的语气,令课堂变得更加生动。她那灵动的讲课方式更是能让我们沉浸在其中。课堂外,她就像我们的朋友般关心我们,与她聊天时,我们毫无压力感,而且总是能找到共同话题。

(江门市培英高级中学高二年级学生 夏依旦·阿布都瓦尔)

2018年4月,严老师以"江门市第四批名教师培养对象"的身份到深圳跟岗学习,我作为她的实践导师,可从她以往的课例以及跟岗期间的课堂教学中,管窥她"质朴灵动、平和温雅"的教学风格。

所谓"质朴平和",是指严老师的教学自然天成,不走过场,不摆花架子，不矫揉造作，不刻意借助精彩的PPT，热烈的"分组讨论"，追求表层的"浮华"与课堂"活力"，而是讲求实效，即努力做到教学内容充实、课堂训练扎实、教学目标落实。一节课下来，她主要关注自己所定的教学目标是否得到了很好的体现。她特别强调以下几个维度：学生主动参与学习；师生、生生之间保持有效的互动；学习材料、时间和空间得到充分保障；学生形成对知识真正地理解；学生的自我监控和反思能力得到培养；学生获得积极的情感体验。"质朴平和"与其说是追求教学的一种自然状态，不如说是在追求教学的最高境界。

所谓"灵动温雅"，是指严老师的课堂教学活泼而不呆板，富于变化，课堂温情脉脉，充满生命的韵致与雅趣。严老师的语文课，紧扣语文学科核心素养开展教学活动。在教学环节中，时常安排富有生命活力的语言实践、语言运用、审美体验、思维拓展的学科活动，而不是仅仅停留在课本，缺乏发散，缺乏连贯，缺乏整合。严老师在教学问题的设计上，讲求思维的"含金量"和学生思考的深度。她的课堂，往往不是拘囿于单篇，而是注重知识的延伸，注重学生的学习习惯和品德的培养，注重在实践中、在运用中学习语文。且严老师说话温声细语，总带着浅笑。更让她的语文课多了几分温情脉脉，多了几分平和雅致。

（特级教师、中小学正高级教师、语文教育专家、国培专家，深圳市南山区教育科学研修中心语文教研员　茹清平）

严红丽老师是学校名师工作室成员。严老师质朴随和，言语中有着语文老师特有的书卷气。她担任新疆预科语文备课组长工作多年，教学经验丰富，撰写了《内地新疆班预科学段语文课程设置与评价》，该文成为我校预科语文教学纲要和指导性资料，取得很好效果。严老师为人随和，不矫揉造作，平易近人。课堂上，能根据语文学科和学生接受知识能力水平特点，科学的设置教学目标，教学方法灵活、富于变化。课堂充满活力，气氛活跃。严老师不仅是一位优秀的语文教师，她还关心学生成长，课下和学生打成一片，学生喜欢和她谈人生、谈理想，亦师亦友。

（江门市培英高级中学党委书记、广东省民族教育专家、广东省骨干名校长　马瑛）

严老师工作责任感强，教研能力强，治学严谨，为人谦和，有亲和力，充满正能量，颇得师生的喜爱和尊敬。其担任新疆部语文学科备课组长，做事认真细致踏实负责，积极主动协助学校领导及科组长完成各项管理任务，深得信任和依赖。她对新疆学生的语文教学计划周详，谨严有序，成效斐然，有力地支持了学校语文高考备考。

（江门市优秀共产党员、培英高中语文科组长、江门市语文学科带头人　余小红）

严红丽老师的教学风格与她的性格一样，温雅贤淑、平易近人。严老师待人真诚，教学严谨，喜欢钻研学问，对待学生和风细雨，很有耐心；讲课时温文儒雅，情感饱满，富有生命力，总能启发带动学生心无旁骛地全身心投入课堂学习中去，激发学生的创造活力。所以，她的课很受学生欢迎，听她的课是一种享受，可以学到很多知识，也能产生情感的共鸣，使人精神愉悦。

（江门市培英高级中学新疆部主任、江门市优秀教师　刘彩红）

以幸福的心，做幸福的教育

● 台山市越华中学　余秀芝（初中班主任）

● **个人简介**

我叫余秀芝，1982年出生于有"中国第一侨乡"之称的广东台山，现在是台山市越华中学的一名初中英语一级教师，曾获得"台山市优秀教师""台山市优秀班主任""台山市十大师德模范"等称号。我撰写的师德论文《春风化雨，桃李芬芳》荣获江门市"弘扬高尚师德 争做四有好老师"主题征文比赛一等奖，撰写的班主任论文《当"后妈"的苦与乐——浅谈中途接班的艺术策略》荣获江门市一等奖。我辅导学生参加全国中学生英语能力竞赛，荣获全国三等奖，江门市二、三等奖，而我也多次被评为优秀辅导教师。从教16年，扎根农村教育16载，我恪尽职守，孜孜不倦！作为一名班主任，我爱生如子，待生如友，我用人格培养人格，用爱心传递爱心，与孩子们建立了深厚的感情，孩子们都亲切地唤我为"余妈妈"。在班级管理上，我注重班主任工作方法的研究和探索，将自己所带的班级管理得井井有条。"班风正、学风浓、习惯好、礼仪端"是大家对我班级管理的一致评价。身处台山，侨乡人民热情好客、平易近人的性格特点熏陶了我，台山人"爱国爱乡、自立自强、开拓开放"的精神更是深深地激励着我，让自己在教育教学的路上不断前行，逐渐形成了我的粤派育人风格——平易近人，亦师亦友；智慧管理，幸福育人；善抓契机，润物无声。

我的教学风格

（一）平易近人，亦师亦友

常言道："亲其师，信其道"，在教育教学的过程中，只有我们与孩子建立良好的师生关系，让孩子们相信你、喜欢你、亲近你，觉得有这样的老师很幸福，我们的教育才会收到最好的效果，反之，若师生关系过于疏远，师生都无法走进彼此的内心，这样的教学无疑是失败的。我认为新理念下的师生关系其内涵应既是学生学习中的良师，也是学生生活中的益友，也就是创建"亦师亦友"的师生关系，只有真诚地热爱学生，使自己成为学生的知心朋友，让学生感到师生之间的关系是亦师亦友，才能更好地开展教育教学工作，因为亦师亦友的师生关系，不仅是教师的智慧，而且是学生幸福感的重要来源！因此，在工作上我坚持认真负责的原则，而在生活中我是个平易近人的老师。我们学校是全寄宿学校，学生一个星期回家一趟，平时的吃穿住行都在校内，所以在课余之外，我就像他们的家人一样尽可能地给他们温暖与关爱，让他们在学校也有种家的归属感。每当走在校园里的路上，我远远看见学生，就会面带微笑，待学生走近时主动地询问："饭吃了没有？"学生便会感到像是一个老朋友在打招呼，一种受到尊重、关心的感觉油然而生；当学生因病不能上学时，打一个电话道一声平安，传达我的声声问候，让学生在点点滴滴中感悟关爱，学会关爱；天冷时，放学前关照学生第二天要多穿衣；下雨了，叮嘱学生要带伞；学生情绪有些反常，马上找其谈心，了解原因；学生脸色不太好，关切地询问他的身体情况等等。虽然是一些非常细小的举动，但都会让学生体会到班主任的关心、爱护，从而乐意亲近我、接受我，把我当作好朋友，听从我的教导，使我这种细致的关爱起到了"春风化雨，润物细无声"的效果。老师的关爱在学生的心田里播撒爱的种子，就是这些学生，在享受爱的同时，不断地把爱传递给老师、传递给他人、传递给社会，让爱生生不息。

（二）智慧管理，幸福育人

曾听过不少班主任吐槽，当班主任是一件吃力不讨好的事情。每天都有忙不完的事，讲不完的道理，教不化的学生。坦白讲，自己初当班主任时，深有同感，也曾被这些烦恼琐碎的事情折磨得苦不堪言。但幸好自己是一个懂得反思与学习的人，慢慢地悟出了一些心得，也改变了自己的工作方式。我充分发挥自己的管理智慧，努力把班主任工作干得轻松舒心，致力于做一个轻松且高效的班主任，做一个能偷懒也会偷懒的班主任，做一个让学生心悦诚服的班主任。我瞄准了我们学校"以德育人"的教育理念，每接一个新班，我都会以德育教育为切入点，致力于促良好班风及学风的形成，抓良好习惯的养成。等我的班级形成了良好的班风及浓郁的学风、学生们养成了良好的习惯后，我会做一个会"偷懒"的班主任。我信任我的学生，放开手脚让学生学会自我管理，这样不仅增强了学生的参与意识、提高了学生解决问题的能力，而且发扬了民主，在这种民主和谐的管理模式下，无论是老师还是学生，工作和学习的幸福指数都是较高的。记得有一次我们班要上一节主题班会公开课，需要录制一个视频，我在班里讲了这个事情后加上一句："老师不太擅长录制和编辑视频，请问有谁可以帮帮我呢？"我的这一"示弱"激起了千层浪花，有几个平时比较调皮的男同学立刻拍着胸口说："老师，交给我们吧，我们保证完成任务。"一个星期后，当他们把成果展示给我看时，我知道他们花了很多的心思，从录制到剪辑再到背景音乐的插入，都完成得很好。当看到我那充满崇拜的小眼神时，那几个小男孩露出了腼腆的笑容，我知道他们的内心是幸福的，而我又何尝不是呢？

（三）善抓契机，润物无声

陶行知先生曾说过：生活皆教育。也就是说在生活中处处都隐含着教育的契机。我认为作为一名教育工作者，尤其是作为一名班主任，应时刻做一个有心人，善于抓住和把握每一个在教育教学中随处可见的教育契机，在教师和学生之间建立起一种心灵感应，用爱心去营造一座座与学生沟通、理解、信任的心灵平台，然后，再有艺术地对学生进行点化、暗示，循循善诱，使之顿悟，达到润物无声的效果。我曾中途接过一个差班，班级凝聚力不强，班里的学生自信心也不足，而当学校要举行校运会时，我发现班里的孩子热情不高，积极参与的人数不多。原来他们七年级时参加校运会得了倒数第一名的成绩，现在对自己没有信心，觉得参不参加都无所谓，而我则意识到，机会来了。那次的校运会，从组织学生报名到平时训练，再到最后的比赛打气，我都亲力亲为。我先找学生逐个谈心，了解他们擅长的项目，鼓励他们大胆报体育项目；然后，利用早练和晚练的时间，帮助他们训练自己已报的项目，并及时给予他们肯定，帮助他们树立信心。终于到了校运会了，3天时间里，操场上每个角落都能看到我奔跑着去给他们加油打气的身影，在我的带动之下，我们班的拉拉队阵容越来越庞大，而运动员们也被我们的情绪所感染，个个都奋力拼搏，力争最好成绩。最后我们班取得了团体总分第一的好成绩，成为本次校运会的一匹一飞冲天的黑马！从那次起，整个班的精神面貌都发生了翻天覆地的变化。

▶▶ 我的成长历程 ▶

（一）第一阶段（2003—2006年）：坚定信念，心灵成长

回想起20年前，稚气的自己背着行李及梦想，踏进了师范学校的大门，在那里，严谨的校风，严格的基本功训练，让我明白了教师这两个字的深刻含义：

"学高为师,身正为范";在那里,我更加深刻地融会贯通了"教师是人类灵魂工程师"的意义;在那里,我暗暗下定决心,一定要成为一名真正的教书育人者。几年后,我从大学毕业,如愿以偿成为一名光荣的人民教师,我抱着"让孩子们幸福、让家长们满意"的心愿与满腔热情走上了热爱的教育岗位。尽管已经相隔了16年,但到新学校报到的那天所发生的事情仍如昨天发生般清晰地印在脑海里。我清楚地记得那天我在同学的陪伴下兴高采烈地根据指引去到新学校报到,展现在我眼前的景象和我想象中的完全不同。我找不到气派的校门,看不到现代化的教学楼,甚至连操场都没有,站在那杂草丛生的校园小道上,我的心凉了一半。怀着忐忑不安的心情,我找到了学校的办公室,所幸的是这里的老师们都很热情,这让我的心稍微安定了一点。当我问到宿舍在哪里时,老师们看着我欲言又止,直到一位老师带着我到了所谓的宿舍时,我才懂了他们那欲言又止的意味。这个宿舍在我看来根本就不算是宿舍,这只是在一个空教室里用纸板搭出来的一个小角落。最重要的是,其他老师都是本地的,他们放学后都回家,只有我一个女孩子在这里住宿,学校地处偏僻的农村,而且没有围栏,安全系数很低,据说一个学期下来,平均每个月都能发生失窃事件。当天晚上,我独自一人在那个宿舍里眼睁睁地度过了一个心惊胆战的晚上。第二天,我一看到校长就说要请假回家拿东西,校长沉默了一会,最终批准了我的请假。回到家后,我哭着和家人说了新学校的情况,怎么都不愿意再去那里上班了,家人考虑到人身安全的问题,也同意了我的意见。在家里待了两天,我接到了校长的电话,我和他说我不想再去那里上班了,校长想了一下,和我说了一番话:"我知道我们学校的环境是比较差,因此这几年都很少有新老师愿意来,可是,我希望你能明白,这里还有一大群孩子,他们都不放弃学习,我们又怎能那么轻易就放弃呢?他们也同样需要我们的教育啊,我希望你能为了孩子们坚持下去!这样吧,我再给几天时间你考虑一下,下周一你再答复我。"听了老校长的话,我开始沉思了,那几天,我想了很多,思想碰撞也很多,我想起了自己曾立下的要当一名光荣的人民教师的壮志豪言,我想起了老校长话语中的殷殷期望,终于,我做了一个重要的决定,在周一早上,我回到了那间学校。

在农村学校,虽说环境较差,但孩子们相对来说更单纯,他们的喜怒哀乐都很明显地展现在脸上。一段时间后,我感觉到他们都很好学,也很喜欢我,这也温暖了我那颗不安的心。记得有一次,我带着手机上厕所,一不小心,手机咚的一声掉到了厕所里,我们学校的厕所还是那种较原始的厕所,手机是直接掉到粪池里的,看着淹没了我的手机的粪池,我的内心是崩溃的,心里想着又得花钱再买一台新手机了。就在这时,发生了一件让我意想不到的事情,一直在厕所里目睹了整件事情的学生小娟,二话不说地把手伸到粪池了,打捞了一会儿,就把我的手机捞了上来。看着她那脏兮兮的小手开心地举着我的手机对我说:"老师,我找回你的手机了！"我的眼泪夺眶而出，那一刻，我不知说什么好，唯有拉着她到水龙头，帮她把小手冲洗干净。而我的同事得知这件事情后，马上接过我那臭烘烘的手机，骑着摩托车把手机送到维修店里修理，只因为他们知道手机泡水的时间越长，修复的可能性就越少……

如果说老校长那语重心长的话语触动了我，那么这些可爱的孩子们以及同事们则温暖了我那颗浮躁不安的心。人心都是肉做的，孩子们对知识的渴望及对我的喜爱，同事们对我无私的帮助和鼓励，这一切都让我感到暖心。同时也让我意识到，在育人的道路上，自己并不孤独，所以没有必要害怕。虽然农村学校的环境并没有我预期中那么美好，但在这种农村环境中坚守了十几年，兢兢业业工作的老师们以及努力学习的孩子们，不正是我要学习的榜样吗？他们扎根农村教育几十载的教育情怀感动了我，他们的教育信念也影响了我，使我深深体会到了身为人师所肩负的重任。在以后的教学生涯中，哪怕遇到挫折，只要想起他们，我就不会被动摇，坚定地走在教育者的征途上。

(二) 第二阶段（2006—2015 年）：勇于挑战，自我成长

磨炼了几年后，我觉得自己积累了一定的经验，那时，常听别人说："没有当过班主任的老师算不上真正的老师。"我的内心开始蠢蠢欲动了。在我的主动争取下，在 2006 年，我终于如愿以偿地当上了班主任，从此以后，便与班主任这个名称解下了不解之缘。初当班主任，依然没有我想象中的得心应手与一帆风顺，我曾焦头烂额，也曾举手无措，甚至委屈泪下，但越发成熟的我这次没有选择逃避，而是选择成长。面对学生，我始终相信："人之初，如玉璞，性与情，俱可塑。"对于出问题的学生应捕捉有利时机进行诱导和教育。我坚信：用宽容对待学生的过错，用爱心呵护学生，平等对待学生，才能获得学生的情感认同，才能达到真正的育人效果。

记得班里有一位林小枫同学，开学不久，我就注意到他了，因为他经常晚自修迟到，甚至不到，我多次做他的思想工作，但收到的效果很微小，他依然有逃课的现象。那段时间，我心里着急啊，但我始终认为，"育人不余力，爱生当如子"，植根于爱的土壤，教育之树才能结出丰硕的果实。只要付出足够的耐心、爱心、仁心，一定可以把孩子教育好。我认为事出必有因，林小枫同学出现这种逃课现象，一定是有原因的，所以我找了他以前的同班同学了解情况，原来他在单亲家庭长大，是妈妈独自一人把他拉扯大的，读小学开始，妈妈为了生计，只能到外地工作，把他放在外婆家生活，外婆年事已高，还要忙于家务，根本无法管教他，慢慢地，他迷上了网络游戏，开始流连忘返于网吧、游戏机室，无心上学……而每天晚自修上学前的那段时间，他几乎都是在网吧度过的，导致出现迟到或旷课的现象。了解了这些情况后，我立刻致电给他妈妈，并利用周末的时间到他外婆家进行家访，了解了他在家表现情况，也向家长反映了他在校的表现，

与家长们详细分析了他的情况，给予家长一些关于他的教育建议，也耐心聆听了家长和孩子的心声。因为我的坚持，他慢慢意识到自己的错误了，表示会尽力改正自己的缺点，认真学习。同时，我经常在学习上鼓励他，在生活上关心他。一段时间过去了，林小枫同学都能按时上学，没出现迟到的现象了，正当我以为可以松一口气时，他又不回来了！我第一时间打了电话给他家人，确认了他下午放学后根本没有回家吃饭，估计是老毛病又犯了。我深知，如果这次不能及时把他拉回来，那么之前对他的教育估计是前功尽弃了，而且天都黑了，他一个人在外面也不安全，家长也很担心，所以我决定去把他找回来！瘦小的我迈着坚定的步伐走进了一间又一间的网吧，面对网吧老板那充满怀疑和敌意的眼神，我毫不畏惧，看到了网吧里的乌烟瘴气，我更加坚定了一定要把他找回来的决心。终于，在一间网吧的角落里，找到了正在玩游戏的他。我把他带回学校，知道他没有吃饭，我什么也没说，回到宿舍煮了一碗面给他，当他捧着那碗面的时候，尽管我没有责备他，他还是红了眼眶，流着眼泪把面吃完了……从此以后，他再也没有因为玩游戏而迟到了。初三毕业了，离开学校之前，他留了一封信："老师，我走了，从小到大，我就没有爸爸，妈妈经常要工作，没怎么关心我，是您让我感受到了妈妈般的爱，我永远也忘不了你煮给我的那碗面的滋味……"几年后，踏入社会工作的他带着自己买的食材到我家探望我，并亲手为我做了一顿饭时，我尝到了美味，更尝到了为人师者的幸福滋味。

在班主任的生涯中，与学生发生过很多冲突和林林总总的故事，在这些冲突与故事中，有狂风暴雨般的震撼教育，也有和风细雨般的循循善诱。面对层出不穷的问题，没有逃避，只有担当，不断的挑战自我，才能越过一座有一座的高峰。从开始的焦头烂额到后来的得心应手，再到师生间的幸福交融，我慢慢悟出了一个道理：当班主任，可以说是一条让我幸福成长的捷径！

（三）第三阶段（2015年至今）：研修助力，专业成长

当了几年的班主任后，虽说自己成长了不少，也积累了一些经验，但是面对发展中的学生，面对层出不穷的学生问题，面对自己偶尔会出现的黔驴技穷的感觉，我日益明白，要成为一名优秀的班主任，不仅需要我们有爱心、热心，更需要我们不断学习。我明显地感觉到自己对班主任专业知识的欠缺，我渴望学习，我渴望进步。也许是我的渴望感动了上天，我盼望已久的学习机会终于来了。在2016年，我有幸被学校选派到江门市名班主任万开和工作室当学员，虽说是学员，但我十分珍惜这难得的机会。在工作室主持人万老师的指引和帮助下，我制定了个人专业自我发展计划，确定了今后的发展方向，并认真学习教育教学理论，钻研班级管理专业知识。而后，我又被推荐到台山市骨干班主任高级研修班参加培训。在那里，我们有幸得到了中国自主教育团队的导师们的指导与帮助，如郑学志老师、贾高见老师、覃丽兰老师和戴荔老师等，面对面接触这些名师大

咖，聆听他们的精彩讲座，与他们交流，都让自己受益匪浅。而且在培训中有大量的案例，深入浅出地阐明了理论，并把这些科学的理论与方法应用于工作实践中，取得了较好的效果。如贾高见老师曾说过："学生出现各种问题时、学校组织各种活动等时候，都是良好的班级发展契机。班主任应该抓住这些机会，挖掘背后蕴含的教育意义，开展相应的活动，适时引导、升华，学生一定能够从中获得成长。"这番话对我的启发最大，也让我收获良多。学校为了让学生们更好地规划安排自己的周末和假期时间，推行"我的时间，我做主"——学生假期自主学习，参加社会实践活动，需要学生们和家长们积极参与配合。我们班大部分的孩子和家长都做得很好，但仍有一小部分家长因为工作忙而忽略这项活动。为了调动全部家长和孩子的积极性，我利用这个契机，进行了前一阶段的实践成果汇报。孩子们用自己省下的零用钱，以小组为单位，买好食材，把平时实践学会的拿手美食烹饪出来，为家长们精心准备了一个大食会。当孩子们端着食物走进教室时，家长们是惊喜交加，因为这一切都是瞒着家长们偷偷进行的，这是孩子们送给家长的惊喜。看着家长们和孩子们脸上露出的笑脸，我知道这次活动成功了。会后很多家长发朋友圈或发信息给我，分享自己的喜悦与满足，感叹孩子们的成长与感恩。而孩子们也说体会到家长的辛劳，学会了感恩，能为家长做一点事情，他们也非常开心，大家都说这次独特的家长会开得幸福感满满的！

在 2017 年的冬天，我开启了属于我的教育生涯的新篇章——踏上了江门市基础教育系统第四批名教师培养项目培训的征程。在理论上，广东第二师范学院为我们营造了一个广阔的学习天地。我先后聆听了高慎英、熊宜勤、薛国军、于慧、高家方、胡继飞、熊焰、闫德明、唐志文、李进成、宋广文、王卫国、蒋友梅等教授的专题讲座，接触了国内乃至国外最新教育教学理论，在理论的形成方面有了很大幅度的提高。在 2018 年 5 月，我撰写的班主任论文《当"后妈"的苦与乐——浅谈中途接班的艺术策略》在江门市基础教育优秀教学论文评选中荣获一等奖。而在实践上，我们先后到惠州市大亚湾第三中学、杭州市朝晖中学分别跟岗学习一周。近距离接触了名班主任们，领略了他们先进的教育理念，感受了他们的教育理想和教育情怀，并在导师们的指导下，成功开设题为"做身体的主人"的公开课。在课题研究上，我受到了黄泽纯老师的一对一课题指导。她从课题的选题、开展、方法等方面给了我细心到位启发，让我得以顺利完成手上的研究。2018 年 7 月，我参与的广东省省级德育课题"创设学校特色下的特色班级文化建设"顺利结题，并审核为优秀。

成长的历程是艰辛的，而成功的喜悦是甜蜜的。16 年的教学历程、13 年的班主任生涯，让我收获了很多很多。我从茫然困惑到现在虽然还谈不上游刃有余，但也总结出了一套行之有效的方法，凝练出自己的育人风格，这离不开学生的支持、家长的信任、领导的关心、同事的帮助，以及自身的努力。今后我将继续前行，努力提高研修水平和自身能力，在教师专业化发展的成长道路上收获更多的果实。同时，我会充分发挥名师的专业引领作用，努力造就优秀的年青教师队伍，与大家共同享受教育的美丽和幸福！

▶ 我的教学实录

"在班集体中幸福成长"教学现场与反思

（一）主题班会目标

（1）提高对"班集体凝聚力的积极作用"的认知。

（2）增强"热爱班集体"的情感。

（3）让学生明白班集体的概念，明白班集体就是我们的家。

（4）让学生体会属于班集体的幸福，在班集体中健康成长。

（5）培养学生常怀感恩之心，珍惜幸福生活的情感。

（二）活动准备

（1）制作多媒体课件。

（2）制作相册《我们这一家》。

（3）制作视频《幸福的一家》。

（4）学唱歌曲《相亲相爱一家人》。

（5）搜集有关的图片及材料。

（三）活动形式

看视频、讨论、朗诵、游戏等形式。

（四）班会活动过程

（1）导入：诗歌朗诵《家》。

（2）集体篇。

1）班集体相册《我们这一家》回播：引入和强化班集体的概念。

通俗地讲，班集体是具有共同的奋斗目标、具有坚强的领导核心、具有严明的组织纪律、具有健康的集体舆论、具有优良的班风学风的班级。

2）游戏"猜猜我是谁"。

3）引出问题："你眼中的班集体"，让学生发言。

4）指出班集体中存在的优点与不足，让学生讨论"如何让我们的班集体更完美更幸福"，引入著名的"木桶理论"。

学生小结：如果一个班集体是一个木桶，那么每一个同学就是这个木桶的每一块木板。缺了任何一块木板，这个木桶都装不了水，不能称之为木桶。

班主任温馨寄语：在我们的学生生涯中，我们每个人都希望自己生活在一个优秀的、向上的、让人自豪的、让人幸福的班集体里。但是，一个良好的班集体的建设，离不开你、我、他！希望每一个同学都努力地提升自己的高度，希望我们的班集体能成为我们未来人生最美丽的回忆，因为我们是幸福的一家！

(3) 幸福篇。

1) 观看视频《幸福的一家》。

2) 幸福的含义。

幸福，是指一个人的需求得到满足而产生喜悦快乐与稳定的心理状态。幸福属于情感世界，是一种感觉，即人的一种满足感。

3) 畅所欲言：学生自由讨论及讲述在向日葵（1）班的幸福。

(4) 成长篇。

1) 班主任小结本次主题班会。

感谢大家对班集体的不离不弃，感恩这个班集体给我们带来的幸福；幸福是一瞬间的，也是永恒的。希望每个同学都能记住生活中的幸福点滴，常怀一颗感恩的心，在班集体中幸福成长！

2) 合唱歌曲《相亲相爱的一家人》。

教学反思：

开展本次主题班会的背景是学生们升上毕业班后，面临着学习压力，面临着毕业分离，情绪有所波动。借此契机，我开展了"在班集体中幸福成长"的主题班会活动，意在让学生身处面临着分离的毕业班，再次回忆在这个幸福的班集体里一路走来的点点滴滴。同时让学生明白，班集体就是我们的家，不舍得这个幸福温馨的家是一种正常的情感，我们应珍惜剩下的时光，努力为这个班集体留下更多的幸福。并且让学生们懂得，幸福是可以延伸的，毕业后，无论身处何处，只要常怀一颗感恩的心，幸福就无处不在。

一个班集体就应像家庭一样温暖，这个大家庭中用亲情、友情使大家互相关心、互相帮助。学生作为这个家庭中的一员，爱这个集体，不是靠嘴巴说说就能体现，要以实际行动为集体争光，添彩！只有这样才能形成一个有凝聚力的集体。本节课中大量采用背景音乐、视频和生动的照片展示，从视觉和听觉上对学生的即时教育是比较深刻的，有效地增设了教育效果。在导入的部分用一首改编诗歌《家》，让几个学生深情朗诵，配上煽情的背景音乐，其他同学闭上眼睛，静静聆听，并体会当中的情感。当看到有些学生情不自禁流下眼泪时，我知道学生们的心触动了。孩子们对这个家——班集体的产生浓烈的情感，显然本次班会开了一个好的开头。接着播放了一个班集体相册《我们这一家》，记录了孩子们这两年来在班集体中学习和生活的点点滴滴，从而引入和强化了班集体的概念。这次主题班会，大部分的构思和组织，都是学生自主统筹的，都充分调动了学生的积极性。比如，玩的游戏"猜猜我是谁"，能了解学生之间的熟悉度，学生也非常乐意的积极参与。而且学生们把我的特征用形象的文字表达出来，幻灯片播放出来后，全班同学立刻大笑着喊出我的名字，整个班级氛围都是轻松愉快的。在说到班级学生中值得表扬的事情和不足改进的地方时，都结合了图片，引入了"木桶原理"使学生清晰明了，知道了自己该怎么做才能使我们的班集体更美好。视频"幸福的一家"是学生们自己录制和剪辑的，所以一开始播放就把整节主题班会推上了高潮，到了让他们畅所欲言在班集体中"幸福的瞬间"时，更是气氛活跃。然后我声情并茂地小结这两年多自己对这个班集体的感触，从起初的生疏到融合再到后来的亲如一家，当中发生了很多难忘的瞬间，有开心的，也有难过的，感谢大家对这个班集体的不离不弃以及为班集体所做的努力，感恩这个班集体给我们带来的幸福，希望大家在剩下的时光里，齐心协力，努力为自己和班集体拼搏。同时我也希望大家明白，幸福是可以延伸的。毕业后，无论身处何处，只要常怀一颗感恩的心，幸福就无处不在；只要大家团结一心，我们永远是一家人。最后齐唱歌曲《相亲相爱的一家人》结束本节主题班会课。

主题班会是一个很好的教育阵地。本节主题班会课，在与学生建立了和谐融洽的师生关系的基础上，我抓住了学生升上毕业班后，面临毕业，对班集体不舍的契机，充分发挥教育的智慧，引导学生自主完成本次主题班会的统筹工作，让学生提高了对"班集体凝聚力的积极作用"的认知，增强"热爱班集体"的情感。同时让学生明白班集体的概念，明白班集体就是我们的家，体会属于班集体的幸福。主题班会还培养了学生常怀感恩之心、珍惜幸福生活的情感。

▶▶▶ 我的教学主张 ▶

"以幸福的心，做幸福的教育"是我的教育主张。

总有人问：幸福是什么？季羡林老先生对幸福的概括是幸福有三要素：一是要有希望，二是要有事做，三是要有幸福的心。也总会有人以自己的经历和感受作答，很多人都认为幸福是获得、是满足、是苦尽甘来的纯美，而我认为作为一名教师，幸福除了以上这些还是一种体验、一种感悟、一种付出。我的幸福很简单，就是拥有一颗幸福的心，做让学生幸福的教育！我记得自己带过一个学生素质比较高的班级，3年下来，班主任的工作开展得比较顺利。他们毕业后，我重新接了一个班，那时由于学校招生制度的改变，接手的班级学生素质不高，再加上自己的心态没有调整好，总是不知不觉地把这个班的学生和以前学生对比，觉得这个班无论是在哪个方面都比不上原来的班，大事小事都要自己亲自处理，班主任工作做得很累很厌烦。而当他们犯了错误，我批评他们时，总是习惯带着一句口头禅：以前我当班主任时，这些问题哪需要我讲啊，都是学生自己做得很好的，而你们，我讲了之后都做不好！慢慢地，学生厌烦了我这一套。到了八年级第二学期，有一天，在星期五的班会课上，我按照往常一样，简单地表扬了本周表现好的方面，就开始讲班里存在的问题，边讲就边批评，讲到学生值日工作效率不高这最后一个问题时，我批评一通后，又习惯加上了一句"以前的学生，值日工作从来不会让我操心，都是班干部安排，值日生在上课前打扫得干干净净的，而你们，就这么简单的值日工作，我讲了多少遍啊，还是做不好！"刚讲完，有个男生一下子站了起来，当众说了一句："什么都是以前的学生好，我们无论怎么做，都比不上你以前的学生，那你就去找以前的学生教吧。"说完，他就走出了教室，我愣在那里，一句话都说不出来，看看其他学生，都低着头，似乎也认同那位男生的话。从来没有想过会有这么一幕发生，心里百感交集，有愤怒，有伤心，但更多的是一种自己也说不清的感觉……带着这种复杂的心情度过了周末，星期天晚上，我走进教室，学生都安静地坐在教室里学习，当我走到在讲台是，突然，班长大声地叫了一句："起立！"全班同学都站起来，大声说："老师，对不起！是我们错了！"看着他们站在那里，我终于忍不住流下了眼泪，那一刻，我才承认其实是自己错了，我把我那颗身为教育者该有幸福心弄丢了，我眼中只看到他们的缺点，他们的不足，却忽略了他们的努力。我彻底感悟到我的对比、我的否定、我的忽略对他们是多么大的伤害，我不曾让他们幸福，却总在抱怨他们没有给我带来幸福。原来，该改正错误的是我……豁然开朗后，才发现原来幸福真的很简单，如上课上到喉咙沙哑了，第二天回到办公室里，会发现抽屉里有金嗓子、润喉糖。学生毕业后，每逢节日，都能收到他们祝福的短信、电话、留言；放假时会约在一起，到我家探望我，和我一起去逛街，吃饭。遇到正如他们所说的："你是我们的老师，也是我们的好朋友。"这些都是很平凡的事情，可这平凡不恰恰就是我们想要追求的幸福吗？

　　人都是渴望幸福的，拥有了学生的心，我们就是幸福的！身为人师，如果我们整天都在喋喋不休地抱怨学生、抱怨工作、抱怨生活，那么又怎能获得幸福或者使他人幸福呢？相反，只要自己常怀一颗幸福感恩的心，做幸福的教育，就能使一个、一百个、一千个，甚至无数个学生幸福，而只要我们的学生感到幸福了，他们将会加倍回馈我们、回馈给社会，这是一个循环的过程，更是一个幸福的过程！

▶▶▶ 我的育人故事 ▶

"听到"的幸福

　　晴天霹雳，"大名鼎鼎"的宋晓明同学这学期因合并班级被分到了我的班！这爆炸性的消息震得我呆了好久，怎么办？怎么办？脑袋里只有这几个字。我为什么如此难以接受这个同学在我的班呢？那是因为……

　　"你理了这么一个奇形怪状的不合格的发型回来，难道你不知道学校的纪律吗？""我知道学校的纪律啊，可我不知道我这个发型哪里不合格。""你这发型哪里都不合格！""学校规定前面刘海不能到眉毛，后面要剪短，我都是按要求剪的，这发型没有什么不合格的！"……办公室里，一大早，我就听见了对面李老师那暴跳如雷的吼叫声和宋晓明同学那针锋相对的回应声，像这样的情景，这一年来屡见不鲜。抬眼看去，宋晓明同学把前面和后面的头发全剃光了，只留下了头顶那一撮，还竖起来了，像个刺猬一样。他虽然不是我班的学生，但我却几乎天天见到他，对他的"丰功伟绩"也早有耳闻。他是办公室里的常客，每次犯事被抓过来办公室教育，他都会像刺猬那样，竖起全身的刺，简直就是滴水不入。他的班主任李老师是一位耐心的老师，性格也挺温和的，每次教育宋晓明时，都是苦口婆心地讲道理，动之以情，晓之以理。可是宋晓明同学呢，也是一个特别能讲的人，无论李老师说什么，他都有理由反驳，等李老师觉得软的不行，来硬的，大声训斥他时，他更厉害了，直接就针锋相对，反唇相讥，真可谓软硬不吃、刀枪不入啊！每次看到这一幕，每次看到李老师心力交瘁的样子，我都在心里默默地庆幸：幸好他不在我的班。

而现在，他分到了我的班，叫我如何能够心安理得地接受呢？虽说心里是一百个不愿意，但这已成为不可改变的事实。我在心里算计着，现在已经是毕业班了，我最多对着他两个学期，只要他不犯大事，我睁一只眼闭一只眼算了。带着这种心态，我们也算是融洽地度过了两个星期，宋晓明同学的表现虽算不上好，但也没犯啥事，我默默地祈祷：就这样一直下去吧！然而，上帝并没听到我的祈祷声，从第3周开始，宋晓明同学就开始不断地违反纪律，迟到、上课睡觉、不交作业、晚自修讲话、不值日、与同学争吵……每次他违反纪律，我叫过来教育，他都是不接受，不单单满嘴大道理，还说什么"你是老师，你认为你说的都是对的，根本就不听我们学生说"之类的话。慢慢地，我觉得我变成了另外一个李老师了，面对宋晓明，我身心疲惫，却无能为力，完全找不到当老师的幸福感！

就在我们这样耗着的期间，有一天，宋晓明同学送了我一份"大礼"。他穿了一条不合格的校服裤子回来，值日的女班长在检查仪容仪表时发现了，为了避免扣班的分，就让他回去宿舍换，他不愿意。本来因为他，班里已经扣了一些分了，所以班长就说了他几句，他脾气上来了，冲着那女班长发了一大通脾气，把那女班长骂哭了，周围有几个女同学看不过眼，帮忙说了他几句，他也很厉害，一个对几个，把全部女同学都骂哭了，结果，教室里哭声一片，有个同学看见不对路，立刻跑到办公室找我。我跑过去时，正好看见他很生气地一脚踢开挡住他路的椅子，然后朝教室外面走。我在门口一把拉住他，说："上课了，还往哪里走？"然后迅速地稳定班里的情绪，先让大家安静下来上课，再把宋晓明拎到办公室进行教育。我问他发生什么事情，他说没什么，我再问他事情经过是怎样的，他说不知道，问了他好几个问题，他都是用那种气冲冲的态度来回应我，而且还一问三不知。想起这段时间他的所作所为，想起这段时间来的疲惫，我的火气一下子上来了，声嘶力竭地大声吼道："平时你不是特别能说会道吗？平时你不是总说只有我讲没有你说吗？现在我给机会让你说给我听，你怎么就不会说了呢？"也许是我的反应太大了，宋晓明怔了一下，等他反应过来，他也很大声地对我吼："你真的有听我说吗？你心里不是早有答案了吗？还说什么听我说啊？我说什么有用吗？"说完就夺门而出。

　　他的话就像给了我当头一棒，把我给打呆了，我坐在座位上，沉默着，我不断问自己："一直以来，我有没有聆听过他的心声？"想了好久，我很难过地告诉自己，答案是否定的。我犯了一个很大的错误，就是在我应该"听"的时候我却没有那么做，我心目中的他，其实是别人口中的他，从他来到我的班之前，我听到太多关于他的事情了，不知不觉中，我的心里对他已经有了一个判定，而这个判定让我关上了通往自己心灵的耳朵，没有真正用心去聆听他的心声，这对他是不公平的！意识到这个问题，我既内疚又后悔，我知道我伤害了宋晓明同学，而因为我没有用心聆听他的心声，我也没有走进他的心里。

　　冷静下来后，我找到了趴在教室的宋晓明同学，在真诚地向他道歉，并得到他的谅解后，再与他展开了一场推心置腹的对话，仔细聆听了事情的前因后果，哪怕他在讲述事情的经过时加入了自己的主观想法，我也没有打断他，而是彻彻底底地扮演好一个聆听者的角色。等他讲完后，我还是该批评的批评，该指正的指正。这一次，他没有再用一大堆理由来反驳我，也没有在那里钻字眼，第一次，我觉得我对他的教育是有效果的。之后，我趁热打铁，立刻在班里召开班会课，让晓明同学在全班同学面前讲述事情的经过，并剖析了自己的内心，还向那些女同学们道歉。大家都静静地听着。最终，全班同学也接受了他的道歉，原谅了他。

　　此后，宋晓明同学依然偶尔会有犯错误的时候，但次数是越来越少了，最让我感到欣慰的是，他改正错误的态度有了明显的转变，不再和我抠字眼，不再和我针锋相对了，我们之间的相处是越来越融洽了。慢慢地，我又开始感受到了当老师的幸福感了，这种幸福感来源于他的改变，而他的改变则来源于我的聆听。晓明同学教会了我，一个善于聆听的班主任会是一个幸福的班主任。在此后的工作中，我也常常提醒自己，要做一个合格的聆听者。首先，我们要改变自己的聆听态度。我明白，聆听，要有正确的态度。每个人都希望自己被聆听，他们希望能感觉到你真的在听，听他们讲事情的经过，听他们讲自己的观点，听他们讲自己的喜怒哀乐。其次，我们要有技巧地聆听。在聆听的过程中，我们必须做到让学生表达，而且必须安静地听、不批评地听，只有这样，我们才能了解学生，获悉他们言行的动机及观念，洞察他们"话中有话"的真正心声。最后，当我们用心聆听孩子的心声，了解了事情的前因后果后，我们要发挥我们作为聆听者的作用，给予他们中肯的建议以及正确的指引。毕竟，他们只是未成年人，他们的认知还是有限的,需要我们当好他们的引路人。

 **他人眼中的我**

(一) 同行眼中的我

余老师是一位工作认真负责、恪尽职守的优秀班主任。在班级管理上,她注重班主任工作方法的研究和探索,将自己所带的班级管理得井井有条。"班风正、学风浓、习惯好、礼仪端"是我们大家对她所带班级的一致评价,能在她所带的班级任教,我觉得是一件特别幸福的事情。

(同事1)

余老师经常深入学生当中,细致地了解每一位学生,循循善诱、诲人不倦,与学生建立了民主平等和谐的师生关系。她既是学生的良师,又是学生的益友。她所带的班级不但成绩名列前茅,而且在各项的评比活动中,均取得优秀成绩。

(同事2)

(二) 家长眼中的我

余老师是一位可敬的好老师,她爱生如子,待生如友,公平公正地对待每一位学生,让每个在她的班级里的孩子都得以成长。她常与我们家长联系,互相沟通对孩子最适合的教育方式。可以说,把孩子交到余老师手里,家长们都很放心。

(家长1)

余老师不仅教给孩子知识,还教给孩子做人的道理,帮助孩子养成良好的习惯。我家孩子自从进了余老师的班级,进步很大,这离不开余老师的悉心教导,我很感恩。

(家长2)

(三) 学生眼中的我

我们亲切地唤余老师为"余妈",是因为这个称呼我们觉得更能体现我们和余妈的感情。余妈是一位平易近人、关心爱护我们的班主任,她与我们建立了深厚的感情,我很喜欢她,她也很喜欢我们,她用自己的人格魅力征服了我们,在她的班级里,我们过得很幸福。

(学生1)

我是余妈的小粉丝。余妈在学习上对我们要求很严格，督促我们养成良好的学习习惯；在课堂上，她的风趣幽默让我们都很喜欢上她的课；而在生活上，她无微不至地关心我们。总之，余妈是我们的良师，也是我们的益友，她对我们的影响很大。

（学生2）

诗意语文，春风化雨

● 江门市怡福中学　张翠云（初中语文）

● 个人简介

　　我叫张翠云，是江门市怡福中学语文高级教师，现任教导处副主任。我是江门市第四批名教师培养对象，江门市蓬江区教育系统第四名教师，曾先后被评为江门市市直"十杰百优"的优秀班主任、市直优秀教师、市直优秀中共党员、市直先进教研积极分子、江门市蓬江区优秀中共党员等。

　　我从教语文28年，主持科研课题"合作互动学习语文实验"（BFB010469）等3个省市级科研课题，多年探索"小组合作互动学习语文"课堂教学模式，体现"以学生为主体，教师为主导，合作为主线，创新为核心"的教育理念，构建以"激情导入，预习反馈，合作探究，展示拓展，评价反思"的五步小组合作、互动学习的语文实验模式，把课内与课外合作互动、学语文与学做人有机结合起来。所带课题组结题并获得全国省市的各类奖项达20多人次。

　　侨乡江门，山清水秀，钟灵毓秀。江门五邑侨乡的历史源远流长，在这块热土上，曾哺育了无数的著名人物：有明末著名理学家思想家、教育家、书法家、诗人陈白沙，有近代维新派代表梁启超，有民主革命先驱陈少白等，真是侨乡圣贤，群星璀璨……这一切是多么富有诗情画意！"多元、务实、开放、兼容、合作、创新、拼搏"的岭南文化，深深地浸润了我，丰盈了我，同时也给我的语文教学带来了诗意灵动的元素，为语文教学抹上生命的亮色。在多年的语文教学中，互动合作，将蕴藏于文学作品内部的诗情画意充分地传达给学生，以养就学生的气质和修养，教学相长，从中也逐渐形成了自己的粤派教学风格：诗意语文，春风化雨。

▶ 我的教学风格

（一）情景创设，师生合作，体会诗意

借助信息技术创设情景，师生合作，教师促学生自主探索。在多媒体课堂教学中，把图、文、声、像有机组合，使抽象的内涵转化成情景交融、图文并茂的形式，调动学生的视觉、听觉、感知、理解，营造一个语文教学的互动诗意空间，如临其境、如见其人、如闻其声、如见其形……例如，《从百草园到三味书屋》《天上的街市》《背影》《皇帝的新装》《咏雪》《化石吟》等课件的制作，让学生真的有如进入作品的真实情景中。比如《化石吟》中下载大量动植物的化石图片及影片《侏罗纪》，就可以化抽象的语言文字为形象的直观感知，大大提高学生对课文的理解和掌握。以这些真切生动的情景既可以启动学生的学习潜能，活跃他们的思维，同时还可以提升学生的个人情操，养成真善美的体验，造就独立的人格。

（二）小组交流，生生合作，研讨诗意

利用多媒体的教学环境及网上资源，以小组为单位，进行思维碰撞、挑战竞赛。如学习完朱自清的《背影》，小组学生在计算机输入"《背影》"搜索有关《背影》在2003年10月的一则新闻：今年《背影》一文落选鄂教版语文新教材，理由为"父亲不懂交通规则，穿越铁路线，父亲的形象不够潇洒"。在网上搜索台湾著名诗人余光中的《论朱自清的散文》说："其一文久有散文佳作之誉，其实不无瑕疵，其一便是失之伤感。短短千把字的小品里，作者便流了四次眼泪，也未免太多了一点。时至今日，一个20岁的大男孩是不是还要父亲这么照顾，而面临离别，是不是会这么容易流泪，我很怀疑，我认为，今日的少年应该多读一点坚毅豪壮的作品，不必只诵读这么哀伤的文章。"引导学生针对这些评论谈自己的看法。在多媒体环境中，教师要培养学生对课内外学习资料的收集与分析，互相探讨以获取新的知识的合作探究技能。在当前的人文教育在社会科学化的推挤下，语文教育要把人情美、人性美、诗意美渗透于阅读教学中。

（三）情景对话，角色朗读，表演诗意

合作互动学习语文小组借助多媒体进行说话竞赛。如在教授寓言四则——《蚊子和狮子》《赫耳墨斯和雕像者》《智子疑邻》《塞翁失马》等，则可以即时上网阅览这些寓言的VCD片，看视频模仿角色进行讲故事比赛。又如下载的《皇帝的新装》的10幅忍俊不禁、妙趣横生的连环图片引来学生阵阵的笑声，给这些连环彩图配上动情的音乐后再让学生进行小组复述故事比赛，务求做到"促学生想说，教学生会说"。

（四）共享互动，全面开放，拓展诗意

校园网、电子阅读室的建成，包括教师个人网页都已为学生主动参与教学双边活动和互动学习的时间与空间创造了条件。合作互动学习语文实验课题设计者的个人网页里设计了以下栏目：课题研究、教研论文、教案精选、教学课件、学海导航、发表园地、你的留言、相聚一刻，里面有非常多的有关语文学科教育的大量资料，而且还有优秀教育网站的链接，这就为学生进行知识海洋的遨游提供了船只、船桨。我运用希沃软件在课堂上随手拍下学生的作文呈现在屏幕，师生点评，互动快捷，直观可感。学生建立个人电子档案，放在共享目录里，可以随手用小组互改或全班合改典型的篇章，调动了学生的写作批改的积极性和成功感，同时也为老师有的放矢，为能全面把握整体作文质量提供了一条可行的措施。

（五）校本课程，经典诵读，传扬诗意

在我的引领下，指导学校语文组教师自编了经典诵读校本教材《悦读中华经典，争当君子少年》，引领每班学生周一至周五早上7：25—7：30进行5分钟诵读经典课，每周一节各年级名著阅读课；每周一升旗礼后进行"雅言美行传文明，经典诵读润人生"的班级轮诵展演，读、写、诵、唱、讲、演等形式多样，提炼师生的"精气神"，无不让师生受到诗教洗礼和品质升华。

▶▶ 我的成长历程 ▶

在平凡教学中追寻语文的诗意

旭日初升，蓬江涟漪，车水马龙，我行走在每天必经的江门市现代化的地标院士路，31位五邑籍院士的铜像静静地伫立，令人肃然起敬，走进工作的地方江门市怡福中学，那块思贤石映入眼帘，院士长廊尽收眼底，红花绿树，鸟语花香，仿佛这一切在不断提醒我，努力找寻教学教育那块诗意净土：见贤思齐，奋勇拼搏，锐意创新……傍晚夕阳西下，又或是披星戴月，我迈着困倦的步伐，走出校门……这种家门、校门两点一线的生活一直延续了28载。我庆幸自己在平凡的语文教学中仍拥有诗意情怀！

陈献章是江门市白沙人，明朝著名的理学家、教育家、诗人和书法家，世称白沙先生，是岭南唯一入祀孔庙的学者。少年时随祖父迁居白沙乡（今属江门市蓬江区）的小庐山下，故后人尊称其为"白沙先生"。白沙村面临蓬江，后枕小庐山，村外有条天沙河，河里有不少晶莹雪白的沙，白沙村因此而得名。陈白沙经过10年苦学，静坐冥思，舍繁取约，把握心与理吻合的关键，学问与修养，获得飞跃的进步。1465年（明成化元年）的春天，陈献章决定在春阳台设馆教学。近者乡村，远者邻邑，学生慕名而来，其门如市，其教学方法与众不同，其

中最具特色的是"诗引教，哲入诗"。陈献章编了《戒色歌》《戒戏歌》《戒懒文》等几首诗歌给学生诵读，作为座右铭警诫。陈白沙的心学与诗教思想，积淀为侨乡江门的深厚的文化底蕴，影响着一代又一代的侨乡人，激励着一个又一个教育工作者。我是地道的江门人，陈白沙纪念馆、白沙公园，不知留下了多少儿时玩耍的足迹。大学毕业，成了一位人民教师后，我心中仍景仰他，在行动上仿效他！

从一名不谙世事、初登教坛的黄毛丫头到如今的花甲之年的教书匠，在三尺讲坛上渡过将近三十载的青春年华，恍如陈白沙先生用茅龙笔一挥而过，诗般飘过……寒来暑往，秋去春来，斗转星移，我仍然努力追寻语文的诗意。

（一）人不止眼前苟且，应还有诗和远方（1990 年 7 月—2000 年 7 月）

1990 年，我毕业就被分配到了江门市刚成立不久的在天沙河畔的港口中学教语文，当时有点像城乡接合部，晴天时河对岸的玻璃厂排出浓烟，气味刺鼻，投诉无门；雨天时校门前一条道还是泥泞满脚，家在外地刚来校的年轻老师只能住在废弃不用的危房里。学生家庭多是本地旧区或是农民务工家庭，家长大多忙于谋生而对孩子疏于管教。在这所一穷二白的新校里，自己除了参与上课、批改作业作文、教研活动，忙个不停外，课下每周都要不知疲倦，带领学生热火朝天地进行劳动，运泥沙、凿石子、打树洞、种树苗建设球场跑道，在这里洒下了自己的青春汗水……最令我难以忘怀的是一个女生被一调皮男生扔的小石头弄破了眼睑，在简陋的医院里手术灯下缝线的时候，不知是害怕还是劳累，我看着看着竟然晕倒了……眼前这么苟且！这种苦不堪言的教育生涯何时是尽头？欲渡黄河冰塞川，将登太行雪满山！但是此时，母亲与校长都鼓励我：困难是暂时的，你可以克服的！心志单纯、刻苦耐劳的我，仍然抱有教育梦想。在苦乐年华中，我坚信：生活不止眼前的苟且，还有诗和远方！

怀着青春梦想，我沉潜下来，学习运用陈白沙先生的先进教学理念和教学方法，如：先静坐，后读书；多自学，少灌输；勤思考，取精义；重疑问，求真知；诗引教，哲入诗。教室里留下了我和孩子们研讨互动的身影；跑道上响彻着我为孩子们鼓劲呐喊的声音；场边洒下了我与孩子们种植小树的汗水；晴空下回荡着我与孩子们经典诵读的抑扬顿挫；山溪里映照出我与孩子们山林野炊的脸庞；小道上留下了我家访孩子们的足迹……在我的教学工作中，我自始至终贯串一条原则：动之以护爱之情，晓之以德行之理，导之以求学之法，立之以报国之志，持之以久恒之力，坚持诗意语文，春风化雨。一分耕耘一分收获，我所教班的语文中考成绩比较突出，均获得各级教学成绩优秀奖。在 17 年的班主任工作中，我还先后培养了曾是江门市 2000 年中考状元的梁荣琨同学、中考第四名的邓丽敏同学、2003 年中考第六名的闵明玮同学。由于我的工作出色，每一学期我均被学校评为"优秀班主任"或"转化后进生积极分子",还多次受到市政府和教育局的表彰,曾被评为1995年市直"十杰百优"的优秀班主任、1996年江门市直教育系统优秀教师、

（二）纸上得来终觉浅,绝知此事要躬行（2001年7月—2010年7月）

如何把诗意语文的理想照见现实,靠的是永不停步的教学改革实践。我以自己平凡踏实的教学教育实践见证了教育改革的不断发展。在这艰难而曲折的语文教学改革的前进历程中,我始终诗意盈怀、见贤思齐、脚踏实地、务实创新。2001年11月至2005年11月我担任科研课题"合作互动学习语文实验"的主持人,参与全国教育实验研究会"十五"国家级重点课题"创新教学与创造力培养"的研究实验工作,在全面推进素质教育和"减负"工作上狠下功夫,引领我校开展合作互动学习语文的教改实验,实验效果良好,课题结题,获得全国省市的各类奖项达50多次,撰写的实验课题论文《合作互动学习语文实验》被中国教育学会教育实验专业委员会评为全国的二等奖,并入选《中国教育实验与改革》论文集第六卷,该文发表在中国教师协会主办的国家级刊物《21世纪教育》上。我设计的网页"合作互动学习语文实验网站"、校本教材《寻找家乡的名人》均获得省课题成果评奖的二等奖。因此,我还被评为2003年江门市直先进教研积极分子。2003年江门市的30多位校长组成的新课标研讨团到我校调研时,我上的优质示范课"邓稼先"获得了很高的评价,一致认为我的课真正落实了课程改革。2006年3月我又申报并主持的科研课题"积极利用信息技术,全面推进学校的整体发展"又通过了广东省中小学教学研究"十一五"规划课题的立项,2009年6月顺利结题,并获得上级奖励5000元。2008年11月,我执教课例"三峡之旅"在由广东省教育厅组织的广东省英特尔未来教育项目教学创新竞赛中荣获三等奖。潮平两岸阔,风正一帆悬! 沐浴着改革的东风,我的语文教学参与教研教改不止步,一步一个脚印,努力追寻那份诗意!

（三）长风破浪会有时,直挂云帆济沧海（2011年7月—2019年7月）

我始终牢记"科研是教学教育的第一生命线",也只有提升自我的理论与实践能力才能使我的语文教学洋溢诗意。2015年3月至2017年12月我主持了广东教育学会的小课题"指导初中生语文课外悦读经典名著的策略研究",目的是探究学生日常课外阅读的不同形式,悦读培养美感,能及时总结、提炼书香校园建设的途径与方法,促进师生的可持续发展。该课题已结题,获得该项目的课题成果三等奖。

青春是一首诗,热烈、含蓄、深沉、奋进! 青春是一朵花,秀丽、淡雅、芬

芳、美好！2015年，我被推荐遴选江门市五邑教育专家、名校长、名教师、名班主任培养对象，在校长的殷切期望中我递交了申评材料，好不容易通过了面试答辩，有幸成了2017年江门市名教师培养项目学习班6名语文名师培养对象中的一员。在不到两年的时间，我驻广州，学杭州，观上海，走台山，走南闯北，不辞劳苦，师从冯善亮、楚云、张瑛、周华章、丁之境、倪岗等教育名家，带给自己丰厚的收获，目睹魏书生、李希贵、熊焰、高慎英、刘良华、蒋友梅等教育名家的风采，我犹如一个在海边拾贝的孩子，观摩、学习、讨论、吸收、反思，提升教育教学理念，前行再前行，努力再努力，锻造自我的教学风格，争取成为名副其实的名师，逐步走向语文教学的诗意殿堂。

2016年，为迎接佛山市顺德区的学校到访，我上了研讨课"议论文阅读的解题程序"得到同行一致好评，该教学设计在广东省初中语文复习课教学研讨活动中被评为三等奖。2016年，我努力在江门市新课程教学观摩日上了推荐课《天上的街市》，获得同行的好评，所带本校语文备课组中考成绩荣获蓬江区直第一名，本人荣获区教学成绩优秀奖，为此在江门市蓬江区语文中考质量总结分析会上作题为"要飞得更高"的中考语文备考经验介绍。

近年来，我的获奖教研成果中，主讲了省市区的公开课或讲座10多次，主持的省科研课题3个、参与省市区课题4个，发表论文2篇，荣获省级奖的论文、课例设计、课件、校本教材共6项，市级论文奖4项，区级获奖20多次。辅导的学生曾先后在全国省市的演讲、朗诵、征文、网页制作等比赛中获奖不少。本人曾被评为江门市市直"十杰百优"的优秀班主任、市直优秀教师、市直优秀中共党员、市直先进教研积极分子、蓬江区优秀中共党员等，2018年本人被评为江门市蓬江区教育系统第四批名教师。

▶▶ 我的教学实录 ▶

合作互动品诗歌，师生同台扬诗意

教学内容：

《天上的街市》（郭沫若）。

教材简析：

《天上的街市》部编版语文教材七年级上册第二单元第二篇课文。本单元有童话、诗歌、神话和寓言等，富于想象力，能引导学生换一种眼光来看世界。本诗是诗人郭沫若1921年创作的一首现代格律诗。通过对天上美好生活的描绘，表现了诗人旧时代黑暗现实的痛恨，对理想生活的向往，激发人们为实现这一理想而奋斗。理解诗中联想和想象的作用，初步培养联想和想象的能力。激发学生热爱生活、创造美好生活的情趣。

学情分析：

通过七年级半个学期学习，学生初步掌握了基本的语文预习方法，具备一定的预习能力，能自主解决生字新词，了解作者及写作背景。本文充满新奇大胆的联想与想象，容易激发学习兴趣。但是本诗歌的创作背景与学生所处时代有较大的差异，使得学生难以领悟诗歌内涵并和作者产生相同的感受。应指导学生学会朗读，在反复朗读的基础上通过创设情境让学生充分想象，进而体悟作者的感情。另外指导学生初步学写简单的现代诗歌，培养联想和想象的能力。

教学目标：

（1）有感情地诵读诗歌。

（2）领悟诗歌表达的中心，体会诗人向往光明、追求自由幸福生活的思想感情。

（3）掌握诗中联想和想象的作用，初步学写诗歌，培养联想和想象的能力。

教学重点：

（1）有感情地朗读。

（2）领悟诗歌表达的中心。

（3）展评学生诗歌作品，培养联想和想象的能力。

教学难点：

理解本诗歌的创作背景，进而把握主题。

教学时数：

2课时。

教学过程：

第1课时

【课前预习】

助读资料：关于联想和想象

联想，是指由某事物而想起其他相关的人和事物。联想必须有相似点和相关点。想象，是这在头脑中对已知的事物形象进行加工，经过新的组合而创造出来的新的事物形象。人们虽能想象出从未感知过的或实际上不存在的事物的形象，但是想象的内容总是来源于客观现实。想象，还必须进行再创造。

（一）作者简介

郭沫若（1892—1978），原名郭开贞，四川省乐山人，我国著名的文学家、历史学家。他的著作很多，文学方面有诗集《＿＿》、话剧《屈原》等。

1. 字词正音释义。

缥缈（　　）——形容隐隐约约，若有若无。　　珍奇——

2. 自我朗读，读出节奏、重音和基调。

【激趣导入】

夜晚,我们仰望星空,群星璀璨,那里发生过多少神奇美丽的故事,令人心驰神往。今天就让我们跟随著名诗人郭沫若先生一起步入《天上的街市》,感受诗人所追求的那份美丽与新奇!

【交流感知】

检查预习:

(一)作者简介:课前学生自行查找作者郭沫若的简介。

(二)指导朗读:

1. 字词正音释义。

缥缈(piāo miǎo)——形容隐隐约约,若有若无。珍奇——稀有而珍贵。

2. 听优美的配乐朗诵示范,咬准字音,把握基调。

问生:本诗应该怎样朗读,是不是要非常慷慨激昂?请一个学生回答,其他学生可以补充或纠正。

师明确:节奏不宜强,声音不宜大,速度不宜快,要做到轻松、柔和、舒缓、神往。

3. 配乐小组赛读诗歌,读出节奏、重音和基调。

【研读共品】

合作小组思考讨论,老师巡堂辅导后进行小组抢答。

- 写什么?

一、全诗共四节,第1节写了什么?第2、3、4节又写什么?

生:第1节:街灯明星相辉映。第2节:美丽天街列珍奇。第3、4节:牛郎织女悠闲游。

- 为何写?

二、诗中想象的牛郎织女的自由生活与神话传说的悲剧结局不同,如何不同?表达诗人的什么思想情感?(可联系写作背景)

生1:受王母压制、每年七夕鹊桥相会 ——不自由(传说)

珍奇、骑牛来往、天街闲游、提灯走 ——自由、美好(本诗)

生2:写作背景:五四新文化运动高潮已过,中国处于半殖民地半封建社会,军阀混战,民不聊生。"冷酷如铁!黑暗如漆!腥秽如血!"郭沫若不满现实,但他充满信心,依然不倦探索,热切向往光明,追求自由。仰望星空,1921年10月24日,作者写下了《天上的街市》。

- 怎么写?

三、诗中反复出现的"定然""定"有什么作用?

生:两个词是加强肯定的意思。两词表达作者热爱新生活的希望。

师:"定然""定"是必定的意思,加强肯定语气,作者坚信理想生活存在,强烈表达作者热切向往光明、追求美好生活，使读者受到强烈的感染和鼓舞。

四、先写街灯、明星再写天上生活，这是什么写法？

生：（上白板填写）。

写法	概念	事物关系	例子
联想	由甲事物想到乙事物 （存在）　（存在）	相似关系 因果关系	街灯明星相辉映
想象	由甲事物虚构出乙事物 （存在）　（不存在）	来源于现实	美丽天街列珍奇 牛郎织女悠闲游

师：（引导学生订正）。

【归纳总结】

诗人运用联想与想象的手法，为我们描绘了美丽的天街，创造了牛郎织女自由幸福的生活图景，表达了诗人对自由幸福美好生活的向往与追求，体现了浪漫主义的创作特色。让我们再一次有感情地背诵这首诗，感受诗人的美好情怀吧！

第2课时

● 我能写！

【拓展延伸】

十二三岁，如花的年纪，诗样的年华，正是有诗情、好写诗的岁月。请大胆运用比喻、拟人、夸张等修辞手法，运用联想想象等手段，可以写宇宙星空、太阳月亮、也可以写春花秋草、暴雨狂风……我们可以收集起来办个诗刊。

温馨提示：七年（2）班每小组派代表展示自己的作品，另一代表进行点评。

【镜头回放】师生同台赛诗，浪漫诗意飞扬

师：学习了郭沫若的《天上的街市》，肯定会带给我们无尽的遐想，引发我们洋溢的诗情……先由老师下水作诗，先给同学们做个示范。

（一）月亮和星星

月亮妈妈脸上露出慈祥的光芒：

宝宝，早点睡觉吧！

星星宝宝眨巴着眼睛：

不，妈妈，我还要写作业呢！

(二)永远的金孔雀
——痛悼女英雄余旭
巾帼胆气壮有余,
旭日血洒展国威。
吴刚斫枝桂花围,
嫦娥献舞月宫飞。

注:2016年11月12日,中国第一位歼10战斗机女飞行员余旭以身殉职。谨以本诗颂扬献身祖国航天事业的航天女英雄余旭。

师:我们身边不乏小诗人呀!赛诗会开始!我们分成四组同学比赛写诗。每组围绕统一主题写诗,由其他同学自由点评。你更喜欢哪一首?

第一组:赛"星星"诗
(一)星星(伍俊伟)
哦,亮晶晶的星星,
作为月亮的陪衬。
你烘托出月亮的高雅美丽。
却常常被人视作配角。
但我今天,要为你正名。
你是北斗星,人们的导航仪。
带领迷路之人走出困境。
你是亲善大使,
小熊星,天狼星……
不同的星座,人们情感的聚焦点,
虽然离我们很远,但我们感觉又是那么亲近。
你,亦是人们自由灵魂的引领者,
就像一首歌里唱到的:
每当我找不到存在的意义,迷失在黑夜里,
抬头就看到了你。
哦,夜空中最亮的星,请照亮我前行。

生1:我喜欢伍俊伟同学的诗:一、本诗以先抑后扬的手法,为星星正名,定下全诗的基调。二、把"星星"比作"导航仪""亲善大使""灵魂自由的引领者",叙写星星对人类的贡献,意蕴丰富,想象丰富贴切,层次井然。

(二)北斗星(康可欣)
北极星是一只鸟,
这只鸟想飞到天堂。

它听说:
北是天堂。
于是——它张开翅膀,
飞,向北飞,笔直地向北飞。
它只是想着天堂,以至于
错过了那么好的森林,
错过了那么好的雪山,
错过了那么好的天堂。
直到它来到那最北——北极点。
它张望四周,
却看不见北,
也看不见天堂。
那么,北方呢?
那么,天堂呢?
它依然张望,
即使化作石像,
只能永远停留。
有人说:
它挂在空中,
为人们指明方向。
我想是的——
它只是想着天堂,
以至于错过了天堂。

生2:我喜欢康可欣的诗。这首诗歌想象丰富,把北极星比作"鸟",一直飞,历尽千辛万苦,憧憬理想,向往天堂却错过了天堂,带给我们的启示是多方面的,既指理想之路漫长曲折,牺牲的东西太多,也可颂扬不问收获,只问过程的奉献精神……

第二组:赛"月亮"诗
师:下面展示4首以月亮为内容的诗歌佳作,你更喜欢哪一首?
(三)月亮(周靖)
月亮
文静、朴素而真挚。
不像星星,整晚总是把眼眨,
向人们展示她的妩媚。

不像太阳，穿着火红艳丽的礼服，
整天在人们面前转悠。
她一直默默无闻，
照亮前路，她在走，我也走。
她一直是，
那么文静、朴素而真挚。

生3：我喜欢周靖的诗。本诗构思奇特，主旨明确，想象丰富自然，赋予抒情的主体以人的情感，把月亮、星星和太阳都人格化了，以眨眼献媚的星星、礼服火红转悠的太阳作反衬，突出月亮文静、朴素和真挚的姑娘形象。

（四）月亮（李绮汶）
天上掉月亮，
婉拒了太阳的盛情，
静等着夜幕的来到。
他最爱携手繁星，在风轻云淡中微笑、闪耀，
将银光洒满大地，送给大地一身银纱。
瞧啊，
她是多么的——
皎洁、明亮、无私！

生4：我喜欢李绮汶的诗。这诗很好地运用拟人的修辞手法，突出了月亮皎洁、明亮、无私的特点。

（五）啊！明月（肖宇聪）
啊！明月！
夜幕降临，
千颗银星送走了
驶向黑暗的太阳船，
迎来了
驱赶黑暗的白玉盘。
有时明月也会耍脾气，
你跑到地球与太阳之间，
挡住太阳公公的眼睛，
像个调皮的孩子，
总爱和地球妈妈捉迷藏。
于是人们把这种现象称为"日食"。

啊！明月！
你是奔月嫦娥
日思夜想的愧疚，
也是射日后羿
魂牵梦萦的挂念。
你是文人墨客
无比宠溺的孩子，
使他们的诗句历久弥新。
也是航天人员
无比珍贵的梦想，
让航天的未来再创光辉。
啊！明月！
你的高洁与神秘，
永远得宠于时空的长河，
赢得世人的眷恋和赞美。

生5：我最喜欢肖宇聪的诗，因为他的诗借"明月"寄托主旨的诗句在结尾颂扬了明月高洁与神秘，永远得宠于时空的长河，赢得世人的眷恋和赞美。顺序安排不错。

第三组：赛"修辞"诗
（六）月亮船（谭文浠）
寂静的夜空中，
划来只黄色的船儿，
当它驶出大海的心田，
便缓缓地扯下了帆。
沿途它停靠在温馨的云港，
或带着乡愁远航，
当它卸下闪烁的繁星，
又驶进人们的梦乡。
在它迎接光明的时候，
那灰色的云海波涛汹涌，
于是它消失在无尽的天边，
只留下了光芒万丈。

生6：我喜欢谭文浠的诗。本诗是《太阳船》仿写佳作。首先顺序按照合理。月亮初生到太阳初生；其次，色彩有层次。由黄色（夜初）—淡白（深夜）—灰色（黎明）—红色（日升）；第三，灵活使用修辞。把月亮比作船儿，云比作港口，天空比作云海。拟人化的月亮"带着乡愁""卸下繁星"，很生动形象。

师：下面展示的是以天为内容的一首小诗，带给我们欢乐的笑声！
天娃娃（陈庆）
天，是一个开朗的娃娃，
看，那一片一片的湛蓝，
一点阴沉也没有。
天，也是个爱哭的娃娃，
看，那脸上一片的灰白，
还挂满了一串串的泪珠。
天，还是个害羞的娃娃，
看，泛出了红晕，
正对着我们嬉笑呢！

生7：这首小诗活泼天真可爱，天犹如一个娃娃，开朗、爱哭、害羞，拟人的修辞手法用得好。

【总结提高】
（一）小组总结
生1：这节课我学会了通过了解写作背景去把握诗歌的主题思想内容……
生2：这节课我想对学长（学友）说："你真棒，理解问题速度很快……"
生3：这节课我通过运用联想和想象的方法掌握了写简单诗歌的知识……
（二）教师总结
师：刚才我们运用了我们的智慧，调动了我们的诗情，放飞我们的诗意，展现了我们对于广阔无边的宇宙的遐想。祈愿我们都能运用我们的智慧，在诗歌的天空里自由快乐的飞翔！

【作业布置】
修改自己创作的小诗，小组交流修改展评。

教学反思：
我在这首诗的教学设计和授课上，能以学生为主体，教师为主导，培养学生的语文素养。

首先，诵读感悟诗意。这节课重视学生诵读，通过个人读、集体读、分组读等形式，引领学生在反复比较的诵读实践中丰富语言的积累，培养语感，发展语感，领悟诗意。通过情感朗读加深体验与领悟，尊重学生独特的感受、体验和理解。

其次，联系背景感悟诗意。重视让学生联系社会背景，对作品的思想感情倾向通过朗读作出自己的评价。教师尊重学生在学习过程中的个人体验，组织学生在小组合作、交流和研讨中，鼓励学生有个人见解，激发学生的主动意识和进取精神，加深对诗歌的理解和体验。师生营造一种平等、和谐的对话氛围。

最后，想象训练创新诗意。教材无非是例子，引领学生能借鉴课文，触类旁通、举一反三，故此设计写简单新诗，以宇宙星空、太阳月亮为内容，让师生同台赛诗，浪漫诗意飞扬，以此发展学生发散思维能力，激发想象力。课堂气氛活跃，学生跃跃欲试。

在教学的过程中我注意发挥师生在教学中的主动性和创造性，让教学在师生平等对话的过程中进行。在教师的引导下，让学生带着自己的经验、情感去钻研诗歌、创作诗歌，进而领悟诗人的思想感情。这就是李镇西老师所说的"把自己的心摆进去"，或者说"用自己的心去感受作者的心"。师生融汇感情，思想碰撞思想，共同分享，达到教学相长。

▶▶ 我的教学主张 ▶

德国浪漫主义诗人荷尔德林有一句诗："人生的本质是诗意的。人，应该的诗意地栖居在大地上。""一花一世界，一叶一菩提，一木一浮生，一草一天堂"，语文是诗意的！更多以诗意的内容为载体：绚丽多彩的自然世界，风云变幻的社会世界，日新月异的科技世界，恩怨爱恨的情感世界，百变多姿的语言世界……给人以感悟、启迪、熏陶。中国是有着五千年悠久历史的文明古国，诗词歌赋闪烁着耀眼的光芒，语文有诗意，诗意显语文，两者是相辅相成的。我追求诗意的语文教学，与莘莘学子在合作互动中共同开垦语文诗意的田园，放飞心灵，教学相长。

（一）优化师生关系：教师主导，学生主体

语文教学的最高境界是诗意，语文教师的核心任务是引领学生走进文本，让学生在诗的意境中品味美、欣赏美、创造美，为语文教学绘上一道亮丽的生命风景线。只有这样，语文课堂才是生命与活力的、让学生心仪的课堂。语文教材是数不胜数的古今中外、文质兼美的充满浪漫诗情的文学作品组成的一方沃土。在这块诗意田园里，语文教师和学生好比是辛勤的园丁和饱满的种子，教师为主导，学生为主体，让诗意的种子生根发芽、茁壮成长，进而诗意之花含苞怒放。

（二）优化教学模式：合作互动，诗意飞扬

多年探索"小组合作互动学习语文"的课堂教学模式，体现"以学生为主体，教师为主导，合作为主线，创新为核心"的教育理念，构建以"激情导入，预习反馈，合作探究，展示拓展，评价反思"的五步小组合作、互动学习语文实验模式，唤起学生的丰富想象力和积极的求知热情，培养学生敏锐的感知力、丰富的想象力和过硬的阅读力，把课内与课外合作互动、学语文与学做人有机结合起来，引领学生体验、感悟和享受语文的诗意魅力，获得生命的活力与灵性，打造学生喜闻乐见、诗意飞扬的语文课堂。

 我的育人故事

品味华夏经典，触摸侨乡脉动

2018年6月15日（小学组）、21日（中学组），由江门市广播电视台、江门市教育局举办的"粤港澳台暨海外诗词大会"在江门市电视台直播室进行。"少年中国说"之粤港澳台暨海外华裔青少年中华诗词大会活动意义重大，主要旨在"以诗会友，品味华夏经典神髓，触摸侨乡文化脉动"。这次有来自江门市五邑侨乡的20多支初高中学校的队伍参赛，每支参赛代表队各5名选手，蓬江区语委办指派了两支队伍参加。由于时间短，不到一个月，为了不影响中考，学校选送的选手只能在初一初二选拔了，即刻组队，挑选了学生李子晟、周晋熙、区蕊、彭熳祯、蔡苡涵。为了节目的需要，电视台的工作人员打电话给我，希望我校能够选派台湾籍的选手参加。其中蔡苡涵同学是台湾屏东县人，其实学校里还有比她实力更好的选手，但我当时还是义不容辞地接受了任务。

赛前功夫不能少。我组织我校语文老师分工协作，进行收集辑录从小学到高中课本内外的中国诗词、编写合适赛题，我逐一把关，绞尽脑汁，最大困难莫过于没有课堂的时间来辅导参赛队伍，这些选手基本是初二的，正值生物地理两科中考应试期间，于是我只能利用每天早上6：50—7：15、中午11：50—12：15、傍晚5：50—6：15三个时段，不影响占用正课时间，在这一个月里坚持每天对选手进行魔鬼式特训，牺牲了自己的宝贵时间都在所不惜。本次诗词大会的比赛范围由课内和课外两部分组成，不仅诗词篇数众多，而且竞赛形式多样，抢答、朗诵、歌唱、舞蹈、演奏等兼备。怎样让我校选手具有出众的表演呢？我在网上搜索，多费周折，为台湾屏东县蔡苡涵同学度身订造，精选了台湾诗人舒兰的诗歌《乡色酒》进行朗诵："30年前，你从柳树梢头望我，我正年少，你圆，人也圆。30年后，我从椰树梢头望你，你是一杯乡色酒，你满，乡愁也满。"

从表情、手势、抑扬、节奏一一辅导，我期盼蔡苡涵同学的朗诵有出色的发挥。经过精心设计辅导，在首场初赛中，当蔡苡涵同学声情并茂地朗诵诗歌《乡色酒》时，全场掌声雷动，仿佛诗中有画，画中有诗，在我们每人的眼前展现了两幅图景：一幅人月同圆的欢乐图，一幅物是人非的悲戚景，时空跨越，画面相接，对比鲜明，震撼人心，深刻地表达了海峡彼岸的骨肉同胞渴望统一的真挚感情。

在 7 月 6 日半决赛前半天，我上午刚出外校进行中考监考工作，上午12：30还未来得及吃饭就接到江门市广播电视台该节目主持人的电话，请求我帮忙。赛中有个环节是我校代表队代表所有参赛学校向本大赛致送书画礼物，这可难倒了我！当时学校几乎所有老师都派出去进行初三中考监考了。时间紧迫，要赶在下午3：00前把礼物送到电视台。怎么办？我急中生智，赶忙找来有书画特长的选手李子晟和周晋熙等，最终师生群策群力，敲定了这幅水彩图画中的基本元素：纺锤形的台湾、一只白鸽衔着橄榄枝飞翔、两个大陆孩子和一个台湾高山族小姑娘同牵大红中国结，主题为：海峡两岸一家亲。一分一秒过去了，如何题词？我稍做思考，灵机一动，"少年中国说"集结华夏少年，共享中华诗词之美！这份礼物有力地烘托和突出了本次粤港澳台暨海外诗词大会的背景和意义，江门市广播电视台的主持人和工作人员都很满意这份珍贵的礼物，大赞这幅书画充满诗情画意。在赛场上，当选手李子晟和周晋熙同学向本次粤港澳台暨海外诗词大会致送礼物的时候，全场爆发出雷鸣般的掌声。在本次大赛中我校荣获优秀组织奖，赛后江门市广播电视台还采访了我校代表队的彭嫚祯同学……人们的交口称赞使我感到前后的工作忙碌没有白费我的心血。

从 2013 年 8 月我调入怡福中学至今，在学校领导的大力支持下，我亲自策划和指导学校以"读写诵唱讲演"等生动多样的形式，大力弘扬院士文化，坚持开展"雅言美行传文明，经典诵读润人生"系列国学经典诵读教育活动。以每天一节早读前五分钟经典诵读课堂，诵读《悦读中华经典，争当君子少年》校本教材；每周一升旗礼班级舞台经典轮诵展示；每学期一次"国学经典伴我成长"读书笔记、读后感、手抄报等比赛；每年以"读写诵唱讲演"等活动的综合展示日，多渠道引导学生吟诵国学经典，扎实全面推进课外阅读，营造了"立德怡人，乐学善思，见贤思齐"的校园诗教文化氛围，使怡福学子意气风发、充满活力、诗情满怀。院士树立榜样，经典浸润人生，精神引领成长，增强文化自信。

他人眼中的我

（一）专家眼中的我

自我们结识的那天起，张翠云老师就给我热情似火、醉心于事业的印象。她天生就是个合适教书的人。为了一份满意的教学设计，她可以夜以继日，精益求精；为了一套理想的模拟试题，她可以字斟句酌，精雕细琢；为了转化一名学困生，她可以推心置腹，春风化雨……她主张厚积薄发，于是就数年如一日地带着学生们遨游书海；她倡导生活语文、诗意语文，于是就殚精竭虑地组织孩子们从生活中搜寻语文学习的良机、诗意。她不满足于"独善其身"，只要她领衔的团队,总是那么精诚团结,常常取得令人惊喜的进步。她的热情让她脱颖而出,她的勤奋令她出类拔萃!

(广东省中小学"百千万人才培养工程"教育家培养对象、江门市语委办副主任、蓬江区教研室语文教研员、语文特级教师、中小学正高级教师　周华章)

听了张老师上郑振铎的《猫》这篇课文深受感动和教育,张老师上这课不乏优点,如:①设计巧妙,预习感知、抓关键、品文章、说体会、明主旨,由浅入深,层层递进,是语文教学设计的好典范。②示范到位,帮助学生做情感归纳,突破课文教学目标难点,好!③始终以问题为导向,引发思考,促动学生表达,更好!

(黑龙江省七台河市第四中学副校长,英语副高级教师,2018—2019年到江门市怡福中学挂职交流　李华)

(二) 同行眼中的我

张主任在教导处分管学校的教研考务等工作,兢兢业业、无私奉献、稳打稳扎,不但在自己的语文教学岗位上工作出色,受到学生和家长的欢迎,最令人佩服的是,在学校的特色教育、开设校本课程上等方面连续多年进行多个科研课题的研究,大力引领学校青年骨干教师大胆进行课堂革新、减负提质,是学校一个不可多得的中层好领导。

(江门市怡福中学副校长、江门市蓬江区语文工作室主持人　阮春明)

听张主任的语文讲座有好几次了,收益很多,但一直都不大清楚其具体名字,这次有幸和她同在湖南长沙一起参加学习培训班,可见她是一个低调务实的语文教学人。

(江门市第九中学教导处副主任、中学语文副高级老师　骆超群)

(三) 家长眼中的我

太感谢张老师了!在学习语文的路途上,三年来张老师就是孩子的引路人,太幸运了!张老师太有责任心了,辅导孩子撰写了一篇文章《你的笑容,让我记住了你》发表在2019年2月15日《广东教学报·初中语文》,我实在太感谢了!班家长群里的家长都为文中的主人公而感动,衷心感谢张老师培养我们的孩子而付出的辛劳!

(陈庆的爸爸、妈妈)

张老师引领我女儿的成长花了不少心思，特别是教导我女儿严格自律方面有方法，八年级下学期末女儿曾有段时间沉迷QQ，张老师和她做了几次谈心，还鼓励引导女儿写了《社会主义核心价值观赞歌》，后荣获2018年江门市蓬江区优秀童谣征集活动一等奖。张老师真是孩子们的引路人，有张老师教导，我们家长放心。

（康可欣的爸爸、妈妈）

（四）学生眼中的我

当闵同学考上英国剑桥大学硕博连读时，她在即将去英国的前天晚上，她和妈妈约上我在桥头见面，她笑着说：最难忘的是张老师上课讲鲁迅的名言和故事：世界上哪有什么天才，我只是把别人喝咖啡的时间都用在工作上了。老师，我做到了！自考上四川大学以来，四年如一日非常勤奋学习！在老师的引领下也特别钟爱古诗词，幸亏我在张老师的鼓励下坚持写日记，打下了坚实的语文基础……

（曾三年教其语文和任其班主任的初中毕业学生，考上英国剑桥大学获全额奖学金硕博连读生，后在美国哈佛大学深造，现在美国科罗拉多州某大学做研究　闵明珺）

我由一名普通班的同学考上这个创新班，张老师就像妈妈一样慈严相济地教育我，在初三这一年的语文学习里，我收获很大，关键在于张老师对我的作文写作很严格，在布局谋篇、遣词造句上使我获益良多。最深印象的是，张老师读诗歌抑扬顿挫，我很喜欢听。张老师，成长路上，感恩有您！

（2019年经联考选拔，考上广东省实验中学的南山班　陈育彬）

柔美、灵动、自然

● 江门市第一中学　张海敏（高中语文）

● **个人简介**

　　我叫张海敏，是来自江门市第一中学的语文老师。学生称我为善良细腻、豁达睿智的"淡定姐"，同事视我为年轻有为办事放心的"老教师"。我从教17年，现为江门市第一中学语文科组长兼任2020届冯如班班主任。多次被评为"校优秀班主任""市优秀党员""市优秀教师""市普通高中毕业班工作先进个人"等称号。课例近两年获"一课一名师"省级优课。受聘为五邑大学人文学院研究生课外指导老师，多次应邀到大学举办讲座。辅导学生参加各类作文大赛，学生屡获殊荣，我获"语文报杯""叶圣陶杯"等优秀指导教师奖。近3年发表多篇论文在核心期刊。2017届所执教的班级，尖子生人数、班级平均分均列居全校第一。2014年担任科组长兼任2017届备课组长，最终2017年江门市语文单科前5名江门一中占了三席，语文平均分为大市第一。带领的语文科组获江门市"五星级教研组""江门市巾帼文明岗"等称号。

我热爱教育事业。从班主任、备课组长、科研组长一路走来，常常身兼数职，工作虽琐碎繁多，但内心充盈。作为土生土长的江门人，爱国、爱乡、开放、开拓的侨乡精神一直影响着我。学生说我有情怀，领导说我有担当，我想是一方水土养一方人，是这片土地铸就了我务实进取、待人真诚、用心做事的品格。

我认同哲学家雅斯贝尔斯说过的"教育的本质意味着一棵树摇动另一棵树，一朵云推动另一朵云，一个灵魂唤醒另一个灵魂"的观点，希望培养鲜活的生命和有趣的灵魂。我的性情温婉善良、知性从容，教学风格呈现为柔美、灵动、自然等特点。教学主张是语文教学生活化、学生生活语文化。我喜欢上课，享受课堂上与学生一起学习语文的过程。我潜心钻研教学，课堂有趣高效，课外推广阅读，备考方法得当。学生喜欢我上的课，家长满意我教的班，领导放心我带的组。

我的教学风格

我个性低调，为人谦和，热爱生活，相信未来。我希望我的学生喜欢语文，习惯阅读；我希望他们学以致用，灵活变化；我希望他们身心健康，心态积极。所以，我的课堂，师生互动和谐，平等民主尊重，启发引导探究……如果一定要用几个词语概括的话，我想是柔美、灵动、自然。

（一）柔美

语文具有重要的审美教育功能，在课堂上让学生受到美的熏陶，培养自觉地审美意识和高尚的审美情趣是我一直思考的，我希望学生能在我的课堂中感受到美。例如在《声声慢》的教学中，整个课件使用的图片都是精挑细选，背景设计素雅自然，力求学生在视觉上有美的享受。配上音乐，老师朗读，学生朗读，在读书中感受诗词的语言美。斟酌引导学生思考问题的语言，营造悲情美。例如欣赏这首词的首句"寻寻觅觅，冷冷清清，凄凄惨惨戚戚"的7个叠词，引导学生思考，"李清照在寻找什么？是寻找具体的一样东西，还是过去安逸的生活，还是丈夫在世时的爱情，还是心爱的金石文物？……此时外族入侵，夫君病逝，流离失所，李清照回首从前，昨天拥有的一切现在在哪里？若有所失，才会寻觅，可是，寻到了什么？"我通过类似的语言引导学生体会此名句的三个不同层次，结合板书，再通过课件名家赏析补充，学生对名句的理解深刻而到位。

对美的追求，人类从来没有停止过。我的气质知性温婉，外柔内刚。课如其人，也希望通过自己的言行举止，能培养、熏陶对美的追求。这种柔美，低调内敛，坚定而有力量。

（二）灵动

课堂的灵动，体现的是智慧的课堂。因势利导，因材施教。例如学习《拿来主义》，离不开学习比喻论证。比喻论证是一个难点。学习完"大宅子"之后，我设计了一道"如何对待外来文化"为内容的练习题："运用人们熟悉的比喻，阐明下面的道理。坚持对外开放，可以有力地促进社会主义物质文明和精神文明的建设和发展；但同时，我们又要加强法制建设，加强思想道德教育工作，防止腐朽落后的东西乘虚而入，对我们造成危害。"显然，对于高一的学生而言，此处的比喻论证有一定难度。当时，很多学生都不知道从何入手。我稍做提示：鲁迅用一间屋子比喻，那我们也可以模仿，如以课室作为喻体。学生的思维就开始活跃起来，七嘴八舌地讨论、交流。例如说外面有空气、灰尘、蟑螂、阳光、蚂蚁、蜜蜂、蝴蝶、老鼠……对待这些东西怎么办？A君说关上门关上窗。B君反驳问，那空气怎样进来？C君说装上纱窗、纱门……这样其实比喻论证已经基本完成了，接下来就是给足够的时间让学生进行文字的组织。D君向同学展示："好比一间屋子，把窗子关起来，甚至完全堵上，彻底封死，自然可以防止苍蝇、蚊子等有害之物的侵入，但同时也挡住了灿烂的阳光、新鲜的空气，还有悦耳的鸟语和沁人心脾的花香。那么怎么办呢？无视危害的存在，大开窗子自然是不行的。我们的意见是，安装一层过滤的纱窗，把有益于身心的健康东西放进来，同时又挡住了威胁我们的一切有害之物。"通过比喻论证的创设，对比原话，学生明白，恰当的比喻论证确实比直白的道理更生动，更让人们接受。

在我的课堂中，有趣的活动、情境的再现、合作学习的快乐、质疑的探究……灵动，在于课堂的灵活，在于教师的设计，在于预设与生成中彰显的智慧。

（三）自然

我友善亲切，热爱学生，平时很注重师生的平等对话，每届学生与我都有良好的感情。讲课亲切自然，课堂氛围有山涧流水般的清新。课堂充满生活气息，教育完成在润物无声之时，反对简单灌输。例如学习《烛之武退秦师》，我会强调烛之武舌退秦师的语言艺术，让学生学习其劝说技巧；学习《中国建筑的特征》，联系家庭、学校、社会的建筑，学生也会特别来劲；学习《论语》选读第五章"不义而富且贵，于我如浮云"，谈到的义与富贵的关系，于当今功利而浮躁的社会而言更有其现实意义。我让学生讨论邹云翔（2004年被评为"中华食雕九大赚钱名刀"，并先后被评为"中国烹饪雕刻大师""中华厨神"）的事情：作为一个大厨师却被各大酒店拒之门外，原因是他拒烹野味。那是生计重要还是道德重要？学生七嘴八舌地提供各种解决办法，智慧的火花在讨论中碰撞中。再结合现实正面反面的事例,强调"取之有道"。

自然的课堂,不需刻意营造;自然的教育,不需人为设计。关注生活,沉淀自己,水到渠成,自然生成。

▶▶ 我的成长历程 ▶

此心安处是吾乡

(一) 少年时代的我(1986—1995 年)

我在爱中长大。父母之爱,让我懂得何为善良;手足之情,让我明白何为宽容;朋友之义,让我知晓何为真挚。这些爱,温暖深沉而平淡如水,成就内心丰盈、善良乐观的我。

我在书中长大。童年没有玩具,书是我最好的伙伴。母亲是书店职员,我小时候在小学放学后就待在书店里。阅读,成就了知书达理、知性温婉的我。

我在山旁长大。风景秀丽的圭峰山就在家附近。每到周末,山便成了我的乐园。山上苍翠幽深,千年古刹环境清幽。自然,悄然无声而浑然有力,成就了清新自然、热爱生活的我。

(二) 青年时代的我(1995—2002 年)

从高中开始,我就立志成为一名人民教师。张家长辈有四位是老师,或许耳濡目染,或许言传身教,我的职业追求从来没有动摇。大学期间,我在华南师范大学"艰苦奋斗、严谨治学、求实创新、为人师表"的校园氛围下走向成熟。我经常投稿,作品曾经发表在《广州日报》;连续两年获得学校"优秀随笔奖"(全年级 240 人仅有 18 位同学获得);代表班级参"模拟课堂比赛"获得二等奖;参与社会义工,这是一种体验社会生活又能助人的方式。青年的我热情洋溢,享受着拼搏的充实,逐步完善知识架构,更加坚定"这个世界值得我为之奋斗"的信念,铭记父亲的勉励,努力成为一个对家对国有用之人。

(三) 教书育人的我(2002 年至今)

岭南的这片热土深深影响着我。江门孕育了多少青年才俊,陈白沙、梁启超、陈垣、司徒美堂、红线女、陈少白、冯如、陈宜禧……他们流淌着爱国爱家、敢为人先、开放包容、开拓进取的热血。生于斯,长于斯,父母言传身教,自小教导我努力向上;旅居海外的亲戚因恋乡恋家回乡探亲,我亦是看在眼里记在心里。毕业后,我没有留恋北上广的丰富资源,义无反顾要回到生我育我的这片土地。

1. **学习实践阶段**

江门一中很优秀。这里有求真务实的领导,追求卓越的同事,优秀的学子。在一个优秀的团队里,只要肯努力,进步是必然的。从教初期,我每天勤勤恳恳，真心育人；研究教材，大量听课。初期执教的是普通理科班，在如何调动学生学习语文的兴趣上花了很多心思。课堂引入了大量生动的例子，古今中外，政治经济生活文化等无不涉及。学生感觉到语文原来那么近，那么实用、好玩。这也是我所认同的"生活语文"的实践阶段。我迅速站稳讲台，因成绩突出，第5年开始执教实验班，开始了我教学生涯的挑战期。

2. **发展提高阶段**

语文有投入大、见效慢等特点。课堂40分钟这个主阵地，要得法、有效才能事半功倍。从教第6年，我开始大量阅读语文名师的教学主张，浏览大量优秀的课堂实录，观摩名师课堂。这时期针对课堂教学的有效做了大量的思考与实践。江门毗邻港澳，学生受港台文化影响颇深，讲究民主平等。我结合自身性格和特长，课堂上的我逐步显现出知性柔美的一面。学生亲切地称我为"海敏姐姐"。同时，因前期有意识地把生活融入课堂，学生课堂反应活跃，课堂机智也在不自觉中得以锻炼。课堂逐渐呈现出清新活泼的风格。学生爱上我的课，连续10年我的学情调查均为95分以上。

3. **探索突破阶段**

2012年我担任备课组长，但在工作的这第10个年头我遇到瓶颈期。教学的内容有重复，优秀学生的成绩徘徊在120分左右。直至2013年，我参加了省骨干教师的培训，遇到了省各工作室的名师，看到他们高瞻远瞩，从教研上着手，以课题为引领，以研究促发展。我豁然开朗，要摆脱低水平重复劳动，必须要往专家型教师道路发展。虽然自己理论修养欠缺，但这次培训是一种唤醒，更是一种激励，我暗下决心，执教的第二个10年，我要致力于成长为一名专家型教师。

我主动承担课题工作。近3年主持校级课题1个，作为主要成员参与省级课题4个，其中之一获得江门市教研成果二等奖。我的课堂因教研的力量逐渐变得灵动自然，高效而不留痕迹。我及时总结课堂实践并撰写论文，近3年获国家级、省级、市级奖项达12次，在《语文月刊》《中学语文》等杂志发表文章3篇。

我的课堂逐渐形成柔美动人、灵动活泼、清新自然的风格。因个人教学有方，组内团结做出成绩，2014年，我担任语文科组长兼年级备课组长，此时的我34岁。我深知此重担任务之艰巨，更清楚离自身目标的遥远。但是，当我找到师生相长的职业乐趣，再艰苦的环境，再繁杂的工作，也无法动摇我对三尺讲台的依恋，对教书育人的坚定信念。我践行我的教学主张，在这教学之路，有清风相随，明月相伴，且行且歌。

人生到处知何似，此心安处是吾乡。带上一颗心，明净，细腻，柔软，慈爱，心安在，才能生根发芽、枝叶繁茂，风景独好。

▶ 我的教学实录

教材解析：

本次课例是到台山侨中进行讲学示范交流时对高二学生进行的一次议论文写作指导课。基于学情和一课一得的主张，选取就事论事中的多角度议论为教学重点，选择韩国剧《太阳的后裔》的部分片段作为写作素材。选取片段为《太阳的后裔》第三集主人公与部队首长因是否救治阿拉伯联盟议长发生冲突时的剧情。（剧中具体内容：乌鲁克维和部队队长柳时镇接到指令，医疗中心全区域发布部队防御状态二级警报。阿拉伯联盟议长突发急病被紧急送往姜暮烟医生所在的医疗队，柳时镇负责带队实时向总部报告情况。姜暮烟注射了主治医师的处方药后，病人的情况非但没有出现好转，反倒出现血压大幅下降的危机情况。姜暮烟迅速判断病人出现腹腔内出血，需要立刻进行手术。议长的陪同人员与姜暮烟意见不合，拔出手枪，阻止她进行手术。因为涉及政治责任问题，柳时镇接到上级指令，按照陪护人的说法做事，如果病人死亡就把责任推给医生，部队绝对不可以介入。柳时镇询问姜暮烟是否有把握救活病人，在得到肯定答复后，他关闭了与总部的对讲机，拔出手枪，与手下士兵共同保护医疗队手术的进行。）救还是不救？一边是活生生的生命，一边是首长下达的命令。这个有争议性的片段非常合适学生进行多角度论述。学生可或从现象到本质，或从原因到结果，由低到高、由浅到深、由始到终等线索思考，训练缜密的思维，训练灵活的表述。学生比较容易掌握的多角度论述包括"原因分析""利弊分析""对比分析""辩证分析"等。

学情分析：

台山侨中是台山的二类学校，学生基础比较薄弱，没有把精力完全投入到学习中，比较喜欢娱乐玩耍，课堂40分钟的专注力仍有待提高。高二学生已经掌握议论文的审题立意、文体特点、结构安排等知识，但不善说理，思维单一化，文章缺乏深度与广度，写文章常常写到600字就无话可说。

目标设定：

知识与技能目标：①学会据事说理，拓展说理角度。②学会在论证中梳理出论述思路。

过程与方法目标：通过独立思考、相互质疑、辩论等方式，分析剧中人物做法的依据并用文字表述，展现思维的推进。

情感态度与价值观目标：认识生命的可贵，明白责任担当、情怀大义发自内心追求与信仰，源于理性思考知行合一。

教学重点：

学习据事说理，多角度论述方法。包括"原因分析""利弊分析""辩证分析"。

教学难点：
分析说理时思维的推进，角度的灵活整合。

教学课时：
一课时。

教学过程：

（一）导入

就事论事类写作要求。（生谈，师归纳，如论述清楚、论证严密、深入说理、层层推进、结构分明等）

引入本节课的学习目标。

（二）布置写作任务

（1）观看视频（5分钟）。

（2）具体写作任务：阿拉伯议会联盟议长出现身体状况被迫来到在乌鲁克医疗中心。姜医生认为议长需要手术，乌鲁克维和部队队长柳时镇所在部队首长下令不准韩方手术。柳时镇没有按首长的指示，并擅自与阿拉伯方抵抗，直到姜医生对议长的手术结束。你支持柳时镇还是首长的做法，为什么？（明确表态并在3分钟内用关键词、短语、短句等方式写下2个或以上的理由。）

（3）学生独立完成。

（三）多角度论述分析事件（实录，23分钟）

环节一：交流辩论

生1：我支持柳时镇的做法。因为人的生命很宝贵，个人生命与国家利益一样重要。（师板书：1. 生命宝贵）

生2：我支持首长做法。因为首长代表军方立场，以国家利益为先，以国家安全为先，这是以大局为重。（师在另一侧板书：①军人职责——国家）

生3：（反驳）我支持柳时镇的做法。医生说了不救病人会立刻死去，更何况姜暮烟说了有把握救议长。再说了首长说医治失败把责任推给医生，柳时镇无法接受。（师板书：2. 不救即死，3. 医生有把握）

师问：如果换了是别人不是姜暮烟，柳时镇会服从首长命令吗？

（大部分学生说"会，因为柳时镇喜欢姜暮烟"。）

生3：（思考片刻）不会，因为守护国民的安全是柳时镇的原则，即使不是姜暮烟，柳时镇也会救议长。（师板书：4. 军人信仰）

生4：（反驳）但是手术也有风险的啊，谁能保证就一定能救活。手术失败后果会很严重，可能会引起阿拉伯国家和韩国的恶交甚至战争。（师板书：②手术风险；③救治失败的弊端）

生5：（反驳）首长的做法是为了国家利益而牺牲无辜国民安全，这会让国民心寒。（师板书：5．首长做法让人心寒）

生6：（反驳）军人不是应该服从军令吗？军令如山怎可随意违背，而且议长的保镖也不让做手术，这涉及宗教问题。）（师板书：④军人原则——服从；⑤阿拉伯国家不同意）

生7：（反驳）如果军令是错的呢？明显就是不愿意担当责任才推卸。柳时镇敢于承担责任不愿意牺牲国民生命，我支持他。（师板书：6．敢于担当）

生8：（反驳）为了某个人的安全而选择牺牲大部分的安全，值得吗？军人首先要保护好国土安全才行啊。（师在"①军人职责——国家"旁边划正字）

生9：（反驳）什么是国家安全？难道阿拉伯议会联盟议长死在韩国的医疗队里韩国能置身事外？把责任推卸给医生就能了事？国际言论不会指责韩国见死不救的做法？阿拉伯议会联盟议长的身份是什么？是维护阿拉伯地区的和平稳定，他死了，这个地区的和平局面不会打破吗？柳时镇的身份是乌鲁克维和部队队长，他本身就是要维和的呀。所以不救议长，韩国难逃责任，如果把议长救活了，不仅挽救了生命，还为两国的外交带来好处，为韩国赢得美誉。所以，我支持柳时镇的做法。（全班鼓掌，师板书：7．不救的弊端；8．救的好处）

师：经过激烈的讨论，同学们的发言基本可以归纳为以下观点：

支持柳时镇的做法：

①生命宝贵。②不救即死。③医生有把握。④军人信仰。⑤首长做法让人心寒。⑥敢于担当。⑦不救的弊端。⑧救的好处。

支持首长的做法：

①军人职责——国家。②手术风险。③救治失败的弊端。④军人原则——服从。⑤阿拉伯国家不同意。

师：现在，我们看看编剧与同学们的想法是否一致？剧中有哪些因素我们还可以补充进去。

环节二：视频印证补充

学生观看视频2《太阳的后裔》第二集（2分钟30秒）[剧情介绍：柳时镇与姜暮烟就生面展开讨论。姜暮烟说自己的工作是为生命而斗争，而柳时镇的斗争是用死亡（杀人）保护生命。柳时镇告诉她："我所认为是善的那份信念，或许对别人而言是另一种意义，但我仍竭尽所能完成任务。我选择这份工作，是总得有人去做那些在别人眼中并不善良的事情。我和我的家人，姜医生和姜医生的家人，以及那些家人所爱之人，我相信我所做的工作，是在守护他们生存的这片土地的自由和和平。"]

学生观看视频2《太阳的后裔》第四集（2分钟35秒）（剧情介绍：柳时镇因违抗军令支持姜暮烟救助阿拉伯议会联盟议长的处分正式下达，姜暮烟为处分之事打抱不平。柳时镇向姜暮烟讲出了自己作为军人的信念和觉悟：每时每刻都要为军人的荣誉而战。)

师：片段印证了同学们刚才提出的哪些原因？
生：军人的原则和信仰、柳时镇的价值观。
师：补充了哪些支持或反对的原因？
生：违背军令，必须受到惩罚。（师板书：9. 违反军令）
师：现在对这些理由进行分类，哪些可以合并？

支持柳时镇的做法：
①生命宝贵。②不救即死。③医生有把握。④军人信仰。⑤首长做法让人心寒。⑥敢于担当。⑦不救的弊端。⑧救的好处。⑨违反军令。

支持首长的做法：
①军人职责——国家。②手术风险。③救治失败的弊端。④军人原则——服从。⑤阿拉伯国家不同意。

师生共同完成，老师板书。

支持柳时镇的做法：
1、4、6——内因 2、3——外因 5——对比 7、8——影响 9——辩证

支持首长的做法：
①、④——内因 ②、⑤——外因 ③——影响 5——辩证（老师补充）

幻灯片投影：

支持柳时镇的做法	支持首长的做法
1.外因：不救即死，姜暮烟有把握救治。 2.内因： 价值观——保护生命，不能见死不救。 身份——军人，为战友、军队和国家的荣誉而战。（不会害怕承担责任而牺牲国民利益。保护国民，守护国土的自由与和平。） 3.影响： 短期，挽救阿拉伯议会联盟议长的生命，对当前维和局势的稳定有帮助。长期，阿拉伯与韩国的友好关系长久发展。假设不救，韩国脱不了关系。 4.辩证：违反军令，需要受到惩戒 5.对比：大队长的做法需为保证军队不介入，但可能以牺牲本国国民为代价，这正是柳时镇不可接受的。	1.客观：阿拉伯方不允许动手术；医生的话是否可信？评估风险。 2.内因：军人不能违反军令，青瓦台政客要求不可介入；军人以保卫国家安全与和平为首位，不能因个人行为有任何差池。牺牲个人顾全大局，实属无奈之举。 3.影响：假设手术失败，两国关系紧张甚至可能交战，生灵涂炭。 4.辩证：虽能使国家置身事外，但以牺牲无辜为代价，不符合道义，也让人心寒。

环节三：梳理论证思路

师：以上角度如何安排顺序？
生：原因影响在前，辩证对比在后。
师小结，幻灯片投影：

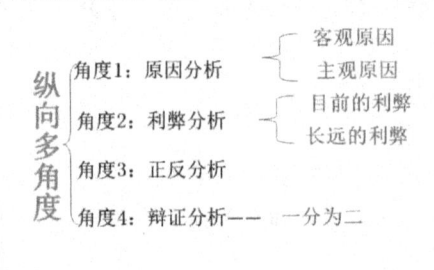 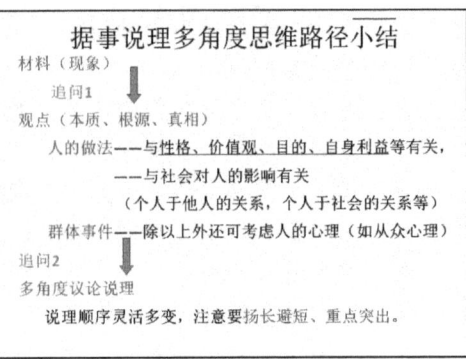

(四) 展示教师下水作文

为了生命和国家的大爱
张海敏

一边是冰冷的枪口,一边是稍纵即逝的生命。面对这样一道非此即彼的选择题,柳时镇作出了坚定地选择。

我深深地为之钦佩,我支持柳时镇的做法。

作为一名曾经目睹战友牺牲的军人,作为生命的守护者,他对生命的理解必定比普通人深刻。如果要他对本可挽回的生命见死不救,是违背他的价值观的。"我的工作其实是守护,守护国民的自由与和平。"他用战友的牺牲提醒姜暮烟:或许守护生命的方式不同,但大家都是为生命而战。这,就是他作为军人的信仰,哪怕为守护生命而面对枪口,哪怕为守护和平而违抗军令。我认为,柳时镇面对两难绝不犹豫,更不会逃避。

或许有人说,柳时镇那么坚定是因为姜暮烟对手术很有把握。其实,任何手术都不是没有一丝风险的,我们只能权衡利弊。若因为不救议长而间接导致他死亡,韩方也绝对脱不了关系,毕竟此事是发生在韩方的医疗中心里。更何况议长关系到阿拉伯地区的和平,挽救其性命不仅能稳定乌鲁克的局势,还能巩固与阿拉伯国家长久的关系。孰轻孰重?在生命面前,不要说按剧情发展肯定能救活,就算是现实中把握不大也得一试吧。相反,首长的做法虽然保证了韩方不介入,但可能要牺牲无辜。这种做法是柳时镇不可接受的,也是容易让国民心寒的。

虽然柳时镇的做法符合道义,但始终不能抹杀违背军令的事实,自然会受到惩戒。只是这种有明确的是非标准,勇于担当甚至不惜牺牲自己的勇气与魄力,恰恰是让我们敬佩和感动的!

什么才是为了生命和国家的大爱!我想,像柳时镇这种忠于职责,在枪口面前依然守护生命,保卫国家和平的做法,如太阳一样,温暖着这片土地。这就是真正的大爱!

（五）总结并布置作业

（1）多角度分析事件的普遍和实用：多角度说理，或原因里探本质，或利弊中见近远，或正反处辨分明，或思辨中显客观，充分体现思维的发散，也能使文章更灵活。

（2）布置作业（选做）：

站在首长角度为其说理，写不少于800字的片段。

教学反思：

整堂课，因教学内容充分吸引学生，全程课堂节奏紧凑，学生专注力非常集中，整个课堂一气呵成。观看时全神贯注，思考时鸦雀无声，动笔时快速书写，讨论时积极主动。上完课后，学生蜂拥而上。"老师，你也喜欢看这部韩剧吗？""哇，老师你太牛了，看剧也能教作文。""老师你电话多少，我能联系你吗？"……课后评课，侨中老师表示"作文课原来可以这样上！""如此接地气的作文课，学生喜欢，活动设计新颖有创意，有趣又有效，重思维引导，写作技巧自然生成，课堂吸引让人无法不专心……"台山侨中语文科组长陈老师表示，"这堂课为我们学校语文教师的作文教学带来极大的启示，谢谢您为我们传经送宝。"

再满意的课也有遗憾。这堂课好评如潮，也引起我深深的思考：怎样做，可以更好？

（一）关于课程资源开发

写作是一种思考与情感的表达，这种表达源于生活。表达需要素材，更需要欲望。但在大量题目的训练下，学生表达的欲望普遍被压抑。"语文课程是实践课程"，学生只有在写作实践中才能学会写作文。以往教师教导的写作比较好使的招式，学生依旧难以灵活运用。或许，是因为这些方法是教师"教"出来的，不是学生在实践中体悟出来的；这些方法是从别人的文章鉴赏出来，不是自己写出来。目前大部分学校的写作课欠缺系列，写一篇评一篇，缺乏系统训练，所以，系统有序开展高中作文教学非常必要。其次，在安排写作训练时，课程资源需要老师开发。校内写作的课程资源基本上都局限于文字材料，除此之外，适当加入电子音像资源、师生经历资源等，均是很好的补充。以电子音像资源为例，各种优秀的电影、文化综艺节目，如《奔跑吧兄弟》《爸爸去哪儿》等均可开发成写作资源。

（二）关于课堂教学生成

这次写作活动课，课堂的展开必须根据课堂生成再组织安排。课堂视频的加入激发了学生的写作欲望；课堂活动的设计让学生乐于参与动了起来，课堂活了起来；学生在观点展示时非常积极，均清晰准确表达自己的观点，而且有理有据。良好的课堂效果在于教学目标定位准确，教学构思新颖。教学过程给力，五道程序环环相扣，层层推进。其中的环节一"布置写作任务"、环节二"视频印证补充"、环节三"梳理论证思路"强而有力生成了学生多角度分析事件的思维及走向论证思路的严密。

这次课堂生成让我感到遗憾的是，由于不熟悉学生，学生交流时未能"煽动"其辩论得更加激烈，若能让其分成两大阵营辩论，相信观点碰撞会更加激烈。其次堂上的时间非常紧张，虽然已经剪切视频，严格控制时间，但毕竟前后约10分钟，课堂上学生只是进行了角度概括，未能真正成文，故教师展示下水作文的效果未发挥到最大化。若能在连堂课上处理，学生独立写作的时间就能得到保证。待学生修改后老师再投影下水作文，那效果会更加好。

课前我做了多种预设，学生的课堂生成还是给了我很多惊喜，尤其是获得全班掌声的那位。课堂上关注学生的生成，以预设为基础、为前提，在教学实施中才能把握稍纵即逝的机遇，才能实现有效的动态生成。当然，也有一些生成与预设有偏差，但这种偏差往往是一种重要的教学资源，教师一定要充分利用这种教学资源，使我们的课堂成为一种动态的课。

（三）关于我的教学艺术

（1）知性柔美。我善良温柔，笑容可掬，容易在短时间内消除学生对陌生老师的距离感。课堂上韩剧的精美，演员的高颜值，板书设计的合理，老师上课语言的文韵，都能营造美的氛围。同时，知识、思维的启发锻炼，让这种美更优质。学生和听课老师觉得时间过得很快，意犹未尽。

（2）清新灵动。以学生的写作实践活动为主的课堂教学，考验执教者的不仅是对于知识的阐述能力，更是课堂学习的领导力。在教学活动和写作指导的嫁接和转换上，在学生学习行为的生成与帮扶上，都需要机智与灵活。这堂课我因势利导，课堂上的写作方法由学生在不知不觉中归纳演绎，学生不觉得写作是件困难事。学生分析现象的思维在不知不觉中得以训练。

（3）自然活泼。虽然是借班上课，完全不熟悉学生，但是课前几分钟的拉家常一下和学生熟悉了。侨中的老师说我是学生愿意亲近的老师，我想除了我的亲切，更多的是堂上对学生的尊重。无论回答是长是短，无论理据是否足够充分，我都先正面肯定再作补充，不会让学生觉得我这个来自重点中学的老师会歧视他们。学生课后笑言终生难忘，"追剧居然都能写好作文"。从学习资源的开发和利用上，我拓展了学生学习语文的视野，也更清晰地表达我的教学主张，语文源于生活，在生活中学习语文。

▶▶ 我的教学主张 ▶

怀特海说："生活与所有智力或情感认识能力的某种基本特征存在着关系，如果你不能成功地展示出这种存在的关系，那么，你就不可能把生活嵌入到任何普通教育的计划之中。"陶行知提出"生活即教育",倡导"教、学、做合一"理论。生活,是教育永恒的主题,可以说,没有生活,就没有教育。

(一)语文教学生活化

语文源于生活,运用于生活,发展、完善于生活。我认为,在传授语文知识和训练语文能力的过程中,自然而然地注入生活内容与"时代的活水"(于漪语),让语文教学与学生心灵相沟通,让语文课堂与社会天地相接壤,只有这样,语文的教学才能保持长青、活力和温度,从而熏陶学生成长为有温度、有深度、有情趣的人。

执教《拿来主义》,解决课后练习题第四答题"我们从外国拿来了什么?"我和学生聊起漫画。学生的热情度超乎我的想象。我顺势和他们聊起日本的漫画,学生感到很亲切。再联系中国的漫画发展,会发现吸收的不是日本的动漫就是迪士尼的电影。例如,《喜羊羊与灰太狼》就有迪士尼《猫和老鼠》和日本《哆啦A梦》的痕迹,像《蓝猫》系列的《蓝猫龙骑团》《蓝猫西行记》就有日本漫画的痕迹(眼圆头大的外形)。目前比较成功的《宝莲灯》《秦时明月》《虹猫蓝兔七侠传》就开始有中国的文化渗透在里面,尤其是《秦时明月》,把中国的先秦诸子文化融汇其中,得到主流的认可。谈到后面,学生得出一个结论:"越是民族的,越是世界的。"只有立足于把传统优良文化发扬光大,结合外来优秀技术与文化,才能创作一流的作品。

回想起课堂的这一幕,当时学生闪亮的眼睛在我脑海挥之不去,尤其是提到"越是民族的,越是世界的"的时候,他们对中国振兴的渴望写在脸上。从头到尾,我没有任何的道理灌输,一切都是水到渠成。听课老师的一致意见是"自然生成,灵动活泼"。我想,课堂上的智慧碰撞皆因来自学生最熟悉的生活素材,自然有所感、有所悟,愿表达、愿分享。

(二)学生生活语文化

学生生活语文化,强调的是学生在教师的引导下,形成语文是生活的组成部分,生活离不开语文的观念,并养成事事、时时吸收与运用语文知识,在社会生活中培养语文能力的好习惯。

为了培养这种习惯,课堂上锻炼学生听说读写能力,从课前3分钟演讲到阅读课上的读书交流会,从写通知留言条到限时作文训练……作为语文教学的主阵地——课堂,一定要充分利用,使之充满语文味。选择优秀的电子媒体资源,如《经典咏流传》《如果国宝会说话》《舌尖上的中国》等视频,根据教学所需截取播放,既增加课堂的有趣有效,又能借助优秀的音像资源让学生在不知不觉中吸收语文知识。

课外学习,我主要通过海量阅读进行引导,主要分为主题时评阅读、万字美文阅读和整本书阅读。主题时评阅读：我根据最新的新闻时事点评（文章来源为《人民日报》、新华社等官方媒体），提炼主题，要求学生周末搜集与主题相关的文章并在校作共享交流。每两周一次，如"中国诗词大会""流浪地球""职业高光"等主题。这项活动，目的在于促进学生关注社会、心怀天下，以公民的身份理智分析社会现象。万字美文：学习上海名师做法，精选一批万字长文。以理性思辨见长，分人物、历史、思想、文化等专题，每篇约一万字，每周一篇。这是一种理性的、对话、建构性的阅读，目的是改变学生目前碎片化的阅读状态和习惯。目前为止，我的学生在9个月内已经阅读超过20万字。整本书阅读：每个学期伊始，推荐6本书，以小组为单位选择书目，结合任务进行阅读，期末小组交流，举办读书交流会。

语文学习要切实注重与生活的联系，突出学生的实践活动，在语文中理解生活，在生活中学习语文。在日常生活中学会读书、交流，带领学生静下心来感受语言文字的丰厚意蕴与生活中的真善美。这些主张与实践，又进一步拓宽我视野的维度。无论是课堂上听说读写的处理，还是课后主动选择的阅读篇目，因最终指向的真善美又进一步使我气质中的柔美多了一份坚韧，使我课堂的机智多了一份从容，使我课堂的灵动多了一份自如。

我的育人故事

谈到育人故事，或许很多人想到的是如何用爱打动感化学生。于我而言，印象最深刻的不是对某一个同学的教育，而是在一堂中国古典诗词课里发生的故事。它带给我深远的思考：在教学中育人，让学生明白学习的非功利性，培养质疑探究的精神，学会与他人合作和表达，实现德育与美育的双重功效。这些，也是教育的力量与影响。这堂课里的故事与其说是我教育学生，不如说是学生启发了我。教学相长，大抵就是这样吧。

谈到中国古典诗词教学，学生怕，老师也怕。一是学生不懂，不愿意花时间花精力。二是不少教师呈现功利性，古诗词考察的分数比例不高，提高较慢，老师不愿花时间在这个板块上。教学现状是，老师一句一句地讲，学生一句一句地记。

那天我要执教的是辛弃疾的《永遇乐·京口北固亭怀古》。这首词最突出的特点就是用典。这是最令词人骄傲的地方，恰恰又是学生感到最头痛的地方。讲解这首词时，在常规的知识介绍（如背景、重点字词理解）之后，进入最重要的典故赏析环节。设计题目"请找出词中典故并分析"。经过个人思考、小组合作之后，学生能够理解上阕的典故是借古抒怀，反映词人对北伐的期盼与决心，下阕回溯历史，希望南宋统治者吸取教训，谨慎北伐。上阕理解较下阕容易。但是，当问到某些典故具体的意义（尤其是刘裕和刘义隆）时，学生似乎只停留在课本注释的层面，停留在想北伐和吸取历史教训的较为笼统的层面上。学生对历史人物不熟悉，对5个典故之间的紧密联系似乎也没有深究的欲望。他们的眼神在告诉我"老师您快讲吧"。"再想一想。"我试图鼓励他们。A君（这位男生性格比较急躁，为人很直率）突然不耐烦地说，"注释不是写清楚了吗？有必要花那么多时间去研究吗？有什么用？"顿时，课堂气氛相当尴尬，所有学生都看着我。我微微一笑，"写清楚了不代表你想清楚了，再说，无用乃大用。"也许我最后一句说得特别真诚，不少同学鼓起了掌。A君有点不服气，"我真觉得没有必要花那么多时间在这些典故上，我都懂了。"我因时而动，"A君说他已经明白了，或者其他同学有没疑问，A君为你解答？"这一问，激起千层浪。B君站了起来，"既然孙权和刘裕都是讲要北伐，写一个不就够了吗？"A君反驳"那按你的逻辑，下阕写一个也就够了，整首词就变成2个典故了。"C君继续反驳。"怀古诗词，写眼前之景，怀古代之事，典故用少一点很正常啊，这首词连用5个，不觉得有掉书袋的嫌疑吗？"个别同学点头赞成。A君答不上。D君说"他们是有区别的。"好一句"他们是有区别的"，这说法正中我下怀。我趁机布置任务，3组同学负责比较上阕历史人物的区别，3组同学负责比较下阕人物的区别，2组负责整首词5个典故之间的逻辑关系。讨论用了8分钟，相当充分。就这样，在剩下的课堂时间，每位同学都充分参与到小组讨论中。随后的交流展示完全超出我的预期。以下，不妨看看我的学生的合作成果。

1. 关于上阕典故的区别

第一组：两人的相同点是两人都在京口起步，打下江山，渴望建功立业。不同点是两人的功业不同，孙权是守，他击退了强大的曹军，但是没有北上。刘裕是攻，挥师北伐，收复故土（这点是两人的最大区别，我暗暗惊喜）。

第二组：我们补充两个人的出身是很不一样的。孙权是名将之后，子承父业。刘裕出身贫贱，卖过草鞋。辛弃疾本身有孙权情结，《南乡子·登京口北固亭有怀》中有句"生子当如孙仲谋"。可是这里我们觉得辛弃疾似乎更偏重刘裕，是因为刘裕的出身与辛弃疾更为接近。辛弃疾也是以他来鼓励自己事在人为。（学生掌声）

第三组：我们想说的被前两组说过。有一点我们在犹豫，就是孙权的胜利是重用人才，例如赤壁大战用周瑜，他说"外托君臣之义，内有骨肉之亲"；关于刘裕的优势我们对人物不熟悉，没有依据。

"前两组有考虑过这个问题吗？"我问。大家似乎保持沉默。"不妨再读读注释。"我提示。"老师，注释说刘裕在京口起兵北伐，灭南燕、后秦，他应该很能打。"（其他学生笑）"能打仗的人一般如何？""有谋略，有战术。""很好，我认同。至此，我们对这两个典故的用意应该非常清晰了。孙权重用人才，守住京口；刘裕精于战略，收复故土。所以要北伐，朝廷应该一用人才，二讲战略。"

2. 关于下阕的典故

第四组：其实刘义隆是刘裕的儿子，子承父业，但是结果完全相反。这是因为他准备不足，太轻率。

第五组：这是承接刘义隆失败的结果来写的。拓跋焘追到了长江北岸，才有"望中犹记"。写佛狸祠神鸦社鼓，是说人民已经安于现状，被异族同化，再不北伐就晚了。

第六组：用廉颇是想说自己虽然老了，但是我还是很想为祖国效劳的，表达壮志之心。

3. 关于典故之间的逻辑

第七组：上阕老师已经总结了，我们组认为下阕是先提倡北伐要谨慎，不能草率出兵，这是刘义隆的典故用意，但不能因此就怠慢，因为江北沦陷已久，北伐其实很紧迫。所以要准备充足，包括战略准备，还有人才准备。所以自然就到了廉颇的例子，我是人才，可以参与北伐。可惜廉颇尚且有人询问，自己却无人问津，比廉颇还凄惨。（同学们点头赞成）

第八组：最后用廉颇的典故，就是回应了上阕的第一个例子孙权，孙权胜在善于用人，南宋统治者的无能与懦弱，通过这些典故就含蓄地表达出来。整首词就像一个完整的句号。（同学们鼓掌）

我总结：岳飞的孙子岳珂著《桯史》，就说"用事多"是这首词的毛病。这和C君提到他"掉书袋"是一致的。辛弃疾也曾经修改，但听说修改了一个月，最终没有改过一个字。今天大家的分析也充分感受到其内部的强大的逻辑关系。除了廉颇一事以外，都是有关镇江的史实，眼前风光，是"京口怀古"这个题目应有的内容。使用许多史事，以加强作品的说服力和感染力，这正是这首词的长处。杨慎《词品》谓辛词当以京口北固亭怀古《永遇乐》为第一，是有道理的。

这堂课在学生的激动交流中落下帷幕。走出课室，我内心久久不能平复。这堂课学生各抒己见，甚至比我讲解还精彩得多，完全不同于老师单纯讲授的课堂。我想最重要的是因为我一句"无用乃大用"打动了他们的心，改变一些功利的思想。又抓住了学生的争议点，在课堂的生成中及时激发了他们探究的欲望，同时根据学生情况合理分配任务，学生合作学习，享受智慧碰撞的乐趣。集中精力解决教学重点，让同学们充分感受到了诗词的逻辑美、含蓄美、语言美和辛弃疾那颗赤子之心。全程我没有任何说教、批评，而是因时而动，抓住最佳时间正面引导，学生愉快接受，我亦乐在其中。

语文的育人功能比其他学科更为明显一些，它蕴含着德育美育的丰富宝藏，在教学的诸多环节上，时时给学生以思想的熏陶、精神的渗透、情绪的感染、灵魂的净化，其潜移默化如春风细雨，虽然效果不是立竿见影，但是其影响于无声处比其他学科更深远。我享受着我的课堂，享受着和孩子们一起成长的过程。

他人眼中的我

（一）学生眼中的我

海敏姐姐，您那腹有诗书气自华的气质深深打动我，我想那便是我想成为的模样吧——坚毅而又温柔，平和而无畏，勇敢又充满爱……我心中对好老师的定义正像您一样，不止能传道授业，更能立德树人，言传身教。

（2017 届学生　陈碧儒）

非常感谢您，老师。我以前学语文是为了应试，现在学语文是因为喜欢。喜欢您的课，妙趣横生，总能带给我启发；喜欢您的人，您身上散发的强大的人格魅力让我心生敬佩。

（2014 届学生　陈坤昊）

（二）同事眼中的我

张海敏是一个年轻有为而又温润如玉的语文教师，她对语文教学有灵动敏锐的视角和深入独到的思考，在课堂教学中与学生机智互动，总能碰撞出智慧的火花，又对学生循循善诱，善于营造富有魅力的语文空间。

（江门一中教研室主任　吴雪璟）

张海敏老师亲和力极强，教学讲求自然，在自然中带有灵动性。

在她的课堂上，她与学生之间是一种平等、协作、和谐相处的关系，有利师生之间的良好互动，有利学生对知识的探寻。在她的课堂上体现着机智。教学方法能自然灵活的运用。课堂教学结构讲求严密，每个程序都是一种精心设置，过渡自然，设计的问题能针对学生的能力以及学生的实际，照顾不同层面的学生，在课堂上能让学生得到知识与技能的训练。学生不仅学到知识，也受到思维的训练。

（江门一中多届年级组长　龚妙卿）

不放过每一处的灵光乍现，不错过每一个思维的火花。张海敏老师的课，能够看到随时随地和学生共同生成的课堂，让学生在收获知识的同时，挖掘自己的学习潜力。张老师对于师生关系的把握，不仅仅在于传道受业解惑，更是润物细无声地和学生进行灵魂与灵魂的对话，用自己的语言文学素养和对语言和文化的热爱感染学生。课堂知识有时候可能难免枯燥,但是张老师的语文课堂总是能够被她巧妙的设计和独到的视野拓展出与众不同的有趣且深刻的维度。一课一得,日积月累,徐徐图之,语文课堂的魅力尽在其中。

(江门一中教坛新秀　邱杰雯)